CW00480886

"Un relato maravillosamente claro y fiel de l
convence intelectualmente y también honra a
ampliamente leído".

Simon Gathercole
Profesor titular de Nuevo Testamento, Universidad de Cambridge

"Desde el jardín del Edén hasta el jardín del Paraíso, Tom Schreiner lleva
hábilmente al lector a través de todo el relato de la historia de la redención.
Schreiner muestra cómo la Biblia se adhiere al tema del reino o gobierno de Dios
y presta atención a cada parte de las Escrituras canónicas, lo cual resulta en un
festín de profundas percepciones teológicas, prácticas y devocionales. De forma
sencilla, directa y sin tecnicismos, este libro llevará a los cristianos a una nueva
comprensión y apreciación de toda la Biblia".

Donald A. Hagner
Profesor emérito de Nuevo Testamento de George Eldon Ladd, Seminario
Teológico Fuller

"La teología bíblica en un solo volumen de Schreiner es una entrega afortunada
y generosa de narración bíblica. En una época en la que los estudios bíblicos se
han dividido entre la Biblia hebrea y el Nuevo Testamento griego, Schreiner nos
recuerda que hay un solo Dios, un solo libro y una sola historia. Una historia
sobre Dios el rey, su reino, su pueblo y el triunfo del Señor Jesucristo. Un libro
diferente y muy necesario para ayudar a los cristianos a entender de qué trata
la Biblia y cómo todo concuerda dentro de ella".

Michael F. Bird
Crossway College, Brisbane, Australia

"Después de haber escrito importantes volúmenes sobre la teología paulina y la
teología del Nuevo Testamento, Tom Schreiner pone un notable broche de oro
a su obra al tomar el desafío de escribir una teología bíblica de todo el canon de
las Escrituras. Y demuestra estar a la altura de la tarea, al trazar con claridad y
coherencia el tema de Dios como Rey y el triunfo final del reino de Dios desde
el Génesis hasta el Apocalipsis. Pocos volúmenes han abordado de manera tan
completa y acertada la gran narrativa de la Escritura de principio a fin".

Mark L. Strauss
Profesor de Nuevo Testamento, Bethel Seminary de San Diego

"Un libro que une maravillosamente todos los libros de la Biblia. Pocos autores tienen el dominio del aprendizaje, el don de la enseñanza y el corazón para Dios que refleja este volumen. Digiere este libro para elevar tu comprensión de la Biblia y para encontrar tu alma cautivada como nunca antes por el Rey en su belleza".

Robert W. Yarbrough
Profesor de Nuevo Testamento, Covenant Theological Seminary, St. Louis, Missouri

"Todos los predicadores necesitan la teología bíblica. El apóstol Pablo podía mirar a su audiencia y testificar que estaba limpio de su sangre porque no rehuía declararles todo el consejo de Dios (Hechos 20:26). Estas palabras ponen de relieve nuestra necesidad de ayuda para proclamar todo el consejo de Dios, porque es mucho lo que está en juego. El libro de Tom Schreiner es oro puro en este sentido, pues se centra en adorar al Rey en su belleza en todas las Escrituras. Pienso desgastar mi copia mientras busco ayuda en este llamado de alto riesgo".

Jason C. Meyer
Pastor de predicación y visión, Bethlehem Baptist Church

"Schreiner es un erudito experimentado cuya habilidad para interactuar con los diversos libros y géneros de la Escritura tanto del AT como del Nuevo Testamento se muestra en este volumen. . . Está escrito en un lenguaje claro y es conciso en el tratamiento de los distintos libros bíblicos. . . De manera refrescante, mientras trabaja con los pasajes del AT, Schreiner no duda en señalar en lugar en el que el Nuevo Testamento retoma dichos pasajes y los lee cristológicamente. . . *El Rey en su Belleza* servirá bien a la iglesia al proporcionar una teología bíblica poco técnica y legible que ayudará a muchos a ver el gran bosque canónico desde la diversidad de los árboles bíblicos".

Josh Chatraw,
Revista de la Sociedad Teológica Evangélica

"Cada vez más, en una época de especialización, los eruditos bíblicos separan una pequeña sección transversal de la Biblia para un reducido grupo de colegas académicos. Schreiner invierte esta tendencia. Escribe también para un público laico evangélico, elaborando conscientemente sus escritos para destilar el pensamiento bíblico. . . Leer el libro de Schreiner es inscribirse en su clase, por así decirlo. Escribe para un aula llena de estudiantes de seminario con ideas afines. Estos estudiantes apreciarán la voz conservadora y fuerte de Schreiner que une toda la revelación bíblica en torno al persistente avance del reino de Dios. . . El propio Schreiner señala que "ningún libro puede lograrlo todo", no todos se identificarán con él. Sin embargo, quien entre en su aula a través de su libro, sin duda se beneficiará de su invitación a venir a ver al hermoso Rey".

David M. Maas,
Revista de Literatura Bíblica

"Un recurso excelente. Schreiner, que ya ha escrito libros excelentes sobre la teología del Nuevo Testamento y la teología paulina, ahora nos ofrece un resumen de toda la Escritura. . . Este libro será una gran ayuda para los predicadores a la hora de mantener a la vista el panorama general de la historia bíblica mientras predicamos".

Ray Van Neste,
Preaching (Sondeo anual sobre las mejores biblias y obras de referencia bíblica, 2013)

"Schreiner es un académico del Nuevo Testamento muy respetado en su área y cuya influencia se ha multiplicado por la publicación de tantos libros dignos de su pluma erudita. *El Rey en su Belleza* . . . merece un lugar en la estantería de todo predicador. . . Éste es uno de esos libros que proporcionará a los predicadores un tesoro casi inagotable de conocimiento bíblico. En muchos sentidos, este libro debería ser considerado como uno que ofrece lo mejor de lo que los predicadores buscan en un comentario, junto con algunas de las percepciones exegéticas más interesantes vinculadas a una narrativa teológica inspiradora. . . . La atención de Schreiner al texto bíblico asegura que su teología bíblica es más que una teología extraída de la Biblia. Su trabajo consiste en permitir que la Escritura hable y revele sus propias prioridades teológicas. Los predicadores y sus congregaciones recibirán un gran servicio cuando el predicador haga de este libro una prioridad en su propia lectura".

R. Albert Mohler Jr,
Preaching (Sondeo anual de los mejores libros del año para predicadores, 2013)

"Si los lectores buscan las observaciones, en gran medida inductivas, de un académico y teólogo experimentado sobre las porciones más significativas desde el punto de vista teológico de cada libro bíblico, serán invitados a un delicioso festín con suficientes notas al pie de página que les sugerirán dónde pueden ir a comer el postre. . . Aunque [Schreiner] sería la última persona en desear que alguien lea su libro en lugar de la Biblia, una persona que posea un conocimiento apenas superficial del contenido y el significado de las Escrituras podría leer *El rey en su belleza* y salir con una comprensión sustancial de ambos. Podemos estar muy agradecidos por los ambiciosos proyectos de Schreiner y preguntarnos qué le queda por abordar".

Craig L. Blomberg,
Diario de Denver

"Schreiner ofrece un relato accesible y coherente de la historia bíblica en su totalidad, un logro maravilloso".

Andreas Köstenberger,
Blog Biblical Foundations (nombró *El rey en su belleza* uno de los mejores libros de Biblia y teología de 2013)

"Los estudiantes del Nuevo Testamento se han beneficiado desde hace algunos años de la erudición constante, buena y prudente de Schreiner. Es alentador ver esta última publicación que intenta explorar la teología tanto del Antiguo como del Nuevo Testamento. . . . Una de las cosas más refrescantes acerca de este libro es que no sufre la muerte lenta de las mil cualificaciones. De manera admirable este libro cumple lo que se propone y aborda el panorama general de una manera extremadamente legible. . . Schreiner ha construido con éxito sobre el trabajo de otros y ha producido una obra muy legible que será valiosa no sólo para los estudiantes de licenciatura y postgrado, sino también para muchos lectores reflexivos que simplemente quieren saber cómo pueden dar sentido a la Biblia como un todo. Recomiendo este libro sinceramente".

John Angus Macleod,
Expository Times

"Escribir una teología bíblica exige más que un erudito bíblico. Requiere un artista hábil que pueda incrustar sesenta y seis joyas de diferente tipo, forma y color en una misma imagen. Schreiner es ambas cosas. Investido de juicio hermenéutico y artístico, consigue, de manera brillante, poner ante sus lectores una imagen clara y compleja que hace justicia a la rica diversidad del testimonio bíblico sin imponer una falsa unidad. Todas las joyas, desde el Génesis hasta el Apocalipsis, están cuidadosamente ensambladas para formar un impresionante cuadro de *El Rey en su Belleza*. . . El autor pinta una buena y vívida historia, no demasiado larga para cansar al lector laico, pero lo suficientemente larga para satisfacer al seminarista sediento. Es una verdadera obra maestra que merece un lugar en la galería de teologías bíblicas distinguidas como la de Childs, Eichrodt, von Rad... y todos los grandes".

Beniamin Pascut,
Revista Religious Studies

"Schreiner ha sondeado la profundidad del Nuevo Testamento y la teología bíblica como pocos estudiosos de esta generación... Mientras que en su teología del Nuevo Testamento Schreiner utilizó un enfoque temático, en este volumen emplea un enfoque canónico. Esta hazaña en sí misma se suma a la impresionante realización de Schreiner... Recorriendo cada libro o sección tanto del AT como del Nuevo Testamento, Schreiner demuestra convincentemente que el reino de Dios, cuando se entiende de forma correcta, se desarrolla claramente a través del ámbito de la historia redentora... Aunque *El Rey en su Belleza* refleja años de estudio y enseñanza fiel, no es principalmente un libro académico. Es por ello que estoy profundamente agradecido. Pastores, profesores y todos los cristianos se beneficiarán de este libro, y es mi oración que sea usado por Dios para fortalecer y equipar a su iglesia durante muchos años".

Christopher R. Bruno,
Themelios

"El enfoque general se caracteriza por un espíritu académico generoso acompañado de una extensa bibliografía. Los estudiantes de MDiv y los estudiantes universitarios de nivel superior se sentirían muy bien servidos por este libro".

Resúmenes del Antiguo Testamento

"Escribir una teología bíblica requiere un método seguro y tomar decisiones incisivas sobre qué omitir. Schreiner presenta una trama global clara y un tema central nítido... Schreiner nos ha dado una impresionante Teología Bíblica, marcada por una centrada, amplia y cuidadosa atención al texto bíblico".

Philip Jenson,
Revista de Estudios Teológicos

"En su reciente teología bíblica completa, Tom Schreiner ha dado a la iglesia un magnífico recurso... Los puntos exegéticos de Schreiner y sus ideas intertextuales pueden ser comprendidos tanto por el laico como por el erudito bíblico o el teólogo capacitado... *El Rey en su Belleza* es un magnífico compendio de las riquezas de la teología bíblica evangélica. Schreiner, como siempre, es un escritor cuidadoso, meticuloso y cautivador, y su recorrido por la historia bíblica será útil tanto para los lectores laicos como para los eruditos. Lo recomiendo sinceramente a todo aquel que quiera entender cómo la Biblia está unificada en su historia sobre YHWH que habita en la tierra con su pueblo".

Matthew Y. Emerson,
Southeastern Theological Review

"Uno de los principales puntos fuertes de este libro es el magistral recuento de la historia más amplia de la Biblia. Dado que Schreiner es un pastor y profesor de tiempo completo... sin duda tiene una amplia experiencia de la que puede servirse. Se nota la cuidadosa reflexión y meditación que hay en sus comentarios. . . Este libro llena una importante laguna. . . Muchas iglesias no ofrecen suficiente preparación a sus congregaciones para que puedan ver la historia más amplia de la Biblia, cómo apunta a Cristo y cuáles son sus aplicaciones. Aunque esto parezca suponer un problema sólo para la iglesia local, he conocido numerosos estudiantes en institutos bíblicos y seminarios que carecen de una comprensión de estos conceptos básicos de las Escrituras. Este libro sirve como una herramienta importante para llenar ese vacío. . . El libro de Schreiner es un texto introductorio útil para los cursos de institutos bíblicos y seminarios para ayudar a los estudiantes a entender la historia más amplia de la Biblia. Los pastores podrían utilizar este libro con los miembros de su congregación con el mismo propósito".

Ben Montoya,
Journal of Greco-Roman Christianity and Judaism

"[Schreiner] ofrece una lectura cuidadosa de toda la Biblia que es distintiva en su tesis y esclarecedora en su lectura de los textos. . . Schreiner logra su objetivo en este libro al ofrecer un análisis coherente y exhaustivo de un tema central de las Escrituras. . . Los estudiosos de la teología bíblica. . . serían sabios en prestar atención a los hallazgos y la metodología de Schreiner. El volumen serviría como un excelente libro de texto para un curso de culminación para alumnos cuyo programa de estudios haya enfatizado los matices particulares de cada libro, ayudándoles así a leer la Escritura como un todo cohesivo".

Brian C. Dennert,
Trinity Journal

"No es habitual adquirir y leer un libro académico que deleite e instruya a la vez. *El Rey en su Belleza* de Thomas Schreiner es precisamente ese texto. . . El libro termina con un breve epílogo que por sí solo vale el precio del volumen; en un espacio muy breve, Schreiner describe la historia de la salvación y el reino de Dios a través de todo el corpus de las Escrituras, resumiendo la erudición presentada en las seiscientas páginas anteriores. Es un colofón apropiado para un libro bien escrito. Este libro es una lectura gratificante. Es un libro sólido desde el punto de vista académico y beneficioso desde el punto de vista espiritual. Enriquecerá la comprensión del lector de toda la Biblia y aumentará su aprecio por el Rey de Reyes. . . Debería ocupar un lugar en la estantería de cualquier pastor o erudito".

Andrew J. Spencer,
Revista de Teología y Ministerio Bautista

"Schreiner ha logrado una gran hazaña con la publicación de su teología pan-bíblica, *El Rey en su Belleza: Una teología bíblica del Antiguo y del Nuevo Testamento*, Schreiner ha conseguido un equilibrio al escribir una teología bíblica completa que es, a la vez, accesible para la iglesia y, sin embargo, lo suficientemente penetrante como para satisfacer a los lectores versados en los temas y exigencias de la teología bíblica. Al escribir esta obra brillante, concisa y accesible, Schreiner ha esbozado, a grandes trazos y con vivos matices, a YHWH, el *Rey en su belleza*. . . La apasionante e imprescindible obra de Schreiner es una adición bienvenida a la discusión de la teología bíblica. . . Una obra refrescante y sintética que es a la vez concisa, fácilmente accesible, y que llega lejos en la elucidación de la metanarrativa de la redención de YHWH desde el Génesis hasta el Apocalipsis".

Gregory E. Lamb,
Southwestern Journal of Theology

"En este panorama completo de la teología bíblica, Thomas Schreiner sostiene que el 'reino de Dios' es el tema central de la Biblia. . . . Schreiner mantiene una narración dinámica en un nivel no técnico accesible para el pastor, el estudiante o el cristiano interesado promedio. Aquellos que busquen una visión panorámica de la narrativa bíblica encontrarán una valiosa perspectiva de la historia del Rey y su reino".

Elliot Ritzema,
Bible Study Magazine

"El objetivo del reino de Dios es ver al rey en su belleza: el objetivo aquí es explorar cómo se representa esa belleza en los pasajes bíblicos desde el Jardín del Edén hasta el último libro. Desde cómo el Templo desempeña un papel central en Crónicas hasta la salvación de Jerusalén en Isaías, cada uno de los libros de la Biblia es considerado en este estudio esmerado y erudito, recomendado para cualquier colección de estudios teológicos de nivel universitario".

Midwest Book Review

"Pocos estudiosos me han ayudado a comprender el significado de las Escrituras tan bien como Thomas Schreiner. . . Con la publicación de *El Rey en su Belleza.* . . Ahora puedo añadir que los escritos de Tom Schreiner han mejorado mi comprensión de toda la Biblia. . . [Schreiner] hace gala de una claridad, brevedad y fidelidad excepcionales. . . Schreiner. . . busca ser accesible a una amplia audiencia y por lo tanto evita a propósito las discusiones técnicas y los debates académicos en este volumen. . . Tiene una habilidad insólita para escribir con precisión. . . El enfoque de Schreiner para el estudio de la Palabra de Dios sirve como modelo para todos los que desean dividir correctamente la palabra de verdad. . . Es extraordinario ver a un erudito del Nuevo Testamento manejar el Antiguo Testamento con una habilidad tan magistral. . . La misma competencia y fidelidad que caracterizan sus teologías paulina y neotestamentaria también dejan una huella inconfundible en su teología bíblica. . . Cuando se trata de un libro que pretende ser una *teología bíblica*, ¿qué puede ser más elogioso que decir que me ha ayudado a entender mejor la teología de la Biblia?"

Lucas Bradburn,
Credo

"Schreiner logra mostrar la unidad esencial del Antiguo y el Nuevo Testamentos, el propósito consistente de Dios en el establecimiento de su Reino, y la centralidad de la obra de Cristo en este proceso. Si has tenido problemas para ver cómo encajan todas las partes de la Biblia, en el libro de Schreiner encontrarás una guía útil".

Greg Goswell,
New Life

"Hay quien dice que la genialidad consiste en hacer que lo complejo parezca sencillo. Si esto es así, puede que llamar a... Schreiner un genio no sea una exageración. Ya sea en la escritura, en el aula o en el púlpito, Schreiner muestra una capacidad asombrosa para explicar un tema con precisión, accesibilidad y honestidad, sin importar el nivel de dificultad o complejidad, proporcionando resoluciones y conclusiones satisfactorias. Schreiner se ha ganado la reputación de ser sencillamente profundo y a la vez profundamente sencillo. Su más reciente libro, *El Rey en su Belleza*, mantiene esa reputación. Este texto no está escrito principalmente para académicos, sino para pastores, laicos y estudiantes de institutos y seminarios. Escrito en la habitual voz lúcida, directa y pastoral de Schreiner, El *Rey en su Belleza* requiere de los lectores poco más que un amplio conocimiento de la Biblia en inglés. *El Rey en su Belleza,* una obra hermosa por sí misma, acentúa la gloria del Dios trino y la grandeza de su plan para consumar todas las cosas en Cristo. La lectura de este libro seguramente hará que uno sienta más entusiasmo por la lectura de la Biblia".

Josh Hayes,
Towers

EL REY EN SU BELLEZA –

VOL. 1

TEOLOGÍA PARA VIVIR

Fe y Palabra

Una teología bíblica del Antiguo y Nuevo Testamento

THOMAS R. SCHREINER

Impreso en Lima, Perú

EL REY EN SU BELLEZA – VOL. 1

Autor: ©Thomas R. Schreiner
Traducción: Angie M. Rojas León
Revisión de estilo: Jaime D. Caballero
Diseño de cubierta: Billy J. Gil
Título original: *The King in His Beauty: A Biblical Theology of the Old and New Testaments*

Copyright 2013 by Thomas R. Schreiner
Originally published in English under the title *The King in His Beauty: A Biblical Theology of the Old and New Testaments* by Baker Academic, a division of Baker Publishing Group, Grand Rapids, Michigan, 49516, U.S.A. All rights reserved.

Editado por:
©TEOLOGIAPARAVIVIR.S.A.C
José de Rivadeneyra 610. Urb. Santa Catalina, La Victoria.
Lima, Perú.
ventas@teologiaparavivir.com
https://www.facebook.com/teologiaparavivir/
www.teologiaparavivir.com
Primera edición: Noviembre del 2022
Tiraje: 1000 ejemplares

Hecho el depósito legal en la Biblioteca Nacional del Perú, N°: 2022-11446
ISBN Tapa Blanda: 978-612-5034-62-5

Se terminó de imprimir en noviembre del 2022 en:
ALEPH IMPRESIONES S.R.L.
Jr. Risso 580, Lince
Lima, Perú.

Temas: Teología bíblica. Crítica bíblica. Hermenéutica. Antiguo Testamento.
Imagen de la portada: Altar frontal depicting Christ in Glory with saints and prophets and the martyrdom of St. Felix, from the Abbey of San Felice, 1260. Rights Reserved.

A Diane,
mi amada esposa y coheredera en el
reino

TABLA DE CONTENIDOS

PREFACIO

Ha sido una gran alegría escribir este libro, aunque soy plenamente consciente de sus limitaciones. Apenas puedo expresar mi deuda con otros estudiosos que confirmaron, refinaron y corrigieron mi pensamiento. También soy consciente de que apenas he rascado la superficie en cuanto a lo que a fuentes secundarias se refiere. Intenté leer lo suficiente para hacerme una idea de lo que la erudición bíblica tenía por decir sobre la teología de los distintos libros examinados. Sin embargo, no estaba preocupado por ser exhaustivo y por eso cito principalmente las fuentes que resultaron ser de ayuda para comprender la teología de la Biblia. Mi esperanza es que este libro sea comprensible para estudiantes universitarios, laicos, estudiantes de seminario y pastores; no fue escrito como una obra técnica para eruditos. Obviamente, sé que, en una obra de esta envergadura, prácticamente todos los lectores estarán en desacuerdo conmigo sobre cualquier cosa en algún punto, pero espero estimularlos a todos a reflexionar sobre la majestuosidad y la belleza del mensaje bíblico.

Debo decir algunas cosas sobre el proceso de escritura de este libro. Escribí el primer borrador de forma inductiva, sin consultar otras fuentes, basándome en mi propio trabajo en el texto bíblico. Posteriormente leí extensamente, incorporando muchas conclusiones de otros. A excepción de una o dos secciones cortas, escribí la parte del Nuevo Testamento sin consultar mis escritos anteriores sobre teología paulina y del Nuevo Testamento. Obviamente, hay muchos puntos de contacto con lo que escribí antes, ya que mis opiniones sobre la teología del Nuevo Testamento no han cambiado sustancialmente.

Agradezco especialmente al Southern Baptist Theological Seminary por concederme un año sabático, al presidente R. Albert Mohler Jr., y al vicepresidente y decano Russell Moore por proporcionar mi beca. También debo agradecer a Jim Kinney de Baker Academic por su aliento y apoyo a este proyecto, y a Brian Bolger por su excelente trabajo de edición que mejoró el producto final. Estoy especialmente agradecido con Joshua Greever, mi estudiante de doctorado y becario Garrett, quien corrió a la biblioteca una y otra vez para sacar libros y fotocopiar artículos para mí, y por su ayuda en la tediosa tarea de compilar mi bibliografía a partir de mis notas de pie de página. Joshua también leyó el libro con detenimiento y me hizo varias sugerencias para mejorarlo. Joshua ha sido una ayuda inmensa, y su disposición y afán por asistirme han sido de gran aliento.

Dedico este libro a mi amada esposa, Diane, quién recientemente sobrevivió a un accidente de bicicleta casi fatal. Ella ha sido como Tabita en su amor y servicio hacia mí y hacia muchos otros, y como Tabita, ha sido, por así decirlo, resucitada de entre los muertos (Hch. 9:36-41). No puedo expresar adecuadamente el regalo que Diane ha sido para mí.

PRÓLOGO

A estas alturas es un consenso común que ningún tema capta adecuadamente el mensaje de las Escrituras.[1] No es mi intención rebatir esa hipótesis aquí, pues casi cualquier enfoque que se elija tiende a reducir un tema o el otro.[2] Sostengo que hay una serie de maneras diferentes y legítimas de construir el argumento y la teología de las Escrituras. Por lo tanto, no debemos insistir en que un tema abarque el conjunto. De hecho, la palabra "enfoque" es ambigua. ¿Estamos hablando del tema central de la historia o de la principal razón de la historia?[3] Aquí mi enfoque está en uno de los temas principales de la narrativa. Ya en otro lugar he argumentado que la razón y el propósito definitivo de la historia son la gloria de Dios, y por lo tanto en este libro no me centraré en la razón de la historia.[4]

Aquí mi intención es enfocarme en la línea argumentativa a medida que se desarrolla. El tema que se sigue debe ser lo suficientemente flexible como para abarcar varios temas diferentes que se entrecrucen en las Escrituras, de modo que resuma el mensaje fundamental de la Biblia. En este libro pretendo argumentar que el "reino de Dios", si se define con suficiente flexibilidad,

---

[1] Escribir una teología bíblica de toda la Biblia es una tarea abrumadora. No es el propósito de este libro dar una palabra final, pues eso es imposible. Estoy convencido de que se puede escribir una teología bíblica de toda la Biblia desde varias perspectivas diferentes y complementarias. Me han precedido y ayudado varios estudiosos que han escrito una teología bíblica de toda la Biblia. Véase Childs, *Biblical Theology*; Fuller, *Unity of the Bible*; Scobie, *Ways of Our God*; VanGemeren, *Progress of Redemption*; Hamilton, *God's Glory in Salvation*; Beale, *Biblical Theology*; Gentry y Wellum, *Kingdom through Covenant*.

[2] En esta obra cito a varios escritores de diversas perspectivas. Suelo citar a estas fuentes cuando dicen algo interesante, pero de ello no se desprende, por supuesto, que el autor citado esté necesariamente de acuerdo conmigo en cuanto al panorama general que estoy presentando. De hecho, cualquier autor puede diferir radicalmente de mí.

[3] Vern Poythress ("*Kinds of Biblical Theology*") sostiene con razón que se pueden adoptar diversas perspectivas al hacer teología bíblica.

[4] Véase Schreiner, *Paul*; ídem, *New Testament Theology*.

funciona bien como tema central de toda la Biblia.[5] Permítanme apresurarme a decir que dicha tesis no se basa en un enfoque de estudio de palabras, ya que es bastante obvio que el reino de Dios no puede ser un tema central si contamos cuántas veces aparecen las palabras "rey", "reino" o "gobernar" y "reinar", ya que en muchos libros de la Biblia no aparecen en absoluto.[6] En cambio, lo que se sostiene aquí es que la frase "reino de Dios" capta temáticamente, desde el punto de vista de la teología bíblica, el mensaje de la Escritura. Ahora bien, yo añadiría inmediatamente que Dios introduce el reino para gloria y alabanza de su nombre. La Escritura despliega *la historia* del reino, y la gloria de Dios es el *motivo* de la historia.[7] En este libro me centro en uno de los temas centrales de la historia.

Quizás sea de ayuda esbozar lo que quiero decir con "el reino de Dios". En primer lugar, designa el gobierno de Dios. En un sentido, Dios es siempre el Rey de reyes y el Señor de señores que reina sobre todo lo que sucede. Pero en otro sentido, el gobierno de Dios ha sido desobedecido desde la caída de la humanidad y las Escrituras cuentan la historia del reino recuperado. La objeción al reino como tema central es que no parece encajar dentro de los Escritos de la Biblia hebrea, por ejemplo, en el libro de Proverbios. En su momento argumentaré que Proverbios (y los demás libros de los Escritos del Antiguo Testamento) concuerda con dicha noción, aunque el término "reino" está prácticamente ausente en Proverbios.

Demostraré que la literatura sapiencial presenta la supremacía de Dios en la vida cotidiana, mostrando que gobierna sobre los detalles de nuestra existencia. Veremos que Proverbios, Job y Eclesiastés enseñan que el temor a Yahvé es el principio de la sabiduría. Temer al Señor es vivir bajo su señorío. El enfoque en Dios como Rey es evidente en la reiteración regular que se encuentra en las Escrituras, particularmente en el Antiguo Testamento, de Dios identificado como el Señor. Como Señor, él es el soberano, el creador de todo, el que merece alabanza y obediencia. En otras palabras, decir que el tema de las Escrituras es

---

[5] Estoy de acuerdo con G. K. Beale (*Biblical Theology,* 168-84) en que existe una línea argumental coherente en las Escrituras.

[6] Sobre esta cuestión, véase Goldingay, *Israel's Faith*, 59-60.

[7] Traté de desentrañar esta razón fundamental en dos libros anteriores: Schreiner, *Paul*; ídem, *New Testament Theology*. Véase también Hamilton, *God's Glory in Salvation*.

la realeza de Dios se puede verificar y confirmar por la reiteración constante de que Dios es el Señor.[8]

Enfocarse en Dios como Rey solo en teoría y aparte de los seres humanos no hace justicia a la vastedad que se encuentra en las Escrituras,[9] ya que el mensaje central de las Escrituras también incluye a los seres humanos -la corona de la creación- creados a imagen de Dios.[10] Puesto que Dios es Rey y Señor, su propósito y designio es ser glorificado en todas las cosas y por todas las personas. Algunos se han quejado de que un Dios tal es narcisista, pero esa objeción no tiene sentido porque Dios como Rey se glorifica a sí mismo entregándose a sus seres humanos en amor. Dios es honrado como Rey cuando los seres humanos reciben y dependen de su amor y experimentan su salvación. La gloria y el amor de Dios no deben colocarse en dos compartimentos separados. Más bien, Dios es glorificado como Señor en su amor por los seres humanos.[11] La soberanía y la realeza de Dios tienen lugar en la historia, en el relato de las Escrituras revelado de manera suprema en el ministerio y la persona de Jesucristo.

Existe una estrecha relación entre el reino de Dios y su pacto.[12] De hecho, los pactos divinos son el medio por el cual se ha establecido su gobierno.[13] El señorío de Dios se hace tangible cuando él habita con su pueblo y su pueblo experimenta su presencia bondadosa.[14] Esto concuerda con la observación de Desmond Alexander de que "el tema de la presencia de Dios en la tierra es especialmente significativo para entender la metahistoria bíblica".[15] El amor de Dios por los seres humanos se manifiesta en sus pactos con los seres humanos,

---

[8] Para el tema de la centralidad del señorío en las Escrituras, véase Frame, *Doctrine of God*.

[9] Véase Goldingay, *Israel's Faith*, 59-83.

[10] Otros han argumentado con razón que uno de los principales temas de la Escritura se refiere al pueblo de Dios. Véase Scobie, *Ways of Our God*, 469-651; Martens, *"People of God"*.

[11] Véase la cuidadosa articulación tanto de la soberanía divina como de la relación de Dios con el mundo en Childs, *Biblical Theology*, 356-58.

[12] Un pacto significa una relación en la que se contraen obligaciones bajo juramento. Para la definición del término, véase Gentry y Wellum, *Kingdom through Covenant*, 132-33.

[13] Meredith Kline dice que "los pactos funcionan como instrumentos administrativos del gobierno real de Dios" (*Kingdom Prologue*, 3). También Gentry y Wellum, *Kingdom through Covenant*; Dumbrell, *Covenant and Creation*, 42. Para un estudio del pacto en las Escrituras junto con su propia propuesta, véase Hahn, *Kinship by Covenant*.

[14] Acertadamente, Martens, *"People of God"*, 230. Véase también Terrien, *Elusive Presence*.

[15] Alexander, *Eden to the New Jerusalem*, 14–15.

ya que en el pacto Dios promete que consumará la salvación para su pueblo y será su Dios.

Sin embargo, el señorío de Dios no puede limitarse a su amor, pues las Escrituras llaman la atención sobre otra dimensión de la historia. Dios también expresa su realeza cuando castiga a sus enemigos y juzga a los que se resisten a las propuestas de su amor.[16] Aunque algunos de los súbditos de Dios se rebelan contra su gobierno real y su amor soberano, al final, su contumacia y su rebeldía no tendrán éxito. La línea argumental de las Escrituras indica que el mal será destruido y apaciguado. Los súbditos que se nieguen a doblar sus rodillas serán juzgados, y la gloria y el gobierno de Dios sobre todo también se manifestarán en el juicio.

Debemos cuidarnos de otra abstracción al entender el señorío de Dios. El reino de Dios consiste ciertamente en su dominio sobre los ángeles y los seres humanos, pero el énfasis en dicho dominio no debe cegarnos a la verdad de que también existe un reino. La historia no se desarrolla en una esfera etérea. Dios creó todo el universo, y su señorío y su relación con los seres humanos tienen lugar en la tierra. El lugar importa en esta historia. Dios es el Rey del mundo y del universo, pero la historia suscita dudas sobre su señorío en este mundo. La incursión del mal representa un reino rebelde que amenaza su soberanía y pretende deshacer su amor. Este mundo, con toda su belleza, está corrompido por el pecado.

El drama de Dios como Rey y los seres humanos como sus súbditos se desarrolla en la historia y en un lugar determinado. La historia de las Escrituras no es sólo acerca de la relación entre Dios y los seres humanos sino que también tiene que ver con el universo. ¿Cuál es el destino del mundo que Dios ha creado? Las Escrituras prometen que habrá un cielo nuevo y una tierra nueva, una nueva creación donde la gloria de Dios iluminará el cosmos. Así pues, el reino de Dios tiene una dimensión tripartita: Dios como Rey, los seres humanos como súbditos del Rey, y el universo como lugar donde se ejerce su realeza.

Un último comentario sobre el enfoque de este libro es necesario. No es mi propósito interactuar con las reconstrucciones críticas de la historia o la literatura de Israel. De igual forma en lo que respecta a la historia del Nuevo Testamento. La interacción cuidadosa con tales reconstrucciones es una parte

---

[16] Véase Hamilton, *God's Glory in Salvation*, 37-65. Defiende la noción de que la gloria de Dios se expresa "en la salvación a través del juicio".

importante del esfuerzo académico, pero ningún libro puede lograrlo todo.[17] También es un hecho histórico que determinados libros fueron reconocidos y aceptados como canónicos, aunque también sostengo que la iglesia fue guiada providencialmente por Dios para reconocer qué escritos pertenecían a la Escritura autorizada.[18]

Por tanto, mi objetivo en este libro es desentrañar los escritos canónicos en su forma definitiva.[19] Todavía nos enfrentamos a una importante decisión con respecto al Antiguo Testamento. ¿Debemos explorar el canon según su orden hebreo o según su orden cristiano?[20] Algunos consideran que esta cuestión es de gran importancia, pero su trascendencia suele ser exagerada.[21] A mi juicio, los temas fundamentales de la teología del Antiguo Testamento no se ven radicalmente afectados según el orden que se use, ya sea el hebreo o el de las traducciones inglesas. Asumo aquí que el lector común de inglés que ni siquiera conoce el orden hebreo no está en desventaja al tratar de entender la teología del Antiguo Testamento. Por lo tanto, en este libro sigo el orden inglés.

---

[17] Coincido con la mayoría de los evangélicos conservadores en creer que los relatos de las Escrituras son históricos, tanto si hablamos del Génesis como de los Evangelios. Mi opinión saldrá a la luz en este libro, pero no es mi intención defenderla. El objetivo de este libro es exponer la teología de la Biblia en su forma final y canónica.

[18] Véase Kruger, *Canon Revisited*, un importante trabajo sobre este tema.

[19] El enfoque canónico es bien conocido a través del trabajo pionero de Brevard Childs. Para un enfoque similar, véase Rendtorff, *Canonical Hebrew Bible*. Para una lectura muy diferente, véase Brueggemann, *Theology of the Old Testament*. Brueggemann adopta un enfoque posmoderno en el que no se privilegia una lectura cristiana. Evidentemente, el presente libro se mueve en una dirección muy diferente. Aunque Brueggemann pregona el posmodernismo, en su libro hay una serie de afirmaciones positivistas, dogmáticas y modernistas, aunque su obra también contiene muchas ideas útiles. No niego que el giro posmoderno haya descubierto, con razón, muchos problemas en la agenda modernista. Sugiero que el camino a seguir es presuponer la verdad de la cosmovisión cristiana y la autoridad y la completa veracidad de las Escrituras. Para una exposición completa de este punto de vista, véase Frame, *Knowledge of God*; ídem, *Word of God*. Mi trabajo es similar al de Brueggemann en el sentido de que no pretendo aquí investigar la verdad histórica del AT, aunque sí creo que el AT es históricamente fiable.

[20] La tendencia es examinar el AT en su orden hebreo. Para una sólida defensa, véase Seitz, *Fellowship of the Prophets*. Véase también Hamilton, *God's Glory in Salvation*, 59-63; Gentry y Wellum, *Kingdom through Covenant*, 95n308. El hecho de que los Escritos no estén en el mismo orden en todas las listas indica que el orden no es tan crucial como algunos afirman.

[21] Childs dice: "En mi opinión, hay demasiadas suposiciones no verificadas con tal argumento como para darle mucho peso. Una vía de investigación mucho más fructífera sería explorar el efecto de un ordenamiento canónico en la lectura del libro y las diferentes teologías involucradas en los arreglos canónicos de las Biblias hebreas y griegas" (*Old Testament as Scripture*, 564).

También debo señalar que mi acercamiento a los distintos libros difiere. Algunos los examiné de manera cronológica, otros de manera temática, y en los Salmos exploré el orden canónico de los libros. No estoy sugiriendo en ningún caso particular que el enfoque que adopté aquí sea el *correcto*. Simplemente sostengo que es una forma fructífera de examinar el mensaje de las Escrituras.

ABREVIATURAS

General

cap(s).	capítulo(s)
cf.	compare
p. ej.	por ejemplo
esp.	especialmente
Ibíd.	en la misma fuente
Ídem	por el mismo autor
i.e.	es decir
paral(s).	paralelo(s)
pág (s).	página(s)
rev.	revisado
v(vv).	verso(s)

Divisiones del canon

NT	Nuevo Testamento
AT	Antiguo Testamento

Versiones antiguas

LXX	Septuaginta
TM	Texto masorético

Versiones modernas

RV	Versión Reina Valera
NVI	Nueva Versión Internacional
NBLH	Nueva Biblia Latinoamericana de Hoy

Biblia hebrea / Antiguo Testamento

Gn.	Génesis
Ex.	Éxodo
Lv.	Levítico
Nm.	Números
Dt.	Deuteronomio
Jos.	Josué
Jue.	Jueces

Rut	Rut
1-2 S.	1-2 Samuel
1-2 R.	1-2 Reyes
1-2 Cr.	1-2 Crónicas
Esd.	Esdras
Neh.	Nehemías
Est.	Esther
Job	Job
Sal.	Salmos
Pr.	Proverbios
Ec.	Eclesiastés
Cnt.	Cantar de los Cantares
Is.	Isaías
Jer.	Jeremías
Lm.	Lamentaciones
Ez.	Ezequiel
Dn.	Daniel
Os.	Oseas
Jl.	Joel
Am.	Amós
Abd.	Abdías
Jon.	Jonás
Mi.	Miqueas
Nah.	Nahum
Hab.	Habacuc
Sof.	Sofonías
Hag.	Hageo
Zc.	Zacarías
Mal.	Malaquías

Nuevo Testamento

Mt.	Mateo
Mr.	Marcos
Lc.	Lucas
Jn.	Juan
Hch.	Hechos
Ro.	Romanos
1-2 Co.	1-2 Corintios
Ga.	Gálatas
Ef.	Efesios

Fil.	Filipenses
Col.	Colosenses
1-2 Ts.	1-2 Tesalonicenses
1-2 Ti.	1-2 Timoteo
Tit.	Tito
Flm.	Filemón
Heb.	Hebreos
Stg.	Santiago
1-2 P.	1-2 Pedro
1-3 Jn.	1-3 Juan
Jud.	Judas
Ap.	Apocalipsis

Apócrifos y Septuaginta

1-4 Mac.	1-4 Macabeos
Eclo.	Eclesiástico
Sab.	Sabiduría

Pseudepígrafos del Antiguo Testamento

| *Sal. Sal.* | *Salmos de Salomón* |

La Mishná y el Talmud

m.	Mishnah
'Abot	*'Abot*
Sucá	*Sucá*

Fuentes secundarias

AB	Anchor Bible
AUMSR	Andrews University Monographs: Studies in Religion
BibJudS	Biblical and Judaic Studies
BibOr	Biblica et orientalia
BibSem	Biblical Seminar
BST	The Bible Speaks Today
BTB	*Biblical Theology Bulletin*
BTNT	Biblical Theology of the New Testament
BZAW	Beihefte zur Zeitschrift für die alttestamentliche Wissenschaft
CBQ	*Catholic Biblical Quarterly*
CC	Continental Commentaries
CEP	Contemporary Evangelical Perspectives
ConBNT	Coniectanea biblica: New Testament Series

ExpTim	*Expository Times*
FBBS	Facet Books: Biblical Series
FFNT	Foundation and Facets: New Testament
GDNES	Gorgias Dissertations: Near East Series
GTJ	*Grace Theological Journal*
HBSt	Herders biblische Studien
HS	*Hebrew Studies*
HSM	Harvard Semitic Monographs
IBC	Interpretation: A Bible Commentary for Teaching and Preaching
Int	*Interpretation*
ITC	International Theological Commentary
JBL	*Journal of Biblical Literature*
JETS	*Journal of the Evangelical Theological Society*
JPSTC	JPS Torah Commentary
JPTSup	Journal of Pentecostal Theology: Supplement Series
JRH	*Journal of Religious History*
JSNTSup	Journal for the Study of the New Testament: Supplement Series
JSOT	*Journal for the Study of the Old Testament*
JSOTSup	Journal for the Study of the Old Testament: Supplement Series
LS	*Louvain Studies*
NAC	New American Commentary
NICNT	New International Commentary on the New Testament
NICOT	New International Commentary on the Old Testament
NIVAC	NIV Application Commentary
NovT	*Novum Testamentum*
NovTSup	Novum Testamentum Supplements
NSBT	New Studies in Biblical Theology
NTS	*New Testament Studies*
NTT	New Testament Theology
NVBS	New Voices in Biblical Studies
OBT	Overtures to Biblical Theology
OTL	Old Testament Library
PBM	Paternoster Biblical Monographs
RB	*Revue biblique*
SBJT	*Southern Baptist Journal of Theology*
SBLAB	Society of Biblical Literature Academia Biblica
SBLDS	Society of Biblical Literature Dissertation Series
SBLSymS	Society of Biblical Literature Symposium Series
SBT	Studies in Biblical Theology
SJT	*Scottish Journal of Theology*

SNTSMS	Society for New Testament Studies Monograph Series
SNTW	Studies of the New Testament and Its World
TJ	*Trinity Journal*
TOTC	Tyndale Old Testament Commentaries
TynBul	*Tyndale Bulletin*
VT	*Vetus Testamentum*
VTSup	Supplements to Vetus Testamentum
WBC	Word Biblical Commentary
WTJ	*Westminster Theological Journal*
WUNT	Wissenschaftliche Untersuchungen zum Neuen Testament
ZECNT	Zondervan Exegetical Commentary: New Testament

PARTE 1: DE LA CREACIÓN A LA FRONTERA DE CANAÁN

§1. GÉNESIS

Creación

La narración comienza donde comienza el libro del Génesis, en la creación de los cielos y la tierra (1:1).[1] El escritor no hace comentario alguno sobre lo que Dios hacía antes de la creación, ni relata la creación de los ángeles.

> **Génesis 1:1–2** En el principio Dios creó los cielos y la tierra. La tierra estaba sin orden y vacía, y las tinieblas cubrían la superficie del abismo, y el Espíritu de Dios se movía sobre la superficie de las aguas.

Las cuestiones especulativas no generan ningún interés en el escritor de Génesis.[2] El primer relato de la creación (1:1-2:3) pregona la majestuosidad y el poder de Dios, pues con su palabra crea y ordena el mundo en seis días. Umberto Cassuto resume el mensaje de la creación del mundo por parte de Dios así:

> No muchos dioses, sino Un Dios; no teogonía, pues un dios no tiene árbol genealógico; ni guerras, ni luchas, ni choque de voluntades, sino Una sola Voluntad que gobierna sobre todo sin la menor traba o impedimento; no una deidad asociada a la naturaleza e identificada con ella total o parcialmente, sino un Dios que está absolutamente por encima de la naturaleza y fuera de ella; y la naturaleza y todos sus elementos

---

[1] En defensa de esta lectura de Génesis 1:1, véase Cassuto, *From Adam to Noah (De Adán a Noé)*, 20; Wenham, *Genesis 1-15*, 11-15. Véase también von Rad, *Genesis*, 48-49. Von Rad dice: "Es asombroso ver lo poco que Israel se deslindó de un entorno aparentemente abrumador de mitos cosmológicos y teogónicos" (p. 49).

[2] Está claro que Dios creó el mundo con reflexión y sabiduría (Prov. 8:22-31). Véase Goldingay, *Israel's Gospel*, 43-49.

constitutivos, incluso el sol y todos los demás entes, nunca serán tan exaltados, son sólo Sus criaturas, hechas según Su voluntad.[3]

La simplicidad y la profundidad del poder creador de Dios son evidentes porque todas las cosas existen por su palabra.[4] Como dice el Salmo 33:6: "Por la palabra del SEÑOR fueron hechos los cielos, Y todo su ejército por el aliento de Su boca".[5] La creación de todo el universo por parte de Dios comunica su soberanía y señorío, pues el creador de todo también es el Señor de todo. El relato de la creación de Génesis también difiere de los relatos de la creación en las culturas circundantes del Cercano Oriente, ya que el único Dios es el creador de todas las cosas.[6] Al crear el mundo, Yahvé muestra su soberanía sobre todos los demás poderes y dioses (Sal. 74:12-14; 89:5-13).[7]

> **Salmo 74:12–14** Con todo, Dios es mi rey desde la antigüedad, el que hace obras de salvación en medio de la tierra. Tú dividiste el mar con Tu poder; quebraste las cabezas de los monstruos en las aguas. Tú aplastaste las cabezas de Leviatán; lo diste por comida a los moradores del desierto.

La creación implica, como afirma Paul House, que "Dios no tiene rivales. Dios tiene jurisdicción sobre todas las personas y cosas creadas".[8] Como dice Jeremías, "Los dioses que no hicieron los cielos ni la tierra, perecerán de la tierra y de debajo de los cielos" (Jer. 10:11). El Salmo 96:5 hace eco en el mismo tema: "Porque todos los dioses de los pueblos son ídolos, Pero el SEÑOR hizo los cielos".

El creador de todo también es el Rey de todo, y su señorío se extiende sobre un lugar, un reino. Como dice Gerhard von Rad: "Si el mundo fue llamado a la existencia por la libre voluntad de Dios, entonces es su posesión, y él es su Señor".[9] Él es el Rey del cosmos creado. Por lo tanto, la creación del universo

---

[3] Cassuto, *From Adam to Noah (De Adán a Noé)*, 8.

[4] Von Rad dice: "Gen. 1 presenta los resultados de una reflexión teológica y cosmológica concentrada en un lenguaje conciso y siempre totalmente directo en su expresión" (*Tradiciones históricas de Israel*, 141). Véanse también sus comentarios en la p. 142.

[5] Sobre el poder de la palabra de Dios, véase Goldingay, *Israel's Gospel*, 49-52.

[6] House, *Old Testament Theology*, 60. Para una discusión completa de este asunto, véase Waltke, *Old Testament Theology*, 197-203. Véase también Collins, *Genesis 1-4*. Al contrario que Brueggemann (*Theology of the Old Testament*, 158-59), la creación de Dios es *ex nihilo*.

[7] Véase Goldingay, *Israel's Gospel*, 64-75.

[8] House, *Old Testament Theology*.

[9] Von Rad, *Israel's Historical Traditions*, 143.

demuestra que Dios es el Señor de todo el mundo, y que su señorío no se limita a Israel.[10] Dado que Dios es el creador, se deduce que "la creación existe para la alabanza y la gloria de su Dios creador".[11] "La tierra está llena de la gloria de Dios [Sal. 24:1] porque lo que llena la tierra constituye su gloria".[12] En otras palabras, vemos la gloria de Dios cuando nos deleitamos, disfrutamos y nos detenemos a pensar en el mundo que ha creado.[13] El poder creador de Dios apoya la idea de que "el Génesis describe la obra de Dios en términos reales, incluso sin utilizar la palabra 'rey'."[14] La sabiduría, el poder y la bondad de Dios al crear el mundo demuestran su soberanía sobre todas las cosas (véase Sal. 145).

Cuando leemos el relato de la creación, ¿cómo debemos interpretar el "hagamos" de Gn. 1:26? Algunos han argumentado que se trata de un *pluralis majestatis* ("plural de majestad"), o que incluye a los ángeles o a la asamblea celestial.[15] Es dudoso que el autor pensara específicamente en la Trinidad al utilizar esta expresión, o que los primeros lectores israelitas entendieran el texto de ese modo, pues la Trinidad no se revela claramente hasta el Nuevo Testamento. Sin embargo, la evolución reciente de la hermenéutica ha corregido acertadamente el énfasis excesivo en la intención del autor.[16]

Los intérpretes de la Sagrada Escritura también deben considerar la forma canónica de las Escrituras en su conjunto, lo cual quiere decir que también tenemos que tener en cuenta al autor divino.[17] Apelar a un autor divino no abre la puerta a la arbitrariedad ni a la subjetividad, pues el sentido del autor divino se comunica a través de las palabras y el canon de la Escritura. No se trata del producto de la creatividad humana, sino que está localizado y circunscrito textualmente.

Un enfoque canónico respalda una lectura trinitaria, la cual es sugerida por las palabras mismas del texto y confirmada por todo el canon.[18] El papel del

---

10 Véase Childs, *Old Testament as Scripture*, 155.

11 C. Wright, *Old Testament Ethics*, 114.

12 Ibídem, 115.

13 "Pero la creación no sólo declara la gloria de Dios (Sal. 19:1); la plenitud de la creación es también una parte esencial de esa gloria" (ibíd., 116).

14 Ibídem, 121.

15 Para las opciones, véase Waltke, *Old Testament Theology*, 212-15. En apoyo de la idea de que la asamblea celestial está en vista, véase Gentry, "*Kingdom through Covenant*".

16 Véase, por ejemplo, Hays, *Echoes of Scripture*.

17 Véase Poythress, *God-Centered Biblical Interpretation*.

18 Desde el punto de vista hermenéutico, sugiero que el significado del texto también debe investigarse canónicamente. En otras palabras, ni Moisés ni los lectores originales pudieron captar plenamente el significado de lo que aquí se dice.

Espíritu en la creación se indica en la afirmación: "se movía sobre la superficie de las aguas" (Gn. 1:2).[19] El Salmo 33:6, citado anteriormente, probablemente alude a la obra del Espíritu, ya que la palabra "aliento" es la que se utiliza para "Espíritu" (*rûaḥ*), y así, aquí el escritor atribuiría la creación del mundo al Espíritu.[20] A la luz de la revelación del Nuevo Testamento sobre la divinidad del Espíritu, está justificado ver al Espíritu como creador. El papel del Hijo como creador es aún más claro desde una perspectiva canónica.

El Evangelio de Juan comienza diciendo: "En el principio" (Juan 1:1), una alusión inequívoca a Génesis 1:1. Además, inmediatamente aparece otra alusión a Génesis, pues Juan 1:3 habla del papel del "Verbo" en el principio, afirmando que "todas las cosas fueron hechas" por aquel que es el "Verbo". Por lo tanto, el "Verbo" que dio origen a la creación (Gn. 1:3, 6, 9, 11, 14, 20, 24, 26) es identificado como el Hijo de Dios-Jesús el Cristo (Juan 1:14).

> **Génesis 1:3** Entonces dijo Dios: «Sea la luz». Y hubo luz.
> **Génesis 1:6** Entonces dijo Dios: «Haya expansión en medio de las aguas, y separe las aguas de las aguas»
> **Génesis 1:9** Entonces dijo Dios: «Júntense en un lugar las aguas *que están* debajo de los cielos, y que aparezca lo seco». Y así fue.
> **Juan 1:14** El Verbo se hizo carne, y habitó entre nosotros, y vimos Su gloria, gloria como del unigénito del Padre, lleno de gracia y de verdad.

Por consiguiente, desde una perspectiva canónica, el "hagamos" de Gn. 1:26 debe entenderse como una referencia a la Trinidad.[21]

La otra característica de la creación en Gn. 1:1-2:3 que debemos considerar es la creación del hombre y la mujer a imagen de Dios (1:26-27). Es evidente que este es el punto culminante de la creación, y que los días anteriores anticipan la creación del ser humano en el sexto día.[22] Lo que resulta especialmente llamativo es que Dios creó el "hombre" (*'ādām*) como varón y mujer a su imagen (1:27). Los teólogos han reflexionado durante mucho tiempo sobre el

---

[19] Contra von Rad, *Génesis*, 49; Goldingay, *Israel's Gospel*, 82.

[20] De nuevo, defiendo esta lectura a la luz de todo el canon de la Escritura.

[21] Véase House, *Old Testament Theology*, 61-62.

[22] Pero C. Wright (*Old Testament Ethics*, 126-27) advierte con razón que esto se malinterpreta si los seres humanos se consideran a sí mismos, y no a Dios, como el centro de la creación, señalando también que hay un sentido en el que el descanso del sábado es el clímax de la obra creativa de Dios.

significado y la importancia de la creación del ser humano a imagen de Dios. Si prestamos atención al texto, veremos que la atención se centra en el ser humano como vicerregente de la creación.

Leemos el mandato para el ser humano en 1:28: "Sean fecundos y multiplíquense. Llenen la tierra y sométanla. Ejerzan dominio sobre los peces del mar, sobre las aves del cielo y sobre todo ser viviente que se mueve sobre la tierra". El ser humano está hecho a imagen y semejanza de Dios en el sentido de que ha de gobernar el mundo para Dios. El carácter real de la imagen queda confirmado por el uso de imágenes en el antiguo Cercano Oriente, donde "la imagen de un gobernante se erigía en partes distantes de su reino para indicar que su autoridad llegaba hasta allí".[23]

Ciertamente, el mandato de gobernar implica otros elementos de la imagen divina.[24] Pero el texto bíblico llama la atención sobre los seres humanos como aquellos que tienen la responsabilidad y el privilegio de someter el mundo para Dios. Como dice Stephen Dempster: "El varón y la hembra, como rey y reina de la creación, deben ejercer gobierno sobre su dominio, cuya extensión es toda la tierra".[25] En un estudio detallado, Peter Gentry argumenta con razón que aquí la imagen de Dios no es funcional sino ontológica, ya que los seres humanos son a imagen de Dios porque son reyes siervos e hijos de Dios, y como resultado de estar hechos a su imagen gobiernan el mundo para él.[26]

La importancia de que los seres humanos sean creados a imagen y semejanza de Dios difícilmente puede ser exagerada. De hecho, los tres temas centrales de este libro están presentes justo aquí. Dios es el creador soberano que extiende su reinado sobre el mundo. Pero extiende su gobierno a través de los seres humanos, ya que como portadores de la imagen de Dios deben gobernar el mundo para la gloria y el honor de Dios. Como señala von Rad, "Dios puso al hombre en el mundo como signo de su propia autoridad soberana, para que el hombre mantuviera y aplicara sus demandas -las de Dios- como señor".[27] Y su gobierno no es abstracto, pues el reinado de Dios debe ponerse en marcha en el mundo del espacio y del tiempo, sobre la buena creación que Dios ha hecho.

---

[23] Alexander, *Eden to the New Jerusalem*, 78. Véase también Mathews, *"Genesis"*, 142; Dumbrell, *Covenant and Creation*, 34.

[24] Véase Gentry y Wellum, *Kingdom through Covenant*, 613-16.

[25] Dempster, *Dominion and Dynasty*, 59. C. Wright dice: "El dominio humano sobre el resto de la creación ha de ser un ejercicio de realeza que refleje la propia realeza de Dios".

[26] Gentry, *"Kingdom through Covenant"*, 22-33.

[27] Von Rad, *Israel's Historical Traditions*, 146; cf. von Rad, *Genesis*, 59-60.

Dempster relaciona acertadamente los temas de Génesis 1: "Otra forma de describir este énfasis en el dominio y la dinastía humana sería la simple expresión 'el reino de Dios'."[28] De hecho, hay indicios de que los seres humanos funcionaban como reyes-sacerdotes.[29] Dios ordenó a Adán "cuidar y cultivar" la tierra (2:15). Estos dos verbos a menudo se usan para referirse a los sacerdotes y su trabajo en el tabernáculo/templo (Nm. 3:7-8; 8:25-26; 18:5-6; 1 Cr. 23:32; Ez. 44:14).

> **Números 3:7–8** »Ellos se encargarán de las obligaciones de él y de toda la congregación delante de la tienda de reunión, para cumplir *con* el servicio del tabernáculo.» También guardarán todos los utensilios de la tienda de reunión, junto con las obligaciones de los israelitas, para cumplir *con* el servicio del tabernáculo.
>
> **Números 8:25–26** »Pero a los cincuenta años se jubilarán de ejercer el ministerio, y no trabajarán más.» Sin embargo, pueden ayudar a sus hermanos en la tienda de reunión a cumplir sus obligaciones, pero no a ejercer el ministerio. Así harás con los levitas en cuanto a sus obligaciones».

Adán debía comenzar gobernando el jardín para Dios y presumiblemente extender el reino de Dios sobre toda la tierra.[30] El séptimo día de la creación (Gn. 2:1-3) se distingue porque en él Dios no crea, sino que descansa, ya que ha completado su obra creadora.[31]

> **Génesis 2:1–3** Así fueron acabados los cielos y la tierra y todas sus huestes. En el séptimo día ya Dios había completado la obra que había estado haciendo, y reposó en el día séptimo de toda la obra que había hecho. Dios bendijo el séptimo día y lo santificó, porque en él reposó de toda la obra que Él había creado y hecho.

El descanso de Dios desempeña un papel importante en la historia de la Biblia. Este indica que "ahora reinaba sobre la creación para el bien de su pueblo"[32] Según Josué, Israel disfruta del descanso de sus enemigos cuando posee la tierra

---

[28] Dempster, *Dominion and Dynasty*, 62.

[29] Véase Beale, *Church's Mission*, 66-70.

[30] Ibídem, 82-83.

[31] El Señor descansa porque ha terminado (Goldingay, *Israel's Gospel*, 127).

[32] Hafemann, "Covenant Relationship", 40. Véase también Kline, *Kingdom Prologue*, 23.

que le fue prometida (Jos. 23:1). La observancia del Sabbat por parte de Israel también reproduce el descanso del Señor en el séptimo día (Dt. 5:12-15). El tema del descanso señala el refrigerio y la alegría que se encuentran en la presencia de Dios, ya que el séptimo día nunca termina.[33] El Sabbat de descanso de Dios, según Hebreos, encuentra su culminación en la nueva creación, donde los creyentes disfrutarán de un descanso celestial y eterno durante el escatón (He. 4:1-11). Meredith Kline observa que el descanso final tendrá lugar después de la victoria del Señor sobre sus enemigos satánicos (Ap. 19-20).[34] Entonces los seres humanos disfrutarán de la comunión con Dios y verán al Rey en su belleza.

El segundo relato de la creación (Gn. 2:4-25) complementa el primero centrándose en la creación del hombre y la mujer y su responsabilidad única. El uso del término "Yahvé" enfatiza el amor pactual especial de Dios por los seres humanos ya que en el primer relato de la creación, acerca del cosmos, la palabra que encontramos con regularidad es "Dios" (*'ĕlōhîm*). Vemos el cuidado del Señor por los seres humanos en los términos utilizados para describir la creación del hombre y la mujer. El Señor "formó" al hombre del polvo y le "sopló… el aliento" de vida (2:7). Además, formó a la mujer a partir de la costilla del hombre (2:21-22).

> **Génesis 2:21–22** Entonces el Señor Dios hizo caer un sueño profundo sobre el hombre, y *este* se durmió. Y *Dios* tomó una de sus costillas, y cerró la carne en ese lugar. De la costilla que el Señor Dios había tomado del hombre, formó una mujer y la trajo al hombre.

Según Génesis 1, el hombre y la mujer, como imagen de Dios, deben exhibir dicha imagen al gobernar el mundo para Dios.

En Génesis 2 este gobierno comienza en el jardín que el Señor plantó. El jardín es, como dice Dempster, "la sala del trono... del reino".[35] El hombre y la mujer deben "cultivarlo y cuidarlo" (2:15). El jardín, como otros han observado, anticipa el tabernáculo (Éx. 25-31), y por ende "era el lugar donde los seres

---

[33] Dumbrell, *Faith of Israel*, 40.
[34] Kline, *Kingdom Prologue*, 23.
[35] Dempster, *Dominion and Dynasty*, 62.

humanos podían disfrutar de la comunión y la presencia de Dios".[36] "El Paraíso
era un santuario, un templo-jardín".[37]

Desmond Alexander señala una serie de paralelismos entre el
tabernáculo/templo y el jardín:[38]

(1) El Señor camina en ambos (Gn. 3:8; Lv. 26:12);

(2) Tanto el Edén como el tabernáculo están custodiados por querubines, y
su entrada está en el lado este;

(3) El candelabro puede simbolizar el árbol de la vida (Gn. 2:9; 3:22; Éx.
25:31-35);[39]

(4) Los verbos utilizados en Gn. 2:15 también se emplean para describir el
trabajo de los levitas en el santuario (Nm. 3:7-8; 18:5-6);

(5) Un río sale del Edén y también fluye desde el templo de Ezequiel (Gn.
2:10; Ez. 47:1-12);

(6) Las piedras que se encuentran en el Edén también están en el tabernáculo
(Gn. 2:11-12; Éx. 25:7, 11, 17, 31);

(7) Ambos están en una montaña, que es tierra sagrada en el antiguo Cercano
Oriente. La imagen del templo indica que "el propósito de Dios es que el mundo
se convierta en su morada".[40]

Sin embargo, el hombre y la mujer no ejercen su gobierno de forma autónoma.
Están siempre sometidos a la voluntad de Dios.[41] El Señor derrama su bondad
sobre ellos al ponerlos en un jardín idílico con árboles verdes de los que se
nutren. Al mismo tiempo, el hombre y la mujer demostrarían su sumisión al
señorío de Dios al negarse a comer del "árbol de la ciencia del bien y del mal"

---

[36] Sailhamer, *Pentateuch as Narrative*, 98. Cf. Ezequiel 28:13.

[37] Kline, *Kingdom Prologue*, 31. Continúa diciendo: "El jardín del Edén era una versión
microcósmica y terrenal del templo cósmico, y el lugar de una proyección visible y local del
templo celestial" (p. 32).

[38] Alexander, *Paradise to the Promised Land*, 21-23; ídem, *Eden to the New Jerusalem*,
21-23. Véase también Beale, *Church's Mission*, 66-80; Dumbrell, *Faith of Israel*, 19-20;
Waltke, *Genesis*, 57-75; Gentry y Wellum, *Kingdom through Covenant*, 211-16; Levenson,
Sinai and Zion, 129. Levenson dice que "el Templo fue concebido como un microcosmos, un
mundo en miniatura", y "el mundo... como un macro-templo" es "el palacio de Dios en el que
todos son obedientes a sus mandatos" (*Persistencia del mal*, 86).

[39] Jenson, *Graded Holiness*, 112.

[40] Alexander, *Eden to the New Jerusalem*, 26.

[41] "Por un lado, el Rey soberano delega en la humanidad la autoridad para gobernar bajo
él. Por otro lado, la emisión de un mandamiento por parte de Dios supone que el hombre
tiene la capacidad moral de elegir libremente si obedece o desobedece a Dios" (Waltke, *Old
Testament Theology*, 259).

(Gn. 2:17). De hecho, participar de ese árbol traería la muerte. El "árbol de la vida" (Gn. 2:9; 3:22, 24) anticipa la alegría final de los seres humanos que conocen al Señor (Ap. 22:2, 14, 19).

> **Apocalipsis 22:2b, 14, 19** Y a cada lado del río estaba el árbol de la vida, que produce doce *clases de* fruto, dando su fruto cada mes; y las hojas del árbol *eran* para sanidad de las naciones... Bienaventurados los que lavan sus vestiduras para tener derecho al árbol de la vida y para entrar por las puertas a la ciudad... Y si alguien quita de las palabras del libro de esta profecía, Dios quitará su parte del árbol de la vida y de la ciudad santa descritos en este libro.

El llamado a la obediencia predice el pacto mosaico, en el que el pueblo de Dios es llamado a cumplir sus mandamientos, mostrando así su devoción a él.[42] El pacto de Dios está íntimamente relacionado con su gobierno sobre su pueblo, pues este siempre implica una relación.[43] Es más, uno de los estribillos de la Escritura es pactual, lo vemos cuando Dios promete: "Yo seré tu Dios y tú serás mi pueblo", mostrando así que el pacto y el gobierno de Dios son personales.[44]

La caída y el diluvio

La caída de Adán y Eva en el pecado significa su rechazo al señorío de Dios sobre sus vidas (Gn. 3).[45] El autor del Génesis no muestra ningún interés por saber de dónde procede la serpiente, ni informa al lector sobre cómo ésta se hizo malvada.[46] Tampoco se da idea de que la serpiente sea igual de poderosa que Dios, ni de que algo creado por Dios (véase Gn. 1) fuera de hecho malvado.[47] Claramente, la serpiente es muy inusual porque habla con Eva, ¡y hablar no es

---

[42] Los estudiosos han debatido durante mucho tiempo si la relación de Dios con Adán y Eva era de pacto. Me parece que los argumentos que defienden una idea de pacto son más fuertes. Véase Gentry, "Kingdom through Covenant", 19-22; Gentry y Wellum, *Kingdom through Covenant*, 177-221; Dumbrell, *Covenant and Creation*, 15-26. Para la opinión contraria, véase Williamson, *Sealed with an Oath*, 52-58, 69-76.

[43] Es comúnmente reconocido que la relación en el pacto es familiar. Véase Hahn, *Kinship by Covenant*, 59-67.

[44] Véase Martens, "People of God", 225.

[45] Comer del árbol del conocimiento del bien y del mal significa que Adán y Eva se estaban arrogando un estatus de dioses. Véase von Rad, *Israel's Historical Traditions*, 155; Waltke, *Old Testament Theology*, 257-58; Dumbrell, *Covenant and Creation*, 37-38.

[46] Véase Waltke, *Old Testament Theology*, 261.

[47] Acertadamente, House, *Old Testament Theology*, 64.

normal para los animales![48] La serpiente es sorprendentemente diferente de los otros animales, pues está bastante claro en 2:19-20 que el hecho de que Adán nombrara a los animales simbolizaba su dominio sobre ellos. Kline señala que dicha tarea representa la sabiduría,[49] de modo que ya en el relato de la creación tenemos un vínculo entre los temas de la sabiduría y el dominio. Los otros animales no son "astutos" (3:1) y no pueden conversar con Adán y Eva. Presumiblemente, Adán y Eva debían expulsar a la serpiente del jardín en obediencia al Señor.[50] Debían "guardar o custodiar el jardín para que siguiera siendo santo".[51] En lugar de ello, capitularon ante las seducciones de la serpiente y transgredieron el mandato del Señor al comer del árbol de la ciencia del bien y del mal.[52]

Al no obedecer el mandato de Dios, manifestaron su obstinada independencia y su deseo de ser como Dios (3:5). Como señala von Rad, "lo impensable y terrible se describe de la manera más sencilla y mesurada posible".[53] La preciosa comunión que disfrutaban con Dios se hizo añicos. Como dice Kline:

> Eva se idolatraba a sí misma, así como a Satanás, pues se arrogaba la prerrogativa divina del juicio final para discernir entre el bien y el mal y para definir el significado de la realidad en general. Su nueva teología se evidenció en su asunción de una postura crítica frente a la palabra de Dios.[54]

Su rechazo al señorío de Dios no solo afectó su relación con él. El mundo creado, con toda su belleza, estaba también, como señaló más tarde el apóstol Pablo,

---

[48] Dempster (*Dominion and Dynasty*, 67) critica con razón la idea de que la gente de aquella época creía en serpientes parlantes. También Alexander, *Eden to the New Jerusalem*, 103.

[49] Kline, *Kingdom Prologue*, 48. Comenta: "La cultura del hombre debía proporcionar una réplica humana de la realeza divina manifestada en el Arquetipo de la Gloria"

[50] Kline, *Kingdom Prologue*, 54-55, 77; Beale, *Church's Mission*, 87; Hamilton, *God's Glory in Salvation*, 75. Kline (*Kingdom Prologue*, 75) observa que el juicio de la serpiente en el jardín anticipó la responsabilidad de los seres humanos de juzgar a los ángeles (1 Co. 6:2-3) en el futuro.

[51] Alexander, *Eden to the New Jerusalem*, 26.

[52] Beale (*Biblical Theology*, 35) dice que distinguir el bien del mal es la función judicial de los reyes (2 S. 14:17; 19:35; 1 R. 3:9; Is. 7:15-16). Véase Clark, "Yahwist's Use of 'Good and Evil'."

[53] Von Rad, *Génesis*, 90.

[54] Kline, *Kingdom Prologue*, 78.

"sometida a vanidad" (Ro. 8:20). De la tierra que era fértil y producía árboles fructíferos ahora brotaban "espinos y cardos" (Gn. 3:18).

El ejercicio del dominio sobre el mundo ahora estaba estropeado por el pecado, de modo que la frustración, el dolor y el hastío formaban parte del trabajo. Del mismo modo, la alegría de tener hijos ahora estaba manchada por el dolor que acompaña al parto (3:16). Adán y Eva fueron expulsados del jardín y ahora vivían al este del Edén (3:22-24).

> **Génesis 3:22–24** Entonces el Señor Dios dijo: «Ahora el hombre ha venido a ser como uno de Nosotros, conociendo ellos el bien y el mal. Cuidado ahora, no vaya a extender su mano y tome también del árbol de la vida, y coma y viva para siempre». Y el Señor Dios lo echó del huerto del Edén, para que labrara la tierra de la cual fue tomado. Expulsó, pues, al hombre; y al oriente del huerto del Edén puso querubines, y una espada encendida que giraba en todas direcciones para guardar el camino del árbol de la vida.

Los seres humanos debían gobernar el mundo para Dios, pero ahora tanto ellos como el mundo estaban arruinados por el pecado. Sin embargo, un rayo de esperanza ilumina la narración. El Señor promete una futura victoria sobre la serpiente a través de la descendencia de la mujer (3:15).[55] No obstante, la victoria no será fácil, ya que se producirá a través de un intenso conflicto con la descendencia de la serpiente. En la línea argumental de la Biblia, Jesús el Cristo es la simiente predicha (véase Gá. 3:16), que triunfará sobre Satanás mediante su muerte y resurrección.

El Señor concedió su gracia a Adán y Eva vistiéndolos con pieles de animales (Gn. 3:21). La ropa puede indicar la "autoridad real" de Adán y Eva.[56] Dicha vestimenta anticipa la inmolación de animales para los sacrificios, y está justificado canónicamente entender su culminación en el sacrificio de Cristo por su pueblo. Al parecer, Adán comprendió el significado de la promesa en 3:15, pues expresó su esperanza en el futuro a través de los hijos de Eva, que "era la madre de todos los vivientes" (3:20).[57] La línea argumental de las Escrituras

---

[55] En oposición a von Rad (*Genesis*, 93), aquí hay una dimensión mesiánica en la profecía. Acertadamente, Hamilton, "Skull Crushing Seed"; Alexander, *Eden to the New Jerusalem*, 106.

[56] De la misma manera, Beale, *Biblical Theology*, 228.

[57] Rendtorff observa que la "historia bíblica primordial muestra a sus lectores... la grandeza y belleza de la creación y su descarrilamiento y puesta en peligro por los humanos.

describe detalladamente cómo las maldiciones aquí pronunciadas serán revocadas mediante las bendiciones prometidas a Abraham.[58] De hecho, como señala Kenneth Mathews, la forma verbal y sustantiva de "bendición" aparece ochenta y ocho veces en Génesis, lo cual demuestra que se trata de un tema importante.[59] Un nuevo Edén, una nueva creación, vendrá a través de Jesucristo.[60]

Adán y Eva no comprendieron el horrible mal que habían desatado en el mundo. Es posible que Eva creyera que Caín era el hijo prometido que triunfaría sobre la serpiente y su descendencia (4:1). Pero Caín no resultó ser el libertador prometido. Por el contrario, quedó claro que se puso del lado de la serpiente. La batalla entre los hijos de la serpiente y los hijos de la mujer había comenzado. El sacrificio de Abel fue agradable a Dios, mientras que el de Caín fue rechazado (4:2-7). Aprendemos de Hebreos que la razón fundamental por la que el sacrificio de Abel fue agradable a Dios fue que lo ofreció con fe (He. 11:4), lo cual sugiere que Abel buscó al Señor para el perdón de sus pecados. A Caín no se le critica por no haber ofrecido sacrificios de animales, pues él llevó al Señor los frutos de su trabajo. Tal vez Génesis sugiera que Caín se quedó con los mejores productos (Gn. 4:3-4).

> **Génesis 4:3–4** Al transcurrir el tiempo, Caín trajo al Señor una ofrenda del fruto de la tierra. También Abel, por su parte, trajo de los primogénitos de sus ovejas y de la grasa de los mismos. El Señor miró con agrado a Abel y su ofrenda.

En cualquier caso, Hebreos nos indica que Caín no trajo su ofrenda por fe y por lo tanto, ésta no estaba motivada por la confianza en Dios. Desde el principio vemos que la obediencia mecánica no agrada al Señor y que él exige el tipo de obediencia que fluye de un corazón de fe (véase Ro. 1:5; 16:26). Caín demostró que pertenecía a los hijos de la serpiente (1 Jn. 3:12; cf. Jn. 8:44; Ap. 12:15-17) al matar a Abel, la simiente de la mujer.[61]

Pero también les asegura que Dios quiere conservar y mantener su creación a pesar de la pecaminosidad humana" (*Canonical Hebrew Bible*, 20).

[58] Acertadamente, Mathews, "Genesis", 143; Hamilton, "Seed of the Woman"; contra Sailhamer, *Pentateuch as Narrative*, 301.

[59] Mathews, "Genesis", 141.

[60] Esto sugiere que la promesa de la tierra, incluyendo la promesa dada a Abraham, abarcará toda la creación (véase Williamson, "Promise and Fulfillment", 27).

[61] Véase Alexander, *Eden to the New Jerusalem*, 107-8.

1 Juan 3:12 No como Caín *que* era del maligno, y mató a su hermano. ¿Y por qué causa lo mató? Porque sus obras eran malas, y las de su hermano justas.

Juan 8:44 »Ustedes son de *su* padre el diablo y quieren hacer los deseos de su padre. Él fue un asesino desde el principio, y no se ha mantenido en la verdad porque no hay verdad en él. Cuando habla mentira, habla de su propia naturaleza, porque es mentiroso y el padre de la mentira.

De esta manera se hace evidente que la victoria sobre la serpiente no será fácil, que la victoria de la descendencia de la mujer sólo se conseguirá mediante un intenso conflicto. El reino de Dios prevalecerá sobre todo, pero su triunfo se obtendrá a un gran costo. Al mismo tiempo, el Señor revela su paciencia y su gracia en respuesta al pecado de Caín, pues no lo destruye, sino que le muestra su misericordia.

La cultura, la destreza manual para crear artesanías y la mejora de la ganadería se introdujeron a través de la línea de Caín (Gn. 4:20-22). No obstante, al mismo tiempo, el carácter moral de sus descendientes decayó, lo cual es evidente sobre todo en el caso de Lamec (4:19, 23-24). La cultura humana, el arte y la habilidad tecnológica son dones provistos por Dios, pero pueden ser utilizados para promover el mal y no el bien.[62] La belleza y las riquezas de la cultura de los seres humanos pueden ser tan deslumbrantes que el mal que estos cometan quede oculto a la percepción. La descendencia de la mujer continúa a través de Set (4:25-26), pero su trayectoria se precipita rápidamente cuesta abajo. Las hijas de los hombres comienzan a casarse con los hijos de Dios, los cuales probablemente sean demonios (6:1-4), aunque la identidad de los hijos de Dios sigue siendo asunto de controversia.[63]

La tierra se llenó de corrupción a causa de la ahora desenfrenada influencia de la serpiente (6:5, 11). Como señala David Clines, "hay una 'avalancha' de pecado en constante crecimiento, un 'abismo entre el hombre y Dios' que se ensancha continuamente. Hay un progreso de la desobediencia al asesinato, a la matanza temeraria, a la lujuria titánica, a la corrupción y la violencia totales, al trastorno total de la humanidad".[64] Clines continúa diciendo:

---

[62] Véase Kline, *Kingdom Prologue*, 113.

[63] Para un análisis de este asunto, véase Mathews, *Genesis 1:1-11:26*, 323-32.

[64] Clines, *Theme of the Pentateuch*, 70. En el epílogo, Clines aclara que en 1996 habría escrito el libro de forma algo diferente y más tentativa que la primera vez que lo concibió en 1976.

Dios responde a la extensión del pecado humano con un castigo cada vez más severo que va desde la expulsión del jardín a la expulsión de la tierra cultivable, a la limitación de la vida humana, a la casi aniquilación de la humanidad, a la 'disolución de la unidad de la humanidad'.

Pero Clines también nota correctamente que la gracia de Dios se manifiesta.

Dios no sólo castiga a Adán y Eva, sino que también retiene la pena de muerte anunciada; no sólo expulsa a Caín, sino que también pone su marca de protección sobre él; no sólo envía el diluvio, sino que mantiene a la raza humana con vida al preservar a Noé y su familia.[65]

Von Rad señala de manera memorable el mismo punto sobre el diluvio: "Muestra a Dios como el que juzga el pecado, y se encuentra al principio de la Biblia como la palabra eternamente válida sobre la ira mortal de Dios sobre el pecado. De este modo, protege todas las palabras de gracia posteriores de cualquier tipo de inocuidad (*Verharmlosung*); fundamenta la comprensión de la voluntad de salvación de Dios como un puro milagro".[66]

La descendencia de la mujer después del diluvio fue reducida a Noé y su familia. La promesa de que el reino de Dios triunfaría parecía lejana e improbable. El relato de la generación del diluvio enfatiza la profundidad y el horror del pecado humano. Los seres humanos no están manchados con una ligera imperfección (8:21; cf. 6:5); el mal que asola a la raza humana está en el núcleo de la humanidad y no se borra fácilmente. La historia de la generación del diluvio revela que los seres humanos, abandonados a sí mismos, se vuelven hacia la violencia y el mal. A cualquier estudiante de la historia del siglo XX que conozca las atrocidades infligidas por Hitler, Stalin, Mao y Pol Pot no le resultará difícil comprender el mal que aqueja a la raza humana.

El juicio y la destrucción de toda la humanidad a través del diluvio también demuestran que los hijos de la serpiente en definitiva no ganarán. El reino de Dios no sólo se realiza mediante la salvación, sino también mediante el juicio.[67] La cabeza de la serpiente será aplastada, y Dios será glorificado en la derrota de sus enemigos. Además, la historia de Noé ilustra la verdad de que aunque sean

---

[65] Ibíd.
[66] Von Rad, *Genesis*, 129.
[67] Este es el tema de la importante obra de Hamilton, *God's Glory in Salvation*.

un pequeño remanente, Dios salva y rescata a los que confían en él y le obedecen (véase 1 P. 3:20; 2 P. 2:5).

1 Pedro 3:20 Quienes en otro tiempo fueron desobedientes cuando la paciencia de Dios esperaba en los días de Noé durante la construcción del arca, en la cual unos pocos, es decir, ocho personas, fueron salvadas por medio *del* agua.

2 Pedro 2:5 Tampoco perdonó al mundo antiguo, sino que guardó a Noé, un predicador de justicia, con otros siete, cuando trajo el diluvio sobre el mundo de los impíos.

La maravilla y la gracia de la salvación se destacan cuando tienen como telón de fondo la ira de Dios desatada sobre el mundo. La tierra es tanto limpiada como juzgada por el diluvio.[68] La ira de Dios, como señala Abraham Heschel, "no es una fuerza ciega y explosiva que opera sin relación con el comportamiento del hombre, sino, más bien, voluntaria e intencional, motivada por la preocupación por el bien y el mal".[69] Heschel observa con razón que la indiferencia al mal es en sí misma un gran mal.[70]

La descendencia de la mujer, Noé y su familia, triunfó sobre la descendencia de la serpiente. Dios hizo un pacto con Noé y con toda la humanidad (Gn. 9:8-17),[71] al prometerle que el mundo no volvería a ser destruido con agua.[72] La preservación del mundo significa que las promesas de salvación para el mundo se harán realidad antes de que llegue el fin. La creación de los seres humanos por parte de Dios no acabará siendo un experimento fallido en el que el mundo termine por ser destruido. El "arco" que Dios pone en el cielo es el signo del pacto que representa un arma de guerra que Dios no desplegará sobre los seres

---

[68] Alexander (*Eden to the New Jerusalem*, 28–29) subestima el juicio, pero sí ve el papel de la limpieza.

[69] Heschel, *Los Profetas*, 282. Heschel continúa diciendo que la ira de Dios "es una emoción secundaria, nunca la pasión dominante, que revela sólo una parte del camino de Dios con el hombre" (pp. 282-83).

[70] Ibídem, 284. Heschel comenta: "El Señor es paciente, compasivo, amoroso y fiel, pero también es exigente, insistente, terrible y peligroso" (p. 285).

[71] Gentry y Wellum comentan: "Las afirmaciones de los versículos 8-17 son muy repetitivas y monótonas para los oídos occidentales. Esta repetición es como una campana de catedral que repica y suena una y otra vez, reverberando en el futuro, que Dios se está comprometiendo con todas sus criaturas vivientes mientras dure la tierra. No hay que confundir las partes especificadas en el pacto" (*Kingdom through Covenant*, 168).

[72] Por cierto, los pactos pueden ser tanto igualitarios como jerárquicos, por lo que debemos tener cuidado de decir que el término se utiliza de forma unívoca. Así, Goldingay, *Israel's Faith*, 183-84.

humanos.[73] No obstante, el problema de raíz con los seres humanos no se ha resuelto, pero Dios mostrará misericordia, como acertadamente notan Peter Gentry y Stephen Wellum:

La condición de la humanidad después del juicio cataclísmico sigue siendo la misma que antes del diluvio; así que el juicio no ha alterado ni cambiado la condición del corazón humano. Esto implica que estaría completamente justificado que Dios aniquilara a cada generación de la humanidad por medio de un gran juicio. Sólo hay una razón por la cual no lo hace: por su propia gracia y misericordia hacia nosotros. La tierra se mantiene y se preserva a pesar de la situación humana. Así, el pacto con Noé instaura una etapa firme de la historia en la que Dios puede llevar a cabo su plan para rescatar su mundo caído.[74]

Conscientemente, el autor de Génesis establece paralelismos entre el nuevo comienzo con Noé y la creación inicial de Adán y Eva, indicando que ha comenzado una nueva era, que tenemos algo así como una nueva creación después del diluvio.[75] Encontramos los siguientes paralelos:[76]

(1) La creación a partir del agua y el caos (1:2; 7:11-12, 17-24);
(2) Las aves, los animales y los reptiles son traídos para pulular en la tierra (1:20-21, 24-25; 8:17-19);
(3) Dios establece los días y las estaciones (1:14-18; 8:22);
(4) Se ordena a los animales que fructifiquen y se multipliquen (1:22; 8:17);
(5) Se repite el mandato de fructificar y multiplicarse (1:28; 9:1, 7);
(6) Se restablece el dominio sobre el mundo (1:28; 9:2);
(7) Dios proporciona alimento a los seres humanos (1:29-30; 9:3);
(8) Los seres humanos siguen siendo a imagen de Dios (1:26-27; 9:6).

---

[73] Gentry y Wellum, *Kingdom through Covenant*, 170.

[74] Ibídem, 169.

[75] Dumbrell (*Covenant and Creation*, 15-26) sostiene que el pacto con Noé representa la reafirmación de un pacto existente hecho con Adán y no es la inauguración de un nuevo pacto. Véase también Hahn, *Kinship by Covenant*, 95. Para una confirmación del punto de vista de Dumbrell que responde a las críticas y lo pone sobre una base más firme, véase Gentry y Wellum, *Kingdom through Covenant*, 155-61.

[76] Véase G. Smith, "Genesis 1-11", 310-11. Véase también Gentry y Wellum, *Kingdom through Covenant*, 161-65.

Todas estas características indican que el plan para rescatar a la raza humana del pecado y de la serpiente no ha terminado. Por supuesto, los paralelos entre los días de Adán y los de Noé no se mantienen en todos los puntos, pues el mundo de Noé seguía manchado por el pecado, mientras que la creación original estaba libre de la maldición.

Babel y Abraham

La salvación de Noé y el nuevo comienzo con su familia no son un retorno al paraíso. El pecado sigue siendo dominante y generalizado (6:5; 8:21). Noé, al igual que Adán en el huerto, también pecó en un jardín emborrachándose del fruto de la vid (9:21). Y al igual que Adán y Eva se avergonzaron de su desnudez tras su pecado (3:7), Noé se avergonzó de su desnudez (9:21-23). La deshonra de Cam a su padre (9:22-25) demuestra que los hijos de la serpiente no se extinguieron con el diluvio, sino que siguieron vivos en el planeta tierra.[77] Pero Dios en su misericordia promete no exterminar la raza humana con un diluvio y sella esta promesa con el arcoíris como señal del pacto (9:8-17).[78] Dios deja de lado su arco de guerra por la preservación de la raza humana.[79]

Además instituye el gobierno humano con el propósito de disuadir el mal (9:6) de modo que la sociedad humana no caiga en la anarquía.[80]

> **Génesis 9:5–6** »De la sangre de ustedes, de la vida de ustedes, ciertamente pediré cuenta: a cualquier animal, y a cualquier hombre, pediré cuenta; de cada hombre pediré cuenta de la vida de un ser humano. »El que derrame sangre de hombre, Por el hombre su sangre será derramada, porque a imagen de Dios Hizo Él al hombre.

Esto no quiere decir, sin embargo, que el problema fundamental de los seres humanos haya sido resuelto. De hecho, el poder del mal aumentó de forma tan exponencial que para la época de Babel la arrogancia humana había llegado nuevamente a su punto más alto (11:1-9). La construcción de lo que

---

[77] Véase Kline, *Kingdom Prologue*, 161-62.

[78] Véase Williamson, *Sealed with an Oath*, 64-65, 67-69.

[79] Así, von Rad, *Genesis*, 134; Dumbrell, *Covenant and Creation*, 29-30. Hahn (*Kinship by Covenant*, 50-59) subraya con razón que el pacto está estrechamente relacionado con los juramentos.

[80] Véase Kline, *Kingdom Prologue*, 160.

probablemente fue un zigurat representó la cúspide del antropocentrismo en lugar del teocentrismo. Los hombres construyeron "para hacerse un nombre" (11:4) en lugar de vivir para edificar el nombre de Dios.[81]

> **Génesis 11:4–5** Luego dijeron: «Vamos, edifiquémonos una ciudad y una torre cuya cúspide *llegue* hasta los cielos, y hagámonos un nombre *famoso*, para que no seamos dispersados sobre la superficie de toda la tierra» Pero el Señor descendió para ver la ciudad y la torre que habían edificado los hijos de los hombres.

Quizás los seres humanos también pecaron al congregarse en un solo lugar en vez de dispersarse por toda la tierra. El Señor reina sobre todo, y juzgó a los seres humanos introduciendo la diversidad lingüística y dispersándolos por el mundo.[82]

El nuevo inicio que comenzó con Noé se parecía cada vez más al viejo mundo. La totalidad de la raza humana pertenecía a la descendencia de la serpiente. Los tentáculos del mal tenían a toda la humanidad en sus garras, de modo que nadie era capaz de resistirse a su encanto.

> Babel expresaba una confianza ingenua y total en lo que los logros humanos podían llevar a cabo... Fue el comienzo del sueño humanista utópico al que el hombre siempre ha aspirado.[83]

No obstante, aún no se había escrito el capítulo final, y la promesa de que el reino de Dios triunfaría a través de la descendencia de la mujer no se retiró.[84] Von Rad observa que en los primeros relatos de Génesis cada palabra de juicio iba seguida de una promesa de gracia, pero Dios no expresa esa palabra de gracia después de Babel, entonces surgen los siguientes interrogantes: "¿la relación de Dios con las naciones se ha roto definitivamente? ¿se ha agotado ya la clemencia

---

[81] Sobre el significado del nombre de Dios, véase Goldingay, *Israel's Faith*, 106-8.

[82] Citando a Procksch, von Rad dice sobre el descenso de Yahvé para ver lo que ocurría en Babel: "Yahvé debe acercarse, no porque sea miope, sino porque habita a una altura tremenda y su obra es diminuta. El movimiento de Dios debe entenderse, pues, como una notable sátira del hacer del hombre" (*Genesis*, 149).

[83] Dumbrell, *Covenant and Creation*, 63.

[84] Véase Clines, *Theme of the Pentateuch*, 84-86. Clines (p. 74) también sostiene que la Tabla de Naciones (Génesis 10) se sitúa antes del incidente de Babel (11:1-9) para excluir la idea de que el juicio es la palabra final.

de Dios? ¿ha rechazado Dios a las naciones con ira para siempre?"[85] El llamado de Abraham responde a esas preguntas. Mark Strom dice:

> Abraham recibiría las mismas cosas a las que se aferró el pueblo de Babel: tendría un gran nombre; sería padre de una gran nación; y se convertiría en una fuente de bendición para toda la tierra. En otras palabras, el Señor mantendría sus propósitos para la creación y la humanidad a través de Abraham y los que le siguieran.[86]

Después de todo, Dios había prometido que "pondría enemistad" entre la descendencia de la mujer y la descendencia de la serpiente (3:15). Pero cuando todo parecía perdido, el Señor llamó a Abraham a la tierra prometida. "Sin importar qué tan drástico sea el pecado humano, que destruye lo que Dios ha hecho bueno y lleva al mundo al borde de la aniquilación, la gracia de Dios nunca deja de liberar a la humanidad de las consecuencias de su pecado".[87] Sin embargo, la obediencia de Abraham no se puede atribuir a su propia virtud o sabiduría. Por cierto, Abraham procedía de una familia de idólatras (Jos. 24:2) y, por tanto, estaba clasificado entre los "impíos" (véase Ro. 4:5).[88] El Señor "tomó" a Abraham de Ur y lo llevó a Canaán (Jos. 24:3).[89]

> **Josué 24:2–3** Y Josué dijo a todo el pueblo: «Así dice el Señor, Dios de Israel: "Al otro lado del Río habitaban antiguamente los padres de ustedes, *es decir,* Taré, padre de Abraham y de Nacor, y servían a otros dioses. "Entonces tomé a Abraham, padre de ustedes, del otro lado del río y lo guié por toda la tierra de Canaán, multipliqué su descendencia y le di a Isaac.

Abraham era un hombre que iba en contra del mundo, pero era un hombre del mundo que había sido llamado a salir del mundo por la gracia de Dios. La salida de Abraham de Ur hacia la tierra prometida también funciona como una

---

[85] Von Rad, *Genesis*, 153.

[86] Strom, *Symphony of Scripture*, 26. Para un análisis completo de la relación de Yahvé con las naciones, véase Goldingay, *Israel's Faith*, 732-833.

[87] Clines, *Theme of the Pentateuch*, 83.

[88] Acertadamente Hafemann, "Covenant Relationship", 43.

[89] En Jos. 24:3 "tomar" (*lāqah*) señala la elección (Goldingay, *Israel's Gospel*, 196). La elección de Abraham está clara en el relato bíblico (véanse también Gn. 18:19; Neh. 9:7; Is. 41:8; 51:2). Véase Rendtorff, *Canonical Hebrew Bible*, 21; Dumbrell, *Covenant and Creation*, 57-58.

anticipación del éxodo, donde Israel, por la misericordia de Dios, salió de Egipto y se estableció en Canaán.

El enfoque en la gracia de Dios no anula la realidad de la obediencia de Abraham.[90] Por el contrario, funciona como el fundamento sobre el que descansó su obediencia. Abraham obedeció el llamado divino al dejar su país, sus parientes y su familia sin conocer el lugar de su destino (12:1). Alexander dice con razón: "En primer lugar, el cumplimiento de las promesas divinas está condicionado a la obediencia de Abraham".[91] Aquí Abraham funciona como un nuevo Adán que obedece al Señor en contraste con Adán. Y, sin embargo, según Hebreos, tal obediencia fluyó de la fe de Abraham: "Por la fe Abraham, al ser llamado, obedeció, saliendo para un lugar que había de recibir como herencia; y salió sin saber adónde iba". (He. 11:8).

Así que Alexander se equivoca cuando dice que Abraham mereció las promesas.[92] También es necesario enfatizar la discontinuidad entre Adán y Abraham, pues antes de su transgresión, Adán no tenía necesidad de perdón de pecados. A pesar de que Abraham obedeció al Señor en contraste con Adán, aún necesitaba el perdón de Dios, ya que no estaba totalmente libre de pecado. Mintió dos veces sobre Sara (Gn. 12:11-20; 20:1-18) y recurrió a Agar para tener hijos en lugar de confiar en la promesa de Dios (16:1-16). Es significativo que el escritor del Génesis no identifique la obediencia de Abraham como su justicia, aunque esto sea lo primero que mencione acerca de él (12:4). Cuando el narrador reflexiona sobre la razón de la justicia de Abraham delante de Dios, la atribuye a su fe, no a su obediencia (15:6).[93] Pablo sigue el ejemplo de Génesis al insistir en que Abraham era justo delante de Dios por la fe y no en virtud de sus obras (Ro. 4:1-25; Gá. 3:1-9). Así, la centralidad de la gracia de Dios vuelve a presentarse como la respuesta a la corrupción humana.[94]

El Señor prometió a Abraham tierra, hijos y bendición (Gn. 12:1-3).

---

[90] Waltke ("Phenomenon of Conditionality") dice con razón que el pacto es a la vez irrevocable y condicional. Dios ciertamente cumplirá su pacto, pero no se cumplirá con una generación desobediente.

[91] Alexander, *Paradise to the Promised Land*, 50.

[92] Ibídem, 55. Von Rad observa, con razón, que la obediencia de Abraham estaba arraigada en la fe (*Genesis*, 161).

[93] En oposición a Goldingay (*Israel's Gospel*, 266), que piensa que Abraham se cuenta como justo en Gn. 15:6.

[94] No es la primera vez que Abraham cree, sino que es una confirmación y reafirmación de la fe que ya poseía (véase Dumbrell, *Covenant and Creation*, 56).

Génesis 12:1–3 Y el Señor dijo a Abram: «Vete de tu tierra, De *entre* tus parientes y de la casa de tu padre, a la tierra que Yo te mostraré. »Haré de ti una nación grande, y te bendeciré, engrandeceré tu nombre, y serás bendición. »Bendeciré a los que te bendigan, y al que te maldiga, maldeciré. En ti serán benditas todas las familias de la tierra».

Promesas por medio de las cuales Dios desharía la devastación causada por Abraham y traería su reino.[95] La bendición y el dominio que primero recibió Adán ahora pertenecen a Abraham.[96] La promesa de que Dios haría de Abraham "una gran nación" es la promesa del reino.[97] La orden para Adán de fructificar y multiplicarse (1:28) ahora es una promesa para Abraham y su descendencia (17:2, 5, 6; 22:17; 26:4, 24; 28:3; 35:11; 47:27; 48:4).[98] Al contrario de lo que dicen muchas traducciones inglesas, en Génesis 12:2 a Abraham se le *ordena* ser una bendición, de modo que, como a Adán, se le demandó traer la bendición al mundo.[99]

La tierra era Canaán, la descendencia Isaac, y la bendición era universal, de manera que abarcaba todos los pueblos del mundo (12:3). Así pues, la serpiente sería derrotada por los hijos de Abraham, y entonces queda claro en el relato que la descendencia de la mujer (3:15) provendría de la familia de Abraham. La promesa de que el Señor engrandecería el nombre de Abraham tiene asociaciones reales (12:2; cf. 11:4; 2 S. 7:9) que señalan la promesa de que reyes vendrían de Abraham (17:6, 16; cf. 35:11).[100]

La bendición para el mundo provendría de una figura real. En cierto sentido, la tierra de Canaán representaba un nuevo Edén donde el Señor gobernaría a su pueblo.[101] La tierra era Canaán, pero se insinuaba que comprendía todo el mundo. La "descendencia" de Abraham "poseería la puerta de [sus] enemigos" (22:17). Así como la bendición por medio de Abraham sería universal, la tierra

---

[95] Clines (*Theme of the Pentateuch*) sostiene que la promesa a los patriarcas es el tema del Pentateuco.

[96] N. T. Wright, *Climax of the Covenant*, 21-26; Beale, *Biblical Theology*, 48.

[97] Gentry y Wellum, *Kingdom through Covenant*, 243-45.

[98] Ibídem, 226-28.

[99] Véase ibíd., 230-34. Como señalan Gentry y Wellum, los dos mandatos se apoyan en tres promesas, lo que demuestra que los mandatos se cumplirán mediante la gracia y la habilitación divinas. Goldingay (*Israel's Gospel*, 201-2) interpreta el imperativo de Gn. 12:2 como una promesa, pero Williamson (*Sealed with an Oath*, 79) y Terrien (*Elusive Presence*, 74-75) lo ven como un mandato.

[100] Así, Gentry y Wellum, *Kingdom through Covenant*, 236.

[101] Sobre el tema de la tierra, véase C. Wright, *Old Testament Ethics*, 76-99.

incluiría al mundo entero (Ro. 4:13; He. 11:13-16; Ap. 21:1-22:5).[102] Comenzaría con Canaán, que sería el puesto de avanzada del Señor en un mundo que se ha desbocado por el mal camino.

Aunque el Señor comenzó con un solo hombre, la bendición prometida estaba destinada a todos los pueblos del mundo. La promesa de que el mundo sería renovado por medio de los hijos de un solo hombre, exalta la verdad de que la salvación es del Señor y que se debe enteramente a su gracia. Naturalmente, los seres humanos se ponen del lado de la serpiente, pero el Señor triunfará sobre el mal y recuperará el mundo para su gloria y para el bien de los seres humanos. El pacto establecido con Abraham resalta el lugar central de la gracia mostrando que el reino será realizado a través del pacto.[103] Las promesas de la tierra, las semillas y la bendición universal eran promesas pertenecientes al pacto.

¿El pacto con Abraham era condicional o incondicional? En cierto sentido era condicional, pues dependía de la obediencia de Abraham. La lógica de Génesis 26:4-5 es clara: "Multiplicaré tu descendencia como las estrellas del cielo, y daré a tu descendencia todas estas tierras. En tu simiente serán bendecidas todas las naciones de la tierra, porque Abraham Me obedeció, y guardó Mi ordenanza, Mis mandamientos, Mis estatutos y Mis leyes". Aquí el texto dice específicamente que las bendiciones fueron concedidas a Abraham "porque" obedeció las directrices del Señor.[104]

Sin embargo, en un sentido más profundo, el pacto era incondicional.[105] En este punto, el texto decisivo es Gn. 15. El Señor prometió a Abraham que su descendencia sería tan incontable como las estrellas. En la última parte de Gn. 15 encontramos una ceremonia de pacto en la que el Señor le prometió a Abraham la posesión de la tierra de Canaán. Abraham trajo animales y los cortó por la mitad. Luego, sobre él descendieron el sueño y la oscuridad. Típicamente, los socios del pacto caminaban juntos entre los animales divididos, simbolizando la verdad de que ellos también serían cortados a la mitad si

---

[102] Así, Williamson, "Promise and Fulfillment", 18-20; Gentry y Wellum, *Kingdom through Covenant*, 708-9, 711.

[103] Véase Gentry y Wellum, *Kingdom through Covenant*.

[104] En oposición a Kline (*Prólogo del Reino*, 198-99), la obediencia de Abraham no debe verse aquí como un tesoro de méritos para los demás.

[105] Gentry y Wellum (*Kingdom through Covenant*, 608-11) sostienen con razón que es incorrecto decir que algunos pactos son condicionales mientras que otros son incondicionales.

violaban las disposiciones del pacto. "Caminar entre los cadáveres es someterse al destino de los animales sacrificados como pena por la ruptura del pacto".[106]

Reflexionando sobre la misma costumbre pactual, Jeremías 34, pronunció un juicio sobre los que transgredieron las estipulaciones del pacto: "Y entregaré a los hombres que han transgredido Mi pacto, que no han cumplido las palabras del pacto que hicieron delante de Mí, cuando cortaron en dos el becerro y pasaron entre las dos mitades" (Jer. 34:18). Pero en el pacto con Abraham, sólo el Señor "pasó entre los animales" como "un horno de fuego humeando y una antorcha encendida" (Gn. 15:17). El hecho de que sólo el Señor pasara entre las partes simboliza que el cumplimiento del pacto depende solamente de él.[107] El paralelo en Jeremías 34:18 indica que "Dios invoca la maldición sobre sí mismo, si no cumple la promesa".[108]

En última instancia, el pacto se cumplirá. Dios mismo garantiza que así suceda. No obstante, la incondicionalidad del pacto no elimina la necesidad de la obediencia humana, cualquiera que desobedezca no disfrutará de las bendiciones del pacto. De esta manera, aunque la demanda de obediencia permanece en toda su severidad, la gracia de Dios, y no la obediencia de los seres humanos, sigue ocupando el lugar principal, pues Dios se encargará de que las exigencias del pacto se cumplan por su gracia.

Es significativo, pues, que el pacto de la circuncisión en Gn. 17, con su requisito de circuncisión, sea posterior al pacto ratificado en Gn. 15 (cf. Ro. 4:9-12).[109]

Romanos 4:9–12 ¿Es, pues, esta bendición *sólo* para los circuncisos, o también para los incircuncisos? Porque decimos: «A Abraham, la fe le fue contada por justicia». Entonces, ¿cómo le fue contada? ¿Siendo circunciso o incircunciso? No siendo circunciso, sino siendo incircunciso. Abraham recibió la señal de la circuncisión *como* sello de la justicia de la fe que tenía mientras aún era incircunciso, para que fuera padre de todos los que creen sin ser circuncidados, a fin de que la justicia también se les tome en cuenta a ellos. También Abraham es padre de la circuncisión para aquellos que no solamente son de la

---

[106] Waltke, *Old Testament Theology*, 319.

[107] Así también Williamson, *Sealed with an Oath*, 86. Para un análisis más completo del pacto aquí, véase Gentry y Wellum, *Kingdom through Covenant*, 251-56.

[108] Wenham, *Genesis 1–15*, 332.

[109] Pero en oposición a Williamson (*Sealed with an Oath*, 89-90), no debe interpretarse como un pacto separado y distinto del prometido en Génesis 15. Justamente Gentry y Wellum, *Kingdom through Covenant*, 263-70, 275-80.

circuncisión, sino que también siguen en los pasos de la fe que tenía nuestro padre Abraham cuando era incircunciso.

Así se resalta la prioridad de la fe y la gracia divina. Esto no quiere decir que el pacto de Génesis 17 esté desprovisto de gracia. Después de que Abraham y Sara intentaran cumplir erróneamente la promesa a través de Agar (cap. 16), el Señor dice en el capítulo 17:1: "Yo soy el Dios Todopoderoso", lo que significa que el pacto se cumpliría mediante el poder de Dios.[110] La señal del pacto de la circuncisión, en el que se cambió el nombre de Abram por "Abraham" ("padre de muchas naciones"),[111] funciona como un recordatorio concreto para Abraham de que sus hijos eran el resultado de la gracia de Dios y no de su propia virilidad sexual. Además, el rito significaba que todo Israel estaba consagrado a Dios.[112]

Hemos visto que el reino de Dios se realizará a través de la descendencia de la mujer (3:15), y Génesis 12 aclara que la descendencia será del linaje de Abraham. Génesis 12-50 se centra en la promesa de la descendencia. La promesa de recibir la tierra no se cumplió en la época de Abraham. De hecho, Esteban enfatiza que Abraham no poseyó de la tierra ni siquiera la medida de la planta de un pie (Hch. 7:5), lo cual encaja bien con la narración de Génesis. La única tierra que Abraham recibió fue un lugar dónde enterrar a Sara (Gn. 23).[113] Abraham, Isaac y Jacob fueron nómadas en la tierra, viviendo como pastores con sus rebaños. Hebreos 11:9 captura la historia del Génesis al decir que los patriarcas moraban como extranjeros en tiendas en la tierra que Dios les había prometido. Además, aunque Dios se la reiteró varias veces, la promesa de la bendición universal tampoco se cumplió durante la vida de Abraham (Gn. 18:18; 22:18; 26:4).

Por tanto, el drama de la historia se centra en la promesa de descendencia. Pero la promesa de que Abraham tendría hijos sólo se haría realidad a través del conflicto (3:15); de hecho, se vio seriamente amenazada cuando Sara fue incluida en los harenes del Faraón (12:10-20) y de Abimelec (20:1-18).

---

[110] Agradezco a Joshua Greever por esta información.

[111] En aras de la simplicidad, utilizo "Abraham" incluso antes de que se cambiara su nombre.

[112] Así, Gentry y Wellum, *Kingdom through Covenant*, 272-75 (citando el trabajo de John Meade).

[113] Los patriarcas eran extranjeros residentes en Canaán y no vieron el cumplimiento de la promesa de la tierra. Un lugar de enterramiento para los muertos no significa el cumplimiento de las promesas de la tierra, sino que funciona como una indicación de que la promesa se cumplirá en el futuro (véase Williamson, "Promise and Fulfillment", 29-30).

¡Abraham no hubiera podido tener hijos si su esposa ya no le pertenecía![114] La narración no se enfoca en la cobardía y el miedo de Abraham al mentir sobre su esposa, aunque ciertamente no hizo lo que Dios ordenaba en estas circunstancias.[115] En cambio, mostrando que nada impediría que el Señor cumpliera su promesa, enfatiza la dramática intervención divina a favor de Abraham.[116] Dios trajo una plaga sobre la casa del Faraón hasta que éste se dio cuenta de que tenía a la esposa de Abraham y se la devolvió (12:17-20). Del mismo modo, en un sueño Dios amenazó de muerte a Abimelec porque había tomado a Sara (20:3), y como consecuencia, la devolvió a Abraham. Nada puede frustrar el cumplimiento de las promesas de Dios; ni los fallos de fe de Abraham ni la oposición de reyes incrédulos.

Otra amenaza para la promesa fue la impotencia y la esterilidad de Abraham y Sara. A Abraham le preocupaba que su siervo Eliezer fuera su heredero, pero Dios le sorprendió con la promesa de que sus hijos serían tantos como las estrellas (15:1-5). Sin embargo, Sara y Abraham idearon otro plan para cumplir la promesa. Agar (la sierva de Sara) fue entregada a Abraham para que diera a luz un hijo para él y para Sara (cap. 16). El plan funcionó y nació Ismael. Pero Ismael era un hijo proveniente de la carne (ingenio y capacidad humana) y no del Espíritu (véase Gá. 4:23, 28-29).

Gálatas 4:23, 28-29 Pero el hijo de la sierva nació según la carne, y el hijo de la libre por medio de la promesa... Y ustedes, hermanos, como Isaac, son hijos de la promesa. Pero así como entonces el que nació según la carne persiguió al que *nació* según el Espíritu, así también *sucede* ahora.

No obstante, la promesa de Dios era que el hijo de la promesa nacería de Abraham *y de Sara* (Gn. 17:15-22), afirmando el hecho de que sólo Dios podía cumplir la promesa y de que nada es "demasiado difícil para el SEÑOR" (18:14). El reino es del Señor, y sólo se introducirá en el mundo mediante su obra.

---

[114] Acertadamente, Rendtorff, *Canonical Hebrew Bible*, 25.

[115] Como señalan Gentry y Wellum, Abraham construye altares en honor a Dios sólo en Canaán: "No hay ningún altar durante sus estancias en Egipto o en Gerar; sólo medias verdades, mentiras y problemas" (*Kingdom through Covenant*, 235).

[116] "Siempre hay que discernir lo principal en las acciones de Dios. Aquí la narración se concentra unilateralmente en eso, y nos cuesta seguirla porque el problema moral de la culpa de Abraham nos preocupa" (von Rad, *Génesis*, 169).

Pablo considera esta narración y concluye que el hijo de la promesa fue Isaac mas no Ismael (Ro. 9:6-9). Esto concuerda con el relato de Génesis, pues la promesa del pacto de que Abraham tendría hijos se limitaba a Isaac (Gn. 17:19, 21). Isaac se describe como "el único hijo" de Abraham (22:2, 12, 16). Por lo tanto, la línea de la promesa se limitaba a Isaac y a sus hijos. La historia da un giro extraño en Gn. 22, cuando Dios ordenó a Abraham que sacrificara a su hijo Isaac.[117] La orden es sorprendente, ya que sólo a través de Isaac vendría la descendencia de la mujer que exterminaría a la serpiente. ¿Por qué ordenaría Dios a Abraham que diera muerte a aquel por medio del cual se realizarían las promesas? El relato ofrece varias explicaciones.

En primer lugar, el Señor puso a prueba a Abraham, y de esta manera confirmó la bendición que se le había prometido,[118] pues estaba dispuesto a obedecer la directriz más radical imaginable (22:16-18).

Génesis 22:16–18 y le dijo: «Por Mí mismo he jurado», declara el Señor, «que por cuanto has hecho esto y no me has rehusado tu hijo, tu único, de cierto te bendeciré grandemente, y multiplicaré en gran manera tu descendencia como las estrellas del cielo y como la arena en la orilla del mar, y tu descendencia poseerá la puerta de sus enemigos. »En tu simiente serán bendecidas todas las naciones de la tierra, porque tú has obedecido Mi voz».

El Señor destaca reiteradamente que el hijo que Abraham y Sara disfrutaron fue nada menos que un milagro. En segundo lugar, la obediencia y la fe de Abraham no debían separarse. A pesar de que Dios le ordenó que sacrificara a Isaac, Abraham estaba convencido, de que éste volvería con él del sacrificio. De hecho, cuando él e Isaac dejaron a los siervos para ofrecer el sacrificio, dijo: "Yo y el muchacho iremos hasta allá, adoraremos y volveremos a ustedes" (22:5). En una narración como ésta, cuidadosamente construida y dramáticamente eficaz, la inclusión de tales palabras no puede desestimarse como si fuera insignificante. Abraham realmente creía que Isaac volvería con él. La prueba es el llamado "a obedecer cuando Dios parece contradecirse a sí mismo".[119]

---

[117] Como señala Hahn (*Kinship by Covenant*, 134), en Gn. 15; 17; 22 los sacrificios exigidos a Abraham aumentan -animales, circuncisión, Isaac- aunque las bendiciones prometidas también aumentan.

[118] La fórmula del juramento indica que se trata de un pacto (ibíd., 109-11).

[119] Rendtorff, *Canonical Hebrew Bible*, 29.

El autor de Hebreos leyó la narración de forma similar, concluyendo que Abraham creía que el Señor levantaría a Isaac de entre los muertos si era sacrificado (He. 11:17-19). Otro tema que se entreteje en el relato confirma esta interpretación. Cuando Isaac preguntó de dónde vendría el sacrificio, Abraham le dijo: "Dios proveerá para sí el cordero para el holocausto, hijo mío" (Gn. 22:8). Las palabras de Abraham fueron proféticas porque cuando estaba a punto de sacrificar a Isaac, recibió la instrucción de desistir y un carnero fue ofrecido en su lugar. Esto confirmó la convicción de Abraham: "el SEÑOR proveerá" (22:14). El sacrificio del carnero en lugar de Isaac anticipa el cumplimiento final de la promesa de la descendencia, en el que la verdadera simiente de Abraham, Jesucristo, cumpliría lo que Isaac sólo predice tipológicamente (Gá. 3:16). La expiación proporcionada por el Señor se hace realidad en el sacrificio de Jesucristo, el Hijo amado de Dios (Ro. 8:32).

La promesa para las nuevas generaciones

El énfasis del relato de Génesis continúa sobre la promesa de los hijos, aunque Dios confirma a Isaac la totalidad del pacto hecho con Abraham: descendencia, tierra y bendición universal (26:3-4). La descendencia de la mujer (Isaac) ahora era un hombre contra el mundo, y el interrogante es si los hijos piadosos sobrevivirían en un mundo donde la descendencia de la serpiente deseaba aniquilarlos. El primer desafío para Isaac fue encontrar una esposa que adorara al Señor, ya que si Isaac se casaba con una mujer que alejara su corazón y el de sus hijos del Señor, la promesa de salvación futura a través de los hijos de Abraham quedaría anulada.

Por ello, Gn. 24 narra cómo el siervo de Abraham encontró una esposa (Rebeca) de entre los parientes de Abraham en lugar de entre los cananeos. De este modo se preservó la pureza del linaje de la promesa. Sin embargo, la integridad de la familia se vio comprometida cuando Isaac, al igual que Abraham, mintió sobre si Rebeca era su esposa, de modo que fue llevada al harén de Abimelec (26:7). El Señor mostró su favor a Isaac al igual que a Abraham, pues cuando Abimelec se dio cuenta de que Rebeca estaba casada con Isaac, Dios amenazó de muerte a cualquiera que violara su unión (26:8-11). La promesa también estaba en peligro porque Rebeca, al igual que Sara, era estéril. Pero, en respuesta a la oración de Isaac, el Señor concedió hijos a Rebeca

(25:21). La descendencia prometida sobrevivió sólo por la intervención de Dios, lo cual resalta la verdad de que el Señor cumple con gracia lo que ha prometido.

El cumplimiento de la promesa tampoco dependía únicamente de que Isaac y Rebeca tuvieran hijos. Porque los hijos de Isaac y Rebeca no eran necesariamente la descendencia de la mujer por el mero hecho de ser sus hijos físicos. Esaú y Jacob eran los hijos mellizos de Isaac y Rebeca, y cabría esperar que la promesa se transmitiera a través del hijo mayor (Esaú). Sin embargo, el Señor profetizó que el hijo mayor serviría al menor (25:23). Cuando Pablo habla sobre la selección de Jacob, resalta la elección de Dios (Ro. 9:11-13).

> **Romanos 9:11–13** Porque cuando aún *los mellizos* no habían nacido, y no habían hecho nada, ni bueno ni malo, para que el propósito de Dios conforme a *Su* elección permaneciera, no por las obras, sino por Aquel que llama, se le dijo a Rebeca: «El mayor servira al menor». Tal como está escrito: «A Jacob amé, pero a Esaú aborrecí».

La selección de Jacob no puede ser atribuida a su virtud o heroísmo moral, más bien tiene su origen en la gracia y la elección de Dios.

El engaño y la manipulación de Jacob verifican su empobrecimiento moral, y confirman la lectura de Pablo. Puesto que todas las personas son hijos de la serpiente por naturaleza, la promesa de alcanzar victoria sobre ella sólo se hará realidad en virtud de la misericordia de Dios. El desprecio despreocupado de Esaú por su primogenitura demostró que no era un hijo de la promesa (Gn. 25:29-34), pues es casi inconcebible que renunciara a ella por un almuerzo (He. 12:16). El misterio de la soberanía de Dios al elegir a Jacob se expresa en la historia de la bendición, pues Rebeca y Jacob conspiraron vergonzosamente para que Jacob, en lugar de Esaú, recibiera la bendición de Isaac (27:1-40); pero a pesar de sus maquinaciones (¡no a causa de ellas!), el Señor concedió la bendición a Jacob y no a Esaú.

Inmediatamente, la promesa de Dios quedó en peligro, pues Esaú se enfureció y juró matar a Jacob (27:41). Sin embargo, al igual que el pueblo de Dios huye de Satanás al desierto (Ap. 12:14), Jacob huyó de Esaú y viajó hasta la tierra de sus parientes en Harán (Gn. 27:42-46). La vida de Jacob fue preservada y, a diferencia de Esaú, no se casó con mujeres hititas que adoraban a dioses falsos (27:46). Las intenciones asesinas de Esaú se convirtieron en el medio por el cual Jacob se casaría con mujeres devotas del Señor, para que los padres de los hijos que vendrían fueran devotos de Yahvé. Mientras Jacob viajaba a Harán para escapar de Esaú, el Señor se encontró con él en Betel y le confirmó la promesa que le había hecho Abraham: tierra, descendencia y bendición universal (28:13-15).[120]

> **Génesis 28:13–15** El Señor estaba de pie junto a él, y dijo: «Yo soy el Señor, el Dios de tu padre Abraham y el Dios de Isaac. La tierra en la que estás acostado te la daré a ti y a tu descendencia. »También tu descendencia será como el polvo de la tierra. Te extenderás hacia el occidente y hacia el oriente, hacia el norte y hacia el sur; y en ti y en tu simiente serán bendecidas todas las familias de la tierra. »Ahora bien, Yo estoy contigo. Te guardaré por dondequiera que vayas y te haré volver a esta tierra. No te dejaré hasta que haya hecho lo que te he prometido».

Como dice Rolf Rendtorff, "Cuando Jacob había experimentado la más devastadora bancarrota, cuando todo parecía perdido y la bendición parecía haberse convertido en maldición, Dios le da su bendición".[121] No es necesario detenerse en los detalles de los matrimonios de Jacob con Lea y con Raquel. Ahora la promesa ya no se limitaba a un solo hijo; los doce hijos de Jacob eran receptores de la promesa. Por lo tanto, la promesa de una gran descendencia comenzó a cumplirse a medida que los hijos de Jacob se multiplicaban.

Las amenazas a la preservación de los hijos de Jacob continuaron. Jacob abandonó a Labán sin previo aviso porque la tensión y la lucha entre ellos eran constantes. Cuando Labán descubrió que Jacob se había marchado y logró alcanzarlo, tuvo la intención de infligirles daño a él y a su familia (cap. 31). No obstante, Dios le advirtió que se abstuviera de perjudicar a Jacob, dando a entender que si lo hacía, sería castigado severamente (31:24, 29). Sin embargo, los temores de Jacob no terminaron, ya que inmediatamente después de dejar a Labán, recibió noticias de que Esaú salía a su encuentro con cuatrocientos hombres (32:6-7). Naturalmente, Jacob tuvo miedo, pues lo último que había oído de Esaú, su hermano, era que quería matarlo, y por eso oró fervientemente al Señor para que lo liberara (32:11).

---

[120] Alexander (*Eden to the New Jerusalem*, 31-32) señala que el monte Moriah y Betel son anticipaciones del templo donde habita Yahvé.

[121] Rendtorff, *Canonical Hebrew Bible*, 30.

La lucha con Dios y la victoria de Jacob constituyen un momento importante en su vida, ya que Dios cambió su nombre a "Israel" (32:24-30). Como dice Dempster, esto significa que "él sería el guerrero conquistador de Dios en la tierra".[122] Tal cambio de nombre verifica que la victoria sobre la serpiente vendría a través de aquel que es llamado "Israel". La oración de protección de Jacob fue atendida, pues Esaú no vino a la guerra sino a renovar su amistad (cap. 33).

Otra amenaza a la promesa se vislumbraba en el horizonte. Siquem, el hijo de Hamor de los siquemitas, quedó prendado de Dina y la violó, convenciendo a su padre para que llegara a un acuerdo que le permitiera casarse con ella (34:1-4). ¿Por qué se incluye esta historia tan extraña en la Biblia? Si los israelitas se casaban con los siquemitas, los hijos de Jacob perderían su pureza al unirse con gente que adoraba a otros dioses; y así, los hijos de la serpiente triunfarían y oprimirían a los hijos de la mujer. Irónicamente, el medio por el que se protegió a Israel del matrimonio mixto implicó subterfugio y asesinato, pues los hijos de Jacob persuadieron a todos los varones de Siquem de que se sometieran a la circuncisión antes de acceder al matrimonio mixto (cap. 34).

Después de la operación, Simeón y Leví asesinaron deshonrosamente a los siquemitas mientras estos aún se encontraban adoloridos (34:25-26), y los hermanos restantes alegremente saquearon sus posesiones (34:27-29). Simeón y Leví fueron castigados por su crueldad, y como resultado fueron dispersados entre las doce tribus y no se les dio una porción específica de tierra como herencia (49:5-7).

> **Génesis 49:5–7** »Simeón y Leví son hermanos; Sus armas instrumentos de violencia. »En su consejo no entre mi alma, A su asamblea no se una mi gloria, Porque en su ira mataron hombres, y en su terquedad mutilaron bueyes.» Maldita su ira porque es feroz; y su furor porque es cruel. Los dividiré en Jacob, y los dispersaré en Israel.

Aunque el narrador no opinó sobre las acciones de Simeón y Leví inmediatamente en Génesis 34, está claro que vio estos actos como algo malo. No obstante, los propósitos del Señor se realizaron a través de su maldad, ya que finalmente se impidió que los israelitas se casaran con los siquemitas.

---

[122] Dempster, *Dominion and Dynasty,* 87.

Sin embargo, surgió otro peligro debido a la maldad perpetrada por Simeón y Leví. Ahora la familia de Jacob (y la realización de la promesa del reino) se enfrentaba al peligro de ser atacada por los cananeos y los ferezeos, que tomarían represalias por la matanza de Israel (34:30). La única explicación para la preservación de Israel fue la intervención divina, ya que "hubo gran terror en las ciudades alrededor de ellos, y no persiguieron a los hijos de Jacob". (35:5). El Señor se apareció entonces a Jacob y le confirmó de nuevo la promesa de Abraham, prometiéndole descendencia, tierra y bendiciones para todos los pueblos (35:9-13). Los relatos de la preservación de Jacob y de sus hijos ponen de manifiesto uno de los temas principales de la narración: la preservación de la descendencia de Jacob no se debe al ingenio humano, ni siquiera a la virtud humana. Sólo la promesa del pacto de Dios puede explicar por qué esta pequeña familia escapó de un desastre tras otro y se conservó intacta.

Judá y José

La historia de José predomina en Génesis 37-50, aunque el capítulo 38 relata cuando Judá engendra hijos a través de Tamar. ¿Por qué esta historia tan sórdida sobre Judá y Tamar se incluye en la narración? Si consideramos toda la narración de Génesis, podemos encontrar una pista significativa en 49:8-10:[123]

> A ti Judá, te alabarán tus hermanos; Tu mano estará en el cuello de tus enemigos; Se inclinarán a ti los hijos de tu padre. Cachorro de león es Judá; De la presa, hijo mío, has subido. Se agazapa, se echa como león, O como leona, ¿quién lo despertará? El cetro no se apartará de Judá, Ni la vara de gobernante de entre sus pies, Hasta que venga Siloh, Y a él sea dada la obediencia de los pueblos.

Aquí el escritor aclara que de Judá saldrá el gobernante que derrotará a los enemigos del Señor. La promesa de que la descendencia de la mujer triunfará sobre la serpiente se obtendrá a través de la familia de Judá. La bendición prometida a Abraham a través de todas las naciones se realizará finalmente a través de la familia de Judá.[124]

---

[123] Véase Mathews, "Genesis", 144.

[124] Sailhamer (*Pentateuch as Narrative*, 140) señala el énfasis en la "bendición" en Gn. 49:28.

¿Cómo se relaciona la historia de Génesis 38 con esta promesa de un futuro gobierno? Brevard Childs dice: "Judá demostró una infidelidad que amenazaba con destruir la promesa de una posteridad, la cual sólo fue restaurada por la fidelidad de una esposa cananea".[125] Por lo tanto, el nacimiento de Fares y Zara es significativo porque las promesas hechas a Abraham finalmente se cumplirán a través de los descendientes de Judá. John Sailhamer también hace una observación crucial al respecto.

Las palabras de Jacob en Génesis 49 se refieren a los "días venideros" (49:1), y pronostican la venida de un gobernante de Judá.[126] La misma frase (traducida como "en los días venideros") aparece en Nm. 24:14, donde Balaam predice el triunfo de Israel sobre Moab. De hecho, los paralelos no terminan ahí. También el tema del león se retoma de Génesis 49: "Se agazapa, se echa como león, O como leona ¿quién se atreverá a despertarlo?". (Nm. 24:9).[127] Asimismo se predice la llegada de un gobernante que triunfará sobre Moab: "Lo veo, pero no ahora; Lo contemplo, pero no cerca; una estrella saldrá de Jacob, y un cetro se levantará de Israel que aplastará la frente de Moab y derrumbará a todos los hijos de Set" (Nm. 24:17).[128] El reino de Dios se hará realidad a través de un gobernante de la tribu de Judá.

Pasamos entonces a la narración de José, que va de Génesis 37 a Génesis 50. El objetivo aquí es ver el propósito general del relato. A lo largo de Génesis es evidente que la descendencia de Abraham no se caracterizó precisamente por la virtud. Las debilidades morales de Jacob y sus hijos son bastante evidentes. La traición de los hermanos de José alcanzó su punto álgido cuando lo vendieron a Egipto y mintieron a su padre sobre su muerte. Aún en medio de los sufrimientos de José, se resalta el tema de que el Señor estaba con él, ya fuera en la casa de Potifar o en la prisión (39:2-3, 23). Como Dios le dio la capacidad de interpretar sueños, se convirtió en el segundo al mando en Egipto, mientras conservaba y distribuía alimentos durante los siete años de abundancia y los siete años de hambruna.

La historia de José suscita plenamente el interés humano, pero ¿cuál es su función en cuanto al propósito de Génesis? El mismo José lo declaró en la dramática escena en la que reveló su identidad a sus hermanos:

---

125 Childs, *Old Testament as Scripture*, 157.
126 Sailhamer, *Old Testament Theology*, 211.
127 Véase Beale, *Biblical Theology*, 99.
128 Véase Sailhamer, *Old Testament Theology*, 211-12. Sailhamer (p. 247) ve al final del Pentateuco (Dt. 33) una prominencia también para Judá.

Ahora pues, no se entristezcan ni les pese el haberme vendido aquí. Pues para preservar vidas me envió Dios delante de ustedes. Porque en estos dos años ha habido hambre en la tierra y todavía quedan otros cinco años en los cuales no habrá ni siembra ni siega. Dios me envió delante de ustedes para preservarles un remanente en la tierra, y para guardarlos con vida mediante una gran liberación. Ahora pues, no fueron ustedes los que me enviaron aquí, sino Dios. Él me ha puesto por padre de Faraón y señor de toda su casa y gobernador sobre toda la tierra de Egipto (45:5-8).

José no minimizó el mal que le infligieron sus hermanos (50:20), pero sí vio los propósitos más amplios de Dios en los acontecimientos transcurridos. El Señor reguló soberanamente las circunstancias para que José fuera un gobernante en Egipto, de manera que la familia de Jacob se sostuviera allí durante la hambruna y siguiera existiendo un remanente (45:11).

La descendencia de la mujer no sería aniquilada por los hijos de la serpiente. De hecho, los hijos de la serpiente (los egipcios) desempeñaron un papel vital en la supervivencia de Israel. En última instancia, el Señor incluso gobierna a Satanás y lo utiliza misteriosamente para hacer su voluntad (cf. Job 1-2). Al mismo tiempo, se cumplía la promesa de la descendencia, pues ahora había setenta personas en la familia de Jacob (Gn. 46:6-27). Los hijos aún no eran tan numerosos como las estrellas, pero iban camino a la realización de lo que Dios había prometido. Los israelitas tampoco se casaron con los egipcios, forma en la que habrían contaminado la simiente santa. Los egipcios detestaban su ocupación de pastores y, por eso, pudieron vivir separados en Gosén (46:33-47:6).

La población de Israel estaba creciendo, y aunque estaban a salvo en Egipto, estaban en el lugar equivocado. Su destino era la tierra de Canaán. Allí se establecería el reino, pero la tierra todavía no había de ser suya. La justicia de Dios debe ser preservada y, en ese momento, desalojar a los cananeos de su tierra todavía no era apropiado.[129] Los cananeos no serían expulsados de la tierra durante cuatro generaciones más, ya que su "maldad" todavía "no había llegado

---

[129] Es interesante observar que el narrador cree que la matanza de los siquemitas fue malvada, pero no se llega a la misma conclusión con respecto a los cananeos de la tierra. En este último caso, su maldad era lo suficientemente grande como para justificar su completa aniquilación. En ese sentido, eran como la generación del diluvio, que merecía la destrucción total.

a su colmo" (15:16). Canaán eventualmente pertenecería a Israel. Por ello, Jacob insistió en que José lo enterrara en Canaán y no en Egipto (47:29-31; 50:5-13). Al igual que Abraham, la única porción de Canaán que Jacob poseía era una tumba, no obstante, la promesa del Señor no fue revocada (48:3-4).

Génesis concluye con la muerte de José en Egipto, antes de la cual recordó a Israel de la promesa de que heredarían la tierra prometida a los patriarcas, y les ordenó que lo llevaran a Canaán en el futuro (50:24-26). Así que cuando Génesis termina, Israel está en el lugar equivocado. El reino es del Señor, pero Egipto no era el lugar donde debían estar. La descendencia de Abraham era escasamente tan numerosa como las estrellas. No vivían en la tierra de Canaán, y la bendición universal no estaba ni siquiera cerca.

Sin embargo, la familia de los patriarcas sobrevivía e incluso empezaba a prosperar. El Señor los había preservado a pesar de ser pequeños y débiles, incluso mientras eran forasteros en la tierra que se les había prometido (Sal. 105:11-15).

Salmo 105:10–15 También lo confirmó a Jacob por estatuto, a Israel como pacto eterno, Diciendo: «A ti te daré la tierra de Canaán como porción de la heredad de ustedes». Cuando eran pocos en número, muy pocos, y extranjeros en el país, cuando vagaban de nación en nación, *y* de un reino a otro pueblo, Él no permitió que nadie los oprimiera, y por amor a ellos reprendió a reyes, *diciéndoles:* «No toquen a mis ungidos, ni hagan mal a mis profetas».

Había derramado su gracia sobre Abraham, Isaac y Jacob haciendo un pacto con ellos y mostrándoles su gracia una y otra vez. La preservación de la descendencia fue claramente obra del Señor, pues la familia de Abraham sobrevivió a pesar de la esterilidad, el pecado, la estupidez, las disputas y el hambre. Génesis enseña que el reino vendrá, pues en última instancia depende del Señor. Su venida se llevará a cabo a través de su promesa y no de la virtud humana.

§2. ÉXODO

La Gran Huida

La promesa de la venida del reino se aseguraría a través del pacto hecho con Abraham, un pacto que prometía hijos, tierra y bendición universal. Al final de Génesis vimos que estas promesas apenas habían comenzado a cumplirse. Está claro que los patriarcas vivían con la fe de que el Señor cumpliría sus promesas en el futuro. Israel no estaba en Canaán, sino en Egipto, y obviamente el mundo entero no había sido renovado a través de la familia de Abraham. De hecho, al concluir Génesis, toda la familia se limita a unas setenta personas.

No obstante, la promesa de que la familia de Abraham, Isaac y Jacob sería como las estrellas del cielo (Gn. 15:5) comenzó a cumplirse en Éxodo (cf. Gn. 46:3; Dt. 26:5).[1] Leemos en Éxodo 1:7: "Pero los Israelitas tuvieron muchos hijos y aumentaron mucho, y se multiplicaron y llegaron a ser poderosos (numerosos) en gran manera, y el país se llenó de ellos".[2] Sin embargo, la descendencia de la serpiente continuó, como Caín con Abel, tratando de acabar con los hijos de Abraham. El faraón se llenó de miedo ante la creciente población de Israel, y por ello, como hijo de la serpiente, trató de eliminarlos (1:8-22); pero finalmente nada pudo frustrar el plan soberano del Señor.[3] Unas "insignificantes" parteras desafiaron las órdenes del faraón y preservaron a Israel (1:15-21).

---

[1] El nacimiento de muchos niños "es como un nuevo comienzo de la creación" (Rendtorff, *Canonical Hebrew Bible*, 34). Goldingay (*Israel's Gospel*, 290) resta importancia al cumplimiento aquí.

[2] Como señala Enns ("Exodus", 147), aquí se utiliza el lenguaje de la creación.

[3] Sailhamer señala la ironía de la narración del Éxodo: "Cuanto más intenta el rey frustrar la bendición de Dios, más aumenta esa bendición... Dios está actuando en estos acontecimientos para llevar a cabo su plan, y nadie, ni siquiera el gran poder de las naciones gentiles, puede interponerse en su camino" (*Pentateuch as Narrative*, 242).

Por cierto, la soberanía de Dios se manifestó de una manera más "silenciosa" e irónica. El eventual libertador de Israel y destructor de Egipto fue rescatado por la propia hija del faraón, criado en su palacio (2:1-10) y educado en la sabiduría egipcia (Hch. 7:22). Cuando el faraón se dio cuenta de que Moisés era su adversario, intentó darle muerte (Éx. 2:15), pero Moisés huyó al exilio, lo cual apuntaba al exilio de Jesús (¡de vuelta a Egipto!) para escapar de otro rey (Herodes el Grande) de la línea de Satanás (Mateo 2:13-15).[4]

> **Mateo 2:13–15** Después de haberse marchado ellos, un ángel del Señor se apareció a José en sueños, diciendo: «Levántate, toma al Niño y a Su madre y huye a Egipto, y quédate allí hasta que yo te diga; porque Herodes quiere buscar y matar al Niño». Y levantándose José, tomó de noche al Niño y a Su madre, y se trasladó a Egipto; estuvo allá hasta la muerte de Herodes, para que se cumpliera lo que el Señor habló por medio del profeta, diciendo: «De Egipto llamé a Mi Hijo».

Israel sufrió miserablemente bajo el dominio egipcio y clamó por su liberación. El Señor se acordó de su promesa del pacto y mostró su amor inquebrantable por su pueblo (Éx. 2:23-25). Moisés fue el hombre designado para sacar a Israel de Egipto, aunque la narración resalta que Moisés se sentía totalmente incapaz de ser el libertador (caps. 3-4). Moisés sabía que era un pecador y que no era nada en sí mismo, por lo que se le elogia por su mansedumbre (Nm. 12:3). El relato no engrandece a Moisés destacando su valor, pues él no personifica a un valiente "general" dispuesto a rescatar al pueblo de Dios. Por el contrario, suplica y ruega que se le releve de su deber, pues es profundamente consciente de su incapacidad. La grandeza de Moisés no proviene de su propia fuerza interior, sino de su reconocimiento de que sin Dios no podría hacer nada. Sólo Dios podía salvar a Israel de sus enemigos. Moisés no es más que un "siervo" en la casa del Señor (Éx. 14:31; Nm. 12:7; cf. He. 3:5).

Dios se reveló a Moisés como "YO SOY" (Éx. 3:14), nombre cuyo significado y traducción del hebreo han precipitado muchas discusiones. Aun así, podemos quedarnos tranquilos con lo que el texto enfatiza. El Señor ("Yahvé") se presentó a Moisés como el Dios que guarda su pacto con su pueblo. Cumpliría su promesa del pacto rescatando a Israel de Egipto y llevándolo a la

---

[4] El faraón es "una figura anti-Dios/anti-creación" (Enns, "Exodus", 147).

tierra prometida (3:7-10, 16-17).[5] Por consiguiente, "YO SOY" enfatiza que el Señor es el Dios del pacto que cumple sus promesas como "el Dios de Abraham, el Dios de Isaac y el Dios de Jacob" (3:15). El Señor es el Dios vivo que siempre cumple sus promesas; y la realización de éstas no se pone en duda porque él es el Señor sobre todo. Yahvé será eternamente recordado y alabado por ser el Dios que cumple el pacto. El reino seguramente vendrá porque el Señor siempre cumple sus promesas.

El énfasis en el pacto también ayuda a explicar el extraño pasaje de 4:24-26, donde el Señor amenaza con matar a Moisés. Al parecer, Moisés, presuntamente a instancias de Séfora, se negó a circuncidar a su hijo. El Señor amenazó con matar a Moisés porque se había negado a cumplir la estipulación del pacto que él había ordenado. Los que no se circuncidaran serían "cortados" del pacto (Gn. 17:9-14). ¡Moisés no podía ser el agente de la liberación del pacto cuando él mismo no había puesto la señal del pacto a sus propios hijos! La bendición del pacto sólo llega a los que obedecen al Señor, tal como él mismo lo recordó a Moisés y a Séfora en aquella noche inusual.

La forma en que el Señor liberó a Israel de Egipto quedó grabada en sus memorias, y se convirtió en materia de liturgia y festivales (Pascua y Panes sin levadura). La nación ahora era grande como el Señor había prometido, pero no tenían tierra propia y estaban esclavizados a un pueblo mucho más poderoso y sofisticado que ellos. Israel expresó su reflexión sobre la asombrosa liberación que recibieron de la mano de Moisés por medio de la historia y también del canto (p. ej. Éx. 15:1-18; Sal. 105:23-45).

Si Abraham fue el padre de la nación, el éxodo de Egipto bajo el liderazgo de Moisés representó el Día de la Independencia de Israel. Fueron liberados de la opresión y la miseria de la manera más asombrosa e inesperada. Salieron libres de una de las grandes superpotencias de la historia antigua y nunca lo olvidaron. Cuando lleguemos a los profetas, veremos que cuando la nación languideció, ellos prometieron un nuevo éxodo. El Señor volvería a liberarlos como lo había hecho en el pasado. El éxodo, entonces, se convirtió en el paradigma, un tipo del amor redentor del Señor. Por tanto, la historia del éxodo no era simplemente historia. También indicaba el propósito de Dios para Israel

---

[5] Para el debate, véase Waltke, *Old Testament Theology*, 364-67; Martens, *God's Design*, 22-23; Dumbrell, *Covenant and Creation*, 82-84. Childs (*Book of Exodus*, 76) subraya que Dios se revelará por su obra futura en favor de Israel. Véase su análisis del versículo, incluida la historia de la interpretación (pp. 82-83, 85-87).

en el futuro. Como dice von Rad: "En la liberación de Egipto, Israel vio la garantía de todo el futuro, la seguridad absoluta de la voluntad de salvación de Yahvé".[6] El éxodo puede concebirse como la nueva creación de Israel, la cual apunta a la nueva creación en el futuro.[7]

La narración de Éxodo describe cómo el Señor salvó a su pueblo del monstruo egipcio y lo liberó enviando diez plagas sobre Egipto y el Faraón.[8] La historia de las plagas se relata con cierto detalle (capítulos 7-10), y luego la narración llega a un clímax. El faraón se encuentra en un profundo conflicto en la historia. No puede soportar la idea de perder la mano de obra esclava gratuita, pero la miseria de las plagas es insoportable. El faraón no puede evitar pensar que las plagas cesarán. Seguramente se trata de "accidentes extraños" y no de la obra del Dios de Israel. Por eso, repetidamente promete dejar ir a Israel si sólo él y Egipto pueden aliviarse de las plagas, siempre convencido de que las plagas terminarán.

Sin duda, la narración de las plagas representa la mejor forma de contar historias, pues a medida que una plaga tras otra golpea a Egipto y el Faraón sigue endureciendo su corazón y se niega obstinadamente a dejar que Israel salga de Egipto, la tensión del relato crece hasta llegar al clímax. La incapacidad del Faraón para ver lo obvio se realza cuando sus sirvientes le dicen: "¿Hasta cuándo este hombre nos será causa de ruina? Deje ir a los hombres para que sirvan al SEÑOR su Dios. ¿No se da cuenta de que Egipto está destruido?" (10:7). Es evidente que Yahvé estaba cumpliendo las promesas de su pacto con Israel y ejerciendo su soberanía y gobierno sobre el Faraón y Egipto.

La intransigencia del Faraón tampoco se presenta de forma unidimensional. Por un lado, Faraón se resistió al Señor endureciendo su corazón (7:14, 22; 8:32; 9:34), pero también sucedió que el Señor endureció el corazón de Faraón (4:21; 7:3, 13; 8:15, 19; 9:7, 12, 35; 10:1, 20, 27; 11:10; 14:4, 8; cf. 14:17).[9] La obstinación del Faraón no era la única realidad; el Señor reinaba y gobernaba

---

[6] Von Rad, *Israel's Historical Traditions*, 176.

[7] Dumbrell, *Covenant and Creation*, 101.

[8] Alexander observa que, con mayor frecuencia, las "plagas" se describen como "señales" y "maravillas" (*Paradise to the Promised Land*, 67).

[9] Algunos de estos textos pueden indicar que Faraón endureció su propio corazón, pero en cualquier caso tenemos textos que dicen que Faraón endureció su propio corazón y otros que dicen que el Señor endureció el corazón de Faraón. Para explicaciones útiles de lo que ocurre aquí, véase Beale, "Hardening of Pharaoh's Heart"; Piper, *Justification of God*, 159-71.

sobre sus decisiones sin atentar contra la autenticidad de lo que elegía hacer.[10] El salmista reflexiona sobre la misma realidad, pero amplía su alcance para incluir a todo Egipto, diciendo que el Señor "Les cambió el corazón [a los egipcios] para que odiaran a Su pueblo, para que obraran astutamente contra Sus siervos" (Sal. 105:25).

Este versículo se malentiende si se interpreta que la obra soberana del Señor en el corazón de los egipcios eliminó la responsabilidad moral de ellos, pues la culpa moral se atribuye a los egipcios por su odio. Los escritores bíblicos no resuelven de forma definitiva y completa la tensión entre la soberanía divina y la libertad humana. Afirman la autenticidad de las decisiones humanas, pero también ven la mano soberana de Dios detrás de todo lo que ocurre (Prov. 16:33; 21:1).[11]

> **Proverbios 16:33** La suerte se echa en el regazo, Pero del Señor *viene* toda decisión.
>
> **Proverbios 21:1** *Como* canales de agua es el corazón del rey en la mano del Señor; Él lo dirige donde le place.

¿Por qué hubo diez plagas? Está claro que el Señor, como creador y gobernante del cosmos, podría haber liberado a Israel de Egipto inmediatamente. Sin embargo, la imposición de una plaga tras otra hizo que los israelitas (¡y los egipcios!) se dieran cuenta de que Yahvé era el Señor y de que la liberación de Israel no era un accidente extraño. Era el resultado del plan del Señor. El Faraón comenzó toda la conversación preguntando: "¿Quién es el Señor?" (Éx. 5:2). Al final de las plagas, ya sabía la respuesta a esa pregunta.[12] De la misma manera, a causa de su liberación, Israel sabía que era amado por el Señor. De hecho, la narración explica por qué Dios lanzó diez plagas sobre el Faraón:

> Porque si Yo hubiera extendido Mi mano y te hubiera herido a ti y a tu pueblo con pestilencia, ya habrías sido cortado de la tierra. Pero en verdad, por esta razón te he permitido permanecer: para mostrarte Mi poder y para proclamar Mi nombre por toda la tierra (9:15-16).

---

[10] El texto no explica cómo es esto, pero afirma claramente tanto que Dios es soberano sobre las decisiones del Faraón como que el Faraón endureció su propio corazón.

[11] "Todo sucede por determinación de Dios" (Goldingay, *Israel's Faith*, 78).

[12] Véase Sailhamer, *Pentateuch as Narrative*, 249-50.

El Señor podría haber aplastado al Faraón con la misma facilidad con que se pisa una hormiga, pero lo preservó para mostrar su poder soberano y su grandeza. La salvación de Israel y el juicio de Egipto se convirtieron en el teatro de la gloria de Dios, el lugar donde su carácter y su nombre se mostraron al mundo. Hay un estribillo que marca la narración, dice que Dios infligió el castigo a Egipto para que supieran que "Yo soy el SEÑOR" (7:5, 17; 8:22; 10:2; 12:12; 14:4, 18) o, como Moisés dice al Faraón en un momento dado, "para que sepas que no hay nadie como el SEÑOR nuestro Dios." (8:10).

El Faraón debía "teme[r] (reverencia[r]) al SEÑOR Dios" (9:30). El señorío y la realeza de Dios se revelan en la liberación de Israel. Aquí vemos uno de los temas principales del libro. La redención de Israel y el juicio de Egipto revelan cuan incomparable es Yahvé, de modo que todo el mundo sepa que no hay nadie como el Señor, y que hay que temerlo tanto como salvador amoroso como juez poderoso y rey soberano. El Señor es un guerrero poderoso e incomparable contra quien ningún enemigo puede triunfar.[13]

También hay que destacar que el Señor estaba cumpliendo su pacto con los patriarcas al liberar a Israel de Egipto. Éxodo 6:6-8 enfatiza la fidelidad del Señor a las promesas de su pacto:

> Yo soy el SEÑOR, y los sacaré de debajo de las cargas de los Egipcios. Los libraré de su esclavitud, y los redimiré con brazo extendido y con grandes juicios. Los tomaré a ustedes por pueblo Mío, y Yo seré su Dios. Sabrán que Yo soy el SEÑOR su Dios, que los sacó de debajo de las cargas de los Egipcios. Los traeré a la tierra que juré dar a Abraham, a Isaac y a Jacob, y se la daré a ustedes por heredad. Yo soy el SEÑOR.

Al ser redimido y liberado de Egipto, Israel supo que Yahvé estaba cumpliendo la promesa que había dado a los patriarcas. Yahvé era el Dios de Israel, y por eso los salvó y los liberó de acuerdo con sus promesas. El cumplimiento del pacto explica el difícil texto en el que Dios dice que no se dio a conocer como "SEÑOR" (*yhwh*) a los patriarcas, pero que ahora está proporcionando tal revelación a Moisés y a su generación (6:3). A primera vista, esto parece una contradicción absoluta porque el nombre "SEÑOR" se utiliza en el contexto de

---

[13] Véase Longman y Reid, *God Is a Warrior*; Rendtorff, *Canonical Hebrew Bible*, 45; Waltke, *Old Testament Theology*, 393-94; Brueggemann, *Theology of the Old Testament*, 139-44.

los patriarcas. Sin embargo, el propósito de la afirmación no es negar que Dios se reveló a los patriarcas como Señor. La diferencia es que sólo ahora la realización y el cumplimiento de las promesas del pacto estaban teniendo lugar.[14] La generación del éxodo estaba conociendo a Yahvé como el Dios que guarda su pacto.

Aquí se entretejen dos temas. Por un lado, el Señor cumplió su pacto al liberar a Israel de la esclavitud cn Egipto.[15] La liberación de Israel representó su redención y atestiguó el amor del Señor por su pueblo.[16] La salvación de Israel era inseparable del juicio de Egipto, pues en cuanto los israelitas atravesaron indemnes las aguas del mar, los egipcios fueron destruidos (14:13, 30). Al derrotar al Faraón, el Señor se glorificó "en Faraón y en todo su ejército, en sus carros y en su caballería." (14:17). El canto de triunfo interpreta poéticamente la victoria que el Señor obtuvo sobre Egipto. Lo que hay que observar en primer lugar es que el canto es de alabanza.

El carácter teocéntrico de la revelación bíblica se manifiesta aquí, pues cuando el Señor libera a su pueblo, éste lo alaba y lo exalta. Surge así un tema sorprendente, que el juicio y la salvación del Señor demuestran que él es el Rey: "El SEÑOR reinará para siempre." (15:18). Pero él reina sobre su pueblo para poder habitar con ellos y mostrarles su amor. Israel está "plantado" en el monte de Dios (15:17), donde está el "santuario" de Yahvé.

Éxodo 15:17–18 »Tú los traerás y los plantarás en el monte de Tu heredad, El lugar que has hecho para Tu morada, oh Señor, El santuario, oh Señor, que Tus manos han establecido. »El Señor reinará para siempre».

Lo que observamos aquí anticipa lo que contemplaremos con más detalle en el libro de los Salmos. La soberanía y la realeza del Señor están unidas

---

[14] Acertadamente, Waltke, *Old Testament Theology*, 367-69. Para un análisis de la historia de la interpretación y de las opiniones críticas modernas, véase Childs, *Book of Exodus*, 112-14. Childs dice: "Ahora Dios se revela a Moisés como Yahvé, que se acuerda de su pacto, y que se mueve para llevar a cabo su promesa" (p. 115). Y continúa: "Ahora Dios se revela a través de su nombre como el Dios que cumple su promesa y redime a Israel de Egipto" (p. 115).

[15] Waltke resume así lo que hizo Yahvé. Israel "fue liberado para vivir como un pueblo libre en su propia tierra" (*Old Testament Theology*, 391).

[16] Si leemos las Escrituras canónicamente (incluyendo el testimonio del NT), el éxodo funciona principalmente como un tipo de redención espiritual, no de liberación económica o política o social. En oposición a C. Wright (*Old Testament Ethics*, 156), que hace todos estos paralelos.

inextricablemente a la alabanza, pues el Señor del universo debe ser alabado y exaltado por su bondad y su amor redentor, y por su juicio sobre los impíos.

Así, los salmos enfatizan que el Señor es alabado especialmente en el templo, en su santuario como Rey del universo. El Nuevo Testamento considera el éxodo como una prefiguración y un tipo de la redención realizada por Jesucristo (p. ej. Col. 1:12-14), donde se habla del pueblo de Dios liberado de sus pecados por la obra expiatoria de Cristo. En última instancia, toda la creación será su templo (Ap. 21-22), donde reinará sobre su pueblo y habitará con él.

La victoria obtenida por el Señor se celebraba anualmente en Israel en las fiestas de la Pascua y los Panes sin Levadura (Éx. 12-13). Los padres debían contar la historia de lo sucedido a sus hijos para que Israel nunca olvidara que Yahvé los había sacado de Egipto "con mano fuerte" (13:9). Pues si Israel lo olvidaba, dejaría de estar agradecido, y si el agradecimiento desaparecía, también lo harían la fe y la obediencia. La Pascua era especialmente significativa porque aunque el Señor podría haber rescatado a Israel simplemente destruyendo a todos los primogénitos de Egipto, los eventos de dicha celebración les recordaban que ellos también merecían un juicio.

El Señor "pasaría" de los primogénitos de Israel sólo si veía sangre aplicada en el dintel y en los postes de la casa. El Señor le inculcó a Israel que ellos no eran intrínsecamente mejores que los egipcios. Más bien, serían rescatados de la ira del Señor sólo si respondían a sus instrucciones con fe, poniendo la sangre de los corderos en sus casas. Para nosotros resulta fácil leer la historia de forma abstracta, pero la verdad es que es bastante violenta, ya que se sacrificaron corderos y su sangre se aplicó a las casas. Ciertamente, la Pascua representa la "redención" y la "liberación" para Israel. Probablemente también indica la sustitución, pues la sangre del cordero fue derramada en lugar de la sangre del primogénito. Según el Nuevo Testamento, la Pascua apunta al sacrificio de Cristo, por medio del cual dio su vida para la liberación de su pueblo (1 Co. 5:7). La Cena del Señor es, casi con toda seguridad, una comida pascual (Mt. 26:26-29; Mr. 14:22-25; Lc. 22:15-20),[17] y la sangre de Jesús representa el nuevo pacto en el que la sangre del "cordero de Dios" (Jn. 1:29) ha sido derramada por su pueblo.

El pan sin levadura también se comía en memoria del gran acontecimiento del éxodo (Éx. 12:15-20, 34, 39; 13:3, 6-7), ya que, durante aquel evento, los

---

[17] Véase Köstenberger, "Last Supper".

israelitas tenían muy poco tiempo y no habrían alcanzado a leudar el pan antes de salir de Egipto. La rememoración en Israel no se limitaba a recordar mentalmente lo que había sucedido; más bien, la verdadera rememoración significaba la participación en la historia del pasado. La anterior liberación de Israel representaba la liberación de todas las generaciones. Celebrar las fiestas de la Pascua y de los Panes sin levadura ayudaba a Israel a revivir la salvación de Yahvé para su pueblo. Pablo sugiere que eliminar la levadura no debió haber sido un ejercicio mecánico (1 Co. 5:7-8), ya que simboliza la eliminación de la maldad de las vidas del pueblo de Dios.

> **1 Corintios 5:7–8** Limpien la levadura vieja para que sean masa nueva, así como *lo* son *en realidad* sin levadura. Porque aun Cristo, nuestra Pascua, ha sido sacrificado. Por tanto, celebremos la fiesta no con la levadura vieja, ni con la levadura de malicia y maldad, sino con panes sin levadura de sinceridad y de verdad.

Aquellos que son liberados por el amor redentor de Dios deben vivir de manera que expresen su alegría por haber sido rescatados del mal. Pablo argumenta que, puesto que los creyentes disfrutan de la liberación mediante el sacrificio pascual de Cristo, ahora están libres del mal (1 Co. 5:7) y deben vivir de acuerdo con la libertad que ya disfrutan.

El pacto mosaico

El siguiente acontecimiento importante en la historia redentora es la inauguración del pacto mosaico en el monte Sinaí. Yahvé liberó a su pueblo de Egipto sobre la base de su pacto con los patriarcas: Abraham, Isaac y Jacob (Éx. 2:23-25; 6:2-9). En esta coyuntura establece un pacto en el Sinaí con Israel. Algunos estudiosos han argumentado que existe un paralelismo con los tratados entre soberanos y vasallos del segundo milenio a.C. en los que un rey hace un pacto con sus vasallos.[18] Estos tratados solían tener seis elementos:

(1) El preámbulo, donde se presenta al soberano;
(2) El prólogo histórico, que resume la relación de las partes en cuestión;

---

[18] Véase Mendenhall, *Law and Covenant*; Kline, *Treaty of the Great King*; Hillers, *Treaty-Curses*.

(3) Las estipulaciones del pacto;

(4) El depósito del pacto en el santuario para su lectura periódica;

(5) Los testigos del pacto; y

(6) Las maldiciones y bendiciones del pacto.

Aunque algunos estudiosos, por razones tanto históricas como exegéticas, dudan de que dicho paralelismo exista realmente,[19] parece que hay motivos sólidos para pensar que sí se sostiene.[20] El paralelismo histórico sugiere que el pacto de Israel con Yahvé encaja con el mundo histórico-cultural en el que vivían. Independientemente de lo que se piense de la noción de soberano-vasallo, en el Éxodo (y en Deuteronomio) está claro que prácticamente todos los elementos de dichos tratados están presentes conceptualmente en el pacto. El pacto de Yahvé con Israel implicaba tanto las promesas de Dios a su pueblo como la obligación del pueblo de obedecer.[21] Israel debía vivir bajo la autoridad de su gran Rey.

Es imprescindible señalar que la liberación del pueblo de Egipto por parte de Yahvé (preámbulo y prólogo histórico) precede a la entrega de las estipulaciones del pacto.[22] Yahvé le recuerda a Israel en el Sinaí "cómo los he tomado sobre alas de águilas y los he traído a Mí" (19:4). Asimismo, antes de entregar los Diez Mandamientos, Dios dice: "Yo soy el SEÑOR tu Dios, que te saqué de la tierra de Egipto, de la casa de servidumbre (de la esclavitud)." (20:2). Es inmediatamente evidente que el pacto del Sinaí no debe ser reconocido como un pacto legalista.[23] El Señor libera a su pueblo por su gracia, y ellos deben responder a la obra redentora en su favor con obediencia.[24] No fue la virtud moral de los israelitas lo que hizo que el Señor los salvara de la esclavitud egipcia; él los liberó por su misericordia y su amor los cuales les eran totalmente inmerecidos.

Los acontecimientos del Sinaí también recordaron a Israel la misteriosa santidad del Señor. Venía al pueblo "en una densa nube" (19:9, 16), y cuando

---

[19] Para un resumen de estas objeciones, véase Williamson, *Sealed with an Oath*, 26-28. Véase también McCarthy, *Old Testament Covenant*, 10-34; Weinfeld, *Deuteronomy*, 59-157.

[20] Así, J. A. Thompson, "Suzerain-Vassal Concept"; Lucas, "Covenant, Treaty, and Prophecy".

[21] Así, Goldingay, *Israel's Faith*, 186-87.

[22] Véase Von Rad, *Israel's Historical Traditions*, 194.

[23] Véase Gentry y Wellum, *Kingdom through Covenant*, 312.

[24] Acertadamente, Childs, *Old Testament as Scripture*, 174; C. Wright, *Old Testament Ethics*, 28-29; Dumbrell, *Covenant and Creation*, 91.

descendía, una terrible tormenta estallaba en la montaña con truenos y relámpagos y humo y algo parecido a un terremoto (19:16-19; 20:18-21). La densa nube y la oscuridad indicaban que la gloria del Señor estaba oculta del pueblo, y la tormenta revelaba la santidad y la feroz ira del Señor. De ahí que el pueblo temblara (19:16; 20:18). Si no seguían las instrucciones del Señor sobre el lavado, la consagración y la pureza, y si cometían transgresiones, entonces la ira del Señor estallaría contra ellos. Israel no está haciendo pacto con una deidad a la que puedan manipular o domesticar para servir a sus propios fines. Él es el Señor soberano de toda la tierra, que juzga el pecado de los que se vuelven contra él, y por eso Israel debe temerle (20:18, 20). Al mismo tiempo, es el Señor amoroso que acaba de rescatar a su pueblo de la opresión egipcia. Israel se acerca estremecido a su santo y amoroso Señor.

El pacto del Sinaí es condicional. John Goldingay dice: "No es exactamente que el compromiso de Yahvé con Israel esté condicionado al compromiso de Israel, sino que lo exige".[25] Israel debe cumplir las estipulaciones del pacto, porque de lo contrario éste se romperá. Después de que el Señor enfatiza su liberación de Israel, declara las condiciones y los privilegios del pacto:

> Ahora pues, si en verdad escuchan Mi voz y guardan Mi pacto, serán Mi especial tesoro entre todos los pueblos, porque Mía es toda la tierra. Ustedes serán para Mí un reino de sacerdotes y una nación santa. Estas son las palabras que dirás a los Israelitas (19:5-6).

Al igual que Adán, Israel sirve como rey-sacerdote.[26] Aquí también se retoma la promesa que Dios dio a Abraham de una nación.[27] Toda la nación de Israel será un reino de sacerdotes que tendrá acceso a Dios y mediará sus bendiciones a los demás.

La bendición sacerdotal de Israel a las naciones se discute. Podría ser que Yahvé convocara a Israel en un sentido misionero.[28] Pero es más probable que Israel mediara en las bendiciones a las naciones si estaba consagrado al Señor y

---

[25] Goldingay, *Israel's Faith*, 188. Continúa diciendo que el pacto con Israel no es un "contrato". Israel debe someterse a Yahvé, pero el imperative significa que hay condiciones.

[26] Alexander, *Eden to the New Jerusalem*, 84.

[27] Dumbrell, *End of the Beginning*, 129.

[28] Así, Waltke, *Old Testament Theology*, 407; Brueggemann, *Theology of the Old Testament*, 431; Beale, *Church's Mission*, 117-21.

guardaba su ley.[29] Israel no recibió instrucciones (a diferencia del Nuevo Testamento) de llevar el mensaje del amor de Dios a otras naciones. Más bien, las demás naciones se sentirían atraídas por Yahvé cuando vieran las bendiciones que le correspondían a Israel como pueblo elegido y consagrado del Señor.

William Dumbrell dice que "el papel principal de Israel en este sentido consistía en atraer al mundo a su forma de gobierno (es decir, el reino de Dios) por medio de su santidad encarnada".[30] Serían una teocracia -el pueblo especial y distinto de Dios en la tierra- si cumplían con las disposiciones del pacto. Sin embargo, en la historia del Antiguo Testamento, Israel fracasa en su papel como rey-sacerdote, al igual que Adán en el jardín. El pueblo se corrompe por el mal y sufre el exilio por su pecado. En última instancia, el papel de Israel como rey-sacerdote se cumple en Jesucristo.

Él es el verdadero Adán, el verdadero Israel, el sacerdote fiel de Dios y el verdadero rey. Como sacerdote según el orden de Melquisedec, según Hebreos, lleva a los seres humanos a la comunión con Dios mediante su sacrificio expiatorio. Restablece la relación que Adán tenía en el jardín, pero de una manera incluso mejor porque los creyentes tienen garantizado un lugar en la ciudad celestial, donde el pecado no puede tocarlos. Al mismo tiempo, Hebreos enseña que Jesús, como resultado de su sacrificio, está sentado como rey a la diestra de Dios. Por su sangre derramada, intercede como sacerdote por su pueblo.[31]

Las funciones de sacerdote y rey no se limitan a Jesucristo. También son otorgadas por él mismo a su pueblo, a los que están unidos a él por la fe. En el Nuevo Testamento, Pedro subraya que la iglesia de Jesucristo, compuesta tanto por judíos como por gentiles, cumple ahora la función que correspondía a Israel en el Antiguo Testamento (1 P. 2:9). Así como Israel era su posesión especial, ahora la iglesia de Jesucristo es la posesión especial del Señor (Ef. 1:14; 1 P. 2:9), su reino de sacerdotes y una nación santa.

---

[29] C. Wright (*Old Testament Ethics*, 6, 74) dice que Israel debía ser un "modelo" para las naciones.

[30] Dumbrell, *Faith of Israel*, 38. Véase también la útil discusión en Dumbrell, *Covenant and Creation*, 85-90. Dice que se subraya el papel de Israel como "posesión divina separada... Al igual que un sacerdote se separa de una sociedad antigua para servirla y la sirve por su carácter distintivo, así Israel sirve a su mundo manteniendo su distancia y diferencia con respecto a él" (*Covenant and Creation*, 90).

[31] Joshua Greever colaboró conmigo en esta sección y le agradezco sus sugerencias, algunas de las cuales he incorporado.

Sin embargo, hay que señalar una diferencia crucial, ya que la iglesia no es una teocracia. Sus miembros no pertenecen a una entidad política concreta. Los creyentes en Jesucristo proceden de países y reinos de todo el mundo. Son un reino de sacerdotes y una nación santa como la iglesia de Jesucristo. Los diferentes papeles que cumplen Israel y la iglesia se ilustran en el templo, ya que el templo estaba en un lugar (Jerusalén); pero en el Nuevo Testamento Jesús es el verdadero templo, y la iglesia de Jesucristo es su templo, y así la presencia de Dios en el Nuevo Testamento reside dondequiera que esté su pueblo, sin estar especialmente confinada a un lugar o una nación.[32]

Las estipulaciones del pacto del Sinaí se declaran en los Diez Mandamientos (20:2-17). Aquí se exponen a grandes rasgos las normas constitutivas del pacto, detallando así, lo que significa para Israel ser leal a su Señor y Rey del pacto. El rasgo más llamativo de los mandamientos es la supremacía de Dios: "Lo más importante es el deber de reconocer y adorar exclusivamente al único Dios".[33] No se deben adorar "dioses" ni ponerlos delante del Señor (20:3). Adorar la imagen de cualquier otra criatura o cosa en la tierra provocaría la celosa ira de Dios (20:4-6), mostrando que el Señor debe ser primero en los afectos y acciones de Israel.

> **Éxodo 20:4–6** »No te harás ningún ídolo, ni semejanza alguna de lo que está arriba en el cielo, ni abajo en la tierra, ni en las aguas debajo de la tierra. »No los adorarás ni los servirás. Porque Yo, el Señor tu Dios, soy Dios celoso, que castigo la iniquidad de los padres sobre los hijos hasta la tercera y cuarta *generación* de los que me aborrecen, y muestro misericordia a millares, a los que me aman y guardan Mis mandamientos.

Brueggemann escribe: "Podemos ver en la prohibición de las imágenes una declaración del carácter irrestricto de Yahvé, quien no será capturado, contenido, conminado ni manejado por nadie ni por nada, para ningún propósito".[34]

Del mismo modo, no se debe jugar con el nombre del Señor (20:7). Él es el siempre santo, y su nombre debe ser honrado y venerado. "Lo santo podría

---

[32] Agradezco a Joshua Greever por sus reflexiones sobre este asunto.

[33] Rendtorff, *Canonical Hebrew Bible*, 501. Véase también Brueggemann, *Theology of the Old Testament*, 183 (aunque, en oposición a Brueggemann, el mandamiento supone el monoteísmo).

[34] Brueggemann, *Theology of the Old Testament*, 184-85.

designarse mucho más adecuadamente como lo más extraño en el mundo humano, es decir, un testimonio de la experiencia que nunca podría articularse realmente en el mundo en el que el hombre se encuentra, y frente al cual siente inicialmente temor más que confianza; es, de hecho, el 'Totalmente Otro'".[35] Deshonrar o trivializar su nombre tendrá graves consecuencias.[36]

El único mandamiento que aborda los deseos del corazón es el décimo, en el que el Señor prohíbe la codicia (20:17). El primer y el décimo mandamiento abordan el mismo tema, pues lo que uno codicia o desea en su corazón representa lo que uno adora. Nada ni nadie debe captar los afectos de uno por encima del Señor. Como dice von Rad: "La demanda intolerante de un culto exclusivo es algo único en la historia de la religión".[37] El Señor debe ser lo primero en las pasiones y afectos de su pueblo. Una vez que vemos que el primer y el décimo mandamiento abordan la misma cuestión, está claro que todos los mandamientos están dentro del mismo marco.

Los que roban desconfían del Señor que les provee y viven como si no tuvieran un Señor soberano que suplirá todas sus necesidades. Los que no honran a sus padres como autoridad indican que rechazan la autoridad del Señor sobre ellos, pues la voluntad de Dios se comunica a través de los padres. Los que asesinan se ven a sí mismos como soberanos de la vida en lugar de confiar su vida y la de los demás a la voluntad de Dios. Así también, los que cometen adulterio no están satisfechos de vivir con la esposa o el esposo que Dios les ha dado, se convierten en sus propios "señores" y encuentran su alegría fuera de la voluntad de Dios.

Los que violan los mandatos de Dios proclaman, como Adán, que son suficientemente independientes y sabios para determinar lo que se debe hacer. De esa manera, los Diez Mandamientos revelan la relación de los individuos con Dios, y además establecen lo que significa amar a otros seres humanos y vivir en la sociedad humana. Es el acta constitutiva de una relación correcta con Dios y una relación correcta con los demás. Vivimos en paz unos con otros cuando honramos a nuestros padres, no asesinamos a otros, ni robamos sus posesiones, ni nos mentimos unos a otros, ni tomamos el cónyuge de otro. Aquellos que

---

35 Von Rad, *Israel's Historical Traditions*, 205.
36 Sobre la santidad de Dios, véase Brueggemann, *Theology of the Old Testament*, 288-93.
37 Von Rad, *Israel's Historical Traditions*, 208.

honran a Dios también honran a otros seres humanos y respetan su dignidad como criaturas hechas a imagen de Dios.

Los Diez Mandamientos representan la voluntad de Dios para Israel en frases sorprendentemente declarativas. La obediencia de Israel no es legalista. Por el contrario, la obediencia de Israel demuestra que su enfoque está en Dios y lo adora como centro de su vida.[38] Sailhamer argumenta erróneamente que en el Pentateuco la vida según la ley se contrapone al camino de la fe.[39] En Éxodo 21-23 encontramos mandatos detallados que tienen que ver con situaciones concretas.[40] Las amplias declaraciones de los Diez Mandamientos deben aplicarse a los detalles de la vida cotidiana. La autoridad del Señor está sobre toda la vida, e Israel debe buscar agradarle en todo lo que hace,[41] al igual que los cristianos deben hacer todo para la gloria de Dios (1 Co. 10:31). La soberanía del Señor sobre Israel no es un concepto abstracto. Él habla a la voluntad de Israel, convocando a su pueblo a seguirle.

Israel respondió a las exigencias de Yahvé como Señor del pacto al comprometerse a hacer todo lo que él había ordenado (19:8; 24:3). El antiguo punto de vista dispensacional de que Israel pecó al aceptar cumplir las estipulaciones del pacto no comprende en absoluto el sentido del texto. Se esperaba de Israel, de hecho se le ordenó a Israel, que aceptara las condiciones del pacto. No se trata de un pacto entre iguales. El gran soberano estipuló sus mandatos para sus vasallos. El pacto se estableció con una comida pactual, con ofrendas y sacrificios, y con sangre rociada sobre el altar y el pueblo; y fue afirmado con las palabras "Esta es la sangre del pacto que el SEÑOR ha hecho con ustedes, según todas estas palabras". (24:8). El establecimiento del pacto con sangre, como explica Heb. 9:15-22, significa que "sin derramamiento de sangre no se hace remisión" (9:22). A causa de su pecado, Israel era indigno de

---

[38] C. Wright, *Old Testament Ethics*, 45.

[39] Sailhamer, *Meaning of the Pentateuch*, 39-42, 153-56. Rechazo el argumento de Sailhamer de que las leyes adicionales se dieron a causa del pecado de Israel al hacer el becerro de oro, de modo que el pacto del Sinaí cambió fundamentalmente al añadirse más leyes. Por lo tanto, considera que el sacerdocio y el tabernáculo se instituyeron porque Israel tuvo miedo y no se acercó a Dios al negarse a subir al monte Sinaí como se le había ordenado (Éx. 19). También afirma erróneamente que el pacto de Dt. 29-30 es diferente del pacto del Sinaí. Véase su discusión en las páginas 42, 351-54, 362-65, 374-415, 537-62. Para críticas mordaces de la lectura de Sailhamer, véase Dempster, "Magnum Opus"; Hamilton, "Sailhamer's *The Meaning of the Pentateuch*".

[40] Para desentrañar los aspectos específicos de la ley del AT en términos más generales, véase el excelente estudio de C. Wright, *Old Testament Ethics*, 281-326.

[41] Véase también Brueggemann, *Theology of the Old Testament*, 186.

entrar en un pacto con el Señor. Necesitaba el perdón de los pecados, el cual el Señor le concedió en su misericordia pactual.[42]

Una vez establecido el pacto, se produjo un acontecimiento sorprendente. Moisés, Aarón, Nadab, Abiú y los setenta ancianos disfrutaron de una comida de pacto en presencia de Dios (24:9-11).

> **Éxodo 24:9–11** Y subió Moisés con Aarón, Nadab y Abiú, y setenta de los ancianos de Israel; y vieron al Dios de Israel. Debajo de Sus pies *había* como un embaldosado de zafiro, tan claro como el mismo cielo. Pero Él no extendió Su mano contra los príncipes de los israelitas. Ellos vieron a Dios, y comieron y bebieron.

Se nos dice que "vieron al Dios de Israel" (v. 10) y "vieron a Dios" (v. 11). El objetivo del pacto queda plasmado en la experiencia de ver a Dios. El mayor deleite (de hecho, el objetivo de toda la historia redentora) es "ver su rostro" (Ap. 22:4). Parece que la experiencia de ver a Dios de la que disfrutaron Moisés y sus compañeros es una anticipación de lo que describe el Apocalipsis, y sin embargo probablemente no vieron el rostro de Dios, pues más adelante en Éxodo el Señor dice: "No puedes ver Mi rostro; porque nadie Me puede ver, y vivir" (33:20). La referencia a los pies de Dios en 24:10 sugiere que Moisés y sus amigos vieron a Dios en algún sentido, pero no vieron su rostro.[43] Aun así, hay una sensación de misterio e inefabilidad en el relato que no se puede captar en las descripciones del acontecimiento.

El Tabernáculo

El Éxodo dedica un espacio considerable al tema del tabernáculo. Primero da instrucciones para su construcción (25:1-31:18) y luego describe cómo se construyó (35:1-40:38).[44] De hecho, el propósito fundamental del tabernáculo se remonta al acontecimiento inusual descrito en 24:9-11, donde Moisés y sus amigos vieron a Dios. El tabernáculo era el lugar donde el Señor habitaba con su pueblo. La palabra "tabernáculo" que el Éxodo utiliza cincuenta y cinco veces, enfatiza que el Señor habita con su pueblo. Otra frase que describe la

---

[42] Para otra interpretación, véase Gentry y Wellum, *Kingdom through Covenant*, 349-54.
[43] Acertadamente, Rendtorff, *Canonical Hebrew Bible*, 58.
[44] Véase la discusión en Jenson, *Graded Holiness*, 89-114.

presencia del Señor con Israel es "tabernáculo de reunión". Este término se utiliza treinta y tres veces en Éxodo 27-40 para designar el tabernáculo. El Señor coloca su tabernáculo en medio de Israel para poder reunirse y disfrutar de la comunión con su pueblo.

El Señor "se encontrará con" Israel en el propiciatorio (25:22; 30:6), y "se encontrará con" ellos en "el tabernáculo/*tienda* de reunión"[45] (29:42-43; 30:36). El propósito fundamental del tabernáculo era concebir un medio por el cual Israel pudiera mantener su comunión con Dios (29:45).[46] ¿Por qué encontramos las instrucciones sobre el tabernáculo dos veces, aunque con algunas variaciones? La respuesta de Philip Jenson parece correcta: "Refuerza el significado y la importancia de la acción y la realidad de la dimensión divina que se aborda... Las repeticiones formales de los textos sacerdotales reflejan el significado primordial del nuevo orden cultual establecido en el Sinaí, centrado en el Tabernáculo".[47]

La construcción del tabernáculo debía seguir el modelo prescrito por Dios (25:9; 26:30). Parece que el tabernáculo y el templo, siguiendo el ejemplo de otras culturas del antiguo Cercano Oriente, guardaban armonía con el mundo celestial.[48] Hebreos 8:5 advierte este requisito, al argumentar que hay un significado tipológico en el tabernáculo.[49] Siempre apuntaba a algo más grande que él mismo. Ya señalé anteriormente los paralelos entre el Edén y el tabernáculo y no los mencionaré todos aquí de nuevo. Pero algunos son especialmente importantes y vale la pena volver a exponerlos.

Hay querubines tanto en el Edén como en el tabernáculo y a ambos se entra por el este. El candelabro puede simbolizar el árbol de la vida (Gn. 2:9; 3:22; Éx. 25:31-35). Los verbos que se utilizan en Gn. 2:15 también se emplean para el trabajo de los levitas en el santuario (Nm. 3:7-8; 18:5-6). Las piedras que se encuentran en el Edén también están en el tabernáculo (Gn. 2:11-12; Éx. 25:7, 11, 17, 31). Así como el Señor habitó con Adán y Eva en el Edén, también se

---

[45] Cursivas añadidas. En las citas mencionadas por el autor, en la versión de la Biblia utilizada en inglés solo aparece un término para el concepto del "tabernáculo", mientras que en la Biblia en español aparecen dos. (Nota del traductor).

[46] Rendtorff (*Canonical Hebrew Bible*, 65) señala que el propósito fundamental del pacto era la presencia de Dios con Israel. Véase también Alexander, *Eden to the New Jerusalem*, 35-36.

[47] Jenson, *Graded Holiness*, 100.

[48] Así, Niehaus, *Ancient Near Eastern Themes*, 91-93, 111-13.

[49] Para la noción de que el tabernáculo representa el lugar de encuentro de Dios con los seres humanos, la montaña cósmica, véase Dumbrell, *Covenant and Creation*, 102-3.

reúne con su pueblo y reside en el tabernáculo. El tabernáculo y el templo también son un lugar donde el Señor descansa (1 Cr. 28:2; 2 Cr. 6:41; Sal. 132:7-8, 13-14; Is. 66:1; cf. Gn. 2:1-3).[50]

> **Génesis 2:1–3** Así fueron acabados los cielos y la tierra y todas sus huestes. En el séptimo día ya Dios había completado la obra que había estado haciendo, y reposó en el día séptimo de toda la obra que había hecho. Dios bendijo el séptimo día y lo santificó, porque en él reposó de toda la obra que Él había creado y hecho.
>
> **Isaías 66:1** Así dice el *Señor*: «El cielo es Mi trono y la tierra el estrado de Mis pies. ¿Dónde, pues, está la casa que podrían edificarme? ¿Dónde está el lugar de Mi reposo?

Dumbrell señala que en el Éxodo el mandamiento del sábado cierra (31:12-17) la primera instrucción sobre la construcción del tabernáculo y luego abre el siguiente relato sobre su construcción (35:1-3). Resalta que "la presencia de Dios en el tabernáculo en medio de Israel tenía el propósito de garantizar el gozo de la nación en la gran bendición del pacto, es decir, aquella de "descanso" en la tierra promesa".[51] G. K. Beale señala que el templo fue construido por Salomón sólo después de que Yahvé le diera "paz por todas partes" (1 R. 5:4).[52] Por lo tanto, el hecho de que Yahvé se siente en el tabernáculo/templo representa su triunfo sobre sus enemigos y su reinado sobre todo (Éx. 15:17).[53]

Curiosamente, Vern Poythress argumenta que el tabernáculo tiene como modelo los cielos y la tierra.[54] El atrio exterior puede representar el mundo terrenal, donde viven los seres humanos. Tal vez el lugar santo represente los cielos, los que ven los seres humanos. Y, el lugar santísimo representa los reinos invisibles del cosmos, donde habitan Dios y los ángeles.[55] De esa manera el tabernáculo puede representar un microcosmos, e igualmente recordar el Edén.[56] Al final el Señor llenará el mundo con la belleza de su presencia. Como dice

---

[50] Beale, *Church's Mission*, 60-63.

[51] Dumbrell, *Covenant and Creation*, 104. Continúa diciendo: "Tanto el tabernáculo como el sabbat entonces dan testimonio del gobierno de Dios sobre la creación".

[52] Beale, *Church's Mission*, 63.

[53] Ibíd.

[54] Poythress, *Shadow of Christ*.

[55] Así, Beale, *Church's Mission*, 32-33 (véase págs. 34-38).

[56] Véase Alexander, *Eden to the New Jerusalem*, 37-42 (con advertencias acerca de ser demasiado dogmático al ver esta conexión).

Habacuc: "Pues la tierra se llenará del conocimiento de la gloria del SEÑOR como las aguas cubren el mar". (Hab. 2:14; cf. Is. 11:9).

El tabernáculo anticipa el día en que toda la tierra será el templo de Dios.[57] Esta visión se cumple en Apocalipsis 21-22, donde no hay necesidad de un templo porque Dios y el Cordero son el templo en la nueva Jerusalén (21:22). Tanto en el relato de la creación como en la construcción del tabernáculo, una palabra de bendición siguió a la finalización de la obra (Gn. 2:1-3; Éx. 39:43). También parece que tanto la creación como el tabernáculo fueron terminados en siete etapas (Gn. 1; Éx. 25:1; 30:11, 17, 22, 34; 31:1, 12).[58]

Yahvé se reunía con Israel especialmente en el propiciatorio, el cual estaba custodiado por los querubines cuyas alas se extendían sobre él (Éx. 25:17-22; 37:6-8). Del mismo modo, los querubines custodiaban la santidad de Dios en el Edén para que los pecadores no pudieran entrar en el jardín (Gn. 3:24). Éxodo describe que el propiciatorio estaba en la sección más interna del tabernáculo, identificada como el lugar santísimo (26:33-34). El tabernáculo estaba dividido en compartimentos. Había un patio, un santuario exterior y un santuario interior. En el patio estaba el altar del holocausto, donde se ofrecían sacrificios al Señor (27:1-8; 38:1-7). Aquí se ofrecían sacrificios para para perdón de pecados y acción de gracias al Señor. El altar era de bronce en lugar de oro. Los sacrificios debían ofrecerse primero porque los seres humanos son impuros y no pueden entrar en la presencia del Señor sin expiación.

De hecho, toda la estructura del tabernáculo enfatiza el hecho de que no se puede ni se debe entrar en la presencia de Dios de forma casual. El Señor es inaccesible a causa del pecado y la impureza humanos. Era necesario entrar en varios compartimentos antes de llegar a su presencia. Además, la ordenación de los sacerdotes (caps. 28-29) demuestra este punto de una manera aún más evidente. Los santuarios exterior e interior del tabernáculo no están abiertos a todo el mundo. Están reservados sólo para los sacerdotes, lo cual indica la aterradora y hermosa santidad del Señor. Hay que seguir los procedimientos y especificaciones que el Señor prescribe para poder reunirse con él. El tabernáculo (y el templo construido posteriormente) "guarda la perfección de la presencia divina. Las leyes que regulan la liturgia que tiene lugar en su interior

---

[57] Para la centralidad del tema del templo, véase Beale, *Church's Mission.*
[58] Sailhamer, *Pentateuch as Narrative*, 298-99; Beale, *Church's Mission*, 61; Enns, "Exodus", 149.

están expresamente diseñadas para impedir la irrupción de la experiencia profana en la zona de lo sagrado".[59]

Hay que ofrecer sacrificios en el atrio, y luego sólo los sacerdotes pueden entrar en el lugar santo, en el que se encuentra el pan de la proposición, el candelabro y el altar del incienso. Una vez al año, sólo el sumo sacerdote puede entrar en el lugar santísimo, donde reside el arca del pacto con el propiciatorio y los querubines (véase Lev. 16). Es notable el hecho de que el oro se reserva para el lugar santo y el lugar santísimo, mientras que para el atrio se usa el bronce, lo cual señala la presencia especial de Dios en los primeros dos.

Las precauciones establecidas y la serie de compartimentos enfatizan la verdad de que Dios está separado de los seres humanos, principalmente a causa del pecado de éstos. El Antiguo Testamento constantemente resalta la gravedad del pecado, ya que los seres humanos son propensos a excusarlo y a considerarlo relativamente trivial. Como dice Childs, el pecado "no es una desviación de alguna norma moral abstracta, sino una ofensa dirigida contra el propio Yahvé".[60] De ahí que el tabernáculo se construyera de forma que los que disfrutaban de la comunión con Yahvé no murieran.[61]

Éxodo 32-34

La presencia de Yahvé en el propiciatorio a la sombra de los querubines también representa su reinado sobre Israel.[62] Él reina desde su trono en el cielo y también desde su trono en el propiciatorio. Leemos que el Señor "reina entre querubines" (NVI) (1 S. 4:4; 2 S. 6:2; cf. 1 Cr. 13:6), y los salmos también dicen que el Señor "tiene su trono entre querubines" y *"reina entre querubines"*[63] (NVI) (Sal. 80:1; 99:1). En particular, parece justo concluir, ya que el perdón se obtenía en el propiciatorio, que el reinado del Señor sobre Israel era salvador y lleno de gracia.

Sin embargo, Éxodo 32-34 inmediatamente revela un problema fundamental con Israel y el pacto del Sinaí. Aunque el pacto se estableció con

---

[59] Levenson, *Sinai and Zion*, 127.

[60] Childs, *Biblical Theology*, 574.

[61] Jenson, *Graded Holiness*, 111-12.

[62] Jenson (ibíd., 112-13) es uno de los muchos que sostienen que uno de los temas del tabernáculo es la presencia de Dios.

[63] Cursivas añadidas. En las citas mencionadas por el autor, en la versión de la Biblia utilizada en inglés solo aparece la primera frase mientras que en la Biblia en español, para la segunda cita, aparece la segunda (Nota del traductor).

Israel por gracia, éste también era condicional. Mientras Moisés estaba en la montaña, los israelitas se apartaron del Señor y fabricaron un becerro de oro (32:1-8). Los eruditos discuten si los israelitas adoraron a otros dioses o si adoraron a Yahvé en la imagen del becerro. En cualquier caso, violaron las estipulaciones del pacto del Sinaí y es particularmente sorprendente que cayeran en tan descarada idolatría casi inmediatamente después de la ratificación del pacto (32:8).

El comportamiento de Israel revela una verdad fundamental sobre el pacto del Sinaí. Aunque se trata de un pacto de gracia, ya que el Señor liberó a Israel en su misericordia, los corazones de los israelitas no fueron transformados a través del pacto. La gracia del Señor en el pacto del Sinaí no se extendió, en términos generales, a la renovación del corazón de Israel para que realmente obedeciera al Señor. De este modo se pone de manifiesto uno de los problemas fundamentales del pacto del Sinaí (véanse Ro. 7:1-25; 2 Co. 3:4-18; Gá. 3:15-25). En un sentido el pacto es de gracia, pero en otro sentido es condicional y depende de la obediencia humana.[64] Por consiguiente, se manifiesta un defecto interno en el pacto mosaico (véase He. 7:11-19), aunque dicho defecto se encuentra en el corazón humano. Israel es "un pueblo terco" (Éx. 32:9; 33:3, 5; 34:9) y, aparentemente, no regenerado.[65]

> **Éxodo 32:9** El Señor dijo además a Moisés: «He visto a este pueblo, y ciertamente es un pueblo terco.
> **Éxodo 33:3, 5** »*Sube* a una tierra que mana leche y miel. Pues Yo no subiré en medio de ti, *oh Israel,* no sea que te destruya en el camino, porque eres un pueblo terco»… Porque el Señor había dicho a Moisés: «Dile a los israelitas: "Ustedes son un pueblo terco. Si por un momento Yo me presentara en medio de ustedes, los destruiría. Ahora pues, quítense sus joyas, para que Yo sepa qué he de hacer con ustedes"».

De este modo, aparece uno de los temas recurrentes del relato bíblico: la omnipresencia y el arraigo del mal en el corazón humano, y la incapacidad de la ley para erradicar el pecado.

Es cierto que el pacto con Abraham también tenía elementos condicionales, pero el Señor prometió que, en última instancia, este se cumpliría. Al fin y al

---

[64] Véase Meyer, *End of the Law.*
[65] Hubo un remanente que fue regenerado, pero fueron la excepción, no la regla.

cabo, el cumplimiento de dicho pacto dependía del Señor, ya que sólo él pasó en medio de los animales divididos en la ceremonia del pacto (Gn. 15), lo cual significaba que era él quien lo cumpliría. Sólo una generación obediente disfrutaría del pacto con Abraham, pero sería Dios quien se encargaría de que hubiera una generación obediente. En otras palabras, en el pacto con Abraham el Señor garantizó que cumpliría las promesas de descendencia, tierra y bendición. Con respecto al pacto mosaico, no hubo tal promesa de que el pacto se perpetuaría.

Es decir, no había ninguna promesa de que el pacto mosaico duraría para siempre. Esta lectura concuerda con la afirmación de Pablo de que el pacto mosaico estaba destinado a ser un pacto provisional, diseñado para durar hasta la venida del Mesías (Gá. 3:15-25). De hecho, Pablo deja claro que el pacto con Abraham es una promesa y que, por tanto, se cumplirá. El pacto con Moisés, sin embargo, dependía del desempeño humano y, por tanto, podía romperse a causa de la desobediencia humana.

La adoración de Israel al becerro de oro constituyó una ruptura del pacto,[66] por lo cual el Señor amenazó con destruirlos y hacer de Moisés y sus descendientes una gran nación (Éx. 32:10).[67] Como dice Childs, el pecado de Israel aquí no debe interpretarse como "una fechoría accidental, sino como una reacción representativa, constitutiva de la resistencia humana a los imperativos divinos".[68] Este acontecimiento emblemático, inmediatamente después de la promulgación del pacto, pronosticó la incapacidad de Israel para cumplir la voluntad de Yahvé.[69]

La intercesión de Moisés evitó la ira de Dios y recordó al Señor no el pacto del Sinaí, sino las promesas del pacto a los patriarcas (32:11-13). Entonces Moisés descendió de la montaña y arrojó las tablas del testimonio de su manos y las quebró (32:15-19). La rotura de las tablas no representó un ataque de ira egoísta por parte de Moisés, sino la ruptura del pacto entre Yahvé e Israel. A

---

[66] La amenaza de destrucción es un eco de la aniquilación del mundo por el diluvio, pero aquí el Señor amenaza con aniquilar a Israel. Moisés se presenta como una especie de nuevo Noé que intercede por Israel (así Rendtorff, *Canonical Hebrew Bible*, 61-62).

[67] Dempster (*Dominion and Dynasty*, 113) señala una característica fascinante de la narrativa del Pentateuco. Israel fue juzgado más estrictamente por la desobediencia después de que se establecieran los términos del pacto del Sinaí. Por ejemplo, la violación del sábado antes del pacto merecía una reprimenda (Éx. 16:27-30), pero después del Sinaí se imponía la muerte al que transgredía las normas del sábado (Nm. 15:32-36).

[68] Childs, *Old Testament as Scripture*, 175.

[69] Dumbrell, *Faith of Israel*, 40.

pesar de que lo merecía, el Señor no aniquiló a Israel por su descarado rechazo de las estipulaciones del pacto inmediatamente después de que éste fuera ratificado. Moisés volvió a interceder por Israel, preguntando si podía expiar su traición al pacto, pero él mismo necesitaba expiación como ser humano defectuoso, y por tanto no podía expiar los pecados del pueblo (32:30-32). La expiación esperaría a uno mayor que Moisés.

Indulgentemente, Yahvé no destruyó a Israel por completo, pero no habitaría en medio de ellos a causa de su corazón recalcitrante (33:1-6). El hecho de que la tienda se pusiera fuera del campamento, ilustra aún con más claridad la corrupción de Israel (33:7-11). El Señor no residiría en una tienda en medio del campamento de Israel, porque la maldad de Israel requería juicio. Por lo tanto, sólo Moisés y Josué y los que buscaban al Señor pudieron reunirse con él en la tienda, donde estaban presentes la cercanía de su presencia y la alegría de su comunión. En efecto, el Señor hablaba "con Moisés cara a cara, como habla un hombre con su amigo" (33:11), y la comunión con el Señor era tan preciosa que Josué "no se apartaba de la tienda" (33:11). No obstante, la mayoría de Israel no pudo acercarse al tabernáculo y disfrutar de la bondadosa presencia del Señor a causa de su pecado.

Moisés no había terminado de interceder por Israel en Éxodo 32-34. La perspectiva de viajar a Canaán sin la presencia del Señor le era intolerable. La fuerza y el carácter distintivo de Israel no provenían de ellos mismos, sino sólo de Dios mismo. Por ello, Moisés suplicó a Yahvé que perdonara a su pueblo para que pudiera disfrutar de la bondadosa presencia de Dios mientras heredaba las promesas (33:12-17). Moisés oró audazmente, pidiendo al Señor: "te ruego que me hagas conocer Tus caminos" (33:13) y "te ruego que me muestres tu gloria" (33:18).

Con enorme gracia, a Moisés le fue revelada la belleza de ver y conocer al Señor, que es el objetivo final de la revelación bíblica. La gloria de Dios consiste en la revelación de su bondad y la proclamación de su nombre (33:19). Su gloria también se manifiesta en que retiene su misericordia para algunos y la revela para otros (33:19), pues nadie merece la misericordia de Dios. De la misma manera, su juicio es una revelación de su carácter, pues la maravilla de Dios se manifiesta tanto en su justicia como en su misericordia. La gloria que Moisés ve es mediada, pues no puede ver al Señor "directamente" y vivir, por lo que Dios lo esconde "en una hendidura de la peña" y lo cubre (33:20-23).

El Señor se acercó a Moisés y le proclamó su nombre, el cual representa el carácter de Dios (34:6). ¿Qué se desvela en la revelación del nombre de Dios y en el despliegue de su gloria? Aquí encontramos uno de los textos más famosos del Antiguo Testamento:[70]

> Entonces pasó el SEÑOR por delante de él y proclamó: el SEÑOR, el SEÑOR, Dios compasivo y clemente, lento para la ira y abundante en misericordia y verdad (fidelidad); que guarda misericordia a millares, el que perdona la iniquidad, la transgresión y el pecado, y que no tendrá por inocente al culpable; que castiga la iniquidad de los padres sobre los hijos y sobre los hijos de los hijos hasta la tercera y cuarta generación (34:6-7).

El Señor revela que es un Dios de misericordia y de gracia que se complace en mostrar amor salvador y en perdonar a los pecadores. Al mismo tiempo, también es un Dios de justicia que castiga a los que se rebelan contra su señorío. Aun así, el énfasis está en su amor y su gracia, ya que es clemente con "millares", mientras que retribuye el pecado "hasta la tercera y cuarta generación". La importancia de esta auto-revelación de Dios es evidente, pues este versículo es recordado una y otra vez por los escritores del Antiguo Testamento (Nm. 14:18; Neh. 9:17; Sal. 86:15; 103:8; 145:8; Joel 2:13; Jon. 4:2; Nah. 1:3). Claramente, la gracia de Dios se revela de manera suprema en Jesucristo, que es el verdadero tabernáculo del Señor (Jn. 1:14), que está "lleno de gracia y de verdad".

La oración de Moisés pidiendo la revelación de la gloria del Señor se entrelaza con una petición de renovación del pacto. El Señor responde afirmativamente, entonces Moisés corta dos tablas nuevas para representar dicha renovación (Éx. 34:1-4). Al renovar el pacto, el Señor promete habitar con Israel y perdonar su traición. La ubicación de los capítulos sobre la construcción del tabernáculo tras la intercesión de Moisés indica que su oración fue contestada. Aunque el acceso al Señor aún se limita al santuario del tabernáculo, ahora, por su gracia, él habita con Israel. Cuando el tabernáculo fue erigido, la gloria del Señor descendió sobre él en una nube (40:34-38). La nube, que representaba la gloria y el misterio de la presencia de Dios, guio a Israel en sus viajes por el desierto, mostrando que la oración de Moisés por la presencia divina había sido atendida.

---

[70] Véase Brueggemann, *Theology of the Old Testament*, 215-18.

Conclusión

Al concluir el Éxodo, la promesa de que Israel se convertiría en una nación poderosa y grande fue respondida. Las promesas del pacto comenzaban a hacerse realidad. El reino de Dios venía en la tierra como en el cielo. Además, Yahvé redimió a su pueblo liberándolo de la esclavitud egipcia. La obra de gracia del Señor se celebraba con relatos, cantos y festivales, especialmente en la fiesta de la Pascua.

Como Señor soberano, Dios entró en pacto con su pueblo, recordándole su misericordia y dándole las estipulaciones del pacto. También, estableció el plan de construcción de un tabernáculo, en el que habitaría en medio del pueblo de Israel. Sorprendentemente, Israel violó el pacto al fabricar el becerro de oro y adorarlo casi inmediatamente después de la ratificación del pacto. Ante la intercesión de Moisés, el Señor perdonó a su pueblo y consintió acompañarlo. El libro concluye con la presencia gloriosa y protectora del Señor en el tabernáculo. Israel estaba en camino hacia la tierra prometida, anticipando el cumplimiento de otra de las promesas del pacto con Abraham.

§3. LEVÍTICO

Introducción

El Éxodo concluye con la presencia de Yahvé en medio del pueblo de Israel. Por medio del tabernáculo, el Señor habita con su pueblo a pesar de su contumacia y su tendencia a abandonar al Señor. Levítico se detiene en la narración y considera cómo el Señor puede seguir viviendo en medio de Israel, un pueblo pecador.[1] O, dicho de otra manera, Levítico describe cómo Israel vive en la presencia del Señor.[2] Dumbrell dice que "Levítico es un documento político que describe a Israel como una teocracia, una entidad gobernada por Dios".[3] Esto coincide con la noción de que la realeza y el señorío de Dios son centrales en la línea argumental de las Escrituras.

Levítico habla especialmente de la santidad y la pureza, explicando cómo el santo de Israel puede seguir habitando con ellos.[4] Levítico se refiere sesenta veces a lo que se hace "delante del SEÑOR", mostrando que la presencia del Señor es central en el libro.[5] El plan del Señor para Israel se resume en la verdad de que los liberó de Egipto para "ser su Dios" (26:45).[6] En 26:12, encontramos la misma verdad en diferentes palabras: "andaré entre ustedes y seré su Dios, y ustedes serán Mi pueblo". Como dice John Hartley: "Hay un rastro de la

---

[1] Clines dice que el Levítico "detalla los medios por los que debe mantenerse la relación ahora establecida" (*Theme of the Pentateuch*, 54).

[2] Wenham, *Leviticus*, 16-18.

[3] Dumbrell, *Faith of Israel*, 48.

[4] Para estudios útiles sobre la santidad, véase Gammie, *Holiness in Israel*; Jenson, *Graded Holiness*. Véase también el esclarecedor debate sobre las normas de pureza en Goldingay, *Israel's Life*, 607-22.

[5] La frase aparece en el Levítico más que en cualquier otro libro del AT (cf. Números 38 veces, Deuteronomio 27 veces, Éxodo 22 veces).

[6] Así, Clines, *Theme of the Pentateuch*, 56.

felicidad y la maravilla por la presencia de Yahvé, al igual que un profundo temor que suscita la cercanía de Dios".[7]

La importancia de la comunión con el Señor se comunica a través de la frase "tabernáculo de reunión", que aparece cuarenta y una veces en Levítico. Curiosamente, el término "tabernáculo" se utiliza sólo tres veces. El "tabernáculo de reunión" resalta el hecho de que el Señor habita con su pueblo y que la mayor alegría de ellos proviene de la comunión con él. Pero el Señor es el santo, y por lo tanto la pureza del pueblo se debe mantener a través de los sacrificios, siguiendo las normas de pureza, y haciendo la voluntad del Señor. El tema de la santidad del Señor muestra que el libro está profundamente centrado en Dios. Dios es temible en su santidad, y su santidad es aguda y peligrosa para los humanos pecadores. Por eso advierte al pueblo que no "profane mi santo nombre" (20:3; 22:32).

> **Levítico 20:3** "Yo pondré Mi rostro contra ese hombre y lo exterminaré de entre su pueblo, porque ha entregado de sus hijos a Moloc, contaminando así Mi santuario y profanando Mi santo nombre.
> **Levítico 22:32** »No profanarán Mi santo nombre, sino que seré santificado entre los israelitas. Yo soy el Señor que los santifico.

El peligro de profanar el nombre del Señor queda retratado en el relato del hombre que blasfemó el nombre de Dios, pues es condenado a muerte por un acto tan atroz (24:10-16). Como dice Hartley:

> No es de extrañar que la visión del Dios santo sea a la vez sobrecogedora y espantosamente terrible (9.23-24). Los seres humanos retroceden con temor o se inclinan en adoración contrita.[8]

Sacrificios

Los primeros siete capítulos de Levítico describen los sacrificios que se requerían en Israel. Se especifican cinco tipos diferentes de sacrificios: holocaustos (1:1-17; 6:8-13), ofrendas de cereal (2:1-16; 6:14-23), ofrendas de paz o de comunión (3:1-17; 7:11-36), ofrendas de pecado/purificación (4:1-

---

[7] Hartley, *Leviticus*, lxiii.
[8] Hartley, *Leviticus*, lvi-lvii.

5:13; 6:24-30) y ofrendas de culpa/reparación (5:14-6:7; 7:1-10). Al considerar los sacrificios en su conjunto, vemos que su propósito fundamental es expiar los pecados ante Dios para poder mantener la comunión con él. Algunos de los sacrificios se enfocan en la expiación, mientras que otros representan la alegría y la comunión entre el Señor y los seres humanos. Sin embargo, debemos evitar separar demasiado estas dos características de los sacrificios, ya que están entrelazadas.

Sorprendentemente, Levítico no desvela en detalle la razón de los sacrificios, aunque proporciona algunos indicios. Un texto fundamental, que explica el significado de derramar la sangre de los animales, está en 17:11 "Porque la vida de la carne está en la sangre, y Yo se la he dado a ustedes sobre el altar para hacer expiación por sus almas. Porque es la sangre, por razón de la vida, la que hace expiación".[9] El derramamiento de la sangre indica que uno ha muerto y que la vida ha sido entregada. El derramamiento de la sangre del animal (es decir, la entrega de su vida), asegura la expiación, lo que significa que los pecados del ofensor han sido perdonados en virtud de la vida sacrificada en su lugar. Así, los sacrificios tienen una función representativa y sustitutiva. La sangre del animal se derrama en lugar de la sangre del ofensor.[10]

El verbo para "expiar" es *kipper* en hebreo y *hilaskomai* en griego. Estudios cuidadosos demuestran que este último verbo tiene que ver con el apaciguamiento o la satisfacción de la ira de Dios.[11] Algunos estudiosos anteriores defendían la idea de que la sangre expía porque denota la ofrenda de la vida a Dios, de modo que la sangre significa la liberación de la vida en lugar de la entrega de la misma en la muerte. En contra de esta idea, el derramamiento de sangre significa la muerte, ya que es evidente que los animales y los seres humanos mueren cuando se derrama su sangre. El derramamiento de sangre se

---

[9] Para un estudio exhaustivo de este texto, véase Rodríguez, "Substitution in the Hebrew Cultus", 233-57. Milgrom (*Leviticus 1-16*, 1082-83) admite que el verbo *kipper se refiere al* rescate de la ira en algunos textos, pero niega que cualquier noción de rescate de la ira de Dios esté presente en los textos cúlticos. Su intento de separar los textos cúlticos de los no cúlticos es infructuoso (acertadamente Kiuchi, *Purification Offering*, 39-66, 87-101; Gammie, *Holiness in Israel*, 37-41; Groves, "Atonement in Isaiah 53", 65-68). El carácter sustitutivo del verbo *kipper* es bien defendido por Nicole, "Atonement in the Pentateuch", 47-50. Véase también Peterson, "Atonement in the Old Testament", 10-12; Kiuchi, *Purification Offering*, 101-9. Contra Milgrom, véase también Childs, *Biblical Theology*, 506.

[10] Véase Wenham, *Leviticus*, 245. Contra Martens, *God's Design*, 63-64.

[11] Véase especialmente Morris, *Apostolic Preaching*, 112-28; Nicole, "Atonement in the Pentateuch", 39-40, 46. El sacrificio de Noé después del diluvio comunica la idea de que el sacrificio evitó la ira de Dios (Gn. 8:20-21). Así, Wenham, "Old Testament Sacrifice", 80-81.

traduce en la muerte de la víctima, y por lo tanto la expiación viene a través de la muerte de aquello que fue sacrificado. No es difícil ver que la sangre del animal se derrama en lugar de la muerte de los seres humanos. Gordon Wenham también ve aquí el "principio de sustitución", ya que "la vida del animal toma el lugar de la vida humana".[12]

La razón fundamental de los sacrificios era la expiación, de manera que los pecadores pudieran ser perdonados por el santo. Wenham señala: "Todos presuponen que la víctima animal es un sustituto del adorador que hace expiación por él y, por lo tanto, le devuelve el favor de Dios".[13] La imposición de manos desempeña un papel importante en la comprensión del propósito de los sacrificios (Éx. 29:10, 15, 19; Lv. 4:15; 8:14, 18, 22; 16:21).

> **Levítico 4:15** "Los ancianos de la congregación pondrán sus manos sobre la cabeza del novillo delante del Señor, y el novillo será degollado delante del Señor.
>
> **Levítico 8:14** Entonces trajo el novillo de la ofrenda por el pecado, y Aarón y sus hijos pusieron sus manos sobre la cabeza del novillo de la ofrenda por el pecado.
>
> **Levítico 8:18** Entonces presentó el carnero del holocausto, y Aarón y sus hijos pusieron sus manos sobre la cabeza del carnero.

La imposición de manos sobre los animales probablemente indica que el animal funciona como sustituto de una persona.[14]

Los pecados de los seres humanos se transfieren, por así decirlo, al animal.[15] El sacrificio de los animales no era una imagen abstracta. El animal era

---

[12] Wenham, "Old Testament Sacrifice", 82; véase también Nicole, "Atonement in the Pentateuch", 35-50, especialmente 36-40.

[13] Wenham, "Old Testament Sacrifice", 84. Véase también la discusión sobre los holocaustos y las ofrendas de paz en Rodríguez, "Substitution in the Hebrew Cultus", 225-32.

[14] Véase Kiuchi, *Purification Offering*, 112-19. Fiddes (*Past Event and Present Salvation*, 73) piensa que la propiciación no puede considerarse porque el pecado no puede ser transferido a un animal puro, ya que ese animal ya no sería puro. Rodríguez ("Substitution in the Hebrew Cultus", 217-19), sin embargo, argumenta a partir de Lev. 10:16-18 que el animal seguía siendo considerado santo y al mismo tiempo cargaba con el pecado del pueblo.

[15] En oposición a Milgrom (Levítico *1-16*, 151-52), que dice que la imposición de una sola mano designa la propiedad en lugar de la transferencia. Levine (*Leviticus*, 6) rechaza la noción de transferencia del pecado. Nicole ("Atonement in the Pentateuch", 44-45) es más persuasiva al sugerir que se trata de una sustitución. Kiuchi (*Purification Offering*, 112-19) sostiene que sólo se pretende la sustitución. La objeción de que la sustitución no puede

violentamente sacrificado de manera que la sangre y las vísceras se derramaban. La muerte de los animales muestra que el castigo por el pecado es la muerte. Parece probable que el "aroma agradable" de los sacrificios indica la idea de que los sacrificios satisfacen la ira de Dios, que apaciguan su indignación (p. ej., Gn. 8:21; Éx. 29:28; Lv. 1:9; 2:2; 3:5; 4:31; 17:6).[16]

Si la imposición de manos simboliza la transferencia del pecado de la persona al animal, podríamos decir que la muerte del animal es sustitutiva.[17] La imposición de una sola mano sucede cuando el sacrificio es para un solo individuo (Lv. 1:4; 3:2, 8, 13; 4:4, 24, 29, 33), y la imposición de dos manos, cuando el sacrificio es para la comunidad o para más de un individuo (p. ej., Éx. 29:10, 15; Lv. 4:15; 8:14, 18; 16:21).[18] Wenham comenta: "Lo que él [el adorador] le hace al animal, simbólicamente lo hace a sí mismo. La muerte del animal representa su propia muerte"; continúa diciendo: "El animal es un sustituto del adorador. Su muerte es para expiación del adorador. Su inmolación en el altar aplaca la ira de Dios ante el pecado humano".[19]

A los seres humanos se les requirió acercarse a Dios de la manera establecida. Si se desviaban de lo que él ordenaba, experimentarían su ira. La historia de Nadab y Abiú en Levítico ilustra esta verdad. Ofrecieron "delante del SEÑOR fuego extraño" (10:1), entonces salió fuego de delante del Señor que los consumió (10:2). Como dice Hartley, "la gloria aniquilaría a cualquiera que se acercara al santo de forma impura o indigna".[20] El carácter teocéntrico de la narrativa es sorprendente. Nadab y Abiú fueron consumidos porque sus acciones mancharon la santidad de Dios y no glorificaron al Señor (10:3). El fuego ardiente que consumió a Nadab y Abiú representa la ira del Señor que no se apaciguó porque sus instrucciones fueron burladas en el tabernáculo.

---

considerarse porque algunos de los sacrificios eran ofrendas de comida no es convincente (Fiddes, *Past Event and Present Salvation*, 73). Rodríguez ("Substitution in the Hebrew Cultus", 146-47) observa que aunque la expiación no es el propósito central de las ofrendas de comida, no se puede excluir la noción de expiación (Lev. 5:11-13; 1 S. 3:14). Nicole ("Atonement in the Pentateuch", 45) señala que la ofrenda de grano era "una excepción entre las excepciones" y, por lo tanto, no puede convertirse en el criterio de interpretación de los sacrificios.

[16] Véase Hartley, *Leviticus*, lxviii; Wenham, "Old Testament Sacrifice", 84. Martens (*God's Design*, 59-60) ve correctamente tanto la propiciación como la expiación. Al contrario que Goldingay, *Israel's Life*, 145-46.

[17] En defensa de la sustitución en el AT, véase también G. Williams, "Punishment of Sin", 68-81.

[18] Así, Paul R. Williamson, "Because He Loved Your Forefathers".

[19] Wenham, "Old Testament Sacrifice", 77, 82.

[20] Hartley, *Leviticus*, lxiii-lxiv.

Aún más extraordinario es que el acceso al santuario interior, el lugar santísimo en el que la presencia de Dios se manifestaba especialmente, se permitía sólo una vez al año, en el Día de la Expiación (Lv. 16).[21] Evidentemente, tal limitación significaba que los seres humanos no podían entrar en la presencia del Señor de cualquier manera o en cualquier momento. Él es el completamente otro, y por tanto el acceso a su presencia está severamente limitado (cf. He. 9:6-8).

De hecho, sólo una persona al año podía dignarse a entrar en su presencia. Cualquiera que entrara en el santuario interior (el lugar santísimo) podía enfrentarse a la misma muerte que experimentaron Nadab y Abiú, ya que la presencia de Dios en la nube estaba sobre el propiciatorio, y por ello el Señor instruyó a Aarón sobre lo que debía hacer "no sea que muera" (Lv. 16:2; cf. 16:3).

> **Levítico 16:2** El Señor le dijo a Moisés: Dile a tu hermano Aarón que no entre en cualquier tiempo en el lugar santo detrás del velo, delante del propiciatorio que está sobre el arca, no sea que muera; porque Yo apareceré en la nube sobre el propiciatorio. Aarón podrá entrar en el lugar santo con esto: con un novillo para ofrenda por el pecado y un carnero para holocausto.

Además, en el Día de la Expiación el sumo sacerdote debía tener cuidado de seguir los rituales exactamente como habían sido prescritos. La creatividad y el ingenio humanos no eran admitidos. Así, se requería del sumo sacerdote obedecer humildemente las directrices del Señor. Nadie puede obtener acceso al Señor sin acercarse a él de la manera prescrita.

En el Día de la Expiación se exigían sacrificios tanto al sumo sacerdote como al pueblo (16:5-6, 11, 15). La limpieza del lugar santo, el tabernáculo de reunión y el altar no eran meramente purificatorios, si por ello se entiende que era una ceremonia ritual no relacionada con el pecado humano. Tenían que ser limpiados con sangre "a causa de las impurezas de los Israelitas y a causa de sus transgresiones, por todos sus pecados" (16:16). El lugar de la morada de Dios estaba contaminado por la pecaminosidad de Israel. Se deduce, pues, que los sacrificios se ofrecían para obtener el perdón. Se presentaban dos machos cabríos. El macho cabrío sacrificado se ofrecía como ofrenda por el

---

[21] Para un buen debate sobre el acceso limitado al reino de lo santo, véase Jenson, *Graded Holiness*, 107-8.

pecado/purificación, y su sangre se rociaba sobre el propiciatorio (la presencia misma de Dios) para asegurar el perdón de las iniquidades de Israel (16:15). Parece bastante claro que el macho cabrío ofrecido como ofrenda por el pecado/purificación era sacrificado en lugar de Israel, de modo que tomaba sobre sí el castigo que Israel merecía.

El carácter sustitutivo de los sacrificios se resalta a lo largo de todo el ritual. El segundo macho cabrío, por Azazel, el cual era abandonado en el desierto, es en cierto modo bastante misterioso. Sin embargo, Azazel probablemente ilustra de manera vívida la misma verdad que vimos con el macho cabrío ofrecido como ofrenda por el pecado/purificación. Debemos observar la redacción de 16:21-22:

> Después Aarón pondrá ambas manos sobre la cabeza del macho cabrío y confesará sobre él todas las iniquidades de los Israelitas y todas sus transgresiones, todos sus pecados, y poniéndolos sobre la cabeza del macho cabrío, lo enviará al desierto por medio de un hombre preparado para esto. El macho cabrío llevará sobre sí todas las iniquidades de ellos a una tierra solitaria; y el hombre soltará el macho cabrío en el desierto.

Estos versículos demuestran claramente que la imposición de manos significa sustitución. Cuando Aarón imponía sus manos sobre el macho cabrío, confesaba los pecados de Israel, y los pecados se transmitían a la cabeza del macho cabrío, el mismo lugar donde Aarón imponía sus dos manos.[22] El versículo 22 confirma que se trata de una sustitución, ya que el macho cabrío lleva los pecados de los israelitas al desierto.[23] El macho cabrío vivo funciona como el sustituto que soporta la pena (la expulsión al desierto) por los pecados de Israel. También es probable que éste fuera enviado al desierto para morir.[24]

En cualquier caso, Geerhardus Vos sostiene con razón que, para entender la verdad que se expresa, debemos tomar los dos machos cabríos juntos, ya que:

---

[22] Así Wenham, "Old Testament Sacrifice", 79.

[23] Milgrom (*Leviticus 1-16*, 1021) objeta que Azazel no fue sacrificado ni castigado por otros. Es cierto que el rito de Azazel no es un ejemplo de sustitución sacrificial, pero Rodríguez ("Substitution in the Hebrew Cultus", 219-20) argumenta con razón que el papel de la imposición de manos en el rito señala que se trata de una sustitución.

[24] En apoyo de la opinión de que Azazel fue enviado a morir, véase Martens, *God's Design*, 54; Peterson, "Atonement in the Old Testament", 15; G. Williams, "Punishment of Sin", 79.

Había en realidad un solo objetivo sacrificial; la asignación de la muerte sufrida por un lado, y la expulsión a un lugar remoto por el otro, sirven simplemente para expresar más claramente, en forma visible, la eliminación del pecado después de que se haya hecho la expiación, algo que el animal sacrificial ordinario no podía expresar bien, ya que moría en el proceso de expiación.[25]

Por lo tanto, la inclusión de Azazel ilustra aún más el castigo que el pecado promete. Tanto la muerte como el alejamiento de la presencia de Dios son el castigo por el pecado humano. De esta manera, los sacrificios del Día de la Expiación ponen de relieve tanto la santidad como la gracia de Dios. El Señor es santo, y nadie puede estar delante de su presencia sin que sus pecados hayan sido perdonados, pero también es bondadoso porque proporciona los medios para la expiación debido a su amor por su pueblo. Como enfatiza 17:11, el Señor ha provisto ("he dado") sacrificios para asegurar la expiación. De la misma forma en que el Señor se mostró bondadoso con Adán y Eva después de su pecado y los vistió (Gn. 3:21), los sacrificios que aplacan su ira proceden de él mismo y son el fruto de su amor.

Ahora, examinaremos de manera breve los sacrificios que Israel ofrecía regularmente. En el holocausto el animal era consumido completamente por el fuego. Uno de los propósitos de la ofrenda era obtener el perdón por los pecados cometidos. "Pondrá su mano sobre la cabeza del holocausto, y le será aceptado para expiación suya" (Lev. 1:4). Como se ha señalado anteriormente, la imposición de manos significa la transferencia de los pecados del ser humano al animal. El carácter expiatorio y sustitutivo del sacrificio es evidente, ya que el sacrificio consigue la expiación y la aceptación para quien lo ofrece.[26] El carácter expiatorio del holocausto parece estar presente también en Job, cuando los tres amigos de Job ofrecen holocaustos y así evitan ser tratados "conforme a su insensatez" (Job 42:8).

Por el contrario, en Jeremías 14:12 el pueblo no sería aceptado y sería juzgado por el Señor, aunque ofreciera holocaustos, lo cual sugiere que normalmente los holocaustos jugaban un papel en el perdón de los pecados. Vemos la misma idea en 1 Cr. 6:49: "Aarón y sus hijos sacrificaban sobre el altar del holocausto y sobre el altar del incienso, para toda la obra del Lugar

---

[25] Vos, *Biblical Theology*, 163. Debo esta cita a Nicole, "Atonement in the Pentateuch", 26-27.

[26] Véase House, *Old Testament Theology*, 129.

Santísimo y para hacer expiación por Israel, conforme a todo lo que Moisés, siervo de Dios, había ordenado". Los holocaustos no eran sólo para la expiación; también se ofrecían para mostrar acción de gracias a Dios y la consagración a él. El salmista ofrece holocaustos al Señor de acuerdo con sus votos, pues está lleno de gozo porque el Señor le ha librado de sus enemigos (Sal. 66:13-15).

La función expiatoria del holocausto no está ausente, pero el énfasis se pone en el agradecimiento con que se ofrece el sacrificio. Del mismo modo, Esdras y sus amigos ofrecieron holocaustos en alabanza al Señor cuando éste les protegió en su viaje de Babilonia a Jerusalén (Esd. 8:35; cf. 2 S. 6:17-18; 2 Cr. 29:32). Este tipo de alabanza a Dios también se expresó con holocaustos cuando los filisteos devolvieron el arca a Israel (1 S. 6:14). Así también, los padres de Sansón ofrecieron sacrificios para honrar al Señor cuando éste les reveló las instrucciones para el futuro de Sansón (Jue. 13:16, 23).

La ofrenda de cereal (Lv. 2:1-16) expresaba fundamentalmente acción de gracias y alabanza a Dios, y si se ofrecía con la actitud correcta, era agradable al Señor (Éx. 29:41; Lv. 23:18; Is. 66:3; Jer. 14:12).

> **Éxodo 29:41** »Ofrecerás el otro cordero al atardecer. Con él ofrecerás la misma ofrenda de cereal y la misma libación que por la mañana, como aroma agradable: una ofrenda encendida al Señor.
>
> **Levítico 23:18** "Junto con el pan presentarán siete corderos de un año sin defecto, un novillo del ganado y dos carneros; serán holocausto al Señor, junto con sus ofrendas de cereal y sus libaciones, una ofrenda encendida como aroma agradable al Señor.

Manoa y su esposa ofrecieron ofrendas de cereal como acción de gracias en respuesta a la revelación sobre el nacimiento de Sansón y su futura grandeza (Jue. 13:19, 23). Sin embargo, incluso el caso de la ofrenda de cereal no puede separarse totalmente de la función expiatoria de los sacrificios, ya que regularmente se ofrece junto con los demás sacrificios.

El objetivo de las ofrendas de paz (Lev. 3:1-17) no es la expiación. El objetivo del adorador era disfrutar de la comunión con el Señor y renovar la relación con él. Dios instituyó sacrificios para que los seres humanos pudieran disfrutar de la maravilla y la belleza de su presencia. Los sacrificios no eran un mero medio mecánico por el que se borraban los pecados ante el santo de

Israel.[27] Goldingay dice que tales ofrendas pueden designar la "entrega a Dios" o expresar "gratitud" o "cumplir un voto".[28]

Las ofrendas de pecado/purificación y de culpa/reparación nos recuerdan que la razón fundamental por la que se interrumpe la comunión entre Dios y los seres humanos es el pecado. De ahí que la ofrenda por el pecado/purificación (4:1-5:13; 6:24-30) y la ofrenda por la culpa/reparación (5:14-6:7; 7:1-10) desempeñen un papel importante en el culto sacrificial.[29] Es difícil establecer la distinción entre la ofrenda por el pecado/purificación y la ofrenda por la culpa/reparación.

Hay algunas pruebas que apoyan la idea de que la ofrenda de culpa/reparación se refiere a los pecados más graves. En cualquier caso, ambas ofrendas se centran en el pecado humano que requiere expiación.[30] Algunos estudiosos piensan que es mejor identificar la ofrenda por el pecado como la ofrenda de purificación y la ofrenda por la culpa como la ofrenda de reparación, argumentando que el pecado personal no está invariablemente a la vista, ya que se presenta una ofrenda por el pecado/purificación en casos de maternidad (Lv. 12:6, 8), lepra (Lv. 14:19, 22, 31), impurezas físicas (Lv. 15:15, 30) y contaminación por un cadáver (Nm. 6:11).[31] Estos textos impiden una comprensión simplista de la ofrenda por el pecado/de purificación.[32] Es evidente que tales ofrendas no siempre se deben al pecado personal.

Y, sin embargo, es probable que incluso en los casos que son de carácter cultual, en los que el pecado personal no es el centro de atención, la profanación en la que se incurre, apunte al pecado de los seres humanos. Así que parece apropiado afirmar que el propósito fundamental de las ofrendas de pecado/purificación y de culpa/reparación es obtener perdón. Un versículo de Proverbios resume el propósito de la ofrenda de culpa/reparación: "Los necios

---

[27] Acertadamente, Martens, *God's Design*, 60-61.

[28] Goldingay, *Israel's Life*, 142-43.

[29] Al contrario que Goldingay (*Vida de Israel*, 143), que piensa que el pecado puede ser perdonado simplemente por el arrepentimiento.

[30] Wenham dice sobre la ofrenda por el pecado/purificación: "El pecado no sólo enfurece a Dios y le priva de lo que le corresponde, sino que también ensucia su santuario. Un Dios santo no puede habitar en medio de la impureza. La ofrenda de purificación purifica el lugar de culto, para que Dios pueda estar presente entre su pueblo" (*Leviticus*, 89).

[31] Así, Jenson, *Graded Holiness*, 156.

[32] Muchas de las ofrendas se relacionan con la vida y la muerte. Por ejemplo, los que tienen enfermedades de la piel parecen "como si"se estuvieran "deshaciendo", como si estuvieran "muriendo" (véase Goldingay, *Israel's Life*, 634). Pero la muerte sólo proviene del pecado, y por lo tanto incluso estos sacrificios no pueden separarse totalmente del pecado.

se ríen del pecado, Pero entre los rectos hay buena voluntad." (Prov. 14:9). La frase "buena voluntad" indica la función de la ofrenda de culpa/reparación. Quien presenta una ofrenda de culpa/reparación recibirá el perdón de los pecados y será restaurado a una relación correcta con el Señor.

Los profetas claman contra el ofrecimiento supersticioso o mecánico de sacrificios (p. ej., Is. 1:11-13; Jer. 6:20; 7:21-23; Os. 6:6; Am. 4:4-5; 5:22-24; Mi. 6:6).

> **Isaías 1:11–13** «¿Qué es para Mí la abundancia de sus sacrificios?», Dice el Señor. «Cansado estoy de holocaustos de carneros, Y de sebo de ganado cebado; La sangre de novillos, corderos y machos cabríos no me complace. »Cuando vienen a presentarse delante de Mí, ¿Quién demanda esto de ustedes, de que pisoteen Mis atrios? »No traigan más sus vanas ofrendas, El incienso me es abominación. Luna nueva y día de reposo, el convocar asambleas: ¡No tolero iniquidad y asamblea solemne!

Anteriormente, muchos estudiosos sostenían que los profetas rechazaban todos los sacrificios, pero ahora se reconoce generalmente que no repudiaban los sacrificios y las ofrendas en sí, sino que criticaban la percepción mecánica, externa, superficial y mágica de los sacrificios, como si estos pudieran expiar aunque se ofrecieran con una actitud equivocada (cf. Prov. 15:8; 21:3, 7). La noción de que la fe es "espiritual" carente de un aspecto material es ajena a la fe de Israel.[33] El Señor mismo proporcionaba los sacrificios para que Israel pudiera disfrutar del perdón de los pecados y de la comunión con él.

Si consideramos los sacrificios canónicamente, concluimos que apuntan al sacrificio de Cristo. Hebreos subraya que los sacrificios del antiguo pacto eran inferiores, ya que no limpiaban verdaderamente la conciencia del adorador y no traían el perdón completo y permanente de los pecados (7:1-10:18).[34] El acceso audaz al lugar santo (la presencia misma de Dios) ya no se limita al Día de la Expiación, en el que se accedía a la presencia de Dios sólo una vez al año. Ahora, los creyentes entran con plena confianza en la presencia de Dios todos los días

---

[33] Véase von Rad, *Israel's Historical Traditions*, 260.

[34] Dumbrell (*Faith of Israel*, 42-43) no ve esto claramente al decir que los sacrificios del AT expiaban el pecado. El punto mismo de Hebreos es que la repetición de los sacrificios simboliza la verdad de que los sacrificios de animales no aseguraban finalmente el perdón. En términos de la línea de la historia de las Escrituras, señalaron el sacrificio de Cristo como el sacrificio final y definitivo.

a través de la sangre de Jesucristo (9:6-8; 10:19-22). Según Romanos, la ofrenda por el pecado se ha cumplido en Jesucristo (8:3), de modo que "no hay condenación" para los que le pertenecen (8:1). Su sacrificio ha traído la justificación y la redención por medio de su sangre (3:24-26). La comunión alegre con Dios ha sido restaurada para siempre mediante el sacrificio una vez y para siempre de Jesucristo.

Limpieza

El tema de Levítico es la santidad del Señor. Los seres humanos no pueden acercarse a él sin sacrificio porque están contaminados por el pecado. Así, un tema conveniente es la necesidad de limpieza para entrar en la presencia del Señor. Por ello, se dan instrucciones sobre el sacerdocio (capítulos 8-10) y se prescriben otras normas relacionadas con la alimentación, las enfermedades de la piel y las impurezas corporales (caps. 11-15). También se dan instrucciones para la ordenación de los sacerdotes (caps. 8-10).[35] El relato de la ordenación resalta la indignidad de Aarón y sus hijos para servir como sacerdotes. No están por naturaleza calificados para ministrar ante el Señor. Por lo tanto, deben ser limpiados con agua y usar vestimentas sagradas para servir en el sacerdocio (8:6-9, 13).

Los sacerdotes sólo podían servir si estaban ritualmente puros. Cuando servían en el santuario, no podían usar vestimentas ordinarias, ya que sólo lo que estaba separado podía ser usado en la presencia del Señor. Además, los sumos sacerdotes debían ser ungidos con aceite, lo que los separaba para el servicio sagrado (8:12). Quizás lo más importante es que Aarón y sus hijos debían ofrecer un toro como ofrenda por el pecado/purificación y carneros como holocausto (8:14-29). Estas ofrendas estaban destinadas a "expiar" a Aarón y sus hijos (8:34). No podían servir como sacerdotes apoyados en su propia dignidad y mérito, ya que habían violado los preceptos del Señor.

Por lo tanto, antes de la ordenación debían ser limpiados de sus pecados mediante un sacrificio. Poner sangre en las orejas derechas, los pulgares derechos y los dedos de los pies derechos de los sacerdotes (8:23-24) simbolizaba que estaban limpios y consagrados al Señor. Se podría argumentar que lo fundamental era la purificación y no el pecado, ya que el altar también

---

35 Véase la útil discusión en Jenson, *Graded Holiness*, 116-30.

debía ser purificado con sangre (8:15). Sin embargo, el texto paralelo en 16:16 sugiere que el altar necesita ser purificado a causa del pecado humano:

> Hará, pues, expiación por el lugar santo a causa de las impurezas de los Israelitas y a causa de sus transgresiones, por todos sus pecados; así hará también con la tienda de reunión que permanece con ellos en medio de sus impurezas.

Por consiguiente, no se debe acuñar una separación entre la purificación y el pecado. Las ofrendas de Aarón y sus hijos purificaban el tabernáculo y su mobiliario, pero también los limpiaban a ellos mismos del pecado para que pudieran servir como sacerdotes del Señor.

Después de que el Señor dio las instrucciones sobre los sacrificios (caps. 1-7) y los sacerdotes fueron debidamente ordenados, el capítulo 9 de Levítico relata el servicio en el tabernáculo. El texto destaca que todas las ofrendas (ofrenda por el pecado/purificación, ofrenda por la culpa/reparación, holocausto, ofrenda de cereal y ofrenda de paz) se presentaban para obtener el perdón de los pecados.

> Acércate al altar y presenta tu ofrenda por el pecado y tu holocausto, para que hagas expiación por ti mismo y por el pueblo; luego presenta la ofrenda por el pueblo, para que puedas hacer expiación por ellos, tal como el SEÑOR ha ordenado (9:7).

Dichos sacrificios se ofrecían para que "para que la gloria del SEÑOR se aparezca a ustedes" (9:6). Los sacrificios se ofrecían para que Israel pudiera disfrutar de la belleza y el gozo de la presencia del Señor sin ser aniquilado por su intensa santidad. En su amor, el Señor proporcionó el perdón para que su pueblo tuviera comunión con él. El capítulo enfatiza que Aarón y sus hijos hicieron exactamente lo que el Señor les ordenó. Uno puede entrar en la presencia del Señor sólo de la manera en que él lo prescribe. El capítulo concluye con la manifestación de la gloria de Dios al pueblo (9:23). En efecto, fuego cayó del cielo y consumió las ofrendas sobre el altar, mostrando la flamante santidad del Señor, pero también su bondadosa presencia en medio de su pueblo (9:24).

El contraste con el capítulo 10 no podría ser más sorprendente. Nadab y Abiú violaron las directrices que el Señor instauró al ofrecer "fuego extraño" y, en un quid pro quo, descendió el fuego del Señor y los aniquiló (10:1-2). Evidentemente, la ira del Señor se manifestó porque ellos no se acercaron a él apropiadamente (10:6-7).

En 10:10-11 se enfatiza la responsabilidad particular de los sacerdotes: "para que hagan distinción entre lo santo y lo profano, entre lo inmundo y lo limpio, y para que enseñen a los Israelitas todos los estatutos que el SEÑOR les ha dicho por medio de Moisés". Como sacerdotes, Nadab y Abiú violaron atrozmente estas instrucciones. Presentaron lo común como si fuera santo, lo inmundo como si fuera limpio. No podía servir al Señor ningún sacerdote que no le glorificase manteniendo su santidad (10:3). El capítulo 10 enfatiza que los sacerdotes debían distinguir entre lo que es santo y limpio y lo que no lo es (10:10-11), y en el caso de Nadab y Abiú se destaca su incumplimiento de las instrucciones del Señor.

La exposición de la importancia de distinguir entre lo limpio y lo impuro (caps. 11-15) se intercala con la narración de la muerte de Nadab y Abiú (cap. 10) y el Día de la Expiación (cap. 16), lo que demuestra que estas instrucciones no deben tomarse a la ligera.[36] Además se explican las distinciones necesarias en relación con las cuestiones dietéticas (cap. 11), la limpieza después del parto (cap. 12), las enfermedades de la piel (caps. 13-14) y las impurezas físicas (cap. 15).

A lo largo de la historia, los lectores han intentado discernir el motivo de las normas de pureza, ya sea en relación con la alimentación, las enfermedades de la piel o las impurezas físicas.[37] Ha sido bastante común decir que las leyes fueron dadas por razones dietéticas. Sin embargo, tal explicación nunca se da en el texto bíblico, aunque está claro que algunas de las leyes de Levítico tendrían beneficios para la salud. Desde un punto de vista canónico, hay un problema significativo con tal interpretación.

---

[36] Sprinkle, "Laws of Clean and Unclean", 641.

[37] Para un resumen de la erudición y una explicación útil de los fundamentos aquí, véase Sprinkle, "Laws of Clean and Unclean"; véase también Jenson, *Graded Holiness*, 75-83; House, *Old Testament Theology*, 136. Mi propia discusión aquí depende de Sprinkle, aunque él no necesariamente respaldaría todas mis conclusiones. Para una discusión más completa sobre las teorías de los alimentos limpios e impuros, véase Houston, *Purity and Monotheism*, 68-123.

En el Nuevo Testamento está claro que las leyes alimentarias ya no son aplicables a la iglesia de Jesucristo (Mr. 7:19; Hch. 10:1-11:18; Ro. 14:14, 20; 1 Co. 8:4-8; Col. 2:16-23). Es difícil entender por qué Jesús y los apóstoles permitirían a los creyentes comer alimentos que estaban prohibidos en el Antiguo Testamento si estaban prohibidos por razones de salud. Otros sostienen que las leyes fueron dadas porque los alimentos o las prácticas prohibidas se usaban en el paganismo. No obstante, los toros a menudo se usaban en los sacrificios paganos al igual que en Israel, por lo que esta solución no convence.

Mary Douglas piensa que las leyes alimentarias se centran en lo que es saludable, completo y perfecto, y los alimentos que no se ajustan a su clase son impuros.[38] Este razonamiento puede representar una de las razones de la impureza. Sin embargo, esta explicación es bastante general y vaga y carece de apoyo específico, ya que es difícil percibir, desde el punto de vista israelita, lo que implicaba el concepto de saludable y completo en cada caso.[39] En algunos casos sus explicaciones rozan la tautología y, por tanto, no iluminan el texto con claridad. Decir que los alimentos prohibidos son imperfectos porque son impuros no proporciona en sí una explicación de por qué los alimentos son imperfectos o impuros.

Otro punto de vista enfatiza que las regulaciones separan la sexualidad del reino de lo sagrado. Joe Sprinkle señala con razón que tal teoría no significa que el sexo sea malo; más bien, la cuestión es que el sexo es terrenal y no celestial.[40] Pero esta teoría sólo se refiere a las leyes que tienen que ver con la sexualidad, por lo que no es muy completa. Otros sugieren que las leyes de pureza desalientan la violencia y el consumo de carne.[41] Las leyes dietéticas, entonces, promueven el valor de la vida. Aunque puede tener algunos elementos de verdad, esta teoría no es del todo convincente. Los animales prohibidos no son designados como "santos para el Señor". En cambio, se clasifican como impuros y abominables, lo cual es una forma extraña de inculcar reverencia por la vida. Además, no hay ninguna indicación de que la cantidad de carne que se podía comer estuviera limitada.[42]

---

[38] Douglas, *Purity and Danger*, 51-57. Véase también Wenham, *Leviticus*, 20-21, 23-25. Para un resumen y análisis de las opiniones de Douglas, véase Houston, *Purity and Monotheism*, 93-114.

[39] Véase Houston, *Purity and Monotheism*, 74.

[40] Sprinkle, "Laws of Clean and Unclean", 650.

[41] Milgrom, *Leviticus*, 103-9. Véase también Goldingay, *Israel's Life*, 624-28.

[42] Para estas dos críticas, véase Houston, *Purity and Monotheism*, 77-78.

Sprinkle sugiere la explicación más satisfactoria con respecto a las normas relativas a la pureza.[43] Las leyes de Israel los separaban de los gentiles para evitar que se contaminaran con la idolatría y la maldad que practicaban los gentiles.[44] Las leyes sobre los alimentos hacían difícil que los judíos disfrutaran de la comunión en la mesa con los gentiles; y si los pueblos no se juntan para compartir la mesa, corren menos riesgo de influirse mutuamente. El Nuevo Testamento enseña claramente que durante el antiguo pacto era la intención de Dios que los judíos estuvieran separados de los gentiles.

La época de tal separación había terminado en Jesucristo, pues las leyes relativas a la pureza ya no son obligatorias (véase Hch. 10:1-11:18). La separación entre judíos y gentiles terminó con la venida de Jesucristo (Ef. 2:11-22; 3:2-13). Ahora los judíos y los gentiles en Cristo son igualmente miembros del pueblo de Dios (Gá. 3:28). Sin embargo, en el antiguo pacto, la ley separaba a los judíos de los gentiles para que los judíos no se impregnaran de la idolatría y las prácticas paganas que eran endémicas entre los gentiles.

Sprinkle también sugiere que en algunos casos las leyes pueden dividirse en tres categorías.[45] Había alimentos limpios que se podían ofrecer en sacrificio, alimentos limpios que se podían comer pero no sacrificar, y alimentos impuros que no se podían comer. Los sacerdotes eran señalados como especialmente santos debido a su trabajo cultual, los israelitas regulares eran limpios como pueblo de Dios, y los gentiles eran impuros. Así también, el tabernáculo era especialmente santo porque el Señor habitaba en él. La tierra de Israel también era santa porque el Señor la dio a su pueblo, y por el contrario, la tierra de los gentiles era profana. Curiosamente, esto coincide con el tabernáculo mismo, en el que el espacio más sagrado era el lugar santísimo, el santuario exterior era menos sagrado, y el atrio era menos sagrado aún.

Lo más significativo es que las leyes dadas enfatizan la santidad del Señor. Es probable que no haya habido una razón inherente para algunas de las leyes dadas a Israel. Como subraya Childs, las leyes se estipularon para mostrar el señorío de Yahvé sobre su pueblo.[46] Israel vive sometido al santo de Israel. En Levítico 11:44-45 se ofrece una explicación sobre las leyes alimentarias: "Porque Yo soy el SEÑOR su Dios. Por tanto, conságrense y sean santos, porque

---

[43] Véase Sprinkle, "Laws of Clean and Unclean", 651-53.
[44] Así también Hartley, *Leviticus*, 144.
[45] Sprinkle, "Laws of Clean and Unclean", 651.
[46] Childs, *Old Testament as Scripture*, 186.

Yo soy santo. No se contaminen, pues, con ningún animal que se arrastra sobre la tierra. Porque Yo soy el SEÑOR, que los he hecho subir de la tierra de Egipto para ser su Dios; serán, pues, santos porque Yo soy santo". Los israelitas debían obedecer las instrucciones del Señor y dedicar sus vidas a él para ser un pueblo separado y distinto para él.

Al seguir sus reglas y preceptos, el pueblo de Israel demostraba que pertenecía exclusivamente al Señor, y llamaba la atención sobre su santidad. Él es el completamente otro. Aunque las leyes relativas a la pureza ya no son necesarias para los creyentes del Nuevo Testamento, 1 P. 1:15-16 retoma la advertencia de ser santos como el Señor es santo. Los creyentes deben llevar una vida de rectitud moral, mostrando que son aquellos que han sido redimidos por el Señor. Aunque los reglamentos específicos sobre la pureza no se aplican a los creyentes, el llamamiento a vivir una vida consagrada sí se aplica al pueblo de Dios. Los creyentes deben vivir de manera que se distingan del mundo pagano.

Levítico subraya que el tabernáculo donde mora el Señor no debe ser contaminado con ningún tipo de impureza humana. Por lo tanto, cualquiera que tenga lepra debe vivir fuera del campamento (13:45-46).

> **Levítico 13:45–46** »En cuanto al leproso que tenga la infección, sus vestidos estarán rasgados, el cabello de su cabeza estará descubierto, se cubrirá el bozo y gritará: "¡Inmundo, inmundo!" »Permanecerá inmundo todos los días que tenga la infección; es inmundo. Vivirá solo; su morada estará fuera del campamento.

Del mismo modo, después de transmitir las instrucciones relativas a las impurezas corporales, el capítulo 15 concluye diciendo: "Así ustedes mantendrán a los Israelitas separados de sus impurezas, para que no mueran en sus impurezas por haber contaminado Mi tabernáculo que está entre ellos" (15:31). El tabernáculo no debe ser contaminado por quienes estén menstruando o hayan tenido una excreción de semen u otras secreciones corporales.

Las leyes relativas a la pureza no necesariamente tienen que ver con el pecado.[47] Alguien que tiene una enfermedad de la piel o mantiene relaciones sexuales no ha pecado necesariamente, ni tampoco es pecaminoso menstruar o sembrar el campo con dos tipos de semilla o vestirse con dos tipos de tela

---

[47] Sprinkle, "Laws of Clean and Unclean", 653.

diferentes (19:19). Sprinkle argumenta con razón que se establece una analogía entre tal impureza y el pecado.

La impureza ceremonial del pueblo señala su pecaminosidad de forma metafórica y analógica. Aquellos que padecen enfermedades de la piel deben ofrecer sacrificios, incluyendo la ofrenda por el pecado/purificación y la ofrenda por la culpa/reparación para la expiación, de modo que puedan quedar limpios y entrar en el santuario (14:10-20). La referencia a la ofrenda por el pecado/purificación y a la ofrenda por la culpa/reparación no demuestra necesariamente que una persona que tiene una enfermedad de la piel haya pecado. Las ofrendas se pueden describir, como se ha señalado anteriormente, de purificación y de reparación respectivamente.

Sin embargo, parece correcto establecer una analogía entre dicha impureza (que no es estrictamente pecado) y la pecaminosidad de Israel. La impureza física de Israel atestigua su mortalidad y su falta de integridad y perfección y es, por tanto, un emblema de su pecado. Entonces, no nos sorprende descubrir que los escritores posteriores retoman las palabras impureza y contaminación para describir la maldad (por ejemplo, Sal. 51:7; Is. 6:5; Ez. 14:11).[48]

> **Isaías 6:5** Entonces dije: «¡Ay de mí! Porque perdido estoy, Pues soy hombre de labios inmundos Y en medio de un pueblo de labios inmundos habito, Porque mis ojos han visto al Rey, el Señor de los ejércitos».
>
> **Ezequiel 14:10–11** 'Ambos llevarán *el castigo de* su iniquidad; como la iniquidad del que consulta será la iniquidad del profeta, a fin de que la casa de Israel no se desvíe más de Mí ni se contamine más con todas sus transgresiones. Y ellos serán Mi pueblo y Yo seré su Dios' "», declara el Señor Dios.

El Nuevo Testamento mantiene que el pacto mosaico ya no está en vigor (p. ej. 2 Co. 3:7-18; Gá. 3:15-4:7; He. 7:11-19).[49] Por ende, los creyentes ya no están sujetos a las regulaciones sobre la pureza (véase Ro. 14:14, 20). La separación entre judíos y gentiles que era parte integral de la revelación del Antiguo Testamento desapareció en Cristo (Ef. 2:11-22). Todos los creyentes en Cristo son miembros del pueblo de Dios, y las estipulaciones de la ley ya no son vinculantes para ellos. El templo ya no representa el lugar de la presencia de Dios donde se ofrece la expiación. Jesús es el nuevo templo (Jn 2:19-20; 4:20-

---

[48] Véase Hartley, *Leviticus*, 146.

[49] Véase especialmente ibíd., 147, en la que me basé para este párrafo.

24), y los creyentes son el templo del Espíritu Santo (1 Co. 3:16; 2 Co. 6:16). Por eso, las regulaciones de pureza que se relacionan con el templo ya no se aplican a los que son miembros del nuevo pacto.

El Nuevo Testamento usa los conceptos de pureza e impureza para los creyentes de forma metafórica, de modo que el pecado sigue siendo designado como impureza (p. ej., Ro. 6:19; 2 Co. 12:21; Ef. 5:3; 1 Tes. 4:7), y los creyentes deben limpiarse del mal (2 Co. 7:1). El sacrificio de Jesús en la cruz limpia a los creyentes de la impureza del pecado (1 Jn 1:7). El Señor llama a los creyentes a ser puros de corazón (Mt. 5:8; cf. 2 Ti. 2:22) y a tener una conciencia limpia (1 Ti. 1:5; 3:9; 2 Ti. 1:3), y dicha pureza se manifiesta en el amor de los creyentes los unos por los otros (1 P. 1:22).

Leyes

En cierto sentido, todo el libro de Levítico está lleno de leyes. Las instrucciones relativas a los sacrificios, el sacerdocio y la pureza consisten en leyes. Pero aquí consideraremos específicamente las instrucciones que se encuentran en los capítulos 18-27. No es mi intención examinar estas leyes en detalle, ni hay espacio aquí para intentar explicar la estructura de esta sección, ya que es extremadamente difícil discernir la razón de ser del orden de los mandatos. Más bien, mi propósito es ofrecer algunas observaciones generales para que se pueda determinar el mensaje general de Levítico en relación con la ley.

Es justo decir que las leyes de Levítico se relacionan directamente con el tema de la santidad. Aunque el 19:2 no pretende resumir las leyes contenidas en los capítulos 18-27, las palabras "santos serán porque Yo, el SEÑOR su Dios, soy santo" captan adecuadamente el mensaje de estos capítulos. La santidad de Israel se refleja en su manera de vivir, y si Israel es santo, vive bajo el reinado y el gobierno de Yahvé. Entender las leyes en términos de santidad nos ayuda a comprender las instrucciones específicas para Israel. Por ejemplo, las ofrendas de paz no deben comerse después de dos días porque entonces se incurriría en profanación de la ofrenda y ya no se considera santa (19:5-8). Los que ofrecen sus hijos a Moloc "contaminan así Mi santuario y profanan Mi santo nombre" (20:3).

El llamado a la obediencia no debe entenderse como una ética impersonal o como una lista de deberes. Los que se rebelan contra las instrucciones del Señor deshonran a Dios y profanan su santuario. La hechicería es despreciable (20:6), pues constituye un rechazo flagrante del señorío de Dios y desdeña su santidad (20:7). El llamado a la obediencia es profundamente personal: "Sean ustedes santos, porque Yo, el SEÑOR, soy santo, y los he apartado de los pueblos para que sean Míos." (20:26). La vida de Israel ha de seguir los patrones del Señor, quien los separó de todas las naciones y los llamó hacia sí mismo. Una vida santa refleja el carácter del Dios que los rescató de la esclavitud egipcia. Los que no honran a los ciegos, a los sordos y a los ancianos revelan que no temen al Señor (19:14, 32).

De hecho, cualquier perjuicio hacia los demás proviene de la falta de temor y honor a Dios (25:17), lo que demuestra que la vida ética está profundamente centrada en Dios. Del mismo modo, tratar a un semejante israelita que haya empobrecido "con dureza" demuestra falta de temor a Dios (25:43). Los sacerdotes tienen responsabilidades especiales porque representan particularmente la santidad del Señor (21:6-8; 22:1-16). No deben casarse con una prostituta, infame o repudiada (21:7) y deben tener cuidado de mantener la pureza ritual (21:1-6). Tampoco pueden servir como sacerdotes quienes tengan manchas o defectos (21:18-21).

Los sumos sacerdotes tienen estándares aún más altos porque están aún más cerca de lo santo. Un sumo sacerdote no puede abandonar el santuario ni siquiera por la muerte de su padre o madre (21:10-12) y debe casarse con una virgen (21:13-15).

> **Levítico 21:13–15** "Tomará por mujer a una virgen. "De estas no tomará: viuda, divorciada o una profanada como ramera, sino que tomará por mujer a una virgen de su propio pueblo, para que no profane a su descendencia entre su pueblo; porque Yo soy el Señor que lo santifico"».

Los días y fiestas que Israel debe celebrar son "santas convocaciones" (23:2). La santidad de dichos días y fiestas se enfatiza en: 23:3, 4, 7, 8, 20, 21, 24, 27, 35, 36, 37. Estos días se apartan especialmente para el Señor, y por eso se designan como "de Jehová" (23:3, 6, 8, 34, 41); además son un regalo para Israel, pues están libres de trabajo y son ocasión de celebración y descanso (23:39, 41). Del mismo modo, los años de jubileo se reservan como periodos de descanso y liberación especiales para Israel (cap. 25). Hay énfasis sobre la santidad incluso cuando la palabra no se menciona. Por ejemplo, la conducta sexual de los israelitas debe ser diferente a la de los egipcios y cananeos (18:3,

27-28). Sin duda, tenemos el concepto de que Israel es un pueblo apartado y santo aunque no se utilice la palabra "santo".

Como ya se ha señalado, la obediencia de Israel tiene que ver con su relación de pacto con el Señor. Como dice Christopher Wright: "La enseñanza ética del Antiguo Testamento está ante todo centrada en Dios".[50] En Levítico vemos que el Señor exige obediencia una y otra vez porque "Yo soy el SEÑOR" (18:5, 6, 21; 19:12, 14, 16, 18, 28, 30, 32, 37; 21:12; 22:2, 3, 8, 30, 31, 33; 26:2) o "Yo soy el SEÑOR, tu Dios" (18:2, 4, 30; 19:3, 4, 10, 25, 31, 34, 36; 20:7; 23:22, 43; 24:22; 25:17, 38, 55; 26:1). El Señor exige obediencia porque Israel le pertenece, porque es su dueño y el Señor del pacto. Sin embargo, el llamado a la obediencia tiene su origen en la gracia del Señor cuando los liberó de Egipto. Al pueblo de Israel regularmente se le recuerda que debe cumplir los mandatos de Dios porque él los redimió de la esclavitud egipcia (19:36; 22:33; 23:43; 25:38, 42, 55; 26:13). El llamamiento a la obediencia se presenta no como un deber opresivo, sino como una respuesta agradecida al amor salvador del Señor. El Señor que los ha salvado les declara cómo deben vivir bajo su señorío.

El Señor no solo motiva a Israel recordándoles su gracia pasada; sino que también resalta que los santifica.[51] A menudo, el fundamento para los mandamientos es que el Señor santifica a Israel, tal como leemos: "Guarden Mis estatutos y cúmplanlos. Yo soy el SEÑOR que los santifico" (20:8). Del mismo modo, "Guardarán, pues, Mi ordenanza para que no se carguen de pecado por ello, y mueran porque la profanen. Yo soy el SEÑOR que los santifico" (22:9). Algunos de los temas principales que encontramos en las regulaciones de Levítico se reúnen en 22:32-33: "No profanarán Mi santo nombre, sino que seré santificado entre los Israelitas. Yo soy el SEÑOR que los santifico, que los saqué de la tierra de Egipto para ser su Dios. Yo soy el SEÑOR". La responsabilidad de Israel es vivir de tal manera que no profane ni degrade el nombre de Dios. Deben hacer todo para la gloria del Señor.

Al vivir en santidad, santificarán el nombre de Dios y mostrarán su santidad al mundo. Israel está motivado a obedecer porque Yahvé es su Señor del pacto que los liberó de Egipto. Al mismo tiempo, si obedecen, el Señor se lleva el crédito, ya que es el Señor "que los santifica". Como dice Childs, "Dios es el santificador, pero Israel debe esmerarse en la santidad".[52] Incluso en la

---

[50] C. Wright, *Old Testament Ethics*, 46.
[51] Véase Wenham, *Leviticus*, 22.
[52] Childs, *Biblical Theology*, 423

obediencia de Israel, el Señor recibe la gloria, pues él es quien les proporciona la capacidad de obedecer.[53] Que Jehová es el que santifica a Israel también aparece como estribillo en otros textos (21:8, 15, 23; 22:16).

Por un lado, el Señor proporciona a Israel la capacidad de obedecer; por otro lado, los llama a obedecer y los advierte de las consecuencias si se niegan. Aparentemente, Moisés creía que ambas verdades pertenecían a la realidad completa que Israel necesitaba conocer. El capítulo 26 es decisivo en Levítico, pues a Israel se le prometen bendiciones si obedece y maldiciones si se rebela. Aquí se le anuncian las bendiciones y las maldiciones del pacto. Si el pueblo obedece, vivirá en la tierra que el Señor prometió a Abraham y disfrutará de la presencia del Señor establecida en el pacto. En 26:11-12 se expresa la bendición suprema del pacto: "Además, haré Mi morada en medio de ustedes, y Mi alma no los aborrecerá. Andaré entre ustedes y seré su Dios, y ustedes serán Mi pueblo". Si Israel obedece, el Señor habitará en medio de ellos y caminará con ellos día a día como caminó con Adán y Eva en el jardín; satisfará todas sus necesidades, ya que serán su pueblo y él será su Dios.

Hartley destaca que las leyes de Levítico se enfocan en los temas de la justicia y el amor.[54] Por ejemplo, el principio de "ojo por ojo, diente por diente" (24:19-20) es el principio fundamental de la justicia en los tribunales.

Levítico 24:19–20 "Si un hombre hiere a su prójimo, según hizo, así se le hará: fractura por fractura, ojo por ojo, diente por diente; según la lesión que haya hecho a otro, así se le hará.

Joshua Greever escribe:

Cuando se compara con, por ejemplo, las leyes del Imperio Asirio Medio, la ley de Moisés era notablemente justa. A menudo, en otras culturas antiguas del Cercano Oriente el castigo era mucho más duro que el delito cometido. Esto demuestra el compromiso de Yahvé con la justicia y la rectitud.[55]

---

[53] Vemos aquí la tensión entre la soberanía divina y la responsabilidad humana. Porque la obediencia de cualquiera se debía a la gracia de Dios. Sin embargo, aparentemente esta gracia se limitó a un remanente, pues la mayoría no obedeció (véase Dt. 29:4).

[54] Hartley, *Leviticus*, lxii.

[55] Esta cita es del comentario de Joshua Greever sobre este pasaje.

El castigo infligido por los jueces tiene que ser proporcional al delito.[56] No se debe recurrir a la crueldad al aplicar una pena más severa de lo que se justifica, ni se debe caer en el favoritismo y hacer la vista gorda ante una fechoría por parcialidad (19:15). Los que asesinan a otros con alevosía deben ser condenados a muerte como expresión de justicia (24:21). Se debe pagar a los empleados justa y puntualmente (19:13). Se exigen pesos y medidas justas, ya que la justicia, en contra de la opinión de algunos estudiosos del Antiguo Testamento, también implica la conformidad con una norma.[57]

La ley también llama al amor porque el amor y la justicia no son contrarios, sino que se complementan. Por eso, se pide que se ame al prójimo como a uno mismo (19:18). La venganza, el rencor y el odio están prohibidos (19:17-18). El amor llega al corazón y transforma la manera de tratar a los enemigos. El amor trata a los ancianos con dignidad y respeto (19:32), y el extranjero residente debe ser amado y no rechazado por su condición de extranjero (19:33-34). No se debe espigar el campo ya segado; las espigas caídas deben dejarse a los pobres para suplir sus necesidades materiales (19:9-10).

La santidad de Israel se expresa en su ética sexual. Las relaciones sexuales con hermanas, hermanos, padre, madre, hijas, hijos, tíos, tías y otros parientes cercanos están prohibidas (18:6-17; 20:11-12, 17, 19-21). El adulterio es opuesto a la santidad del Señor y merece la pena de muerte (20:10). La homosexualidad está proscrita y calificada de abominación (20:13), y el bestialismo es un crimen que merece la muerte (20:15-16).

Si Israel obedece al Señor y cumple sus mandamientos, experimentará las bendiciones del pacto (26:1-13). Después del versículo 13, continúa la exposición de las maldiciones del pacto que tendrán lugar si Israel desobedece al Señor (26:14-39). El énfasis en las maldiciones sugiere que Israel se rebelará y experimentará la oposición del Señor en los años subsiguientes. Aún así, el juicio no es la última palabra. En su gracia, el Señor, no abandonará a Israel. Si Israel confiesa su pecado y se humilla ante el Señor, y a través de un milagro de gracia su corazón es circuncidado, entonces el Señor se acordará de su pacto con Abraham, Isaac y Jacob (26:40-42). Les mostrará misericordia según el pacto con Abraham.

---

[56] Acertadamente, C. Wright, *Old Testament Ethics*, 335n8; Dumbrell, *Faith of Israel*, 47; Wenham, *Leviticus*, 312. Las palabras aquí no deben interpretarse como si tales castigos se cumplieran siempre literalmente (véase Goldingay, *Israel's Life*, 445).

[57] Acertadamente, Seifrid, "Righteousness Language", 415-22.

Sin embargo, a pesar de esto, cuando estén en la tierra de sus enemigos no los desecharé ni los aborreceré tanto como para destruirlos, quebrantando Mi pacto con ellos, porque Yo soy el SEÑOR su Dios. Sino que por ellos Me acordaré del pacto con sus antepasados, que Yo saqué de la tierra de Egipto a la vista de las naciones, para ser su Dios. Yo soy el SEÑOR (26:44-45).

El Señor promete ser fiel a su pacto con Abraham y realizar un nuevo éxodo. En última instancia, la tierra no pertenece al pueblo sino al Señor (cap. 25).[58] El Señor será el rey de su pueblo. Ellos habitarán la tierra y él habitará en medio de ellos.

Conclusión

Levítico revela lo que significa vivir bajo el señorío del santo, aquel que es completamente distinto a nosotros. Yahvé no puede habitar en medio de su pueblo sin expiación. Los seres humanos están manchados por el pecado y necesitan ser limpiados para permanecer en la presencia de Dios. En Levítico encontramos que Yahvé mismo proporciona los medios para el perdón a través de los sacrificios. La salvación es del Señor, y él es quien salva a su pueblo. Si interpretamos la teología de los sacrificios en el Levítico desde una perspectiva canónica, concluiremos que el perdón de los pecados no se realiza a través de los sacrificios de animales, sino a través de Jesucristo como el Señor crucificado y resucitado.

Levítico también enfatiza que uno debe estar limpio y puro para poder permanecer en la presencia de Dios. A los sacerdotes y al pueblo se les dan muchos reglamentos para recordarles que pertenecer a Dios y habitar en su presencia son privilegios inestimables, pues al santo sólo puede acercarse alguien que esté limpio. Israel mismo debe ser santo para acercarse al santo. Por último, vivir bajo el señorío de Yahvé significa que Israel debe llevar una vida santa; y es el Señor quien los santifica, pero ellos también deben perseguir activamente una vida santa. El pueblo debe separarse de todo lo que es malo y consagrarse a lo que es bueno. Yahvé proporciona el perdón a su pueblo para que ellos puedan vivir de una manera que le complazca, para que puedan llevar

---

58 C. Wright, *Old Testament Ethics*, 95-96.

una vida pura que dé testimonio de que ellos verdaderamente son el pueblo del Señor.

Según el Nuevo Testamento, el santo es Jesucristo y los creyentes son santos e inocentes porque le pertenecen; han sido santificados en Jesucristo (p. ej., 1 Co. 1:30; 6:11). Los creyentes también han recibido el Espíritu Santo, que los capacita como el nuevo y verdadero Israel para vivir vidas santas, para vivir de una manera que sea agradable a Dios. La conducta santa de los creyentes (1 P. 1:15-16) los marca como pueblo de Dios y enseña que verdaderamente están en el círculo de los redimidos.

1 Pedro 1:14–16 Como hijos obedientes, no se conformen a los deseos que antes *tenían* en su ignorancia, sino que así como Aquel que los llamó es Santo, así también sean ustedes santos en toda *su* manera de vivir. Porque escrito está: «Sean santos, porque Yo soy santo».

§4. NÚMEROS

Hemos visto que el Señor prometió a Abraham tierra, descendencia y bendición universal. El relato de Éxodo inicia con la multiplicación acelerada de Israel. El Señor estaba cumpliendo su promesa del pacto para su pueblo. Sin embargo, como aún no estaban en la tierra prometida, el Señor los liberó de Egipto, entró en un pacto con ellos y los instruyó sobre cómo debían vivir bajo su señorío del pacto. Israel pecó de forma terrible al hacer un becerro de oro (Éx. 32-34). Rompieron el pacto casi inmediatamente después de que hubiera sido promulgado. Moisés intercedió ante el Señor y él les perdonó. Como consecuencia de esto, el Señor residió entre ellos por medio del tabernáculo. El libro de Levítico no avanza en la narración, pero resalta que el Señor es por siempre el santo.

El Señor no podía seguir habitando en medio de Israel si ellos no ofrecían sacrificios para el perdón de sus pecados. Además, Levítico especifica que el acceso al Señor sólo está permitido bajo sus condiciones. Sólo aquellos designados como sacerdotes tenían acceso al tabernáculo, y el lugar santísimo era accesible sólo una vez al año y sólo para el sumo sacerdote. El Señor dio una serie de instrucciones relativas a la pureza como un recordatorio de que Israel necesitaba ser limpiado para poder entrar en su presencia, pues Israel no era natural ni suficientemente puro como para vivir en ella. Finalmente, el Señor comunica a través de una serie de leyes lo que significa ser un pueblo santo para él, de manera que Israel entendiera lo que significaba vivir bajo su dominio y señorío.

Preparación: Pureza y obediencia para entrar en la Tierra

El libro de los Números retoma la narración del Éxodo, aunque la historia se entreteje con leyes relativas a cuestiones de culto. Si consideramos la historia de

Números en su totalidad, vemos que el libro comienza con una generación que
debería haber entrado en la tierra prometida, pero que no lo hizo a causa de su
desobediencia e incredulidad. No obstante, concluye con el censo de una nueva
generación preparada para heredar la tierra. El final de la historia nos lleva
nuevamente al principio y nos recuerda lo que debería haber hecho la generación
anterior. Temáticamente, pues, la promesa de la tierra desempeña un papel
central en el relato.[1] Números comienza con un censo que arroja como resultado
que los hombres que podían luchar eran de más de seiscientos mil (1:46).
Evidentemente, el Señor había cumplido su promesa de dar innumerables
descendientes a Abraham. Además, el recuento de la fuerza de combate
demuestra que Israel estaba preparado para poseer la tierra.

Aún así, la fuerza de Israel no provenía de su ejército en última instancia.
La singularidad y el poder de Israel provenían de la presencia del Señor en su
seno. La palabra "tabernáculo" se utiliza treinta y dos veces en Números (sólo
superado por Éxodo, con cincuenta y cinco, y mucho más que en cualquier otro
libro del Antiguo Testamento), lo cual denota que el Señor habitaba con su
pueblo. La frase "tabernáculo de reunión" aparece cincuenta y cuatro veces, más
que en cualquier otro libro del Antiguo Testamento (treinta y tres en el Éxodo y
cuarenta y uno en el Levítico). Claramente, Números se enfoca en la presencia
especial del Señor con su pueblo. Como dice Childs, "el efecto es que todo el
énfasis recae en describir la naturaleza de ser separados para Dios en preparación
para convertirse en un pueblo peregrino en constante movimiento".[2]

Por lo tanto, el ejército tenía que organizar su campamento tal como el Señor
lo había ordenado, porque el tabernáculo donde moraba Yahvé debía estar
separado de todo lo que es profano. Judá ocupa un lugar especial en el
campamento (2:3-4), prediciendo así la verdad de que un rey saldría de ella.[3]
Los levitas fueron especialmente designados para cuidar el tabernáculo y su
mobiliario, y además debían armar su campamento alrededor del tabernáculo y
vigilarlo (1:47-54).[4] Al seguir las instrucciones del Señor, se asegurarían de que
su ira no cayera sobre Israel. De esta manera, continúa el tema de la santidad
que encontramos en Levítico. No se trataba de un campamento o ejército
ordinario, pues el Señor habitaba en medio de ellos. Era su presencia lo que

---

[1] Así, Clines, *Theme of the Pentateuch*, 57.

[2] Childs, *Old Testament as Scripture*, 197.

[3] Sailhamer, *Pentateuch as Narrative*, 371.

[4] Para el papel especial de los levitas, véase Jenson, *Graded Holiness*, 130-35.

distinguía a Israel, y si éste seguía las instrucciones del Señor, experimentaría el gozo y la gloria de su presencia.

La disposición del campamento fue establecida específicamente para que cada tribu conociera su lugar (2:1-34). La santidad del campamento demuestra por qué Aarón, sus hijos y los levitas recibieron instrucciones tan específicamente detalladas (caps. 3-4), pues los sacerdotes estaban más cerca del Señor, cuya temible santidad hacía imperativo que ellos hicieran exactamente lo que él les exigía. Por eso se les recordó la destrucción de Nadab y Abiú (3:4), y la importancia de "guardar" sus cargos se enfatiza repetidamente (3:7-10, 25, 31, 32, 36, 38).[5]

> **Números 3:7–10** »Ellos se encargarán de las obligaciones de él y de toda la congregación delante de la tienda de reunión, para cumplir *con* el servicio del tabernáculo. »También guardarán todos los utensilios de la tienda de reunión, junto con las obligaciones de los israelitas, para cumplir *con* el servicio del tabernáculo. »Darás, pues, los levitas a Aarón y a sus hijos; le son dedicados por completo de entre los israelitas. »Y designarás a Aarón y a sus hijos para que se encarguen de su sacerdocio; pero el extraño que se acerque será muerto».

Aquellos más cerca del santuario debían ser especialmente cuidadosos de custodiar la presencia divina, ya que cualquier extraño que entrara en la presencia del Señor debía morir (3:38). Existía una gradación de responsabilidades, y quienes traspasaban sus límites corrían peligro de muerte. Cuando la tienda era trasladada, sólo los hijos de Aarón podían cubrir los objetos sagrados (4:1-20). Los coatitas estaban encargados de llevar los utensilios, pero no podían descubrir las cosas sagradas ni tocarlas porque de otro modo "morirían" (4:15). Si los coatitas miraban los objetos sagrados aunque fuera por un momento, Dios los mataría (4:20).

Los gersonitas no estaban tan cerca de los artículos sagrados como los coatitas; tenían la responsabilidad de llevar las cortinas y las cubiertas del tabernáculo (4:24-28), mientras que los meraritas estaban aún más lejos, ya que estaban encargados de llevar las columnas, las barras y otros accesorios del tabernáculo (4:29-33). El Señor no subiría con Israel a la tierra prometida (en

---

[5] Probablemente hay una alusión aquí a Adán, que no guardó bien el jardín y no desalojó a la serpiente impía que entró en él.

respuesta a la oración de Moisés [Éx. 33:7-34:12]) si Israel no lo trataba como santo e imponente siguiendo sus instrucciones específicas.

Los capítulos 5-6 continúan con las instrucciones detalladas para el campamento de Israel haciendo hincapié en la necesidad de pureza. Los leprosos debían habitar fuera del campamento (5:1-4), pues al ser impuros, traerían contaminación al campamento (véase Lev. 13-14). Los que pecaban debían hacer una restitución completa (5:5-8), y si sobre un marido venía espíritu de celos sospechando de su mujer, ella debía someterse al rito del agua para determinar si había sido fiel (5:11-31).[6] También se dieron instrucciones sobre el voto nazareo por el que un hombre se dedicaba al Señor (6:1-21). El Señor dio todas las normas para que Israel pudiera vivir en su presencia y bajo su señorío. Así, la bendición sacerdotal que concluye el capítulo representaba la intención de Dios para su pueblo (6:24-26). El Señor deseaba bendecir y guardar a su pueblo para que disfrutara del resplandor, el gozo y la paz de su amor y su gracia.

El énfasis sobre la pureza y la obediencia continúa en los capítulos 7-10, mostrando de nuevo la importancia primordial de la santidad en el campamento. Cada tribu dio generosamente para la dedicación del altar (cap. 7), lo cual pone de manifiesto que cada tribu había sido bendecida por el Señor económicamente, y que cada una contribuía alegremente para las ofrendas en el tabernáculo de reunión, donde el Señor se reunía con su pueblo.[7] Los levitas fueron apartados y ordenados para que cumplieran sus obligaciones (cap. 8). Antes de que pudieran servir tenían que ser purificados (8:6-7), y era necesario que se ofreciera expiación en su nombre (8:8-12). Sólo podían servir después de ser purificados y de que se ofreciera la expiación, señalando de nuevo la santidad del Señor (8:15).

Del mismo modo, la celebración de la Pascua estaba restringida a los que estaban limpios (9:1-14), y su celebración aquí es significativa. Israel celebró la Pascua antes de entrar en la tierra prometida, porque sólo podían entrar en ella como un pueblo puro y obediente. La nube, el fuego, el tabernáculo y el tabernáculo de reunión, todos subrayan la gloriosa presencia del Señor con su pueblo en 9:15-22.

---

[6] Aunque las instrucciones parecen extrañas, protegían a las esposas de "la violencia arbitraria o del divorcio por mera sospecha" (Goldingay, *Israel's Life*, 376).

[7] Mi agradecimiento a mi amigo Tom Rogstad por sus reflexiones sobre el papel de Números 7 en la narración.

Sin embargo, lo que se destaca especialmente es la necesidad de Israel de seguir la guía del Señor. Israel sólo partía del campamento cuando la nube se levantaba, y dependía totalmente de las órdenes del Señor. Si la nube permanecía en un mismo lugar durante muchos días, Israel se quedaba en el campamento; pero si se levantaba después de pocos días, partían. Los dos últimos versículos esclarecen el punto:

> Ya fuera que la nube se detuviera sobre el tabernáculo permaneciendo sobre él dos días, o un mes, o un año, los Israelitas permanecían acampados y no partían; pero cuando se levantaba, partían. Al mandato del SEÑOR acampaban, y al mandato del SEÑOR partían; guardaban la ordenanza del SEÑOR según el mandato del SEÑOR por medio de Moisés (9:22-23).

Este texto presagia, a modo de contraste, la próxima desobediencia de Israel. Israel sólo conservaría su bendición si seguía al Señor; así, una nube oscura aparece en el horizonte.

El capítulo 10 abre con instrucciones sobre las trompetas. Las trompetas convocaban a Israel a reunión, a salir del campamento, a celebrar fiestas y a ir a la guerra (10:1-10). Así, Israel partió hacia la tierra que el Señor había prometido, siguiendo cuidadosamente las instrucciones que él les había dado sobre el campamento (10:11-28). El campamento y la marcha de los israelitas estaban bajo la protección, la guía y el gobierno del Señor, pues el arca del pacto y la nube los precedían y protegían en su travesía (10:33-34).[8] El arca estaba estrechamente asociada con la realeza y el gobierno de Yahvé, era el estrado de sus pies (cf. 1 Cr. 28:2; Sal. 132:7; Is. 60:13; 66:1), de modo que "el arca del pacto extiende el trono celestial a la tierra".[9] El ejército de Israel no podía presumir de una capacidad militar superior, ni era una fuerza de combate bien elaborada. Su éxito dependía totalmente de la presencia y el favor del Señor. Heredar la tierra dependía de que el Señor derrotara a sus enemigos (10:35), y sólo encontrarían el verdadero descanso en la tierra si la presencia del Señor permanecía entre ellos (10:33, 36). [10]

---

[8] Así, Ollenburger, *Zion*, 37; Beale, *Church's Mission*, 113.

[9] Alexander, *Eden to the New Jerusalem*, 33.

[10] Clines (*Theme of the Pentateuch*, 57-59) señala que los primeros diez capítulos de Números hacen hincapié en el movimiento de Israel hacia la tierra.

La generación desobediente

El Señor había liberado a su pueblo de Egipto, había entrado en pacto con él, había habitado en medio de él a través del tabernáculo y le dio instrucciones para mantener su presencia entre ellos. Israel sólo prosperaría si se mantenía puro y seguía las instrucciones divinas. Uno de los temas principales de Números es la notable incapacidad de Israel para creer en las promesas del Señor y para obedecer lo que él les había ordenado. Los capítulos 11-12 prevén y anticipan la rebelión de Israel, demostrando la profundidad de la maldad presente en el pueblo liberado de Egipto. Apenas se había levantado el campamento cuando se quejaron de sus circunstancias, provocando la ira del Señor (11:1-3). Además, refunfuñaban de comer maná todos los días, y deseaban comer carne (11:4-10, 18-20, 31-35).

Claramente, se estaban rebelando contra el señorío de Dios, deshonrándolo al desear regresar a Egipto en lugar de viajar a Canaán. En esencia, estaban rechazando a Yahvé como su Dios, diciendo que sus vidas habrían sido mejores si él no hubiera intervenido en su favor. Esto equivalía a decir que el Señor era malo, y por eso el Señor respondió con ira y envió una plaga entre ellos, mostrando su santidad en su juicio sobre los que no confiaban en él.

En el capítulo 11 encontramos un recuadro de contraste es bastante esclarecedor. Moisés se sintió abrumado por las quejas del pueblo, sin esperanza alguna en su capacidad de soportar al pueblo solo (11:10-15). El defecto fundamental de Israel se revela en el siguiente problema: el pueblo carecía del Espíritu Santo. El Señor respondió a la oración de Moisés dando el Espíritu a los setenta ancianos para que pudieran soportar la carga del pueblo junto con él (11:16-17, 24-25). A Josué le preocupaba que Eldad y Medad permanecieran en el campamento y profetizaran (11:26-29). Pero Moisés era verdaderamente un hombre del Espíritu y no estaba contaminado por una voluntad egoísta. Era manso y humilde (12:3), por lo que no sentía envidia de los demás que eran inspirados a profetizar por el Espíritu.

Por el contrario, anhelaba que todo Israel tuviera el Espíritu y fueran como profetas (11:29). Sin embargo, Miriam y Aarón estaban consumidos por una voluntad egoísta y, presa de los celos, se quejaron de la esposa extranjera de Moisés y arguyeron que el Señor no hablaba sólo a través de Moisés (12:1-2). No reconocieron que el Señor hablaba únicamente a través de Moisés, y al rechazar la posición especial de Moisés como líder, se resistieron a lo que el

Señor había ordenado, y así desafiaron al Señor soberano (12:4-15). Por lo tanto, la ira del Señor se encendió contra ellos, y María fue golpeada con una enfermedad de la piel durante una semana, lo que sugiere que ella desempeñó el papel principal en el ataque contra Moisés.

La rebelión de Israel, que se sugiere en los capítulos 11-12, se manifiesta plenamente en los capítulos 13-14. Israel continúa su camino hacia Canaán a pesar de los pasos en falso de los capítulos 11-12, (11:35; 12:16). Luego se enviaron espías para reconocer la tierra, y la encontraron exuberante y fructífera, tal como el Señor había prometido (13:23-24, 26-27). No obstante, el miedo los paralizó porque estaban convencidos de que no podrían desalojar a los habitantes actuales, dada su fuerza y estatura militar (13:28-29, 31-34). Convencieron al pueblo de que la conquista que se habían propuesto era un esfuerzo inútil, y entonces el pueblo lloró (14:1). De hecho, la congregación se volvió contra Moisés y Aarón, quejándose de que la vida habría sido mejor en Egipto, y que el Señor los había liberado sólo para matarlos con la espada de sus enemigos (14:2-3).

> **Números 14:2–3** Todos los israelitas murmuraron contra Moisés y Aarón, y toda la congregación les dijo: «¡Ojalá hubiéramos muerto en la tierra de Egipto! ¡Ojalá hubiéramos muerto en este desierto! »¿Por qué nos trae el Señor a esta tierra para caer a espada? Nuestras mujeres y nuestros hijos van a caer cautivos. ¿No sería mejor que nos volviéramos a Egipto?».

Se lamentaron de que sus esposas e hijos enfrentarían la muerte e iniciaron una campaña para revertir el éxodo y regresar a Egipto (14:3-4).

Su desobediencia fue similar a lo que se anticipó en el capítulo 11. El pueblo estaba convencido de que el Señor no era un Dios bondadoso; sino que, como Eva en el jardín (Gn. 3:1-6), creían que Dios tenía malas intenciones para sus vidas. Josué y Caleb protestaron con el pueblo, y les recordaron la bondad del Señor, pues la tierra era deliciosa y fructífera, y el Señor les había prometido la victoria sobre sus enemigos en virtud de su presencia en medio su pueblo (14:6-9). El pueblo se negó a glorificar a Dios por medio de la fe en sus promesas, ¡incluso después de haber sido liberados de Egipto! En cambio, amenazaron con apedrear a Josué y Caleb (14:10). Entonces la gloria del Señor se mostró a ellos, pero esta vez no era su presencia para salvación sino su presencia para juicio la que se manifestaba (14:10). El pecado de la congregación no era una cuestión menor, ya que al no creer en el Señor a pesar de todo lo que había hecho por ellos, lo estaban despreciando directamente a él (14:11).

Como en Éxodo, el Señor amenaza con destruir al pueblo y hacer una gran nación de Moisés y sus descendientes (14:12). Pero de nuevo, como en Éxodo, Moisés intercede por el pueblo, recordando al Señor que su propia reputación quedaría manchada si destruía a Israel (14:13-20). El nombre y la presencia del Señor estaban inextricablemente entrelazados con el destino de Israel, de modo que si los aniquilaba, su poder y su presencia entre su pueblo quedarían en entredicho ante las naciones circundantes, pues si Israel dejaba de existir se pondría en duda el poder de Yahvé. Moisés recordó al Señor su gran nombre y su carácter, pues él es un Dios "lento para la ira y abundante en misericordia, y perdona la iniquidad y la transgresión; pero de ninguna manera tendrá por inocente al culpable; sino que castigará la iniquidad de los padres sobre los hijos hasta la tercera y la cuarta generación" (14:18). La traición de Israel aseguraba su juicio y aniquilación, pero el Señor, en respuesta a la intercesión de Moisés y como revelación de su amor salvador, los perdonó.

El perdón que el Señor les concedió no significaba que no habría ningún juicio. Él libró a Israel de la destrucción absoluta y completa, pero aquellos que lo despreciaron y lo pusieron a prueba una y otra vez, a pesar de haber visto su poder y su amor salvador cuando fueron liberados de Egipto, no heredarían la tierra prometida (14:21-23). En todo esto, la centralidad del nombre del Señor es evidente, pues el Señor promete: "pero ciertamente, vivo Yo, que toda la tierra será llena de la gloria del SEÑOR" (14:21).

La gloria del Señor se manifestó tanto en la salvación como en el juicio. Su nombre fue glorificado al mostrar su misericordia perdonando al pueblo, y también fue glorificado en el juicio. De hecho, la intención del Señor era que su gloria se extendiera por toda la tierra para que no se limitara a Israel. Paradójicamente el juicio del Señor cumplió lo que la generación desobediente de Israel había pedido. Querían morir en el desierto (14:2), y su deseo estaba siendo concedido (14:29, 32). Irónicamente, decían estar preocupados por sus hijos, pero sus hijos serían los que heredarían la tierra (14:3, 31), aunque su disfrute de la tierra se retrasaría por causa de la infidelidad de sus padres.

Israel dio tumbos en la irracionalidad, pues después de que el Señor asegurara a los mayores de veinte años que morirían en el desierto, éstos intentaron vana e imprudentemente entrar en la tierra prometida y fueron abatidos implacablemente, tal como el Señor había dicho (14:40-45), porque ya habían sido desprovistos de la presencia salvadora del Señor. La razón del fracaso de Israel se plasma en 14:43-44:

> Pues los Amalecitas y los Cananeos estarán allí frente a ustedes, y caerán a espada por cuanto se han negado a seguir al SEÑOR. Y el SEÑOR no estará con ustedes. Pero ellos se obstinaron en subir a la cumbre del monte; mas ni el arca del pacto del SEÑOR ni Moisés se apartaron del campamento.

Israel no podía conquistar la tierra sin la presencia del Señor.

La falta de fe y la desobediencia de la generación desobediente fueron paradigmáticas. Anticipan el resto del AT, en el que Israel a menudo fracasaba en cumplir los mandatos de Yahvé.[11] Tanto Pablo (1 Co. 10:1-12) como el escritor de Hebreos (3:7-4:13) recuerdan a sus lectores la generación que no heredó la promesa, con la intención de motivarlos a que ellos sí perseveren en la fe y la obediencia hasta el final para salvarse. La lealtad de palabras a la fe cristiana y la participación en las realidades sacramentales no garantizan el disfrute de la herencia final. Sólo los que sigan confiando en la promesa divina y obedezcan las instrucciones del Señor se salvarán en el último día.

Números muestra que la rebeldía y la ingratitud que residían en Israel no se agotaron con la negativa a entrar en la tierra de Canaán. El levita Coré y los rubenitas Datán y Abiram protestaron en contra de la autoridad específica de Moisés y Aarón, argumentando que todos eran igualmente santos (16:1-3). Los levitas que participaron en la rebelión adoptaron un igualitarismo radical al sostener que ellos también eran dignos del sacerdocio (16:10). Fundamentalmente, su protesta, que reflejaba el problema de la generación del desierto, era en rechazo al señorío de Dios (16:11). Coré y sus amigos reunieron a sus partidarios en contra de Moisés y Aarón, y "la gloria del SEÑOR apareció" ante todos (16:19), amenazando con la destrucción de toda la congregación, excepto Moisés y Aarón (16:21).

La mayoría de Israel se salvó sólo por separarse de Coré y sus amigos. La gloria del Señor se manifestó en juicio, ya que la tierra se tragó a Coré, Datán, Abiram y sus familias (16:30-33). Del mismo modo, la gloria del Señor resplandeció en juicio, consumiendo a los 250 hombres que ofrecían incienso (16:35). La ferocidad del juicio reveló que el pecado de quienes fueron

---

11 Véase Rendtorff, *Canonical Hebrew Bible*, 73.

destruidos aquí fue intencional (15:30-31), y que merecían el mismo destino que el de aquel que no guardara el sábado (15:32-36). Estos hombres eran culpables de despreciar al propio Señor (16:30). La feroz ira del Señor indica de nuevo su imponente santidad; nadie está capacitado para presentarse ante él si no es de la manera que él ha indicado (16:40).

La asombrosa ceguera de la generación "perdida" es evidente en la forma en que respondieron a la muerte de Coré y sus compatriotas. En lugar de ser provocados a reexaminar sus vidas, a la aflicción y al arrepentimiento, culparon a Moisés y Aarón por la muerte de los que perecieron, lo cual es sorprendentemente irracional porque Coré y sus amigos murieron en un terremoto y en algo parecido a un rayo caído del cielo (16:31-35, 41). Una vez más, la gloria del Señor se apareció a la congregación, amenazando con destruirla por completo (16:42-45). Se desató una plaga que mató a más de catorce mil israelitas, y la ira del Señor fue frenada sólo por la expiación, resultando en que la nación no fue aniquilada (16:46-49).

> **Números 16:46–49** Y Moisés le dijo a Aarón: «Toma tu incensario y pon en él fuego del altar, y echa incienso *en él;* tráelo entonces pronto a la congregación y haz expiación por ellos, porque la ira ha salido de parte del Señor. ¡La plaga ha comenzado!». Aarón tomó el incensario como Moisés le había dicho, y corrió hacia el medio de la asamblea, pues vio que la plaga ya había comenzado entre el pueblo. Y echó el incienso e hizo expiación por el pueblo. Entonces se colocó entre los muertos y los vivos, y la plaga se detuvo. Y los que murieron a causa de la plaga fueron 14,700 sin contar los que murieron por causa de Coré.

Si nos detenemos a considerar el desarrollo de la historia hasta este momento, observamos que la santidad del Señor y la maldad de Israel dificultaron la entrada de Israel en la tierra. Ya que las quejas del pueblo en contra de la función sacerdotal de Aarón no podían continuar, el Señor hizo reverdecer y florecer su vara, demostrando así que sólo él y sus hijos podían servir como sacerdotes (cap. 17). La "generación desobediente" vacilante en pensamiento y acción, se dio cuenta de que merecía perecer. No podían acercarse al tabernáculo del Señor a causa de su depravación, entonces perdieron sus esperanzas de vida y exclamaron que todos estaban destinados a perecer (17:12-13).

El capítulo 18 responde a dicha preocupación expresada al final del capítulo 17. Israel no podía vivir en la presencia del Señor a menos que siguiera sus instrucciones. Los sacerdotes y los levitas debían custodiar el santuario haciendo lo que el Señor ordenaba. Si los levitas (¡Coré y sus amigos!) se encargaban de los deberes sacerdotales de manera arrogante, perecerían (18:3; cf. 17:10). Si querían evitar que se desatara la santa ira del Señor, debían seguir las instrucciones que él había dado, porque sólo aquellos que él había elegido podían servir en el tabernáculo (18:4-5). La santidad del Señor debía ser custodiada: "el extraño que se acerque morirá" (18:7). Al final del capítulo 17, Israel se pregunta cómo puede evitar la muerte, y en el capítulo 18 se enfatiza que sólo los sacerdotes y los levitas debían servir en el tabernáculo, tal como el Señor lo había ordenado, para que Israel no muriera (18:22).

Las instrucciones relativas a la novilla alazana (cap. 19) abordan la misma cuestión.[12] Las cenizas de la vaca eran para el agua de la purificación por medio de la cual Israel podía ser limpiado de la inmundicia adquirida de cadáveres y otras fuentes que contaminaban al pueblo.[13] Negarse a ser purificado no era un asunto menor, pues estos, manchados e impuros, serían cortados de la congregación por haber profanado el santuario del Señor (19:20). De esta manera, la necesidad de Israel de ser purificado, la santidad de Yahvé y su provisión para la expiación se resaltan nuevamente.

El fracaso de la generación del desierto vuelve a aparecer en el capítulo 20. La muerte de Miriam y Aarón simbolizan el destino de dicha generación perdida. Los años de Israel en el desierto no se caracterizaron por el crecimiento de su fe o por el aumento de su obediencia. De hecho, el corazón de Israel no cambió ni un ápice. ¡Cuando el suministro de agua se agotó, el pueblo expresó el deseo de haber muerto con aquellos que habían sido castigados por el Señor! Idealizaron a Egipto como un magnífico hogar y por ello lamentaron que el Señor los hubiera salvado de la esclavitud allí (20:5).

El patrón que discurre a lo largo de Números aparece de nuevo. La gloria del Señor se manifiesta lista para juzgar y destruir a la nación por su flagrante desobediencia. El libro de Números deja sumamente claro que la gloria de Dios no sólo se muestra en la salvación, sino también en el juicio de su pueblo.[14] Ni siquiera Moisés estuvo exento del juicio porque él tampoco mostró la santidad del Señor cuando golpeó la roca con ira en lugar de hablarle como se le había

---

12 Véase Sailhamer, *Pentateuch as Narrative*, 394.

13 Los capítulos 18-19 enfatizan que Yahvé proporciona expiación para su pueblo (así Childs, *Old Testament as Scripture*, 198).

14 Este es el tema de la obra de Hamilton *God's Glory in Salvation*.

ordenado (20:7-12). Nadie, subraya el texto, puede jugar con la santidad del Señor. Moisés mismo no entraría en la tierra, pues nadie goza de privilegios especiales. Todos deben honrar la santidad del Señor o enfrentar su juicio.

Una nueva generación: Las promesas no se revocan

A Israel se le prometió que heredaría la tierra, pero Números también destaca la impresionante y temible santidad del Señor. A pesar de toda la bondad que el Señor mostró a Israel, ellos no creyeron y por eso se enfrentaron al juicio. Sin embargo, la desobediencia de Israel no significó que el Señor anularía sus promesas. La generación del desierto fue juzgada por su falta de fe y su consecuente desobediencia, pero esta no era la última palabra. Sus hijos, de los que dijeron que perecerían (14:3), finalmente poseyeron la tierra (14:31). De manera similar, después de que a la generación desobediente se le negó la entrada a la tierra (cap. 14), parecía que había llegado el fin para Israel.

El capítulo siguiente (cap. 15), el cual especifica las ofrendas requeridas, a primera vista parece irrelevante y desconectado de la narración; pero en realidad, está vitalmente conectado con ésta, ya que los sacrificios requeridos de los que habla, deben ofrecerse "Cuando entren en la tierra que Yo les doy por morada" (15:2). La promesa de la tierra no fue revocada, a pesar de la desobediencia de Israel. Ciertamente, entrarían en la tierra y comerían su pan (15:18-19). El perdón seguía estando disponible para los que cometieran transgresión.[15]

La última sección de Números (capítulos 21-36) revela que se ha doblado la esquina. Se acercaba un nuevo día en el que Israel entraría en la tierra. Así, Israel conquistó Arad (21:1-3), Sehón (21:21-30) y Og (21:31-35) y se puso en marcha hacia Canaán en cumplimiento de la promesa (21:10-20). Sin embargo, esto no quiere decir que el problema fundamental de Israel hubiera desaparecido. Volvieron a quejarse de haber sido liberados de Egipto, y por eso, el Señor envió serpientes para matarlos (21:5-6). No obstante, aquí hay una novedad en el relato. Israel confesó su pecado por iniciativa propia, y solicitó a Moisés que actuara como intercesor (21:7). El camino hacia el perdón fue en contra de la lógica. Moisés fabricó una serpiente de bronce que colocó sobre un poste, y los que la miraban, confiando en la promesa de perdón del Señor, quedaban curados (21:8-9). Por supuesto, en el Nuevo Testamento Juan retoma esta narración y la

---

[15] Así, Childs, *Old Testament as Scripture*, 198.

aplica a la obra de Jesús en la cruz, prometiendo que los que crean en el Señor crucificado y resucitado disfrutarán de la vida eterna (Jn 3:14-15).

Juan 3:14–15 »Y como Moisés levantó la serpiente en el desierto, así es necesario que sea levantado el Hijo del Hombre, para que todo aquel que cree, tenga en Él vida eterna.

Los oráculos de Balaam predominan en la siguiente sección de Números (caps. 22-24). La cuestión de si Israel está bendecido o maldito se extiende en estos capítulos. En estos capítulos, las palabras relacionadas con la bendición aparecen once veces, mientras que aquellas de maldición se encuentran dieciséis veces. Así pues, estos capítulos abordan la promesa hecha originalmente a Abraham, pues el Señor prometió que los que maldijeran a Abraham serían malditos y los que lo bendijeran serían bendecidos (Gn. 12:3). Los moabitas estaban destinados a la maldición porque anhelaban maldecir a Israel. En contra de los deseos de Balac, el gobernante de Moab, y en contra de sus propias inclinaciones (Nm. 23:7-8), Balaam pronunció bendición sobre Israel una y otra vez. Las promesas dadas a Abraham se harían realidad para Israel. El lugar de estos capítulos es bastante llamativo, ya que la narración anterior presenta a Israel como incrédulo, pendenciero y deseoso de volver a Egipto. Sin embargo, las promesas del Señor no se habían retirado de este pueblo recalcitrante y refractario.

La soberanía del Señor se hace evidente en el relato. Es claro que Balaam deseaba complacer a Balac, rey de Moab, y maldecir a Israel para asegurarse una cuantiosa recompensa económica. Pero el Señor le obligó a decir sólo lo que él le ordenó decir. Balaam se enorgullecía de su capacidad para discernir el futuro, probablemente mediante el examen de vísceras animales y la interpretación del vuelo de las aves. Irónica y cómicamente, su asno sabía mejor que él lo que el Señor estaba haciendo y tuvo que instruirlo sobre lo que estaba pasando (22:22-34). Así, a Balaam se le recalcó que tenía que decir la palabra del Señor (22:35). Entonces, inmediatamente, él mismo le reiteró a Balac la cuestión decisiva: "Mira, ahora he venido a ti. ¿Hay algo, acaso, que pueda decir? La palabra que Dios ponga en mi boca, ésa diré" (22:38). Balaam hablará lo que Dios le indique (23:3), y Dios puso las palabras en su boca (23:5).

Cuando Balac se enojó porque Balaam bendijo a Israel en lugar de maldecirlo, Balaam le recordó que estaba obligado a hablar la palabra de Dios

(23:12). Y en cada ocasión en que Balaam profetizó, el Señor siguió poniendo sus palabras en su boca, (23:16). Balaam fue compelido por las palabras del Señor (23:26; 24:13). El Espíritu del Señor se apoderó de Balaam y habló a través de él (24:2). Por lo tanto, ninguna maldición o adivinación podía contrarrestar la bendición destinada a Israel (23:23). De hecho, la bendición que el Señor había prometido a Israel era irrevocable (23:19), y por eso, las palabras de Balaam no pueden atribuirse a una fantasía pasajera o al capricho del momento.

Cabe destacar algunas de las características particulares de la bendición prometida a Israel. La promesa de descendencia a Abraham estaba confirmada, pues los hijos de Israel ya eran incontables como el polvo e innumerables (23:10). De hecho, Israel conquistaría a todos sus enemigos con la fuerza de un búfalo y de un león (23:22-24; 24:8-9). Lo que distinguía a Israel era la presencia del Señor en medio suyo, y el segundo oráculo se refiere a un gobierno real en Israel: "En él está el SEÑOR su Dios, Y el júbilo de un rey está en él" (23:21). En efecto, "Más grande que Agag será su rey, Y su reino será exaltado" (24:7). El tema del gobierno de un rey se amplía en el oráculo final de Balaam (24:17-24). El gobierno de Israel sobre las naciones comenzará en un futuro lejano, lo cual indica que la posesión de la tierra en el futuro próximo no conduciría al triunfo inmediato de Israel. De Israel surgirían un cetro y una estrella para gobernar a sus enemigos.

La afirmación de que la estrella "aplastará la frente de Moab" (24:17) probablemente funciona como una alusión a Génesis 3:15, recordando a los lectores que la descendencia de la mujer aplastará la cabeza de la serpiente.[16] Nuevamente se nos recuerda (cf. Gn. 49:8-12) que la bendición de Abraham se hará realidad a través de un rey,[17] lo cual encuentra su cumplimiento en Jesús el Cristo. Finalmente, este rey introducirá un paraíso comparable al Edén: "Como valles que se extienden, Como jardines junto al río, Como áloes plantados por el SEÑOR, Como cedros junto a las aguas" (Nm. 24:6). La tierra será tan fructífera y hermosa como un jardín.[18] Los temas principales de esta obra se unen aquí. El pueblo del Señor será devuelto a algo parecido a una tierra paradisíaca

---

[16] Así también Dempster, *Dominion and Dynasty*, 116-17.

[17] Véase Sailhamer, *Pentateuch as Narrative*, 408-9.

[18] Ver Dempster, *Dominion and Dynasty*, 115-16; Hamilton, *God's Glory in Salvation*, 81-82.

bajo el gobierno de su rey. Triunfarán sobre sus enemigos y se hará realidad el señorío de Dios sobre todo.

Balaam habló de un día futuro. El relato de Números se aleja del oráculo de Balaam y vuelve a los asuntos que nos ocupan. La realidad sobre el terreno era dramática y trágicamente diferente (25:1-9). El relato recuerda a Moisés en la montaña con las tablas del pacto, mientras el pueblo de Israel adoraba el becerro de oro abajo (véase Éx. 32-34). El destino del pueblo era la bendición, según Balaam, pero eso no debe interpretarse como que todo Israel disfrutaría de esa bendición. En Israel muchos celebraban una comida de culto en honor al dios de la fertilidad Baal y lo adoraban.

Tal vez los líderes eran especialmente responsables de la defección, pues fueron ahorcados por su infidelidad (25:4), y murieron veinticuatro mil de peste a causa de la ira del Señor (25:9). El sacerdote Finees intervino matando a un hombre israelita y a una mujer madianita que mantenían relaciones sexuales cerca del tabernáculo (25:7-18).

> **Números 25:6–9** Entonces un hombre, uno de los israelitas, vino y presentó una madianita a sus parientes, a la vista de Moisés y a la vista de toda la congregación de los israelitas, que lloraban a la puerta de la tienda de reunión. Cuando lo vio Finees, hijo de Eleazar, hijo del sacerdote Aarón, se levantó de en medio de la congregación, y tomando una lanza en su mano, fue tras el hombre de Israel, entró en la alcoba y los traspasó a los dos, al hombre de Israel y a la mujer por su vientre. Y así cesó la plaga sobre los israelitas. Y los que murieron por la plaga fueron 24,000.

¿Cómo podía el Señor seguir habitando con Israel, siendo él santo y ellos radicalmente pecadores? La necesidad de expiación, que tiene su punto culminante en el sacrificio de Jesucristo, emerge en este texto. Las acciones de Finees nos preparan para el capítulo 26. Se hizo un nuevo censo, lo cual demostraba que el Señor no había abandonado a Israel, pues la expiación estaba asegurada a pesar de su pecado. Por lo tanto, una nueva generación estaba preparada para ir a la guerra y ganar la tierra (26:2). El número de personas era aproximadamente el mismo que el del primer censo, pero la generación anterior había muerto y había llegado una nueva generación. La herencia prometida a Abraham no había sido revocada.

La promesa de una futura herencia fue destacada y esclarecida, y ninguna tribu perdería su herencia, incluso si un clan no tenía hijos (27:1-11; 36:1-12). Moisés comisionó a Josué, como hombre del Espíritu, como el nuevo líder y pastor que conduciría al pueblo a la herencia prometida (27:15-23), aunque mucho más tarde surgiría un nuevo Josué que daría un mejor descanso (He. 4:8-9). La repetición de las instrucciones sobre las ofrendas también indica que Israel entraría en la tierra y daría gracias al Señor con ofrendas (Nm. 28-29). Se nos dice que éstas serían "olor grato" once veces, lo cual indica que el Señor se complacería en ellas y que quizás también alejarían su ira de Israel (cf. Gn. 8:21) para poder seguir habitando entre ellos. La matanza de Madián (cap. 31), que había hecho caer a Israel en la idolatría (cap. 25), sirvió como calentamiento y modelo para la destrucción de Israel de sus enemigos en Canaán.

Números concluye con otros asuntos que prepararon a Israel para la conquista de Canaán. El texto destaca especialmente que Rubén, Gad y la media tribu de Manasés que se asentaron en Transjordania, estuvieron comprometidos a ayudar a Israel en la conquista de Canaán. El capítulo 33 detalla las etapas de los campamentos y viajes de Israel durante los años en el desierto, demostrando así, que Israel aún no había llegado a su destino final, que estaba en camino a su herencia. De hecho, el capítulo concluye con la instrucción de que Israel debe desplazar a los habitantes de la tierra y destruir sus ídolos (33:50-56). De lo contrario, los israelitas serían presa de la adoración de falsos dioses y vivirían en la tierra sin que el Señor fuera su verdadero rey, y él los destruiría por no someterse a su señorío. Como preparación para la entrada de Israel en la tierra, el Señor delimitó las fronteras de la misma y estableció ciudades de refugio para aquellos que mataran a alguien accidentalmente (caps. 34-35).

Conclusión

Al inicio, Números habla sobre Israel como el campamento de Yahvé, preparado para entrar en la tierra prometida, el segundo elemento de la promesa de Abraham. Israel es el pueblo santo de Yahvé, quien habita en medio del campamento, y por ello debe acampar y ponerse en marcha tal y como él le ordena. Yahvé es el santo de Israel que no permanecerá con ellos si se contaminan. Sólo un pueblo obediente que viva bajo su señorío entrará en la tierra. Números relata que Israel no confió en las instrucciones de Dios ni las obedeció, por lo que la generación del desierto, en lugar de entrar en Canaán, fue destruida. Aun así, Yahvé no anuló la promesa. Las profecías de Balaam indican que las bendiciones de Abraham se harían realidad para Israel. El paraíso se recuperaría finalmente, y un rey de Judá gobernaría sobre Israel y destruiría a los enemigos de Yahvé.

El Nuevo Testamento indica que este rey es Jesús el Cristo, quien triunfó sobre Satanás en la cruz. Pero esto tendría lugar un día muy lejano del tiempo en que vivía Israel. Ahora los hijos de la generación del desierto estaban listos para entrar en la tierra. Se encargó un nuevo censo, indicando que un nuevo ejército del Señor sobre el que él mismo gobernaba heredaría la tierra.

§5. DEUTERONOMIO

Introducción: La Tierra

Deuteronomio es claramente uno de los libros más importantes del Antiguo Testamento y su teología es multifacética. Es muy diferente de los cuatro primeros libros del Pentateuco, y por ello debemos examinar su contribución a la narración. Si tuviéramos que resumir el libro brevemente, diríamos que Deuteronomio insta a Israel a obedecer a Yahvé para poder entrar y permanecer en la tierra. Sólo los que se sometan al señorío de Yahvé experimentarán su bendición. Sin embargo, es imprescindible ver que el llamado a la obediencia se basa en la gracia de Dios. La gracia precede a la demanda, y en este sentido el libro anticipa el modelo de salvación que encontramos en el Nuevo Testamento.

La narración de Deuteronomio no gira entorno a la historia de Israel. Más bien, se concentra en la responsabilidad del pueblo de obedecer al Señor al estar a punto de entrar en la tierra prometida. No obstante, no es posible comprender el libro de Deuteronomio aparte del marco narrativo que lo informa. Los israelitas, ahora al otro lado del Jordán y frente a la tierra prometida a sus antepasados, están a punto de entrar en ella (1:1-2). La perspectiva de entrar en la tierra informa todo el libro.[1] De hecho, "la idea central de la geografía es omnipresente".[2] La promesa hecha a los patriarcas desempeña un papel fundamental: "Miren, he puesto la tierra delante de ustedes. Entren y tomen posesión de la tierra que el SEÑOR juró dar a sus padres Abraham, Isaac y Jacob, a ellos y a su descendencia después de ellos" (1:8). Una de las promesas

---

[1] Así, Millar, *Now Choose Life*, 67–98; Vogt, *Deuteronomic Theology*, 151; Dumbrell, *Faith of Israel*, 63–64

[2] Dempster, *Dominion and Dynasty*, 118.

centrales del pacto con Abraham está a punto de cumplirse.[3] Israel no sólo había sido multiplicada en términos de población (1:10), sino que también está a punto de recibir la promesa de la tierra dada a Abraham.[4] Como señala Gordon McConville, en Deuteronomio el don precede a la demanda, pues en el libro repetidamente se utiliza el verbo "dar" (*nātan*) en relación con la entrega de la tierra prometida a Israel.[5] Sorprendentemente, Deuteronomio enfatiza que Yahvé hizo su pacto con la generación que estaba viva y a punto de entrar en la tierra (5:2-3).

> **Deuteronomio 5:2–3** »El Señor nuestro Dios hizo un pacto con nosotros en Horeb. »No hizo el Señor este pacto con nuestros padres, sino con nosotros, *con todos aquellos de nosotros que estamos vivos aquí hoy.*

Son la generación que heredará la promesa de la tierra, pero deben obedecer al Señor para obtener las promesas, lo cual la generación anterior no hizo. Por lo tanto, Deuteronomio puede verse como una renovación del pacto para las generaciones futuras.[6]

El libro comienza con una reflexión sobre el fracaso de la generación anterior en obedecer al Señor y, por tanto, su fracaso en recibir la bendición de disfrutar de la tierra (1:19-33). Ahora ha surgido una nueva generación que tiene el reto de obedecer al Señor y heredar la tierra prometida a Israel. El Señor no les dio la tierra de Edom, Moab o Amón (2:1-23), pero sí el territorio de Sehón y Og (2:26-3:17). En Deuteronomio, los mandatos dados a Israel se sitúan una y otra vez dentro de un marco en el que la vida en la tierra prometida está ligada a exhortaciones morales.[7]

Un par de ejemplos son suficientes:

---

[3] Craigie (*Deuteronomy*, 36-45) sostiene que el pacto es central en el Deuteronomio. Muchos piensan que la forma de pacto que se presentó en el Éxodo también se aplica al Deuteronomio. Para dudas, véase Millar, *Now Choose Life*, 42-43.

[4] "La tierra es también el lugar de la relación de Israel con Yahvé" (Millar, *Now Choose Life*, 56).

[5] McConville, *Law and Theology in Deuteronomy*, 11-13. McConville subraya con razón que el don de la tierra también exige la respuesta de Israel a la gracia de Dios. Véase también Martens, *God's Design*, 108-12.

[6] Así, Waltke, *Old Testament Theology*, 497-503. El título de House para su capítulo sobre el Deuteronomio es "The God Who Renews the Covenant (*Old Testament Theology*, 169).

[7] Como observa Millar (*Now Choose Life*, 56-62), la tierra es un regalo de Yahvé, y sin embargo Israel debe obedecer para entrar en ella y permanecer en ella.

Ahora pues, oh Israel, escucha los estatutos y los decretos que yo les enseño para que los cumplan, a fin de que vivan y entren a tomar posesión de la tierra que el SEÑOR, el Dios de sus padres, les da. (4:1; cf. 4:40)
Miren, yo les he enseñado estatutos y decretos tal como el SEÑOR mi Dios me ordenó, para que así los cumplan en medio de la tierra en que van a entrar para poseerla. (4:5; cf. 4:14).

A menudo se da una nueva serie de instrucciones con la perspectiva de entrar en la tierra: "Estos, pues, son los mandamientos, los estatutos y los decretos que el SEÑOR su Dios me ha mandado que les enseñe, para que los cumplan en la tierra que van a poseer" (6:1; cf. 8:1). También se señala la perspectiva de entrar en la tierra: "Cuando el SEÑOR tu Dios te haya introducido en la tierra donde vas a entrar para poseerla" (7:1; cf. 19:1). La mayoría de los estudiosos coinciden en que el capítulo 12 inicia una nueva sección del libro que comienza así: "Estos son los estatutos y los decretos que observarán cuidadosamente en la tierra que el SEÑOR, el Dios de tus padres, te ha dado para que la poseas todos los días que ustedes vivan sobre su suelo" (12:1).

La tierra que Israel está por poseer es un regalo de Yahvé, en cumplimiento de la promesa que el Señor juró a los padres (6:23), y en la cual Israel disfrutará del descanso (3:20; 12:9-10; 25:19). La tierra se describe en términos magníficos, llamando la atención sobre la bondad del Señor y recordando a los lectores el jardín del Edén (11:10-12).[8]

Porque el SEÑOR tu Dios te trae a una tierra buena, a una tierra de corrientes de aguas, de fuentes y manantiales que fluyen por valles y colinas; una tierra de trigo y cebada, de viñas, higueras y granados; una tierra de aceite de oliva y miel; una tierra donde comerás el pan sin escasez, donde nada te faltará; una tierra cuyas piedras son hierro, y de cuyos montes puedes sacar cobre. Cuando hayas comido y te hayas saciado, bendecirás al SEÑOR tu Dios por la buena tierra que Él te ha dado (8:7-10).

Los israelitas nunca deben pensar que la riqueza y la bendición se deben a su duro trabajo, pues son regalos del Señor (8:17-18). La justicia y la piedad de Israel no son la razón por la que heredarán la tierra; de hecho, a Israel se le llama terco y recalcitrante (9:5-6). El incidente del becerro de oro sirve como firma y

---

8 Dumbrell, *Faith of Israel*, 64-66.

emblema de la rebelión de Israel contra Yahvé, porque las palabras del pacto apenas habían sido inscritas cuando ellos violaron las estipulaciones del mismo (9:8-10:5). Sólo gracias a la intercesión de Moisés, que recordó al Señor las promesas hechas a Abraham, Isaac y Jacob, Israel pudo salvarse.

La gracia de Dios

La gracia de Dios es un tema destacado en Deuteronomio. Israel es su pueblo "de entre todos los pueblos que están sobre la superficie de la tierra" (7:6). La gracia concedida a Israel se resume en la declaración confesional de 26:5-9. Israel vivió en el desierto, pero el Señor multiplicó y prosperó la nación. En Egipto, Israel fue maltratado y perseguido, pero el Señor lo liberó de la esclavitud egipcia y lo llevó a una tierra fructífera. ¿Por qué el Señor ha amado y elegido especialmente a Israel? Más adelante en su historia, algunos rabinos lo atribuyeron a la disposición de Israel para obedecer la ley. El Señor, decían los rabinos, supuestamente ofreció la ley también a las naciones gentiles, pero éstas se negaron a vivir bajo ella.[9]

La narración rabínica atribuye a Israel la virtud de reconocer la bondad de la ley y la sabiduría de vivir bajo sus instrucciones. Deuteronomio propone una respuesta diametralmente opuesta a esta interpretación rabínica. ¿Por qué eligió el Señor a Israel? No porque fueran los únicos en aceptar el ofrecimiento de Yahvé. Más bien se trata de una cuestión de gracia de principio a fin, pues Israel era obstinado. El Señor quiso a Israel porque lo amaba y por la promesa que había dado a los patriarcas (7:7-8).

> **Deuteronomio 7:7–8** »El Señor no puso Su amor en ustedes ni los escogió por ser ustedes más numerosos que otro pueblo, pues eran el más pequeño de todos los pueblos; mas porque el Señor los amó y guardó el juramento que hizo a sus padres, el Señor los sacó con mano fuerte y los redimió de casa de servidumbre, de la mano de Faraón, rey de Egipto.

Israel no tenía nada que ofrecer al Señor, ni fue elegido por sus cualidades. Como dice Childs, la elección de Israel deriva "del misterioso e inexplicable

---

[9] Véase Sifre Deuteronomy 343 (hasta 33:2); Mekilta Bahodesh 1 (hasta 19:2b); Mekilta Pisha 5 (hasta 12:6); Mekilta Beshallah 6 (hasta 14:31); Sifre Deuteronomy 170 (hasta 18:9). Debo estas referencias a Sanders, *Paul and Palestinian Judaism*, 88-89.

amor de Dios".[10] La elección de Israel está oculta en "las cosas secretas" que "pertenecen al SEÑOR nuestro Dios" (29:29).[11] La razón por la que Yahvé eligió a Israel elude y supera la comprensión humana. Eligió a Israel porque quería mostrarle su amor, aunque éste no se inclinara a seguirle. Está claro que Israel no merecía ser la posesión especial de Dios, pero él decidió dispensarle su gracia.

Israel debía entrar en la tierra con confianza y alegría, porque sabía que el Señor estaba de su lado. La generación del desierto no confió en la promesa de que el Señor lucharía por ellos, y por eso se negó a obedecerle (1:30). El mismo Dios guerrero que triunfó sobre Egipto les daría la victoria sobre sus enemigos. El cuidado del Señor por Israel no sólo era fuerte, también era tierno. Cuidó a Israel como a su hijo amado, pues "en el desierto, donde has visto cómo el SEÑOR tu Dios te llevó, como un hombre lleva a su hijo, por todo el camino que anduvieron hasta llegar a este lugar" (1:31).

El Señor, que los había liberado tan maravillosamente de la esclavitud egipcia, no renunciaría a sus promesas ni abandonaría repentinamente a su pueblo (4:20, 37; 5:6). Completaría lo que había empezado. No los había librado de los egipcios para luego dejarlos por fuera de la tierra prometida (6:21-23). El miedo podía paralizar a Israel de manera que se negara a aventurarse a obedecer al Señor y a entrar en la tierra. Por eso Yahvé les recordó lo que hizo con los egipcios, sus señales y prodigios con los que los liberó de la superpotencia de su tiempo (7:17-19; 11:3-4; 29:2-3). Yahvé había derrotado a los egipcios, y por lo tanto, Israel no debía temer a los grupos tribales de la tierra de Canaán. El mismo Dios guerrero que los había liberado de Egipto también lucharía por ellos en Canaán (3:22; 4:34), y por lo tanto Israel debía estar lleno de confianza.

El llamado de Israel a la obediencia no era con el propósito de ganar el favor de Dios. A menudo se les pide que recuerden quién es Yahvé, lo que ha hecho y que no olviden todos sus beneficios. Deben recordar lo que el Señor hizo a los egipcios (5:15; 7:18; 15:15; 16:3, 12; 24:18, 22) y cómo los preservó en el temible desierto (8:2). Israel es propenso a olvidar la misericordia del Señor y a desistir de confiar en él (4:9, 23). Pueden empezar a dar por sentado que el Señor los liberó de Egipto y alejarse del él (6:12; 8:14). Sus corazones pueden enfriarse

---

10 Childs, *Biblical Theology*, 426. Continúa diciendo: "Para el autor, la elección de Israel no es una preocupación teórica.... Israel no puede reclamar ninguna superioridad, sino que su existencia se basa totalmente en la inmerecida e inexplicable voluntad soberana de Dios". Véase la discusión en Goldingay, *Israel's Faith*, 192-209.

11 Así también Craigie, *Deuteronomy*, 37.

y distanciarse porque no han cultivado el recuerdo de lo que el Señor ha hecho por ellos. Pensamos entonces en la importancia de recordar la Cena del Señor en el Nuevo Testamento, pues la Cena del Señor celebra el gran acto de redención en el Nuevo Testamento, el nuevo éxodo por el que Dios liberó a su pueblo mediante la muerte y resurrección de Jesucristo. Al igual que a Israel, se anima a los cristianos a recordar la obra salvadora de Dios para que no se alejen del él.

La confianza y la obediencia de Israel al Señor se basan en su incomparabilidad y su amor. Él es la roca de Israel que los sostuvo en el desierto (32:4, 30-31). Es el Dios justo y fiel que siempre cumple sus promesas (32:4). Es el padre y creador de Israel (32:6) que ha intervenido en su favor. Israel debe sentir el amor del Señor por ellos. Cuando Israel estaba en el desierto y se enfrentaba al "la horrenda soledad", el Señor "lo rodeó" y "cuidó de él", incluso "como a la niña de sus ojos" (32:10).

El Señor velaba por Israel como una madre águila que "que revolotea sobre sus polluelos, extendió Sus alas y los tomó, los llevó sobre Su plumaje" (32:11). "Dios también los llama 'Jeshurun' en Dt. 32:15 y 33:5, y en ambas ocasiones la LXX lo traduce como ἠγαπημένος. 'Jeshurun' que parece haber sido un título que indica el amor especial que Dios tenía por Israel".[12] Israel debe obediencia no sólo porque el Señor es bueno y amoroso, sino también porque es el único y soberano Dios. No hay más dios que el Señor (4:35, 39). Los ídolos son impotentes e inútiles (4:28; 28:36; 29:17).

Los otros supuestos dioses no son dioses en absoluto (32:17, 21). La soberanía universal del Señor sobre todas las cosas se expresa claramente: "Vean ahora que Yo, Yo soy el Señor, y fuera de Mí no hay dios. Yo hago morir y hago vivir. Yo hiero y Yo sano, y no hay quien pueda librar de Mi mano" (32:39). La unicidad de Yahvé se expone porque él es el Dios vivo. La vida y la muerte están en sus manos, él controla la vida, incluyendo la enfermedad y la salud.[13] Como señala Peter Craigie, "Dios es el Señor de la historia *y* del mundo de la naturaleza. Él controla a las demás naciones y el curso de la naturaleza, ya sea la salud, la fecundidad de la tierra o cualquier otra parte del orden creado".[14]

LXX Septuaginta
[12] Una nota de Joshua Greever.
[13] Sobre la unicidad de Yahvé, véase Clements, *Old Testament Theology*, 72-78.
[14] Craigie, *Deuteronomy*, 44.

El gobierno del Señor sobre la historia se confirma repetidas veces en Deuteronomio. Israel no debía contender con Edom, porque "no les daré nada de su tierra" (2:5). Yahvé tampoco dio a Israel la tierra de Moab ni la de Amón (2:9, 19). Por el contrario, Yahvé endureció y obstinó a Sehón para que no le diera a Israel la posesión de su tierra (2:30-31). Como dice Gary Millar, "A lo largo de la narración de los primeros capítulos se presenta a Yahvé como el que dispone el territorio y determina los resultados de las batallas".[15] El temor y el espanto de Israel sobre los pueblos vendrían de parte de Yahvé (2:25). El Señor expulsaría de su tierra a naciones más fuertes que Israel para dársela a ellos como herencia (4:38). Si Israel temía no poder conquistar naciones más fuertes que ellos, Yahvé les recordaba las señales y los prodigios que había hecho en Egipto y por los que los había liberado (7:18-19).

> **Deuteronomio 7:18–19** »No tengas temor de ellas; recuerda bien lo que el Señor tu Dios hizo a Faraón y a todo Egipto: las grandes pruebas que tus ojos vieron, las señales y maravillas, y la mano poderosa y el brazo extendido con el cual el Señor tu Dios te sacó. Así el Señor tu Dios hará con todos los pueblos a los cuales temes.

De hecho, todo en la historia converge para llevar a cabo el plan de Dios. Él enviaría avispas para expulsar a las naciones que habitaban la tierra (7:20), y poco a poco echaría a las naciones de la tierra (7:22). La soberanía de Yahvé demuestra que él es "un Dios grande y temible" (7:21). El Señor prometió entregar las naciones a Israel y quebrantarlas "con gran confusión hasta que perezcan" (7:23).

El señorío de Yahvé no es una enseñanza abstracta, pues supuso un gran consuelo y estímulo para Israel, ya que se le prometió que el Señor entregaría "en tus manos a sus reyes" para que los destruyeran (7:24). Israel debía estar lleno de confianza, pues "ningún hombre podrá hacerte frente, hasta que tú los hayas destruido a todos" (7:24). Cuando Israel luchara contra los enemigos después de poseer la tierra, no debía temerlos ni desalentarse delante de ellos, "porque el SEÑOR su Dios es el que va con ustedes, para pelear por ustedes contra sus enemigos, para salvarlos" (20:4). El Señor entregaría esas naciones en manos de Israel (20:13).

---

[15] Millar, *Now Choose Life*, 43.

La obediencia de Israel

La gracia del Señor y su gobierno sobre la historia están ligados a uno de los principales temas del Deuteronomio: la necesidad de obediencia. Es imprescindible ver que la obediencia que se exige en el libro no es legalista ni externa. Podemos decir que la obediencia es parte del pacto, pues el Señor la demanda en respuesta a su misericordia pactual, por la que liberó a Israel de la esclavitud en Egipto.[16] McConville describe la obediencia en Deuteronomio de esta manera: "La secuencia entonces es esta: Dios bendice, Israel obedece, Dios sigue bendiciendo".[17]

Israel es bendecido si obedece, pero obedece porque ha sido bendecido. La gracia de Yahvé se manifestó al redimir a Israel de Egipto y liberarlo de la esclavitud (7:8; 9:26; 13:5; 15:15; 21:8; 24:18). Egipto se menciona cincuenta veces en el libro. Por supuesto, no todas las referencias a Egipto aluden al éxodo, pero la mayoría sí se refieren a que Dios salvó a su pueblo de la esclavitud egipcia. Por lo tanto, el llamado a la obediencia en Deuteronomio debe estar dentro del marco de la gracia y el pacto. Yahvé se ha mostrado fiel a su pacto y ha liberado a su pueblo; como respuesta de gratitud, Israel es convocado a obedecer. La obediencia en Deuteronomio se expresa con una variedad de verbos, ya que un solo verbo no puede captar la naturaleza de la obediencia exigida.[18]

Como dice House, "Israel debe mostrar lealtad total a Dios".[19] En repetidas ocasiones Moisés ordena a Israel que guarde (šāmar) los mandamientos del Señor (p. ej., 4:2, 6, 40; 5:1, 12, 29, 32; 6:2, 3, 17, 25; 7:11, 12; 8:1, 2). No se trata simplemente de contemplar y meditar en los mandamientos, hay que ponerlos en práctica; hay que "cumplirlos" (ʿaśâ) (p. ej., 1:18; 4:1, 5, 6, 13, 14; 5:1, 27, 31, 32; 6:1, 3, 18, 24, 25; 7:11; 8:1; 11:22, 32; 12:1, 32; 13:18; 15:5; 16:12; 27:10, 26; 28:1, 58; 29:8; 30:12, 13, 14), ya que se refieren a las cuestiones de la vida en el mercado y en la familia y en los tribunales, lo cual implica una devoción total y absoluta al señorío de Yahvé.

---

16 Véase McConville, *Grace in the End*, 132-34.
17 McConville, *Law and Theology in Deuteronomy*, 17.
18 Véase Millar, *Now Choose Life*, 47-51.
19 House, *Old Testament Theology*, 175.

Peter Vogt señala con razón que el llamamiento a obedecer a Yahvé en Deuteronomio señala la supremacía del Señor.[20] La realeza de Yahvé se expresa en su exigencia de que su pueblo le obedezca.[21] Vogt dice: "La supremacía de Yahvé también es evidente en el hecho de que es Yahvé quien manda".[22] Millar coincide al decir que la teología del libro encierra "la creencia de que Yahvé es ahora el gobernante absoluto de Israel, a quien hay que obedecer en todos los detalles de la vida, y quien ha dado a Israel una tierra en donde pueden disfrutar de su relación con él".[23] El llamado a hacer lo que el Señor manda no debe interpretarse como legalista o externo. Por medio de la obediencia, Israel demuestra si es verdaderamente devoto de Yahvé.

Así, la cuestión fundamental es si Israel realmente conoce a Yahvé como su Señor, pues la verdadera obediencia a él no sólo se expresa de manera externa, sino en amor.[24] Millar comenta: "Por encima de todo, la nación debe elegir amar a Dios y demostrar este amor mediante la obediencia".[25] No es de extrañar que el mensaje de Deuteronomio se exprese en 6:5: "Amarás al SEÑOR tu Dios con todo tu corazón, con toda tu alma y con toda tu fuerza". El significado de obedecer al Señor es amarlo con todas las fuerzas (11:13; 13:3; 30:6).[26] El amor verdadero nunca va separado del cumplimiento de sus mandatos (7:9; 11:1).[27] El amor no es sólo un sentimiento piadoso; es un afecto que lleva a una obediencia determinada al Señor. Amar al Señor no puede ir separado de temerlo, de andar por sus caminos y de servirlo (10:12).

---

[20] Vogt, *Deuteronomic Theology*, esp. 5-6, 129-30, 134, 151-59, 202, 219-20, 224, 229-31.

[21] Craigie (*Deuteronomy*, 65) sostiene que la realeza del Señor y su condición de guerrero son dos temas centrales en Deuteronomio. Véase también McConville, *Grace in the End*, 124.

[22] Vogt, *Deuteronomic Theology*, 227.

[23] Millar, *Now Choose Life*, 181.

[24] A menudo se argumenta que los capítulos 6-11 proporcionan una exposición del significado del primer mandamiento. Véase Olson, *Deuteronomy*, 62-65; Walton, "Deuteronomy", 214-15. Millar (*Now Choose Life*, 81) también piensa que el tema dominante es el amor a Yahvé.

[25] Millar, *Now Choose Life*, 46.

[26] Para una mayor reflexión sobre este mandato, véase Gentry y Wellum, *Kingdom through Covenant*, 365-69.

[27] Como dice Craigie, "el amor no era simplemente un principio o un concepto ético abstracto; se le dio una expresión clara en los mandamientos" (*Deuteronomy*, 42). Vogt (*Deuteronomic Theology*, 156) señala con razón las dimensiones del pacto del amor.

Deuteronomio 10:12–13 »Y ahora, Israel, ¿qué requiere de ti el Señor tu Dios, sino que temas al Señor tu Dios, que andes en todos Sus caminos, que lo ames y que sirvas al Señor tu Dios con todo tu corazón y con toda tu alma, *y* que guardes los mandamientos del Señor y Sus estatutos que yo te ordeno hoy para tu bien?

En un sentido, los distintos verbos que se usan para describir la devoción al Señor se interpretan mutuamente, y en otro sentido amplían y completan lo que significa vivir bajo el señorío de Yahvé. En definitiva, el amor y el temor no son conceptos opuestos en Deuteronomio. Los que aman al Señor le temen (4:10).[28] Los que temen al Señor nunca dejarán de cumplir sus mandamientos (5:29; 6:2, 24; 13:4; 17:19; 31:12). El honor que el Señor merece queda plasmado en 6:13: "Temerás (reverenciarás) sólo al SEÑOR tu Dios; y a Él adorarás (servirás) y jurarás por Su nombre". Entre otras cosas, temer al Señor significa no jurar por ningún otro dios.

Otro verbo que expresa la lealtad que Israel debe demostrar dentro del pacto es "servir" (*'ābad*). En algunos contextos "servir" esta junto a "adorar" (*hištaḥăwâ*), lo cual indica que Israel debe dedicarse exclusivamente a Yahvé (4:19; 8:19; 11:16; 17:3; 29:26; 30:17; véase también 4:28; 7:4, 16; 12:30; 13:2, 6, 13; 28:14, 36, 64; 29:18), y que no debe adorar a ningún otro dios. La dimensión pactual del término también es evidente cuando se utiliza junto al verbo "jurar" (6:13; 10:20), pues la lealtad de Israel pertenece sólo a Yahvé. En efecto, los que sirven a otros dioses demuestran que "desprecian" al Señor y quebrantan "mi pacto" (31:20). Servir al Señor también está vinculado a temerlo, a caminar en sus caminos y a amarlo con todo el corazón (10:12). En efecto, el Señor llama a su pueblo a servirle "con alegría y con gozo de corazón, cuando tenías la abundancia de todas las cosas" (28:47). Israel debe servir al Señor con una obediencia alegre de corazón, ya que él los ha cubierto con su bondad.

Otro término del pacto que describe la obediencia de Israel es "sujetarse" o "allegarse a" (*dābaq*). Israel debe "allegarse" al Señor (10:20), lo cual significa que debe temerlo, amarlo y seguir sus caminos (11:22), y escuchar su voz (13:5; 30:20). Este es el mismo término que se utiliza para describir la devoción de Adán a su esposa: debe "unirse a ella" (Gn. 2:24). De igual manera, el mismo

---

[28] Sobre el temor del Señor en el Deuteronomio, véase Waltke, *Old Testament Theology*, 483.

verbo se utiliza para describir la devoción de Rut a Noemí, ya que "se quedó con ella" (Rut 1:14). A menudo, la vida que se prescribe a Israel se describe como caminar (*hālak*) en los caminos que Dios ha ordenado (5:33; 10:12; 26:17; 28:9). La obediencia o desobediencia de Israel también se presenta como escuchar (*šāma᾽*) o no escuchar al Señor (1:43; 4:1, 30; 8:20; 9:23; 11:13, 27, 28; 12:28; 13:4, 18; 15:5; 18:15, 19; 26:14, 17; 27:10; 28:1, 2, 13, 15, 45, 62; 30:2, 8, 10, 20). Escuchar verdaderamente al Señor y oírlo da como resultado obedecerlo, y por eso muchas versiones en español traducen el verbo hebreo para "escuchar" como "obedecer".

¿Cuál es la función de tal diversidad de expresiones para el concepto de obedecer al Señor? Comunican la amplitud y la riqueza de lo que significa obedecer al Señor. Seguir al Señor se capta con términos como "cumplir", "guardar" y "escuchar". La obediencia al Señor ha de ser determinada y puesta en práctica en la vida cotidiana. Pero la obediencia no se agota en esos términos, pues existe el peligro de pensar que la obediencia es una mera conformidad externa con la voluntad del Señor. Por el contrario, la verdadera obediencia implica afecto: amar al Señor y aferrarse a él, encontrarlo como la alabanza y la alegría de la propia vida. Sin embargo, ese amor y esa lealtad nunca se abstraen de caminar por sus caminos. Israel indica que vive bajo el señorío de Yahvé haciendo su voluntad y obedeciéndole. Curiosamente, encontramos la misma diversidad cuando se trata de los términos que describen lo que Israel debe obedecer.[29]

Israel debe obedecer los "estatutos" *(ḥuqqîm)*. Esta palabra se utiliza veintiuna veces en Deuteronomio y enfatiza que Dios ha prescrito lo que Israel debe hacer. La palabra "reglas" *(mišpāṭîm)* se utiliza treinta y siete veces y se enfoca en lo que es correcto y justo. El término más importante es "mandamientos" *(miṣwōt)*, que aparece cuarenta y seis veces, y su forma verbal ochenta y ocho veces, enfatizando la autoridad, soberanía y realeza del Señor. Como Rey del universo, Yahvé posee toda la autoridad para ordenar al pueblo que siga sus instrucciones. Lo que el Señor ordena también se describe como "camino" o "caminos" *(derek)* de Dios (5:33; 8:6; 9:16; 10:12; 11:22, 28; 13:5; 19:9; 26:17; 28:9; 30:6).

Él conoce las sendas que conducirán a la vida y a la alegría de su pueblo. La palabra "testimonios" (*῾ēdōt*), que se refiere a las estipulaciones del pacto, la

---

[29] No todos los usos de estos términos se refieren a la obediencia a la ley, pero en la mayoría de los casos se refieren a lo que la ley ordena.

encontramos tres veces (4:45; 6:17, 20). La diversidad de términos para referirse a los mandatos de Dios resaltan la amplitud de la soberanía del Señor. Él gobierna sobre toda la vida de Israel, y ellos deben someterse a su señorío como súbditos de su pacto. Por supuesto, una de las palabras más importantes para describir lo que Israel debe hacer es "ley" (*tôrâ*). Esta palabra aparece veintidós veces. Los estudiosos suelen decir que la Torá se refiere a la instrucción en un sentido general, pero en Deuteronomio la instrucción está ligada a lo que Dios manda y ordena. La palabra "ley" se refiere principalmente a lo que el Señor exige a Israel como su Señor del pacto.

La supremacía de Yahvé

Los mandatos y estatutos en Deuteronomio señalan la supremacía y el gobierno de Yahvé sobre Israel, y muestran que Israel debe vivir bajo el gobierno de Yahvé en la tierra obedeciendo sus instrucciones, tal como se suponía que Adán debía vivir bajo el señorío de Dios en el jardín.[30] Es sorprendente la frecuencia con la que se proscribe la idolatría en el libro, ya que ésta sustituye el culto al único Dios verdadero por algo o alguien más. Moisés le recalca a Israel el hecho de que ellos no vieron ninguna forma cuando Yahvé se les apareció en Horeb, y por lo tanto no deben hacer ninguna forma para representar al Señor (4:15-18), ni deben adorar a ninguna otra cosa en toda la creación (4:19, 23, 25).

> **Deuteronomio 4:19, 23, 25** »*Y ten cuidado,* no sea que levantes los ojos al cielo y veas el sol, la luna, las estrellas y todo el ejército del cielo, y seas impulsado a adorarlos y servirlos, *cosas* que el Señor tu Dios ha concedido a todos los pueblos debajo de todos los cielos... Tengan cuidado, pues, no sea que olviden el pacto que el Señor su Dios hizo con ustedes, y se hagan imagen tallada en forma de cualquier cosa que el Señor tu Dios te ha prohibido... »Cuando hayan engendrado hijos y nietos, y hayan permanecido largo *tiempo* en la tierra, y se corrompan y hagan un ídolo en forma de cualquier cosa, y hagan lo que es malo ante los ojos del Señor su Dios para provocarlo a ira.

Vogt dice:

---

[30] Dumbrell, *Covenant and Creation*, 126.

Hacer imágenes es inapropiado porque es contrario a la voluntad de Yahvé en cuanto a la forma en que debe manifestarse su presencia y también porque es demasiado restrictivo. Yahvé es el Dios de *todos* los cielos arriba y de la tierra abajo. Por eso, su presencia no se puede restringir a un ídolo.[31]

La adoración debe ser realizada de la manera que Yahvé prescribe (12:4). Moisés teme que el pueblo siga a los dioses de las naciones circundantes y abandone su pacto con el Señor (6:14; 29:18). El mandamiento de amar al Señor con todo el ser (6:5) es sólo otra forma de decir que el Señor debe ser lo primero en la vida de uno. Está claro que los tres primeros mandamientos de los Diez Mandamientos se centran en la supremacía de Dios (5:7-11). Anteriormente vimos el énfasis en "temer" a Dios, y tal temor revela que Yahvé es el centro de los afectos de uno. Yahvé debe ser la alabanza y la alegría del corazón de Israel (10:21). Esta verdad también es evidente en el llamado a "allegarse" a Yahvé.

Los matrimonios mixtos con los habitantes de otras naciones de la tierra están estrictamente proscritos; además sus objetos de culto también están sujetos a prohibición (*ḥērem*) y deben ser destruidos entera y absolutamente (7:2-5; 12:2-3). Israel es "pueblo santo para el SEÑOR tu Dios" (7:6) y es "pueblo suyo de entre todos los pueblos", por lo tanto, los pueblos de las tierras deben ser asesinados, o de lo contrario alejarán a Israel del Señor. El llamamiento a destruir completamente los pueblos de Canaán resulta chocante para la sensibilidad moderna. No obstante, a pesar del intento de algunos estudiosos de decir lo contrario, está bastante claro que Israel creía que éstas eran instrucciones directas de Yahvé.

El incumplimiento de dichas instrucciones pondría en peligro el principio fundamental de la fe de Israel: El señorío de Yahvé. Israel debía limpiar la tierra del mal, pues Canaán habría de ser un nuevo Edén, un nuevo jardín del Señor, libre del mal.[32] La preocupación era que Israel se olvidara del Señor y se volviera a otros dioses (8:19). Sorprendentemente, Israel se había vuelto a la idolatría al adorar el becerro de oro poco después de haber entrado en el pacto con el Señor (9:16). Como dice Millar: "El incidente del becerro de oro es un sonido de advertencia de que incluso un lugar de revelación tiene el potencial de

---

[31] Vogt, *Deuteronomic Theology*, 133.
[32] Sobre Canaán como un nuevo Edén, véase Dumbrell, *Covenant and Creation*, 120.

convertirse en un lugar de apostasía".[33] Por lo tanto, Israel debe resistir la tentación y adorar sólo a Yahvé.

Sólo Yahvé

Una de las características más destacadas y discutidas de Deuteronomio es la insistencia en que Israel debe adorar a Yahvé en el lugar que él les elija (12:5, 11, 14, 18, 21, 26; 14:23, 24, 25; 15:20; 16:2, 6, 7, 11, 15, 16; 17:8, 10; 18:6; 23:16; 31:11). El requisito de adorar y ofrecer sacrificios en el lugar que Yahvé elige ha desempeñado un papel importante en los intentos de reconstruir la historia de Israel. No obstante, nuestro propósito aquí es prestar atención a la función del requisito en Deuteronomio. Es notable que el lugar donde debe tener lugar el culto no se nombra.[34] Las instrucciones tienen como objetivo decretar que Israel debe adorar a Yahvé de la manera y en el lugar que él ordena.[35] El culto no debe dejarse a la creatividad de Israel ni a sus propios recursos,[36] pues la palabra de Dios establece regulaciones en cuanto a los sacrificios, las fiestas, los diezmos, las ofrendas y la lectura de la ley.

Este tipo de culto no es una mera obligación. La orden para Israel es: "comerán en presencia del SEÑOR su Dios, y se alegrarán", en el lugar en el que ofrezca sacrificio (12:7; cf. 12:12, 18). Cuando Israel lleva los diezmos al lugar que Yahvé elige (14:23-25), debe alegrarse. Además deben cuidar de los levitas (14:27), aunque lo que resulta especialmente llamativo es el énfasis en la alegría. El Señor dice: "podrás gastar el dinero en todo lo que tu corazón apetezca: en vacas u ovejas, en vino o sidra, o en cualquier otra cosa que tu

---

[33] Millar, *Now Choose Life*, 86.

[34] "El objetivo *no es* identificar el lugar, sino instar a Israel a conformar su culto al mandato divino" (ibíd., 110).

[35] Wenham ("Central Sanctuary") dice que el Deuteronomio especifica un santuario central pero no excluye otros santuarios. Otra posibilidad es que otros sostienen que hay un santuario único y central, pero que la ubicación del mismo cambia con el tiempo (véase McConville y Millar, *Time and Place in Deuteronomy*, 117-23; Niehaus, "Central Sanctuary"). Otra posibilidad es que se establezca un santuario central sólo después de que Israel haya conquistado y se haya asentado en la tierra (véase Pitkänen, *Central Sanctuary*, 97-100). Dumbrell (*Faith of Israel*, 65) ve un santuario que era móvil.

[36] Vogt dice que "el énfasis está en el contraste entre la falsa adoración de la religión cananea y la adoración adecuada de Yahvé", y "el énfasis principal *no* está en el número de santuarios, sino en el hecho de que Yahvé debe elegir la ubicación de los lugares legítimos de sacrificio y que esto contrasta fuertemente con las prácticas descritas como cananeas" (*Deuteronomic Theology*, 176, 179). Véase Miller, *Deuteronomy*, 131-32; Millar, *Now Choose Life*, 103.

corazón desee; allí comerás en presencia del SEÑOR tu Dios, y te alegrarás tú y tu casa" (14:26).

El culto de Israel al Señor no era una experiencia abstracta de Dios; debían adorarle con alegría y disfrutar de las cosas buenas de la vida que él les había dado. Debían disfrutar de la comunión con Dios. Así, Vogt dice con razón que "Deuteronomio también presenta a Yahvé como un Dios que está presente en medio de su pueblo"[37] Este llamado a la alegría también se reitera en la fiesta de las Semanas (16:14). El lenguaje que se utiliza es de nuevo bastante llamativo: "Siete días celebrarás fiesta al SEÑOR tu Dios en el lugar que escoja el SEÑOR; porque el SEÑOR tu Dios te bendecirá en todos tus productos y en toda la obra de tus manos; por tanto, estarás realmente alegre" (16:15). ¡Realmente alegre! Al adorar al Señor en el lugar que él elige, Israel debe sentirse que se renuevan sus fuerzas. Este deleite no es una religión enfocada en sí mismo y en la que "cada uno hace lo que bien le parece" (12:8), más bien es un deleite en el Señor y en sus dones.

Israel debe estar alerta ante los que dicen hablar la palabra del Señor como profetas (13:1-18), y los animan a seguir a otros dioses. No deben hacerles caso, incluso si hacen señales y prodigios (13:1-2). Es más, aquellos que aconsejan una rebelión como esta en contra de Yahvé deben ser asesinados (13:5) porque Israel será destruido si sigue ese consejo. Incluso es necesario retener la compasión y la piedad de los miembros de la familia que abogan por la adoración de otros dioses; ellos también deben morir (13:6-11). Tan severas medidas evitarán que la infección de la idolatría se extienda en Israel, pues ésta conduciría a su destrucción segura (13:11). Por lo tanto, si una ciudad determinada comienza a promover la idolatría, debe enfrentarse a la aniquilación total *(ḥērem)*.

Cláusulas de motivación

En Deuteronomio Moisés no sólo convoca a Israel a obedecer a su Señor y Rey del pacto, sino que también les da razones o motivos por los que deben obedecer. Por ejemplo, a menudo la obediencia está vinculada al bienestar de Israel. Se le llama a obedecer para que le "vaya bien" (4:40; 5:16, 33; 6:3, 18; 12:25, 28; 22:7). En la mayoría de estos textos, el bienestar de Israel está vinculado a poseer

---

[37] Vogt, *Deuteronomic Theology*, 228.

o a permanecer en la tierra, su herencia prometida. Por un lado, la recepción de la tierra es un regalo (3:18), porque Yahvé eligió a Israel para ser su pueblo por su gracia.

Por otro lado, el pacto establecido con Israel en el Sinaí tiene elementos condicionales. Israel entrará en la tierra sólo si confía y obedece al Señor (11:8), y sólo permanecerá en ella si cumple las condiciones del pacto. Si se aleja de Yahvé, él lo expulsará de la tierra, lo destruirá y lo enviará al exilio (4:25-27; 8:20). Así, Moisés le ruega que siga los caminos del Señor para que pueda vivir en la tierra que Yahvé le ha dado (5:33; 11:9). Si el pueblo de Israel se comporta de manera obediente, el Señor promete bendecirlos con hijos, agricultura fructífera y buena salud (7:13-15; 11:14-15, 21), además de triunfo sobre sus enemigos (7:16) al expulsarlos de la tierra (9:3). Israel debe elegir entre la bendición y la maldición, según obedezca o no (11:26-28).

> **Deuteronomio 11:26–28** »Miren, hoy pongo delante de ustedes una bendición y una maldición: la bendición, si escuchan los mandamientos del Señor su Dios que les ordeno hoy; y la maldición, si no escuchan los mandamientos del Señor su Dios, sino que se apartan del camino que les ordeno hoy, para seguir a otros dioses que no han conocido.

El tema de las maldiciones y las bendiciones predomina en la última parte del libro. Las maldiciones caen sobre aquellos que violan las estipulaciones del pacto (27:15-26), y a pesar de que los pecados enumerados en este capítulo se pueden cometer en secreto, Yahvé ve y castigará a los que violen sus estatutos.[38] Por otra parte, a Israel se le prometen asombrosas bendiciones si obedece al Señor (28:1-14). Triunfará sobre sus enemigos, disfrutará del fruto de la tierra y descansará bajo el cuidado de Dios. En este mismo capítulo, las maldiciones que amenazan a Israel reciben mucha más atención (28:15-68). Aquí podemos ver el paralelismo entre Israel y Adán. A Adán se le ordenó obedecer para recibir la vida y la bendición, y lo mismo ocurrió con Israel. Por supuesto, Adán nunca había pecado, mientras que Israel ya se había contaminado con el pecado. Sin embargo, tanto Adán como Israel compartieron el mismo llamado. Debían obedecer al Señor y experimentar su bendición y su vida.

---

[38] Véase Dempster, *Dominion and Dynasty*, 119.

Mandamientos específicos

Ya he demostrado que los mandamientos que encontramos en Deuteronomio están fundamentalmente centrados en Dios. Israel no debe olvidar al Señor; debe servirle, temerle, amarle, escucharle, aferrarse a él, guardar y cumplir sus mandamientos, y andar en sus caminos. Israel no debe tolerar la idolatría. Millar dice, con razón, que "las leyes bíblicas son teocéntricas en su esencia y expresión, y como tales son necesariamente de un género diferente al de la mayoría del material comparativo".[39] Los mandamientos que se ordena guardar a Israel en los capítulos 1-11 se desglosan en los capítulos 12-26.[40] Como dice Vogt, "la totalidad de la vida en la tierra debe vivirse delante de Yahvé y, por lo tanto, es religiosamente significativa y se considera que hasta cierto punto entra en el ámbito del culto".[41]

Yahvé es por siempre el santo de Israel, y por eso especifica quién puede entrar en su asamblea (23:1-8). En efecto, él habita en el campamento de Israel y, por lo tanto, éste debe mantenerse santo, y todo lo que sea impuro debe mantenerse por fuera de él (23:9-14). Algunas de las leyes, por supuesto, coinciden con los mandatos que se encuentran en Éxodo o Levítico. En ciertos casos los detalles cambian, presumiblemente porque Deuteronomio anticipa una nueva situación en la que Israel contempla la entrada en la tierra. La santidad y la consagración de Israel al Señor se ponen de manifiesto en su abstención de alimentos prohibidos por Yahvé (14:2-21; cf. 22:8-12). Israel debe mostrar su devoción y sumisión al Señor al celebrar las fiestas de la Pascua, las Semanas y los Tabernáculos como él les manda (16:1-17), además deben ocuparse de los levitas mediante los diezmos (18:1-8).

La justicia y la compasión son preocupaciones primordiales en Deuteronomio.[42] "La justicia, y sólo la justicia buscarás, para que vivas y poseas la tierra que el SEÑOR tu Dios te da" (16:20). Por lo tanto, los jueces y otros funcionarios deben ser justos y equitativos a la hora de dictar sentencia en los casos que se presenten ante ellos (16:18-19; 17:8-13). El castigo debe ir acorde y ser proporcional al delito (19:21; cf. 25:1-3); los jueces deben ser imparciales

---

[39] Millar, *Now Choose Life*, 105.

[40] Véase Vogt, *Deuteronomic Theology*, 198.

[41] Ibídem, 200.

[42] Vogt (ibíd., 209-16) subraya que la rectitud es responsabilidad de toda la comunidad, no sólo de los jueces.

para no dejar en libertad sin dificultad a alguien a quien favorecen o castigar con demasiada dureza a alguien que les desagrada. Cada persona debe ser castigada por su propio pecado (24:16).

La verdad de las acusaciones se debe establecer sobre el testimonio de testigos (evidencia clara), y los falsos testigos deben ser castigados estrictamente (19:15-20). Los hijos incorregibles que hayan actuado ofensivamente deben ser condenados a muerte (21:18-21). Se deben utilizar pesos y medidas correctas y precisas (25:13-15).

> **Deuteronomio 25:13–15** »No tendrás en tu bolsa pesas diferentes, una grande y una pequeña. »No tendrás en tu casa medidas diferentes, una grande y una pequeña. »Tendrás peso completo y justo; tendrás medida completa y justa, para que se prolonguen tus días en la tierra que el Señor tu Dios te da.

Se debe colocar un muro o baranda en el tejado para evitar que la gente se caiga y se hiera o incluso se mate (22:8). Algunas ciudades deben destinarse como lugar de acogida para que no se prive de la vida a aquellos que hayan matado a otro accidentalmente (19:1-13). Cualquiera que secuestre a un compañero israelita y lo venda debe ser condenado a muerte (24:7).

Yahvé le recuerda a Israel que cuando se lleve a cabo una guerra contra los que residen fuera de la tierra (20:1-20), la victoria es su prerrogativa, y por lo tanto no deben temer. Aparentemente, la aniquilación (*ḥērem*) se practicaba con las naciones dentro de la tierra para evitar que Israel cayera en la idolatría.[43] Sin embargo, a las ciudades y países fuera de la tierra que entraran en conflicto con Israel se les debía ofrecer la paz; y si los enemigos de Israel pedían la paz, debían ser reclutados para trabajar en lugar de ser destruidos. Si los enemigos de fuera de la tierra insistían en ir a la guerra con ellos, sólo debían ejecutar los varones adultos, y debían perdonar a las mujeres, los niños y los animales.

El Señor quiso frenar la rapacidad y la furia que tan a menudo acompañan a la guerra, advirtiendo a Israel que no debía destruir todos los árboles de la tierra: "Porque, ¿es acaso el árbol del campo un hombre para que le pongas sitio?" (20:19). Encontramos una preocupación ecológica similar en 22:6-7, donde se dice que una persona puede llevarse un nido con crías de pájaros, pero no debe arrebatar a la madre también. Es de suponer que hay una preocupación por la

---

[43] Véase Millar, *Now Choose Life*, 133.

pervivencia de varias clases de aves en la tierra, y además, ambas leyes aquí mencionadas también garantizan que no se agote el suministro de alimentos.[44]

Cuando haya rey, éste no estará por encima de Yahvé. En este texto se expresa especial preocupación de que el rey pueda alejar a la nación de Yahvé (17:14-20). Por lo tanto, no deben elegir como tal a un extranjero que no sea devoto de Yahvé. Los reyes deben cuidarse de acumular caballos, oro o esposas para sí mismos, no sea que pongan su confianza en tales cosas en lugar de en el Señor. El propósito de las regulaciones aquí es circunscribir y limitar el poder del rey.[45] Es muy sorprendente que el rey deba ser fiel a la ley que está escrita en un libro.[46] Los caprichos y preferencias del rey no deben ser la norma para Israel.

Yahvé, y no el rey, debe ser supremo en Israel, y por lo tanto el rey debe temer a Yahvé, cumplir sus mandatos y cuidarse de apartar a la nación de él. Moisés también predice que en el futuro se levantará un profeta como él (18:15-20). Yahvé pondrá sus palabras en la boca de dicho profeta, cuyas profecías cumplidas verificarán su posición como profeta del Señor. Su autoridad será tal que cualquiera que se niegue a escuchar sus palabras se enfrentará al juicio de Yahvé. Como nación, Israel se rige por la palabra de Yahvé. Ningún rey, profeta o sacerdote determina autónomamente lo que la nación debe hacer. Todos deben someterse a la palabra de Yahvé.

Israel debe atender a los pobres y satisfacer sus necesidades con generosidad y amabilidad (15:1-11). Nadie debe negarse a ayudar cuando el buey o las ovejas de un hermano israelita están vagando, bajo la protesta de que está demasiado ocupado y atareado con su propio trabajo (22:1-4). El amor requiere que se reste tiempo a las propias preocupaciones para ayudar a los demás. Los esclavos hebreos no deben mantenerse permanentemente, sino que se les concede la libertad después de seis años (15:12-18), a menos que deseen formar parte de la casa en la que sirven para siempre. Cuando los esclavos se dejen en libertad, se les debe abastecer generosamente. No se debe tolerar un espíritu mezquino y rencoroso.

Debemos recordar constantemente que la vida de Israel bajo la ley refleja la supremacía de Yahvé y la sumisión a él. No se deben cobrar intereses por los préstamos (23:19-20; cf. 24:6, 10-13), pues de lo contrario los pobres no podrán

---

[44] Véase McConville, *Law and Theology in Deuteronomy*, 17.

[45] Así, Vogt, *Deuteronomic Theology*, 216-18.

[46] Véase de nuevo Vogt (ibíd., 218), que señala el eco de 8:11-14.

salir de su pobreza y estarán sometidos a la voluntad del acreedor para siempre. Los trabajadores contratados deben recibir su salario a tiempo y ser tratados justamente (24:14-15), además se debe dejar lo que caiga de la cosecha en el campo para los pobres (24:20-22). En particular, los forasteros, las viudas y los huérfanos deben ser tratados justamente (24:18; cf. 26:11-13). Está permitido arrancar y comer fruta y grano mientras se pasa por el campo de un vecino, pero no empezar a recoger la cosecha (23:24-25).

> **Deuteronomio 23:24–25** »Cuando entres en la viña de tu prójimo, podrás comer las uvas que desees hasta saciarte, pero no pondrás ninguna en tu cesto. »Cuando entres en la cosecha de tu prójimo, entonces podrás arrancar espigas con tu mano, pero no meterás la hoz a la cosecha de tu prójimo.

Los hombres deben mostrar justicia y compasión a sus esposas. Si un marido se divorcia de su esposa, bajo ninguna circunstancia debe volver a tomarla por esposa después de que ella se haya casado con otro hombre (24:1-4).[47] Por ejemplo, la esposa tomada de país extranjero debe tener tiempo para hacer su duelo y recibir un trato equitativo una vez que forme parte de la casa (21:10-14). Si un hombre tiene dos esposas, no puede ni debe privar de la herencia al primogénito aunque sea hijo de la esposa que ama menos (21:15-17). El marido que acuse falsamente a su mujer de no ser virgen al casarse será azotado públicamente y multado, y nunca podrá divorciarse de su mujer (22:13-19). Por el contrario, si se descubre que una esposa no era virgen, debe ser apedreada hasta la muerte; o si un hombre y una mujer cometen adulterio, o si un hombre tiene relaciones sexuales con una mujer que está comprometida, ambos deben ser apedreados (22:20-24).

En el caso de una chica comprometida que sea obligada a mantener relaciones sexuales fuera de la ciudad, la preocupación por la justicia es evidente. Entonces sólo el hombre será condenado a muerte, ya que la mujer gritó pidiendo ayuda pero no pudo ser escuchada (22:25-27). Si un hombre tiene relaciones sexuales con una mujer que no está comprometida, debe casarse con ella y nunca divorciarse, pues en Israel los demás se resistirían a casarse con una mujer que ya no fuera virgen (22:28-29).

---

[47] Esta legislación protege a la esposa de las decisiones arbitrarias del primer marido (Goldingay, *Israel's Life*, 376).

El futuro

Deuteronomio es un libro con miras al futuro. Israel tiene por exigencia obedecer los mandatos del Señor para poder poseer la tierra y permanecer en ella. Si Israel no obedece al Señor, será expulsado de la tierra e irá al exilio (4:24-28). Lo sorprendente es que el fracaso se describe como inevitable. Moisés prevé que Israel transgredirá el pacto y será desechado de la tierra. Sin embargo, el exilio no es la última palabra (4:29). Moisés espera un día en el que Israel se arrepienta y busque ardientemente al Señor que renovará su pacto con su pueblo (4:30-31).

Uno de los temas destacados en Deuteronomio es que la bendición y la maldición están ante Israel (11:22-32). Si obedecen, heredarán la tierra y experimentarán sus bendiciones, pero si transgreden la ley, conocerán las maldiciones del pacto y serán expulsados de la tierra. Cuando Israel considera entrar en la tierra, Moisés le vuelve a recalcar la importancia de cumplir la ley (26:17-18). Cuando cruzaran el Jordán, debían revocar piedras y escribir en ellas las palabras de la ley para que recordaran la importancia de hacer lo que la ley manda (27:1-10). Algunas tribus debían situarse en el monte Gerizim para bendecir a Israel, y otras en el monte Ebal para maldecirlo (27:11-13). Inmediatamente se pone énfasis en las maldiciones del pacto y, como se ha señalado, los pecados que se podían cometer en secreto son el centro de las maldiciones (27:15-25). Se insta a Israel a hacer todo lo que dice la ley (27:26; 28:1, 15, 58; 29:29; 30:8; 31:12; 32:45).

> **Deuteronomio 27:26** "Maldito el que no confirme las palabras de esta ley para ponerlas por obra". Y todo el pueblo dirá: "Amén".
>
> **Deuteronomio 28:1, 15** »Y sucederá que si obedeces diligentemente al Señor tu Dios, cuidando de cumplir todos Sus mandamientos que yo te mando hoy, el Señor tu Dios te pondrá en alto sobre todas las naciones de la tierra... Pero sucederá que si no obedeces al Señor tu Dios, y no guardas todos Sus mandamientos y estatutos que hoy te ordeno, vendrán sobre ti todas estas maldiciones y te alcanzarán:

Deben circuncidar su corazón (10:16) temer, amar y aferrarse a Yahvé haciendo lo que él manda. Si Israel obedece al Señor, experimentará bendiciones incomparables (28:1-14). Ya sea en la ciudad o en el campo, conocerán el favor del Señor. Su tierra rebosará de riquezas y productos de tal manera que el pueblo exultará de alegría. Ningún enemigo los conquistará, y todos verán que la bendición del Señor descansa sobre Israel.

Es notable que mientras las bendiciones ocupan catorce versos del capítulo, las maldiciones se pronuncian durante más de cincuenta versos (28:15-68). De este modo, se indica al lector que las maldiciones llegarán, porque Israel no cumplirá la ley. Por supuesto, el anuncio de las maldiciones también tenía el propósito de motivar a Israel a obedecer y evitar los terrores que les sobrevendrían. Yahvé prometió que si Israel transgredía la ley, sufriría pobreza, confusión, frustración, pestilencia, hambre, enfermedad, derrota ante sus enemigos, locura, violación, separación de los hijos e hijas de sus padres, hambruna al punto de comerse a sus propios hijos y, finalmente, el exilio de la tierra. Todas estas cosas ocurrirían si Israel no obedecía a su Señor del pacto. Experimentarían las maldiciones del pacto "por cuanto no serviste al SEÑOR tu Dios con alegría y con gozo de corazón, cuando tenías la abundancia de todas las cosas" (28:47). El horror de la desobediencia que se relata tan vívidamente en el capítulo 28 deja al lector aturdido ante la perspectiva que le espera a Israel si no hace lo que el Señor le ha ordenado. Además, como ya se ha señalado, está claro que Israel ciertamente transgredirá el pacto y experimentará los terrores que aquí se relatan. "Parece que Israel está destinado a fracasar".[48]

En la tierra de Moab, el Señor le recuerda a Israel el pacto establecido en Horeb y lo renueva (29:1-2). Como dice Millar: "Esta generación no debe pensar en el pacto de Horeb como un mero recuerdo, sino como *un recuerdo que se actualiza en el presente en Moab*".[49] El pacto no se aplica sólo a la generación actual; también se aplica a Israel en el futuro, y por eso ellos deben recordar la obra de gracia que hizo el Señor cuando los liberó de la esclavitud egipcia, los preservó en el desierto y les dio la tierra de otros (29:3-16). Las maldiciones del pacto que se anuncian para los que se apartan del Señor son espantosas;

---

[48] Millar, *Now Choose Life*, 171.

[49] Ibídem, 82. Millar continúa diciendo: "Moab es el punto de apoyo de la historia de Israel desde el punto de vista del Deuteronomio" (p. 83) (véase también p. 85). En contra de Hahn (*Kinship by Covenant*, 68-70), que ve el pacto en Dt. 29 como distinto del pacto del Sinaí. La palabra "cortar" (*kārat*) designa típicamente un nuevo pacto. Sin embargo, desde el punto de vista contextual, parece ilegítimo ver un pacto totalmente nuevo, por lo que tal vez la palabra "cortar" se utiliza para indicar una complementación o renovación de lo que se dio en Horeb.

descenderán sobre ellos con gran ira (29:17-28).[50] La devastación será tan terrible que la gente pensará en Sodoma y Gomorra. Israel puede evitarse tales juicios devastadores si obedece la ley; sin embargo, Moisés dice claramente que el Señor no ha dado a Israel la capacidad de cumplir la ley (29:4). Dicha incapacidad no se traduce en falta de culpabilidad, pues está claro que deben cumplir la ley, aunque sus corazones sean incircuncisos (10:16). Por tanto, Moisés profetiza que todas las maldiciones pronunciadas caerán sobre Israel (30:1).[51]

Aún así, el exilio, el juicio y la maldición no persistirán para siempre. Cuando Israel esté en el exilio, deberá recordar lo que el Señor profetizó y volver a él "con toda tu alma" (30:2). Entonces el Señor restaurará a su pueblo y lo sacará del exilio, y la bendición en el futuro superará con creces todo lo que Israel ha experimentado hasta entonces (30:3-5). El Señor mismo remediará el defecto esencial de Israel, porque circuncidará su corazón "para que ames al SEÑOR tu Dios con todo tu corazón y con toda tu alma, a fin de que vivas" (30:6).[52]

El nuevo corazón de Israel será una obra escatológica del Señor. Entonces Israel obedecerá al Señor y experimentará sus grandes bendiciones, y sus enemigos conocerán la maldición de Dios (30:7-10). Aquí vemos una anticipación del nuevo pacto desarrollado por Jeremías (Je. 31:31-34) y Ezequiel (Ez. 11:18-19; 36:26-27),[53] hecho realidad en Jesucristo (Lc. 22:20; 1 Co. 11:25; 2 Co. 3:4-6; He. 8:7-13; 10:15-18). Cuando el nuevo pacto tuvo lugar, el profeta como Moisés (Jesucristo) anunció la palabra final de Dios a su pueblo (Dt. 18:15-22; Hch. 3:22-23; He. 1:2).

De forma un tanto sorprendente, tras proclamar que el exilio era inevitable, Moisés resalta que el mandamiento no es demasiado difícil para Israel, pues no está en el cielo ni más allá del mar, sino que está cerca de ellos para que puedan obedecerlo (30:11-14). De este modo, Moisés invita a Israel a tomar una decisión. Deben obedecer para disfrutar de la vida en lugar de desobedecer, lo

---

[50] "Si Israel quiere evitar el viaje de vuelta, entonces debe cumplir con las condiciones establecidas en el nuevo Horeb; debe mantener este 'nuevo pacto'" (Millar, *Now Choose Life*, 92).

[51] Hahn, *Kinship by Covenant*, 77-78. En este sentido, Dempster tiene razón al decir que hay "un fuerte trasfondo de fatalidad... en el Deuteronomio" (*Dominion and Dynasty*, 120).

[52] Para el papel fundamental de este versículo, véase también McConville, *Grace in the End*, 136-37; Goldingay, *Israel's Faith*, 379-80.

[53] Véase Millar, *Now Choose Life*, 93; Clements, *Old Testament Theology*, 102-3.

cual conlleva la muerte (30:15-20). El llamado a esta decisión encaja con toda la narración de Deuteronomio, y si miramos hacia adelante, sabremos que la generación bajo la guía de Josué obedeció y experimentó la bendición, pero Israel bajo los jueces fue una historia diferente. ¿Cómo puede decir Moisés que el mandamiento no es demasiado difícil o lejano después de ser tan enfático sobre la incapacidad de Israel para obedecer y después de subrayar que irán al exilio? Es difícil estar seguro. Quizás el flujo narrativo del libro sea importante aquí.[54]

Dios circuncidará los corazones de la generación posterior al exilio para que obedezcan a Yahvé y experimenten su bendición.[55] Parece que en Romanos 10:5-13 Pablo interpretó Deuteronomio 30:11-14 escatológicamente, pues aquí ve una referencia no a la obediencia a la ley, sino a la fe en Jesucristo. Cuando el nuevo éxodo ocurra (¡la redención en Cristo Jesús!), entonces el pueblo de Dios comprenderá que no es fundamentalmente su obra la que salva (pues son desobedientes), y entenderán que Dios les ha llamado a mirar fuera de sí mismos a Jesucristo como el Señor resucitado y exaltado. Él es el que ha bajado del cielo y ha sido resucitado del abismo, para que los que creen en él disfruten de la vida.

Los últimos capítulos de Deuteronomio retratan la promesa y la tragedia de Israel. Yahvé promete que irá delante de su pueblo para que herede la tierra y los llama a ser valientes porque él va con ellos (31:1-6). Josué es nombrado nuevo líder de Israel (31:7-8, 14, 23). Vivirán o morirán por su obediencia a la ley, la cual tendrán que leer cada siete años en la fiesta de los tabernáculos (31:9-13, 24-26).

Deuteronomio 31:24–26 Cuando Moisés terminó de escribir las palabras de esta ley en un libro, hasta su conclusión, ordenó a los levitas que llevaban el arca del pacto del Señor: «Tomen este libro de la ley y colóquenlo junto al arca del pacto del Señor su Dios, para que permanezca allí como testigo contra ustedes.

A pesar de que Israel estaba a punto de entrar en la tierra por ser obediente al Señor, el tono se vuelve oscuro y deprimente. El Señor predice que Israel dejará el pacto y abandonará al Señor para volverse hacia otros dioses (31:16-30).

---

[54] Véase McConville, *Grace in the End*, 137-38.
[55] Así, Millar, *Now Choose Life*, 176.

Yahvé les infligirá un gran mal por rehusarse a serle fiel, y a Moisés se le ordena que escriba el cántico (cap. 32) como testimonio contra Israel. Dios es fiel, recto y justo (32:3-4), pero Israel es "perverso y torcido"; no son verdaderos hijos del Señor (32:5). Se proclama el tierno cuidado del Señor por su pueblo (32:7-14). El Señor derramó su favor sobre Israel y lo protegió, sacándolo de Egipto y cuidándolo en el desierto. Les dio una tierra rica y generosa. Pero Israel responderá a esa generosidad volviéndose contra el Señor, adorando y sirviendo a otros dioses (32:15-18). A su vez, el Señor desatará su ira y su celo sobre su pueblo (32:19-35), y enviará desastres sobre ellos, pues no son diferentes a Sodoma y Gomorra, son hijos de la serpiente en lugar de ser la descendencia de la mujer (32:32-33; cf. Gn. 3:15).

Aun así, el canto de Dt. 32 termina con esperanza. Cuando Israel vea que no tiene capacidad para cumplir la voluntad de Dios y se hunda en el exilio, el Señor se compadecerá de su pueblo y lo reivindicará (32:36). Se volverá y aplastará a sus adversarios (32:37-42) y volverá a tener misericordia de Israel (32:43). El capítulo 33 relata la bendición de Moisés para cada tribu, anticipando así la redención y vindicación final.[56] Israel sirve a un Dios incomparable que cabalga triunfante sobre los cielos (33:26). Israel pisará (cf. Gn. 3:15) las espaldas de sus enemigos y al final vivirá en seguridad y protección (33:27-29). Pero este es el último fin de Israel. Primero, mostrarán su incapacidad para hacer la voluntad de Dios y sufrirán las nefastas consecuencias. Como dice Craigie:

> Puesto que la deserción de Israel fue en gran parte resultado de la arrogancia de creer en su propia fuerza, dicha arrogancia y la confianza en la fuerza humana tenían que ser totalmente demolidas antes de que el pueblo estuviera en condiciones de darse cuenta de su necesidad de la fuerza de Dios.[57]

La rebeldía y la terquedad del corazón humano quedarán ilustradas en la historia de Israel, y la necesidad desesperada de que se derrame la gracia de Dios será evidente. El día del triunfo sólo podrá llegar cuando Israel se dé cuenta de que no tiene poder. Ni siquiera Moisés puede liberar a Israel porque él también es un pecador que no merece entrar en la tierra (cap. 34).[58] Millar señala: "La

---

[56] Así también Dempster, *Dominion and Dynasty*, 121.

[57] Craigie, *Deuteronomy*, 387.

[58] Dempster va demasiado lejos al decir que Moisés "está maldito para que Israel pueda ser bendecido" (*Dominion and Dynasty*, 122). La cuestión es que, a pesar de todas las virtudes de Moisés, se necesita alguien mejor que él.

exclusión de Moisés de la tierra es un tema oscuro que recorre todo el libro..., y sirve para adumbrar las consecuencias de la desobediencia para el pueblo de la manera más poderosa".[59] Nadie está capacitado para entrar en la tierra o permanecer en ella por su propia virtud.

El libro termina con el reconocimiento de que no ha surgido ningún profeta como Moisés en Israel (34:10-12). Nadie ha hecho señales y prodigios como los realizados por Moisés. Israel necesita que surja otro profeta (18:15-20), un profeta superior a Moisés, un profeta que pueda circuncidar el corazón de Israel (10:16; 30:6) para que realmente amen y teman y se aferren y obedezcan al Señor.[60] Como señala Sailhamer, está claro tanto en Josué (Jos. 23:15-16; 24:31) como en Jueces (Jue. 2:10-15) que, en los días inmediatamente posteriores a Moisés no surgió un profeta semejante a él.[61]

Josué 23:15–16 »Y sucederá que así como han venido sobre ustedes todas las buenas palabras que el Señor su Dios les habló, de la misma manera el Señor traerá sobre ustedes toda amenaza, hasta que los haya destruido de sobre esta buena tierra que el Señor su Dios les ha dado. »Cuando quebranten el pacto que el Señor su Dios les ordenó, y vayan y sirvan a otros dioses, y se inclinen ante ellos, entonces la ira del Señor se encenderá contra ustedes, y perecerán prontamente de sobre esta buena tierra que Él les ha dado».

De hecho, podemos decir que durante la era del Antiguo Testamento no surgió un profeta así.[62] Sólo con la venida de Jesús de Nazaret y el amanecer del reino surgió tal profeta, y Yahvé cumplió su promesa de que circuncidaría el corazón de su pueblo.[63]

---

[59] Millar, *Now Choose Life*, 97. Véase también Olson, *Deuteronomy*, 17, pássim (aunque la forma de expresarlo de Olson se aleja en algunos puntos de la intención de Deuteronomio).

[60] Véase Sailhamer, *Pentateuch as Narrative*, 456; ídem, *The Meaning of the Pentateuch*, 17-19.

[61] Sailhamer, *Pentateuch as Narrative*, 479.

[62] Sailhamer (*Old Testament Theology*, 249) sostiene que Dt. 34 también excluye a Elías como candidato.

[63] Es significativo que esta última palabra sobre que no surgirá ningún profeta después de Moisés se encuentre en el capítulo 34, que fue escrito después de la muerte de Moisés.

Conclusión

En Deuteronomio Israel se dispone a entrar en la tierra. Moisés exhorta a Israel a someterse al señorío de Yahvé, a obedecer sus mandatos. Sólo si Israel obedece a su Señor del pacto podrá poseer la tierra y seguir habitándola. Tal obediencia no es legalista, sino que representa una respuesta de agradecimiento al amor y la gracia de Yahvé. Con cierto detalle, Deuteronomio especifica cómo es la sumisión a Yahvé en los detalles concretos de la vida. El libro no se limita al futuro inmediato, pues, al mirar hacia el futuro, Moisés profetiza que Israel pecará y se irá al exilio. Fallarán en cumplir las estipulaciones del pacto. Aun así, ese no será el final.

Llegará un nuevo día e Israel recibirá un nuevo corazón. Al igual que Adán, serán expulsados de la tierra, pero Yahvé no repudiará a su pueblo. Circuncidará sus corazones y los devolverá a la tierra, y ellos volverán a disfrutar de su presencia. Verán al Rey en su belleza. Se levantará un nuevo profeta que hablará la palabra del Señor a Israel. Este profeta bajo el cual Dios traerá su reino no es otro que Jesús de Nazaret.

INTERLUDIO: UNA SINOPSIS DE LA CREACIÓN A LA FRONTERA DE CANAÁN

Sailhamer dice: "El rey venidero y su reino eterno es uno de los temas centrales del mensaje del Pentateuco".[1] Dios creó a Adán y Eva, y los puso en el jardín como sus vicerregentes para extender su gobierno al jardín y presumiblemente sobre el resto de la tierra. Pero ellos no confiaron en el Señor ni le obedecieron, por lo que, en lugar de bendecir al mundo, introdujeron en él la maldición. Aun así, Dios prometió que la serpiente sería derrotada a través de la descendencia de la mujer (Gn. 3:15). Tal victoria no sería fácil, pues la batalla entre la descendencia de la serpiente y la de la mujer era intensa. De hecho, el mal era tan poderoso y dominante que el mundo entero cayó bajo su dominio, excepto Noé. El Señor demostró su soberanía sobre todas las cosas al juzgar al mundo mediante el diluvio. La descendencia de la serpiente en definitiva nunca triunfaría sobre el Señor. En el pacto establecido con Noé, Dios prometió que preservaría el mundo hasta que él mismo trajera la salvación prometida.

El juicio en el diluvio no erradicó el pecado humano, y la construcción de la torre de Babel demostró que los seres humanos seguían viviendo para su propia gloria y no para la de Dios. La profundidad del pecado humano indica que el triunfo de la descendencia de la mujer no es un asunto menor. Se

---

[1] Sailhamer, *Meaning of the Pentateuch*, 37.

necesitará nada menos que un milagro, ya que los seres humanos están naturalmente en alianza con la serpiente.

La promesa de la victoria sobre la serpiente comienza de nuevo con un hombre, Abraham. Dios lo llamó desde Ur de los Caldeos, y le prometió tierra, hijos y una bendición que llegaría a todo el mundo; promesa que también confirmó a Isaac y Jacob. Lo que llama la atención es la lentitud con que se cumplió la promesa. Todo el Génesis se ocupa de la cuestión de la descendencia. ¡Cuán lento y difícil fue para Abraham tener tan sólo un hijo! El Señor quiere hacer ver que su reino sólo llegará por su gracia y su fuerza, no en virtud de la fuerza humana. Al final de Génesis, Israel consta de unas setenta personas, ¡difícilmente tan numerosas como las estrellas del cielo y la arena de la orilla del mar!

Para el momento del Éxodo, Israel se había multiplicado rápidamente, por lo que la promesa de muchos hijos se estaba haciendo realidad. Finalmente un elemento de la promesa se hacía realidad, pero habían pasado cientos de años, e Israel estaba esclavizado en Egipto. No obstante, la promesa de la tierra ahora estaba a punto de cumplirse, pues el Señor había liberado a su pueblo de Egipto por medio de Moisés y lo había llevado a los límites de la tierra de Canaán. Yahvé triunfó sobre la descendencia de la serpiente (el faraón) y liberó a su pueblo. Yahvé estableció un pacto con Israel; seguirían siendo su pueblo y habitando en la tierra si obedecían las estipulaciones de dicho pacto. El pacto era de gracia, pues por ella Yahvé primero liberó a su pueblo, y luego lo llamó a responder en obediencia de agradecimiento a su redención.

La narración se ralentiza considerablemente, pues se plantea el interrogante de cómo el Señor puede habitar con su pueblo. Yahvé habitará en el tabernáculo en medio de Israel. Pero la presencia de Yahvé en Israel se convierte inmediatamente en un problema. Justo después de la inauguración del pacto, Israel adoró el becerro de oro y rompió el pacto. ¿Cómo podía Yahvé habitar en medio de un pueblo tan obstinado y recalcitrante? La presencia de Yahvé con su pueblo no se debe tomar de forma casual ni darse por sentada.

Moisés intercede por Israel el cual es perdonado, y Yahvé, como el santo, da instrucciones específicas con el propósito de poder habitar en medio de un pueblo pecador. Para mantener la comunión con Dios, Israel tendría que recibir perdón por sus pecados, por lo cual se instituyeron sacrificios, y se ordenaron sacerdotes para ministrar en el tabernáculo. Israel sería destruido como la generación del diluvio si no seguía las instrucciones del Señor o si intentaba entrar en su presencia por iniciativa propia.

Yahvé habitaba entre el pueblo de Israel, pero el segundo elemento de la promesa a Abraham, la entrada en la tierra, aún no se había cumplido. En Éxodo vemos un preocupante presagio de lo que vendrá, pues Israel refunfuñó y se quejó en lugar de confiar en el Señor. La desobediencia de Israel llega a su clímax cuando rehúsa obedecer la orden del Señor de tomar la tierra de Canaán en Números. Temían que los pueblos de Canaán fueran más fuertes que ellos, y por eso se negaron a seguir las instrucciones del Señor. Por su desobediencia, Israel mostró que era como Adán y en Adán.

Israel estaba a punto de recibir el segundo elemento de la promesa de Abraham -la promesa de la tierra- cuando transgredió la voluntad del Señor. Deuteronomio representa una renovación del pacto con Israel, ya que la nación tiene de nuevo la oportunidad de confiar en el Señor y entrar en la tierra. Deuteronomio esboza lo que significa confiar en el Señor en la exhortación de Moisés a Israel a ser fiel a su Señor del pacto: amarlo, aferrarse a él, temerlo y cumplir sus mandatos. Dios prometió la tierra a Israel, pero la tierra estaba reservada para un pueblo obediente y confiado. En cierto sentido, la tierra era como el jardín para Adán y Eva.[2] Era el lugar donde el Señor reinaría sobre Israel, con la promesa de que la bendición se extendería por todo el mundo.

Sin embargo, a medida que la historia se desarrolla, una cosa se hace cada vez más clara. La promesa se haría realidad lentamente. Habían pasado cientos de años desde que se hizo la promesa a Abraham, e Israel aún no estaba en la tierra. ¿Por qué las cosas progresaban tan lentamente? Uno de los propósitos de la narración es revelar la profundidad de la maldad de Israel. Convertir un mundo equivocado en un paraíso no era una tarea fácil, pues la raza humana, incluido Israel, se opone al señorío de Yahvé. Necesitaban un nuevo Adán, un rey y profeta final que cumpliera la promesa hecha a Abraham. En el Pentateuco se insinúa que vendría un futuro rey, uno de la tribu de Judá que aplastaría la frente de Moab, y cumpliría Gn. 3:15. La bendición para todo el mundo sólo vendría a través de él.

---

[2] Véase Dempster, *Dominion and Dynasty*, 127.

PARTE 2: LA HISTORIA DE LA POSESIÓN, EL EXILIO Y EL RETORNO

§6. JOSUÉ

La Tierra

Al llegar al libro de Josué, la historia avanza de manera sorprendente. Ahora está a punto de cumplirse el segundo elemento de la promesa a Abraham.[1] En Deuteronomio, Israel está a punto de entrar en la tierra, mientras que en Josué entra en ella y la posee.[2] La Tierra no es el paraíso, pero es una anticipación del paraíso recuperado, una avanzada del señorío de Yahvé sobre su pueblo. La importancia de la tierra en Josué es difícil de sobreestimar. Los estudiosos han argumentado que el libro puede ser estructurado de acuerdo a los verbos que se relacionan con la tierra:

(1) Los capítulos 1-5, donde Israel debe "pasar" (*'ābar*) para entrar en la tierra;

(2) Los capítulos 6-11, donde Israel "toma" (*lāqaḥ*) la tierra;

(3) Los capítulos 12-22, donde Israel "divide" y "reparte" (*ḥālaq*) la tierra;

(4) Los capítulos 23-24, donde Israel "sirve" (*'ābad*) al Señor en la tierra.[3]

La palabra "tierra" (*'ereṣ*) aparece 102 veces, la palabra "herencia" (*naḥălâ*) cincuenta veces, y la palabra traducida como "límite", "territorio" o "frontera" (*gĕbûl*) ochenta y cuatro veces, y la palabra para "echar suertes" o para "recibir parte" (*gôrāl*) veintiséis veces. El libro de Josué realmente se desarrolla en su totalidad en el lugar donde Yahvé gobierna a su pueblo. Varios capítulos están dedicados a relatar específicamente cómo se repartió la tierra entre las doce

---

[1] Childs (*Old Testament as Scripture*, 244) dice que el propósito del libro es mostrar que la promesa de Dios respecto a la tierra se cumplió.

[2] "La tierra es un objetivo central hacia el que se mueve la acción y el pensamiento en el Pentateuco" (Howard, *Joshua*, 56).

[3] Véase Dempster, *Dominion and Dynasty*, 126.

tribus (15:1-19:51; 21:1-42). Y, de la misma manera, la selección de las ciudades de refugio demuestra que Israel está ahora en la tierra (20:1-9). De hecho, la repartición geográfica para cada tribu se registra con solícito detalle.[4]

La descripción de cómo se dividió la tierra es tan particular que no es posible determinar con seguridad las fronteras precisas. La especificidad de la promesa está clara desde el principio del libro: "Desde el desierto y este Líbano hasta el gran río, el río Eufrates, toda la tierra de los Hititas hasta el Mar Grande (el Mediterráneo) que está hacia la puesta del sol, será territorio de ustedes" (1:4). Así, quedan trazados los límites de la tierra para Israel. Lo que está claro es que la tierra no es una imagen abstracta. La palabra que a menudo se traduce como "poseer" o "expulsar" (yāraš) significa la concreción de la promesa. Israel se instala en la tierra y se le pide que expulse a los cananeos.

Josué presenta,[5] pues, el cumplimiento de las promesas de Yahvé.[6] El libro resalta el tema señalado anteriormente. Yahvé cumple sus promesas; lo que juró a los padres se hace realidad bajo el liderazgo de Josué (21:43-45). El autor se asegura de que entendamos el punto. "No faltó ni una palabra de las buenas promesas que el SEÑOR había hecho a la casa de Israel. Todas se cumplieron" (21:45). Cerca de la conclusión del libro, la misma verdad se reitera en un lenguaje sorprendente (23:14-15).

Josué 23:14–15 »Miren, hoy me voy por el camino de toda la tierra, y ustedes saben con todo su corazón y con toda su alma que ninguna de las buenas palabras que el Señor su Dios habló acerca de ustedes ha faltado. Todas les han sido cumplidas, ninguna de ellas ha faltado. »Y sucederá que así como han venido sobre ustedes todas las buenas palabras que el Señor su Dios les habló, de la misma manera el Señor traerá sobre ustedes toda amenaza, hasta que los haya destruido de sobre esta buena tierra que el Señor su Dios les ha dado.

La inminente muerte de Josué impone estas últimas palabras. Israel disfruta del descanso en la tierra tal como Yahvé lo prometió, pero ¿será Israel fiel? Varias veces en el libro el cumplimiento de la promesa se describe como el descanso (nûaḥ) que Yahvé prometió dar a Israel (1:13, 15; 21:44; 22:4; 23:1).

---

[4] Dempster dice que parece un "exceso geográfico" (*Dominion and Dynasty*, 128).

[5] A menudo utilizaré "Josué" para designar el libro. El contexto dejará claro cuándo se trata del libro o cuándo se piensa en la persona Josué.

[6] Sobre Josué como tipo de Cristo, véase Hess, "Joshua", 168-71.

La palabra "descanso" sugiere que la vida en la tierra es deliciosa y refrescante, el lugar donde Israel puede disfrutar de la presencia bondadosa de Yahvé y de su reinado sobre ellos, tal como el descanso de Yahvé en el sábado prefigura el descanso que los seres humanos heredarán en la nueva creación para siempre (Gn. 2:1-3; He. 3:12-4:13; Ap. 21-22). El arca que va delante de Israel y habita en medio de ellos, indica que la presencia y el gobierno del Señor están con su pueblo (caps. 3; 4; 6). Finalmente, el establecimiento del santuario en Silo representa la presencia del Señor (18:1).[7]

La soberanía y la gracia de Yahvé

¿Por qué y cómo Israel recibió la tierra? Ya hemos visto que al conceder la tierra a Israel el Señor cumplió las promesas que había hecho a sus antepasados: Abraham, Isaac y Jacob. Él nunca revocaría el pacto que había hecho con ellos. Sin embargo, las razones para recibir la tierra no pueden limitarse a un solo tema, pues hay gran riqueza y profundidad en la presentación que se encuentra en Josué. También podemos decir que Israel recibió la tierra por la soberanía y la gracia de Yahvé. Israel no obtuvo la tierra a causa de su virtud o su fuerza. Fue un regalo que Yahvé dio a un pueblo que no merecía un regalo tan impresionante, y que evidenció el amor del pacto del Señor por Israel.

¿Cómo puede Israel aventurarse a poseer Canaán cuando está habitada por naciones más fuertes que ellos? Puede hacerlo porque Yahvé les prometió el territorio (1:4), y que vencerían a sus enemigos: "Nadie te podrá hacer frente en todos los días de tu vida… No te dejaré ni te abandonaré." (1:5). Yahvé ha prometido "dar" (*nātan*) la tierra a Israel (p. ej., 1:2, 3, 6, 11, 13, 15; 2:9, 14; 24).[8] Yahvé anima a Israel al enfatizar que sus promesas se cumplirán con toda seguridad. Por ejemplo, cuando los espías se encuentran con la prostituta Rahab, ésta les asombra con sus palabras, las cuales el narrador sitúa en un momento crucial de la historia:

Sé que el SEÑOR les ha dado esta tierra, y que el terror de ustedes ha caído sobre nosotros, y que todos los habitantes del país se han acobardado ante

---

[7] Véase Dempster, *Dominion and Dynasty*, 127.

[8] Howard dice con razón: "Dios es quien da la tierra; incluso cuando los humanos son los agentes de la acción del verbo, actúan en nombre de Dios" (*Joshua*, 78). Véase su discusión completa (pp. 77-81).

ustedes. Porque hemos oído cómo el SEÑOR secó el agua del Mar Rojo delante
de ustedes cuando salieron de Egipto. También supimos lo que hicieron a los
dos reyes de los Amorreos que estaban al otro lado del Jordán, a Sehón y a Og,
a quienes destruyeron por completo. Cuando oímos esto, nos acobardamos, no
quedando ya valor en hombre alguno por causa de ustedes. Porque el SEÑOR,
el Dios de ustedes, es Dios arriba en los cielos y abajo en la tierra (2:9-11).

Estas palabras no están dirigidas sólo a los espías; están destinadas a todo Israel
y también a los lectores posteriores del libro. Rahab sabe que Yahvé ha dado la
tierra a Israel como un regalo. De hecho, Rahab no es la única. Todos los
habitantes de la tierra están aterrorizados a causa de Israel. Saben lo que Yahvé
hizo cuando liberó a Israel de Egipto, y por eso están convencidos de que
sufrirán una derrota. Más adelante en el relato escuchamos una confesión similar
en boca de los gabaonitas (9:9-10, 24), lo cual explica por qué fingieron venir
de lejos e hicieron un acuerdo con Israel. Los pueblos de Canaán reconocen que
Yahvé es soberano sobre todo y reina tanto en el cielo como en la tierra (cf. Éx.
20:4; Dt. 4:39; 5:8). El Dios de Israel es el Dios vivo y verdadero, y expulsará
de la tierra a los pueblos que actualmente están en ella y se la concederá a Israel
(3:10).

Las batallas de Israel dan testimonio de la soberanía del Señor. Él es el
guerrero y rey divino que les asegura el triunfo sobre sus enemigos.[9] "Sin duda,
la intención del narrador era atribuir la causalidad de la victoria sólo a Yahvé,
pero eso no excluía en absoluto la actividad beligerante por parte de Israel".[10]
La batalla de Jericó, que fuera la primera, se describe con cierto detalle en Josué
porque es paradigmática (cap. 6). El plan de batalla es claramente absurdo.
Marchar alrededor de una ciudad todos los días con trompetas y cuernos no es
forma de ganar una batalla. ¿Cómo puede Israel triunfar marchando alrededor
de la ciudad siete veces en el séptimo día y gritando y tocando trompetas y
cuernos? La respuesta es que esta no es una batalla ordinaria. Se trata de una
guerra santa ordenada por el Señor. Él ha dado la victoria a Josué y a Israel (6:2,
16). La extraña estrategia confirmó que Israel no podía atribuir la victoria a su
propia destreza militar. Su victoria fue un don de la gracia, una obra asombrosa
del Señor.

---

[9] Para este tema, véase von Rad, *Holy War*; Miller, *Divine Warrior*; Martens, *God's Design*,
47-52.

[10] Von Rad, *Holy War*, 49.

El señorío de Yahvé se reafirma sobre todo en la batalla del sur. Cuando algunos pueblos se enteraron de que Gabaón había hecho un acuerdo con Israel, se enfurecieron y decidieron vengarse de Gabaón (cap. 10). Israel debe acudir en ayuda de Gabaón porque ahora tiene una alianza con ellos. Pero, ¿cómo triunfará Israel sobre tantos reyes a la vez? Una cosa era derrotar a ciudades individuales como Jericó y Hai, y otra muy diferente era derrotar a una liga de ciudades que conspiraban para destruir a Israel. Yahvé le recordó a Josué que él es un guerrero divino, y que por lo tanto no debían temer (10:8). El Señor entregó a los enemigos de Israel en manos de Josué (10:19).

Por lo tanto, "el SEÑOR los desconcertó delante de Israel" (10:10), y "arrojó" granizo sobre ellos desde el cielo (10:11), llegando a detener el sol y la luna durante todo un día para que Israel pudiera derrotar a sus enemigos (10:12-14). Obviamente, la batalla fue completamente única. Nunca antes ni después se han detenido el sol y la luna. El narrador resume la razón de la victoria de Israel: "el SEÑOR peleó por Israel" (10:14). Los elementos que se repiten en un relato tienen un significado especial, por lo que llama la atención que tres veces más se nos diga que Israel conquistó ciudades porque el Señor las entregó en sus manos (10:19, 30, 32).

Cuando el autor resume la derrota de las ciudades del sur, vuelve a repetir la frase: el Señor "combatía por Israel" (10:42). Él es el guerrero y rey divino; nadie puede conquistarlo. Israel colocó sus pies sobre los cuellos de sus enemigos y los colgó en maderos (10:24-27). Dempster dice con razón: "Hay ecos del aplastamiento de la cabeza de la serpiente por parte de la mujer y de la imposición de la maldición sobre la simiente de la serpiente... El hecho de colgar los cuerpos en los maderos muestra gráficamente el destino maldito de estos reyes".[11]

La batalla por las ciudades del norte se dibuja con colores similares (cap. 11). La coalición de reyes parece desalentadora e imposible para Israel (11:5). Se nos dice que "Salieron ellos, y todos sus ejércitos con ellos, tanta gente como la arena que está a la orilla del mar, con muchísimos caballos y carros" (11:4). Pero el Señor instruye a Josué a no temer, porque "entregaré a todos ellos muertos delante de Israel" (11:6; cf. 11:8). La guerra se prolongó (11:18), lo que indica que las versiones estilizadas que se encuentran aquí pasan por alto la

---

[11] Dempster, *Dominion and Dynasty*, 127.

mayoría de los detalles del conflicto. Lo importante es el motivo por el que Israel obtuvo la victoria. Leemos en 11:20:

> Porque fue la intención del SEÑOR endurecer el corazón de ellos, para que se enfrentaran en batalla con Israel, a fin de que fueran destruidos por completo, sin que tuviera piedad de ellos y los exterminara, tal como el SEÑOR había ordenado a Moisés.

Los enemigos de Israel creían que atacaban a Israel de forma estratégica y astuta, pero en realidad hicieron la guerra contra Israel porque Yahvé endureció sus corazones. Los adversarios de Israel pensaban que se estaban salvando al enfrentarse a Israel, pero en realidad se estaban destruyendo a sí mismos, lo que demuestra que Yahvé, como rey, es soberano incluso sobre los deseos de los enemigos de Israel. Por así decirlo, los atrajo a la guerra. Es necesario hacer una advertencia.

El autor no está sugiriendo que los deseos y las acciones de los adversarios de Israel sean moralmente irreprochables porque Yahvé haya hecho que sus corazones se vuelvan hacia la guerra. En realidad, el autor no muestra ninguna preocupación por explicar cómo el Señor podía controlar los deseos de los enemigos de Israel mientras las acciones y los motivos de sus adversarios podían ser malos. Simplemente asume que ambas cosas son ciertas. Yahvé es el Rey soberano, que gobierna de tal manera que reina sobre los deseos de los adversarios de Israel. Quienes, al mismo tiempo, eran moralmente responsables del mal que perpetraban.

La gracia y la soberanía de Yahvé quedan plasmadas en el último discurso de Josué, donde se renueva el pacto entre Yahvé e Israel en Siquem (cap. 24). Josué recuerda a Israel su sórdido pasado; cuando al igual que los cananeos, "servían a dioses extraños" al otro lado del Éufrates (24:2). En otras palabras, Abraham se encontraba entre los impíos que adoraban a los ídolos (cf. Ro. 4:5), y fue Yahvé quien lo rescató al elegirlo y conducirlo a Canaán (24:3). Tenemos una reseña de la bondad de Yahvé, pues entregó a Isaac a Abraham, cumpliendo la promesa de multiplicar su descendencia (24:3-4). Cuando Israel estaba esclavizado en Egipto, fue liberado por el poder de Dios (24:5).

Sin embargo, aunque Israel había escapado de Egipto, no lo había hecho del peligro (24:6-7). Egipto persiguió a Israel con su enormemente superior fuerza militar, de manera que cualquier esperanza de escapar era inútil. Pero Yahvé no dejó que Israel pereciera. La oscuridad los ocultó de los egipcios, y cuando éstos persiguieron a Israel en el mar, se ahogaron (24:6-7). El Señor preservó a Israel en el desierto y le permitió triunfar sobre los amorreos en el lado oriental del Jordán; Yahvé dijo: "los entregué en sus manos" para que Israel pudiera poseer la tierra (24:8). Balac convocó a Balaam para que maldijera a Israel, pero Yahvé dominó incluso las palabras de un profeta que despreciaba a Israel, por lo que la maldición se convirtió en bendición (24:9-10).

> **Josué 24:9–10** "Después Balac, hijo de Zipor, rey de Moab, se levantó y peleó contra Israel, y envió a llamar a Balaam, hijo de Beor, para que los maldijera. "Pero Yo no quise escuchar a Balaam; y él tuvo que bendecirlos a ustedes, y los libré de su mano.

Y cuando Israel cruzó el Jordán, Yahvé también entregó en sus manos a todos sus enemigos (24:11). Dios dice a Israel que no fue "por su espada ni por su arco" que conquistaron naciones (24:12). El ingenio, la destreza y la fuerza de los hombres no podrían explicar la victoria de Israel. Tan generosa fue la bondad del Señor que les dio una tierra que ya estaba cultivada (24:13). Disfrutaron de viñedos y olivares que no plantaron, y en muchos casos se instalaron en ciudades que ya estaban construidas.

David Howard dice con razón que Dios es "el personaje principal" del libro.[12] "Él era el dador de la tierra en cumplimiento de sus promesas, aquel a quien se debía lealtad y obediencia, un Dios santo y celoso... que luchaba por su pueblo y le daba descanso".[13]

El llamado de Israel a la obediencia

El libro de Josué está completamente dedicado al pacto. Yahvé promete ser el protector y el rey de Israel y ganar para ellos grandes victorias como su guerrero. A su vez Israel está llamado a ser fiel y obediente a su Señor del pacto.[14] La obediencia de Israel no es abstracta. El narrador sitúa a Josué en el centro de la escena como el hombre que guiará a Israel a la tierra prometida. En los libros anteriores vimos que Josué sustituiría a Moisés (Nm. 27:15-23; Dt. 1:38; 3:28;

---

12 Howard, *Joshua*, 56.
13 Ibíd.
14 Véase Childs, *Old Testament as Scripture*, 245-46.

31:3, 7-8, 23; 34:9). Luego, en el libro de Josué vemos que se ordena a Israel obedecer a Josué de la misma manera en que obedeció a Moisés (1:16-18), y cualquiera que se rebele contra las palabras de Josué habrá rechazado el señorío de Yahvé. Por eso, Yahvé exaltó a Josué en la separación del Jordán para que Israel supiera que él estaba con Josué así como con Moisés (3:7; 4:14). El protagonismo de Josué en el libro es evidente, pues su nombre se menciona 168 veces. Él comanda al pueblo, abate a los enemigos, pronuncia la palabra del Señor y reparte la tierra. El Señor está con Josué como lo estuvo con Moisés (1:5).[15] Como señala Howard, Josué desempeña un papel real y anticipa la futura realeza de Israel.[16] Sin embargo, Josué, al igual que Moisés, no es el mayor líder de Israel.

Antes de la primera batalla en Jericó se relata una historia fascinante y misteriosa (5:13-15). Josué alzó sus ojos y vio ante él a un hombre con una espada. Como líder de Israel, Josué exigió saber si el hombre estaba de parte de Israel o de sus enemigos. El hombre se identificó como "capitán del ejército del SEÑOR" (5:14). Josué "se postró... le hizo reverencia", pidiendo instrucciones (5:14). Entonces, al igual que a Moisés, a Josué se le pidió que se quitara las sandalias porque estaba parado en tierra sagrada.[17] "Es Yhwh en persona, como comandante, quien ahora le da instrucciones a Josué sobre lo que debe suceder",[18] siendo así despojado de la ilusión de que tiene la fuerza o la capacidad de triunfar sobre el enemigo. Incluso como general del ejército estaba en una posición subordinada sujeta a las instrucciones del comandante del ejército del Señor, es impío en presencia del santo. El liderazgo de Josué sobre Israel está arraigado en su adoración a Yahvé, y la victoria depende de este misterioso comandante del ejército, no de su propia capacidad. Aunque estaba llamado a ser fuerte, valiente y cuidadoso en el cumplimiento de la Torá (1:6-9), necesitaba la gracia y el perdón de Yahvé, al igual que el resto de Israel.

Cuando Israel fue inicialmente derrotado en Hai, Josué dio a entender que la culpa era de Yahvé que había abandonado sus promesas (7:6-9). Sin embargo, Josué estaba ciego a la situación real, pues no se había dado cuenta de que Israel había violado la prohibición sobre tomar bienes en Jericó (7:10-12).

---

[15] Sin embargo, no se dice que Josué sea un profeta como Moisés, ni que alcance la estatura de éste (Dt. 34:10-12). Véase Howard, *Joshua*, 55.

[16] Ibídem, 55-56.

[17] Para los paralelos con Moisés en la zarza ardiente, véase Hamilton, *God's Glory in Salvation*, 148-49.

[18] Goldingay, *Israel's Gospel*, 493.

Josué 7:10–12 Y el Señor dijo a Josué: «¡Levántate! ¿Por qué te has postrado rostro en tierra? »Israel ha pecado y también ha transgredido Mi pacto que les ordené. Y hasta han tomado de las cosas dedicadas al anatema, y también han robado y mentido, y además *las* han puesto entre sus propias cosas. »No pueden, pues, los israelitas hacer frente a sus enemigos. Vuelven la espalda delante de sus enemigos porque se han convertido en anatema. No estaré más con ustedes a menos que destruyan las cosas dedicadas al anatema de en medio de ustedes.

Además, Israel había hecho un pacto con Gabaón, prometiendo que serían aliados en lugar de enemigos (cap. 9). El pacto parecía adecuado porque los gabaonitas daban todas las muestras de ser un pueblo alejado de Israel. Pero Israel y Josué no se dieron cuenta de que Gabaón les estaba engañando, y la culpa se atribuye a que "no pidieron el consejo del SEÑOR" (9:14). En estos dos relatos, el narrador aclara que la propia sabiduría y destreza de Josué no fueron responsables de la victoria. Yahvé lo exaltó, pero su fuerza no residía en él mismo. Sólo disfrutó de la victoria como alguien que reconoció y obedeció al Señor.

Lo que aplicaba en el caso de Josué, era lo que aplicaba en el caso de Israel: había sido llamado a la obediencia con humildad. Al principio del libro, Israel es convocado a levantarse y a entrar en la tierra con la promesa de que Yahvé les ha dado la tierra (1:2-3). Deben ser fuertes, valientes y obedientes a todo lo que Josué exija (1:16-18), pero su confianza y obediencia están arraigadas en los actos salvadores del Señor. El arca del Señor los precede hasta el Jordán (3:11), el cual el Señor secó al igual que hizo con el Mar Rojo para que Israel cruzara en seco (3:12-17).

El paso del Jordán confirmó que el Dios del éxodo seguía habitando en Israel. Sus obras poderosas no habían terminado, lo cual demuestra que la entrada de Israel en la tierra fue un milagro. Por lo tanto, la obediencia de Israel se dio en respuesta al amor salvador del Señor; fue una obediencia de pacto. Entonces sacaron piedras del Jordán como memorial de lo que el Señor hizo por ellos, para que los hijos de las generaciones venideras también confiaran en el Señor y le obedecieran (cap. 4). Tanto las generaciones presentes como las futuras de Israel habrían de saber "que la mano del SEÑOR es poderosa, a fin de que ustedes teman (reverencien) al SEÑOR su Dios para siempre" (4:24).

El pueblo del pacto no podía ni debía entrar en la tierra antes de tener la señal del pacto, y por eso los varones de Israel se circuncidaron en Gilgal antes de poseer la tierra (5:1-9). Dios eliminó el oprobio de Egipto en Gilgal porque Israel estaba a punto de poseer la tierra y experimentar el descanso en su propia tierra. La tierra prometida a Abraham estaba a punto de ser suya, pero dicha bendición sólo pertenecería a un pueblo obediente, a un pueblo del pacto que asumiera la señal del pacto (cf. Gn. 17:9-14; Éx. 4:24-26; Lev. 12:3).

> **Éxodo 4:24–26** Y aconteció que en una posada en el camino, el Señor le salió al encuentro a Moisés y quiso matarlo. Pero Séfora tomó un pedernal, cortó el prepucio de su hijo y lo echó a los pies de Moisés, y le dijo: «Ciertamente tú eres para mí un esposo de sangre» Entonces *Dios* lo dejó. Pues ella había dicho: «*Eres* esposo de sangre», a causa de la circuncisión.

De manera muy significativa Israel también celebró la Pascua en aquel momento pues estaba a punto de entrar en la tierra, y era apropiado que celebrara su liberación de Egipto porque en esta libertad ahora podía poseer su propia tierra.

Ya he señalado el extraño plan de batalla contra Jericó (cap. 6) en el que Israel seguía desempeñando un papel, pues estaba llamado a obedecer las extrañas instrucciones. Israel podría haber rechazado el plan de batalla del Señor por considerarlo completamente insensato y difícil de poner en práctica, y podría haberse quejado de que estaba condenado al fracaso. Una vez que los muros se derrumbaron, Yahvé tenía más instrucciones para Israel. Todo lo que había en la ciudad estaba bajo la prohibición del anatema (*ḥērem*) (6:17-19).

Por lo tanto, debían destruir todo, incluido cada ser humano (6:21, 24). Sólo debían salvar a Rahab la prostituta y su familia, además de la plata y el oro que debían guardar para el tesoro del Señor. Queda claro que la orden de eliminar a los habitantes vino de Yahvé. Al parecer, la maldad de los cananeos era tan penetrante que justificaba su completa aniquilación (cf. Gn. 15:13-16).[19] Tal vez ésta sea la mejor ocasión para reflexionar sobre Rahab como excepción (Jos. 2), pues el relato indica que aquellos fuera de Israel también podían ser incluidos en sus propósitos salvadores. De hecho, lo sorprendente es que Rahab era una prostituta, lo cual demuestra que el perdón estaba disponible para cualquiera que se arrepintiera y se volviera a Yahvé en busca de salvación. El hecho de que

---

[19] El texto de Génesis indica que Yahvé esperó pacientemente cuatrocientos años para que los habitantes de la tierra se arrepintieran. Cuando no lo hicieron, actuó en juicio.

Rahab hubiera protegido a los espías indicaba que se había unido a Israel y al Dios de Israel, que había puesto su confianza en Yahvé (cf. He. 11:31; St. 2:25).

Sin embargo, había una sombra en el panorama. Sin que Josué y el resto de Israel lo supieran, el mandato de que todo se dedicara a Yahvé para su destrucción o se depositara en el tesoro había sido violado (7:1). Acán había tomado algunas de las cosas consagradas para destrucción. El mundo extraño de la Biblia aparece aquí. Uno podría pensar que el Señor estaría complacido, pues todos en Israel obedecieron excepto una sola persona. En cambio, leemos que "la ira del SEÑOR se encendió contra los Israelitas" (7:1). A pesar de que todo Israel ignoraba el pecado de Acán, treinta y seis hombres murieron en la batalla a causa de su traición (7:5).

La vida de Israel no era una vida de individualismo solitario. Cuando Yahvé confrontó a Josué, declaró: "Israel ha pecado y también ha transgredido Mi pacto que les ordené" (7:11). El objeto consagrado para destrucción está en medio de Israel y, por lo tanto, ellos mismos "se han convertido en anatema" (7:12). Israel perderá la presencia bondadosa del Señor a menos que actúe. El castigo fue extraordinariamente severo, y se infligió a toda la familia de Acán (7:14-26). La presencia de un pecado tan atroz en Israel reveló la santidad del Señor y mostró que no se debe jugar con sus mandamientos. Si Israel violaba las disposiciones del pacto correría la misma suerte que los habitantes de Jericó. Sin embargo, Caleb se destaca como el polo opuesto a Acán. Caleb pudo declarar honestamente: "yo seguí plenamente al SEÑOR mi Dios" (14:8), y echó a los enemigos de Israel (15:14).

Las vidas de Acán y Caleb representan los dos caminos que Israel podía tomar. ¿Elegirían la bendición o la maldición? A pesar de las notables victorias registradas en Josué, hay indicios de que Israel no obedeció en la medida en que debía, empañando sus expectativas futuras. El narrador señala varios casos en los que Israel no expulsó a los habitantes de la tierra por completo, sino que continuó habitando con ellos (13:13; 15:63; 16:10; 17:12-13; 19:47). Cuando Israel poseyó la tierra, siguió las instrucciones de Yahvé sobre la construcción de un altar en el monte Ebal, y leyó la ley (8:30-35), tanto las bendiciones como las maldiciones en el monte Gerizim y en el monte Ebal respectivamente (cf. Dt. 11:29; 27:1-26) declarando así, sus responsabilidades dentro del pacto.[20] Al

---

[20] Hay dos renovaciones del pacto en el libro de Josué, en el monte Ebal (8:30-35) y en Siquem (cap. 24). Véase Howard, *Joshua*, 59.

final del libro, Josué recuerda a Israel que debe ser fiel al pacto, y exhorta a las tribus al este del Jordán en términos del pacto deuteronómico:[21]

> Solamente guarden cuidadosamente el mandamiento y la ley que Moisés, siervo del SEÑOR, les mandó, de amar al SEÑOR su Dios, andar en todos Sus caminos, guardar Sus mandamientos y de allegarse a Él y servirle con todo su corazón y con toda su alma (22:5).

La devoción al pacto se expresa tanto en los afectos como en las acciones, en amar al Señor y hacer lo que él dice. Israel debe "esforzarse" y guardar lo que está escrito en la ley de Moisés (23:6-8). Tienen que permanecer "unidos al Señor su Dios" (23:8), amarlo (23:11) y resistirse a mezclarse con las naciones paganas (23:7, 12). Si transgreden el pacto o adoran a otros dioses, tendrán consecuencias devastadoras; Yahvé responderá con ira y los destruirá (23:16).

La renovación del pacto en Siquem cierra el libro (cap. 24). Como ya se ha señalado, el capítulo comienza declarando la obra salvadora del Señor en favor de Israel (24:1-13; cf. 24:17-18), su gracia que precede a la demanda. En vista de esto, Israel debe temer a Yahvé y renunciar a adorar otros dioses (24:14). Josué exhorta severamente a Israel a servir a Yahvé, a ser fieles al pacto (24:15-16). Como vimos en Deuteronomio, hay una insinuación de lo que está por venir: un indicio de que el pacto mosaico es defectuoso a causa de los corazones de Israel. Josué proclama que Israel no es capaz de servir al Señor, lo cual resultará en que la celosa ira de Dios arderá contra ellos (24:19-20).

No obstante, la generación de Josué insiste en que servirá al Señor (24:21). El pueblo hace un pacto para servir al Señor (24:22-27), con pleno conocimiento de que sus palabras de promesa los acusarán si se alejan del Señor. De hecho, Josué escribió sus promesas de pacto y colocó una piedra como testigo de ello. El libro concluye en un tono ambiguo (24:31-33). Por un lado, ¡Dios había cumplido sus promesas! Israel estaba en la tierra, y los huesos de José, tal como había pedido, estaban enterrados en Canaán (cf. Gn. 50). La generación de Josué siguió sirviendo al Señor. Por otro lado, el último evento que se narra en el libro es la muerte de Eleazar, lo cual sugiere que llegaba un nuevo día, un día en que

---

[21] Es un lugar común en la erudición que Josué forma parte de la historia deuteronomista. Desde el punto de vista teológico, esto es así, pero mi preocupación aquí no se refiere a la reconstrucción histórica.

Israel no sería fiel al Señor.[22] Tal vez Howard tenga razón al sugerir que el cierre del libro da a entender que a Israel le faltaba un líder piadoso que tomara el lugar Josué, que necesitaban un rey que los gobernara.[23] Si es así, el libro de los Jueces continúa con la historia de Josué muy bien, y Josué apunta canónicamente al Mesías proclamado en el Nuevo Testamento.

Conclusión

Josué representa un gran avance en la línea argumental de las Escrituras porque se cumple la segunda dimensión de la promesa a Abraham: Israel posee la tierra de Canaán. La narración destaca que Israel desalojó a las naciones de la tierra gracias al poder de Yahvé. Israel no podía presumir de su estrategia militar ni de su pericia. Fueron el poder y la soberanía del Señor los que lograron la victoria. Israel, al igual que Adán, ahora vivía en una tierra bajo el cuidado del Señor, pero entró en ella sólo porque era obediente a su Rey del pacto, y sólo permanecería en ella si seguía confiando en él y obedeciéndole. Por lo tanto, Josué exhortó al pueblo a servir al Señor, a ser fiel a su pacto con Yahvé. Si se alejaban del Señor, se enfrentarían a su juicio.

---

[22] Véase Dempster, *Dominion and Dynasty*, 128-30.
[23] Howard, *Joshua*, 63.

§7. JUECES

Introducción

Con el libro de los Jueces nace una nueva generación. Nos preguntamos si Israel será fiel al pacto que se reafirmó al final del libro de Josué, el cual acabamos de dejar atrás, pues está claro que el pueblo sólo prosperará si obedece a su Señor y Rey del pacto. Hasta este momento se habían cumplido dos tercios de la promesa hecha a Abraham: Israel gozaba de una gran población y habitaba la tierra de Canaán. Pero, ¿bendecirían al mundo entero? ¿La bendición universal prometida a Abraham se haría realidad a través de ellos? El libro de los Jueces echa por tierra cualquier esperanza de que la bendición mundial llegara pronto a través de Israel.

Israel necesita un rey

Si examinamos el libro de los Jueces minuciosamente, encontraremos que la idea de que Israel necesita un rey es omnipresente.[1] Gregory Wong considera que el tema del libro es el "deterioro progresivo",[2] argumentando con razón que el problema fundamental de Israel no era político sino espiritual.[3] Barry Webb

---

[1] En oposición a Block, *Judges, Rut*, 59; acertadamente Armerding, "Judges", 175; Alexander, *Servant King*, 47. Dumbrell argumenta acertadamente que lo que ocurre en Jueces se refiere a todo Israel. "También se suele sugerir que el Libro de los Jueces describe incidentes meramente locales que implican a tribus aisladas. Sin embargo, ningún libro del AT utiliza el término 'Israel' o la frase 'todo Israel' con más frecuencia en relación con su extensión. Desde el principio hasta el final, se trata de lo que le ocurrirá representativamente a 'todo Israel'. Dado que cada acontecimiento local en un pequeño territorio como Palestina influye inevitablemente en el conjunto, cada acontecimiento asume una dimensión de 'todo Israel' en la mente del escritor" (*Faith of Israel*, 78).

[2] Wong, *Book of Judges*, 249.

[3] Ibídem, 252. Israel se negó a reconocer la autoridad de Yahvé, y el problema de Israel se atribuyó a sus dirigentes (véase Ibíd., 253).

dice que "Israel se describe como una espiral descendente hacia una apostasía cada vez peor".[4] Dumbrell observa que "todo en estos extraños relatos encomia el liderazgo directo de Dios sobre su pueblo como la única garantía de que Israel tendrá un futuro".[5]

Sin embargo, lo más probable es que el autor piense que el gobierno de Yahvé sobre el pueblo será *mediado* a través de un rey humano, viendo un cumplimiento de las profecías que se encuentran en Gn. 49:8-12 y Nm. 24:17. El gobierno de Yahvé se realizará a través de la descendencia de la mujer (cf. Gn. 3:15). Este punto de vista es adecuado según el canon, ya que la promesa de un rey humano se retoma en los libros que siguen inmediatamente a Jueces. El libro de Rut promete un futuro rey del linaje de Booz, y 1-2 Samuel presenta el cumplimiento de esa promesa. De hecho, 2 Sa. 7 promete que la dinastía de David nunca terminará, que durará para siempre.[6] De esta manera, a la luz del canon, el libro de Jueces también espera la llegada de Cristo.

El libro de Josué da testimonio de la fidelidad del Señor que concede a Israel la tierra que le prometió. Al leer Josué, podríamos pensar que Israel está a punto de ser el agente por el que la bendición y la alegría llegan al mundo. Y, en efecto, Jueces comienza con un tono optimista. Israel es sensible a la guía del Señor y le consulta quién debe subir a luchar contra los cananeos (1:1). Judá debe asumir el liderazgo, lo que quizá de cierta manera indica que el rey de Israel saldrá de Judá (1:2). Judá y Simeón reciben la victoria porque el Señor soberano, que gobierna a todos los pueblos, entrega a sus enemigos en sus manos (1:2, 4).[7] El triunfo no solo pertenece a Judá, sino también a Benjamín y José (1:1-26) como hijos del Señor.[8] Ciertamente, el Señor que estaba con Josué sigue habitando en medio de Israel, y donde habita su presencia, allí está la victoria.

El optimismo con el que abre Jueces se derrumba en un estrepitoso estruendo. "No ha surgido ningún líder después de Josué. La unidad de la nación

---

[4] B. Webb, *Book of Judges*, 112.

[5] Dumbrell, *Faith of Israel*, 80. Véase también Dumbrell, "'No King in Israel'"; Wong, *Book of Judges*, 212-23.

[6] En contra de mi tesis, Webb (*Book of Judges*, 202-3, 210, 265n50) no considera que la cuestión de la monarquía desempeñe un papel central en Jueces.

[7] Waltke (*Old Testament Theology*, 594), sin embargo, señala que Israel adoptó en parte las costumbres cananeas incluso en sus victorias iniciales.

[8] Incluso en esta sección no todo es bueno. Como señala Wong de 1:21, el "fracaso de Benjamín establece un tono ominoso para toda la sección" (Libro *de los Jueces*, 29). Véase también B. Webb, Book of *Judges*, 91.

se ha roto".[9] De repente, el tono del capítulo 1 cambia y un nuevo estribillo domina los versículos restantes (1:27-36). De entre las tribus israelitas de Manasés, Efraín, Zabulón, Aser, Neftalí, Dan o José, ninguna expulsó a los pueblos cananeos de la tierra. Vivían en la tierra y en medio del pueblo de Israel. En algunos casos, Israel sometió a los pueblos a trabajos forzados, pero el Señor claramente les había ordenado que eliminaran a los cananeos por completo para que no fueran atrapados por los dioses de las naciones enemigas y abandonaran al Señor. El capítulo 1 no dice que Israel haya sido extraviado por los ídolos, pero sí produce una sensación de presagio. Si Israel vive *entre* los cananeos, es probable que no pase mucho tiempo antes de que comience a vivir *como* los cananeos.

Israel estaba en la tierra, pero ¿cómo sería su vida en la tierra? En cierto sentido, se les dio el mismo mandato que a Adán. Así como Adán debía gobernar el jardín para la gloria de Dios, Israel debía gobernar la tierra prometida para su gloria. Adán debía eliminar la serpiente del jardín, e Israel debía eliminar a los cananeos (los hijos de la serpiente) de la tierra prometida. En muchos sentidos, Jueces pronostica el resto del Antiguo Testamento, pues Israel, aunque empieza bien, luego se aparta del Señor. La historia de Jueces es mixta y ambigua; y a pesar de que hay algunos puntos brillantes en el horizonte, la tendencia es descendente en lugar de ascendente. Las nubes sombrías ocultan los rayos del sol.

La esencia de Jueces se transmite en el capítulo 2. El ángel de Yahvé se dirige a Israel para recordarle el amor del Dios del pacto, por el cual rescató a Israel de Egipto y prometió ser fiel al pacto (2:1). A su vez, Israel debía ser fiel a las estipulaciones del pacto y destruir los lugares de culto en la tierra (2:2). Pero, como no habían hecho caso a las palabras del Señor, los dioses que había elegido se convertirían en su propia trampa (2:3). Israel lloró y ofreció sacrificios al Señor (2:4-5), pero su llanto y su devoción fueron efímeros. El narrador vuelve a los días de Josué: Israel sirvió a Yahvé durante su vida y la de otros ancianos durante su época (2:6-7).

Jueces 2:4–7 Cuando el ángel del Señor habló estas palabras a todos los israelitas, el pueblo alzó su voz y lloró. Y llamaron a aquel lugar Boquim. Y allí ofrecieron sacrificio al Señor. Después que Josué despidió al pueblo, los

---

[9] Childs, *Old Testament as Scripture*, 259.

israelitas fueron cada uno a su heredad para tomar posesión de la tierra. El pueblo sirvió al Señor todos los días de Josué, y todos los días de los ancianos que sobrevivieron a Josué, los cuales habían sido testigos de la gran obra que el Señor había hecho por Israel.

Aquellos que vieron las obras del Señor confiaron en él y le obedecieron. Pero se levantó una nueva generación "que no conocía al SEÑOR, ni la obra que Él había hecho por Israel." (2:10). Aparentemente, el ideal deuteronómico de enseñar a los niños a amar, temer y aferrarse al Señor había fracasado (véase Dt. 4:4; 10:20; 11:22; 13:5; 30:20). Israel estaba en la tierra, pero no en el Señor, y desde que se apartó del Señor, sirvió a los baales y a Astarot (2:11-13). Un estribillo del libro de los Jueces es que Israel hizo "lo malo ante los ojos del SEÑOR" (2:11; 3:7, 12; 4:1; 6:1; 10:6; 13:1), lo cual refleja el problema fundamental de Israel: "cada uno hacía lo que le parecía bien ante sus propios ojos" (17:6; 21:25).[10] Yahvé, entonces, respondió con ira y los entregó a sus enemigos (2:14-15). Como dice Dempster, "los israelitas vuelven a experimentar la opresión 'egipcia', sólo que esta vez en su propio territorio".[11] Cuando Israel se apartó del pacto, experimentó las maldiciones del mismo (véase Lev. 26; Dt. 26-28).

Sin embargo, el Señor no abandonó a Israel por completo. Cuando clamaron a él en su aflicción, él envió jueces para salvarlos (2:16, 18). Estos jueces eran líderes espirituales y militares que liberaron a Israel en su aflicción, pero no eran reyes (17:6; 18:1; 19:1; 21:25). No eran una solución permanente a los problemas de Israel. Además, los defectos de Israel eran profundos "se prostituyeron siguiendo a otros dioses, y se postraron ante ellos" (2:17). No hicieron caso a las instrucciones de los jueces ni vivieron de acuerdo con los mandamientos del Señor.

Israel vaciló (2:19). Cuando surgía un nuevo juez, seguían al Señor durante un tiempo, pero después de la muerte del juez abandonaban al Señor y servían y seguían a otros dioses. Israel demostró ser obstinado y recalcitrante al transgredir constantemente las obligaciones del pacto (2:20); y fue a causa de su desobediencia y apostasía que no pudo desplazar a las naciones en Canaán (2:21). El Señor permitió que las naciones permanecieran en Israel para ver si Israel seguía sus mandatos (2:22-23; 3:1-5). Pero la verdadera naturaleza de los

---

[10] Véase B. Webb, *Book of Judges*, 200.
[11] Dempster, *Dominion and Dynasty*, 131.

israelitas se reveló inmediatamente, se casaron con los cananeos y adoraron a sus dioses (3:6-7).

Los jueces o salvadores de Israel

Cuando Israel pecaba y clamaba al Señor, él levantaba "jueces" (*šōpĕṭîm*) para su pueblo. Daniel Block sostiene que los jueces son fundamentalmente salvadores y libertadores.[12] De ahí que su papel principal deba describirse como soteriológico más que legal o judicial. Los ciclos de desobediencia y juicio en el libro muestran tanto la misericordia como la justicia del Señor. Yahvé es el santo de Israel, el asombroso Rey. Israel violó continuamente las estipulaciones del pacto (6:8-10), y como resultado, de acuerdo con las bendiciones y maldiciones descritas en Deuteronomio, fue castigado por el Señor.

En repetidas ocasiones, Israel cayó bajo el dominio de pueblos extranjeros a causa de su pecado. No obstante, lo que resalta es la misericordia de Yahvé. La infidelidad y desobediencia continuas de Israel justificaban un juicio irrevocable, y sin embargo el Señor lo libera cuando se arrepiente y clama por misericordia una y otra vez. Estas liberaciones demuestran que el juicio es la obra extraña de Yahvé, y que por su amor, lo que anhela es bendecir a su pueblo. También predicen lo que Pablo enseña en Ro. 9-11: la palabra final de Dios para su pueblo será de misericordia. A pesar de su pecado, Israel no será eliminado por completo; pese a sus pecados, sigue siendo el pueblo del Rey.

Los jueces o libertadores que el Señor envió para rescatar a su pueblo de los opresores revelan su misericordia salvadora. Estas victorias son "un cumplimiento de la promesa, ya que la simiente de la mujer establece el dominio al derrotar la opresión".[13] ¿Qué podemos decir sobre estos salvadores?[14] A menudo, el narrador llama la atención sobre lo inusuales que fueron, e indica que eran inesperados. La salvación vino de Aod, un hombre zurdo (cap. 3; esp. 3:15, 28) que mató al rey de una manera muy sorprendente.[15] Quizá sea aún más

---

[12] Block, *Judges, Ruth*, 23. Sin embargo, Débora tiene principalmente un papel judicial en lugar de un papel salvador (4:4-5). Véase Wong, *Book of Judges*, 244-45; B. Webb, *Book of Judges*, 134.

[13] Dempster, *Dominion and Dynasty*, 132.

[14] Dumbrell (*Faith of Israel*, 77) señala que el Espíritu en Jueces se asocia con el "gobierno divino".

[15] En oposición a Wong (*Book of Judges*, 118-23), no se sugiere aquí que Ehud pecara.

sorprendente el hecho de que Débora, una mujer, fuera una jueza de Israel y que desempeñara un papel en el triunfo sobre sus enemigos (caps. 4-5).

Su compañero, Barac, no tuvo el valor de dirigir a Israel por sí mismo, entonces le suplicó a ella que fuera con él a la batalla. Otra mujer, Jael, también mostró más iniciativa y valor que Barac cuando asesinó ingeniosamente al comandante enemigo Sísara.[16] Como dice Webb, Yahvé estaba "realizando sus designios providenciales por medios que anulan completamente las expectativas humanas".[17] Israel triunfó sobre Sísara y Jabín. Como gran Rey y Señor soberano, Yahvé liberó a su pueblo de la esclavitud, tal como lo hizo en el Sinaí (5:4-5, 11). Según el canto del capítulo 5, el "elemento humano en la victoria queda tan completamente eclipsado por la intervención de las fuerzas celestiales que Barac y sus fuerzas ¡ni siquiera se mencionan en la descripción de la batalla!".[18] El foco de la historia está en los "triunfos de Yahvé", y la historia está diseñada para alabarlo a él.[19] Yahvé es absolutamente único y "admirable" (13:18).[20]

Cuando Israel estaba bajo el dominio de Madián, Yahvé levantó a Gedeón como juez y libertador (capítulos 6-8). Gedeón era lo menos parecido a un líder. Reconocía que pertenecía al clan más débil de Manasés y que era el menos honrado entre los hijos de su padre (6:15). La clave de la victoria fue que el Señor lo había enviado y le había prometido estar con él, así como envió a Moisés y estuvo con él (6:14, 17). La fe de Gedeón era vacilante y débil, por lo que necesitó una señal tras otra para verificar que Yahvé realmente le había enviado (6:17-23, 36-40; 7:9-14). Era demasiado temeroso como para derribar el altar de Baal durante el día, así que lo hizo durante la noche, cuando no sería observado (6:25-27).

Jueces 6:25–27 Aquella misma noche el Señor le dijo: «Toma el novillo de tu padre y otro novillo de siete años. Derriba el altar de Baal que pertenece a tu padre y corta la Aseraque está junto a él. »Edifica después, en debida forma, un altar al Señor tu Dios sobre la cumbre de este peñasco. Toma el segundo novillo y ofrece holocausto con la leña de la Asera que has cortado». Gedeón tomó diez hombres de sus siervos e hizo como el Señor le había dicho. Pero como temía

---

16 Véase Waltke, *Old Testament Theology*, 600.
17 B. Webb, *Book of Judges*, 138.
18 Ibídem, 142.
19 Ibídem, 144.
20 Véase ibíd., 166-67.

mucho a la casa de su padre y a los hombres de la ciudad para hacer esto de día, lo hizo de noche.

En efecto, al igual que la de Aod, la fuerza de Gedeón procedía del Espíritu de Yahvé. (3:10; 6:34). El Señor resalta que la victoria es suya, ya que el ejército de Gedeón, compuesto por veintidós mil hombres, se redujo a trescientos para demostrar que la destreza militar no podría explicar la victoria de Israel (7:1-8). Gedeón gana porque Yahvé entregó a Madián en su mano (7:9, 14-15). El plan de batalla recuerda al lector la batalla de Jericó.[21] Los israelitas tocaron las trompetas, rompieron las vasijas que llevaban en sus manos, y el ejército madianita colapsó (7:19-22).

A medida que la historia avanza en Jueces, se hace evidente que, a pesar de las victorias que obtienen, los jueces son débiles y falibles.[22] Vimos que Barak era débil y temeroso, características que también describían a Gedeón. Los defectos de los jueces que Yahvé levantó para liberar a Israel indicaban que Israel necesitaba un rey, un hombre según el propio corazón de Dios. De hecho, Israel pidió a Gedeón que fuera su rey porque lo había salvado de sus enemigos (8:22). Gedeón se negó, diciendo que ni él ni su hijo (una clara crítica a Abimelec [véase más adelante]) debían servir como reyes, sino que "El SEÑOR reinará sobre ustedes" (8:23). Sin embargo, la falibilidad de Gedeón surgió de inmediato, pues hizo un efod de oro que Israel adoró en lugar del Señor (8:24-27).[23] Así demostró que era indigno de ser rey, y que Israel no se sometía al señorío de Yahvé.[24]

En realidad, a pesar de sus defectos como juez de Israel, Gedeón refrenó la deserción de Israel de Yahvé. Después de su muerte, el pueblo se volvió a la adoración de Baal, y olvidó la liberación salvadora de Yahvé a través de él (8:33-34). Después de su muerte, las cosas no hicieron más que empeorar (cap. 9). Abimelec (cuyo nombre significa "mi padre es rey") asumió lo que Gedeón se negó a hacer. Se nombró a sí mismo como rey. Era un rey inútil y tenía

---

[21] Véase von Rad, *Israel's Historical Traditions*, 328-29.

[22] Block sostiene que el tema de Jueces es "la cananización de la sociedad israelita durante el periodo de asentamiento" (*Judges, Ruth*, 58 [sin cursiva]). Aunque no considero que éste sea el tema del libro, sin duda se destaca, y Block lo señala con razón. Sobre las debilidades y pecados de los jueces, véase también Wong, *Book of Judges*, 156-85.

[23] House (*Old Testament Theology*, 219) señala que el efod de oro recuerda al becerro de oro.

[24] B. Webb sostiene que el efod pretendía ser un objeto de indagación del Señor, que era "un acto de piedad que sale mal" (*Book of Judges*, 153).

seguidores inútiles (9:4), pues se arrogó el liderazgo al matar a los setenta hijos de Gedeón.

En su fábula sobre los árboles, Jotam describió el gobierno de Abimelec (9:7-15). Su gobierno no fue fructífero y agradable como el de un olivo, una higuera o una vid. Por el contrario, su gobierno era tan inútil y molesto como el de una zarza sobre el resto de los árboles. El pacto entre Siquem y Abimelec fue mutuamente ventajoso al principio, pero era una colaboración malvada, y en ella estaban las semillas de su mutua destrucción. Su caída fue el resultado de la voluntad del Señor (9:20) que envió un "mal espíritu" entre Abimelec y los siquemitas (9:23-24). El narrador cierra la historia subrayando que Dios pagó tanto a Abimelec como a los siquemitas por el mal que hicieron, mostrando que la fábula de Jotam no había sido palabra vana (9:53-54).

Como era de esperar, Israel se volvió de nuevo a los dioses falsos y Dios lo entregó a los filisteos y a los amonitas (10:6-9). Se suponía que Israel era la descendencia de la mujer, pero era prácticamente indistinguible de la descendencia de la serpiente. Al abandonar al Señor, Israel abandonó el pacto, pero cada vez que eran oprimidos, suplicaban a Yahvé por misericordia (10:10-16). Entonces el Señor les dijo que no los salvaría más, porque habían sido infieles una y otra vez; en lugar de buscarlo, debían invocar a los dioses que adoraban para que ellos los libraran (10:13-14).

Sin embargo, ellos se pusieron en manos de Yahvé; dejaron de servir a los falsos dioses y "sirvieron al SEÑOR" (10:16). La misericordia del Señor es evidente, en que "no pudo soportar más la angustia de Israel" (10:16) y levantó a Jefté para que los librara (caps. 11-12). Israel se dio cuenta de que necesitaba un líder (10:18), pero una vez más surgió un candidato de lo más improbable, ya que Jefté era hijo de una prostituta y era rechazado por su familia (11:1-3). No obstante, Israel suplicó a Jefté que les sirviera de líder porque necesitaban a alguien con habilidades militares para conquistar a sus enemigos (11:6-11). Jefté recordó a los amonitas la liberación de Israel de Egipto y sus victorias al este del Jordán (11:13-26), evidenció que Yahvé había dado la tierra a Israel. Jefté no conquistó con sus propias fuerzas, sino que triunfó gracias al Espíritu (11:29). Al mismo tiempo, Jefté tenía profundos defectos, y su devoción a Yahvé se mezclaba con la religión cananea, a tal punto que, según la lectura más probable, ofreció a su propia hija en sacrificio.

Quizás el juez más inusual de todos fue Sansón (capítulos 13-16). Fue bendecido con una fuerza sobrenatural que le fue dada por Yahvé.[25] No hay aquí ninguna idea de un poder natural intrínseco a Sansón. El narrador enfatiza que el Espíritu del Señor "vino sobre" Sansón (14:6, 19; 15:14; cf. 13:25). El narrador llama la atención sobre el hecho de que el Espíritu dio poder a Sansón con mucho más énfasis que en el caso de los otros jueces. Por lo tanto, los hechos poderosos e inusuales, eran obra de Dios en él y funcionaban como un castigo a los filisteos por su maltrato a Israel. El Señor obró incluso en la elección de una esposa por parte de Sansón, pues esta unión se convirtió en la ocasión por la que los filisteos fueron perjudicados (14:1-4).

El papel especial de Sansón resalta, pues incluso antes de su nacimiento fue llamado a ser nazareo para mostrar su completa devoción a Yahvé al abstenerse del alcohol, las uvas, las pasas, los alimentos impuros, y negarse a cortarse el cabello (13:4-7, 14-15).

Jueces 13:14–15 »No comerá nada que venga de la vid, no *beberá* vino ni licor, ni comerá nada inmundo. Ella deberá guardar todo lo que *le* he ordenado» Entonces Manoa dijo al ángel del Señor: «Permítenos detenerte y prepararte un cabrito».

Los requisitos especiales para Sansón como nazareo se relatan tres veces en el capítulo 13, lo cual recalca la verdad de que era un niño único dedicado enteramente a Yahvé. La singularidad de Sansón también se comunica en su nacimiento de una mujer estéril (13:3). Este hecho recuerda a los lectores los nacimientos de Isaac y Jacob y Esaú, prediciendo así que el Señor estaría con él de forma extraordinaria. Además, el ángel de Yahvé apareció a la madre y al padre de Sansón, lo cual destaca igualmente la importancia de la vida de Sansón.

Sansón, en efecto, tenía un talento inusual, pero también estaba plagado de problemas. Le atraían las mujeres extranjeras en lugar de las del pueblo del pacto del Señor. El Señor utiliza su poder para infligir castigo sobre los filisteos, pero la realidad que se retrata es compleja, ya que los propios deseos de Sansón están contaminados por su voluntad egoísta, y algunas de sus respuestas son vengativas y mezquinas (caps. 14-15). Las debilidades de Sansón se manifiestan en su encuentro con Dalila (16:4-21).

---

[25] Para ver los ecos de las historias anteriores de Jueces en el relato de la vida de Sansón, véase B. Webb, *Book of Judges*, 164-65.

Como nazareo, debía estar comprometido con el Señor, pero su corazón fue seducido por una mujer que amaba a otros dioses. Como dice Webb, "quiere ser 'como cualquier otro hombre'",[26] Le revela a Dalila que la fuente de su fuerza no está en él mismo, y así es literalmente despojado de su fuerza. Dempster señala con razón que Sansón:

> Representa a su propio pueblo, que tenía un origen sobrenatural, había sido apartado de entre las naciones con una vocación distintiva, rompió sus votos y se enamoró de ídolos extranjeros, hasta que finalmente perdió su identidad y su poder espiritual y se convirtió en esclavo ciego de sus opresores en el exilio.[27]

Como señala Wong, Sansón cae a causa de mujeres extranjeras como Israel cae a causa de dioses extranjeros.[28]

Pero aunque Sansón, como Israel, fue infiel a Yahvé, su infidelidad no fue la última palabra. La gracia de Dios se comunica en las palabras "el cabello de su cabeza comenzó a crecer de nuevo después de rasurado" (16:22). Los filisteos alabaron a su dios por haber vencido a Sansón (16:23-24). Esta es "una de esas frases significativas típicas de un genio".[29] Los filisteos adoraron a su dios por el triunfo sobre Sansón (16:23-24). Pero Yahvé no había terminado con Sansón, y Sansón no había terminado con los filisteos (16:25-30). Sansón derribó las columnas de la casa y murió junto con tres mil filisteos.[30] Para el narrador, esto no fue obra de una mera venganza egoísta; fue una obra de Yahvé como castigo a los filisteos, pues el relato enseña claramente que Yahvé dio a Sansón la fuerza para destrozar a los filisteos. El final de Sansón también provee la esperanza de que Israel encontrará un nuevo día después del exilio.[31]

Si evaluamos a los jueces de Israel en su conjunto, incluyendo el testimonio del Nuevo Testamento, vemos que son anunciados como aquellos que ejercieron la fe (He. 11:32). Esta valoración no es opuesta a la narración del Antiguo Testamento, ya que los relatos de los Jueces se centran en el valor y las hazañas militares de personajes como Gedeón, Jefté y Sansón. Aunque los fallos y

---

[26] Ibídem, 169.

[27] Dempster, *Dominion and Dynasty*, 132. Véase también Childs, *Old Testament as Scripture*, 261; Dumbrell, *Faith of Israel*, 79; B. Webb, *Book of Judges*, 179.

[28] Wong, *Book of Judges*, 232.

[29] B. Webb, *Book of Judges*, 168, quoting Crenshaw.

[30] Webb (ibid., 172) señala que Israel no clama al Señor en el ciclo de Sansón, pero Sansón clama al Señor aquí.

[31] Así Dumbrell, *Faith of Israel*, 79; contra House, *Old Testament Theology*, 220.

debilidades de los jueces también reciben atención en Jueces, el Nuevo Testamento hace brillar la luz sobre la fe de los jueces. Esta perspectiva corrige cualquier posible percepción errónea del testimonio del Antiguo Testamento. Las debilidades de los jueces pueden llevarnos a pensar que fueron básicamente un fracaso, pero el Nuevo Testamento en realidad confirma la historia principal que leemos en el mismo libro de Jueces.

Los jueces confiaron en Dios y actuaron de acuerdo con esa confianza, y de esta manera liberaron a Israel de sus enemigos. En otras palabras, los jueces deben ser recordados esencialmente como personas de fe, no como aquellos que desobedecieron al Señor. Sin embargo, los defectos de los jueces también desempeñan un papel canónico. Está claro que los jueces no son los salvadores definitivos de Israel. El mismo libro de los Jueces subraya que no había rey en Israel, y que su principal problema no fue resuelto por los jueces. Reflexionando sobre la vida de Sansón, Webb dice: "El clímax combina, paradójicamente, el logro y el fracaso, la ceguera y el reconocimiento, el resentimiento y la aceptación".[32] Por lo tanto, el libro espera un día futuro en el que un rey se levantará. Sin duda, David está en el punto de mira, pero él comparte, hasta cierto punto, los mismos defectos que los jueces, por lo que, en última instancia, el libro apunta a la llegada de uno más grande que David: Jesús el Cristo. Él es el salvador de Israel y del mundo, es el rey verdadero que Israel necesita.

El final del asunto

En los capítulos finales del libro de Jueces, el narrador describe dramáticamente la necesidad de Israel de un rey justo (capítulos 17-21).[33] En estos capítulos se señala con reiteración el hecho de que Israel carecía de un rey (17:6; 18:1; 19:1; 21:25) en momentos críticos y definitivos de la narración, lo cual funciona como una conclusión rotunda del libro. Los dos relatos con los que concluye el libro describen la impactante magnitud del mal en Israel, demostrando una vez más por qué era necesario el liderazgo.

La historia de los capítulos 17-18 ilustra la presencia de la perversidad en Israel. Un joven, Miqueas, robó a su madre mil cien monedas de plata. Confesó su pecado y devolvió el dinero, pero el bien que hizo se convirtió en fines

---

[32] B. Webb, *Libro de los Jueces*, 172.
[33] Véase Satterthwaite, "'No King in Israel'".

malvados, pues el dinero se utilizó para hacer ídolos. Un levita llegó y se instaló como sacerdote en la casa de Miqueas, pero se trataba de un sacerdocio dedicado a la adoración de ídolos.[34] Wong señala con razón que las acciones aquí descritas hacen eco de la idolatría de Gedeón en la elaboración del efod.[35] Gedeón, al igual que Miqueas, comenzó haciendo algo bueno al rechazar el reinado (8:22-23), pero, inexplicablemente, prosiguió a fabricar un efod que atrapó a Israel en la idolatría (8:24-28).

Un mal llevó a otro, y la tribu de Dan estaba buscando un lugar de residencia, llegando así a Laish. La gente de Laish estaba segura y en paz, pero fue destruida brutal y agresivamente por los danitas que tenían el firme propósito de poseer la ciudad como su hogar. Como argumenta Wong, de acuerdo con Dt. 20:10-15, los danitas debían haber ofrecido la paz a Laish.[36] La auténtica brutalidad de los danitas es evidente en el trato que dieron a Miqueas y al sacerdote levita. En su misión de exploración en la que espiaron las condiciones de Laish consultaron al sacerdote.

Cuando regresaron de nuevo a Efraín, se apoderaron de los ídolos de la casa de Miqueas y convencieron al levita de que viajara con ellos para que pudiera servir como sacerdote de toda una tribu en lugar de una sola casa. Cuando Miqueas los persiguió y protestó, ellos lo amenazaron con atentar contra su seguridad si seguía actuando de esa manera. Ciertamente, Miqueas no era un ángel, pero el comportamiento de los danitas demuestra que la condición espiritual de Israel estaba en su punto más bajo. De hecho, la noticia es aún más deprimente, ya que el levita descrito era bisnieto nada menos que del propio Moisés (18:30).

El narrador culmina el libro con otra historia sobre un levita y su concubina. Su concubina huyó de él, y él la persiguió en Belén. De regreso a Efraín, pasó la noche en Gabaa de Benjamín en lugar de Jerusalén, porque esta última seguía bajo control pagano. El comentario del amo: "No iremos a ninguna ciudad de extranjeros, que no sea de los hijos de Israel, sino que pasaremos hasta Gabaa" (19:12) resulta muy irónico, dado lo que le ocurrió en Gabaa. Notablemente, Gabaa se ha convertido en algo parecido a Sodoma (cf. Gn 19). Al igual que en Sodoma, en Gabaa sólo hubo una persona que mostró hospitalidad, invitando a los viajeros a alojarse con él, lo que demuestra la voluntad egoísta que reinaba

---

[34] Los pecados del levita están bien detallados por Wong, *Libro de los Jueces*, 89-91.
[35] Ibídem, 83-89.
[36] Ibídem, 39.

en la ciudad (19:15-20). El narrador subraya este hecho al decir: "nadie los llevó a su casa para pasar la noche" (19:15), y lo repite en 19:18. Escandalosamente, al igual que aquellos en Sodoma, los hombres de Gabaa querían tener relaciones sexuales con el hombre de la región montañosa de Efraín (19:22).

El anciano les reprendió (19:23-24), al igual que Lot hizo con los hombres de Sodoma (véase Gn. 19:7-8).

> **Jueces 19:23–24** Entonces el hombre, el dueño de la casa, salió a ellos y les dijo: «No, hermanos míos, no se porten tan vilmente. Puesto que este hombre ha entrado en mi casa, no cometan esta terrible ofensa. »Aquí está mi hija virgen y la concubina de él. Permítanme que las saque para que abusen de ellas y hagan con ellas lo que quieran, pero no cometan semejante ofensa contra este hombre».

Finalmente, el comportamiento del hombre fue "espantosamente despiadado".[37] Los hombres de Gabaa se apoderaron de su concubina, la violaron y abusaron de ella toda la noche hasta que murió. Cuando se enfrentó a la maldad de Gabaa, Benjamín fue presa de la lealtad tribal en lugar de la justicia y fue a la guerra en defensa de Gabaa (cap. 20). El horror de lo que ocurrió se conmemora en 19:30: "todos los que lo veían, decían: Nada como esto jamás ha sucedido ni se ha visto desde el día en que los Israelitas subieron de la tierra de Egipto hasta el día de hoy. Considérenlo, tomen consejo y hablen". Los repetidos asaltos condujeron finalmente a la derrota de Benjamín, pero todo el relato puso en entredicho que Israel fuera realmente el pueblo del Señor. De hecho, Benjamín como tribu fue casi aniquilada, lo que indicaba lo que le ocurriría a Israel si desertaba de Yahvé como pueblo.[38] Al final se encontró una estrategia para evitar que Benjamín se disolviera por completo y preservar la integridad de la tribu (cap. 21).

Conclusión

Jueces llega a su fin. ¿Pero dónde está Israel? Está en la tierra y tiene una población sana. Dos tercios de la promesa a Abraham se han hecho realidad.

---

[37] Ibíd., 104. Wong (ibíd., 103–11) argumenta que el relato en el capítulo 19 alude a la historia de Sansón en el capítulo 15.

[38] En oposición a Wong (ibíd., 38), no se sugiere que las acciones tomadas contra Benjamín o Jabesh-gilead fueran "inapropiadas".

Pero las cosas no están bien. Israel se dedicó al Señor durante cortos periodos de tiempo cuando la situación se tornó desesperada, pero mientras la vida era cómoda, cayeron en la idolatría y no vivieron de forma diferente a los cananeos. Claramente, los jueces no fueron una solución permanente para el problema de Israel.

En lugar de ser una bendición para el mundo, Israel parecía estar maldito junto con éste. Sin duda necesitaban una nueva dirección. Necesitaban un rey. Necesitaban dedicarse a Yahvé en la tierra que les había dado. Necesitaban vivir bajo el gobierno de Yahvé para poder ser una bendición para el mundo. No estaban disfrutando verdaderamente del descanso en la tierra que habían recibido de la mano bondadosa de Yahvé.[39] Canónicamente, la necesidad de un rey se cumple en el reinado de David, pero encuentra su cumplimiento final en el reinado de Jesucristo.

[39] Acertadamente House, *Old Testament Theology*, 217.

§8. RUT

Introducción

Se han escrito teologías muy provechosas del Antiguo Testamento utilizando el orden canónico que se encuentra en el texto masorético. Si seguimos el orden hebreo, Rut pertenece a los Escritos y sigue a Proverbios. Sin duda, esto es instructivo, ya que Rut representa a la mujer virtuosa de Prov. 31.[1] Pero si seguimos la LXX y el orden en las Biblias inglesas, Rut está puesta entre Jueces y 1-2 Samuel. El significado teológico de la ubicación de Rut entre Jueces y 1-2 Samuel también es instructivo. Es un error dar demasiada importancia al orden canónico del texto masorético o de la LXX. Childs, al comentar esta cuestión en relación con Rut, señala:

> En mi opinión, hay demasiadas suposiciones no verificadas con tal argumento como para darle tanto peso. Una vía de investigación mucho más fructífera sería explorar el efecto de un orden canónico en la lectura del libro y las diferentes teologías implicadas en las disposiciones canónicas de las Biblias hebrea y griega.[2]

En otras palabras, ambos ̠enfoques son legítimos, y deberíamos evitar el dogmatismo de insistir en que sólo hay un orden canónico legítimo al considerar la teología del libro de Rut.

---

[1] Sailhamer, *Old Testament Theology*, 213-14.
LXX Septuaginta
LXX Septuaginta
[2] Childs, *Old Testament as Scripture*, 564. Véase también B. Webb, *Five Festal Garments*, 52-53.

Jueces se centra en la necesidad que Israel tiene de un rey, un gobernante que guíe a la nación de acuerdo con la voluntad de Dios. El libro de Rut termina con una genealogía que culmina con el hombre que será el rey de Israel, David.[3] Los libros de 1-2 Samuel parten de Rut y presentan la historia de cómo David se convirtió en rey y sirvió como tal. Rut encaja muy bien, pues, como libro puente entre Jueces y 1-2 Samuel. El gobierno soberano de Yahvé se manifiesta a través del gobierno del rey David. Pero nos estamos adelantando a la historia, y primero debemos considerar la contribución particular del libro de Rut.

Sufrimiento

Los acontecimientos del libro de Rut ocurrieron en la época de los jueces (1:1). El vínculo con el libro de los Jueces se establece inmediatamente. Es por Jueces que sabemos que el pueblo de Israel había adoptado una moral autorreferencial porque no había rey (Jue. 17:6; 18:1; 19:1; 21:25). Incluso los piadosos en el pueblo sufrieron porque la nación en su conjunto era injusta, sirviendo a otros dioses en lugar de aferrarse a Yahvé. El hambre en la tierra (Rut 1:1) indicaba que el pueblo estaba experimentando las maldiciones deuteronómicas del pacto (Dt. 28:48; 32:24).[4]

> **Deuteronomio 28:48** por tanto servirás a tus enemigos, los cuales el Señor enviará contra ti: en hambre, en sed, en desnudez y en escasez de todas las cosas. Él pondrá yugo de hierro sobre tu cuello hasta que te haya destruido.
>
> **Deuteronomio 32:24** "*Serán* debilitados por el hambre, y consumidos por la plaga Y destrucción amarga; Dientes de fieras enviaré sobre ellos, Con veneno de *serpientes* que se arrastran en el polvo.

El narrador no insinúa que Elimelec y Noemí sufrieran porque hubieran pecado personalmente.[5] Tampoco hay ninguna evidencia intertextual que apoye claramente la noción de que cometieron transgresión al dejar Israel y vivir en Moab (1:2).

---

[3] Dempster (*Dominion and Dynasty*, 193-94) destaca con razón la importancia de la genealogía en Rut.

[4] Así también Block, *Judges, Ruth*, 608.

[5] En oposición a Block, *Judges, Rut*, 609n75; Waltke, *Old Testament Theology*, 863. B. Webb (*Five Festal Garments*, 41-42) puede tener razón, sin embargo, en que el uso frecuente de la palabra "retorno" (šûb) indica el arrepentimiento de Noemí.

Por ejemplo, la mujer cuyo hijo Elías había resucitado abandonó la tierra durante una hambruna, pero no se la critica por hacerlo (2 R. 8:1-6). De hecho, Eliseo le dijo que se fuera, y fue recompensada cuando regresó. En cualquier caso, Noemí sufrió notablemente, pues no sólo fue expulsada de su tierra natal, sino que tanto su marido como sus dos hijos murieron en Moab (1:2-5). Aunque el narrador se concentra en la angustia de Noemí, las dos mujeres moabitas, Rut y Orfa, también sufrieron la pérdida de sus maridos.

Noemí reconoció la soberanía y el gobierno del Señor en su aflicción.[6] Ella no acusó a Yahvé de haber pecado, pero sí afirmó su superintendencia sobre todos los sucesos que la aflijieron.[7] Reconoció que la mano del Señor había salido contra ella (1:13). Hizo un juego de palabras, ya que el nombre "Noemí" significa "placentera", y la palabra "Mara" significa "amarga". Confesó: "No me llamen Noemí (Placentera), llámenme Mara (Amarga), porque el trato del Todopoderoso (Shaddai) me ha llenado de amargura" (1:20). El mismo tema se reitera en 1:21: "Llena me fui, pero vacía me ha hecho volver el SEÑOR. ¿Por qué me llaman Noemí, ya que el SEÑOR ha dado testimonio contra mí y el Todopoderoso (Shaddai) me ha afligido?".

La teología de Noemí aquí es bastante sofisticada, anticipando el libro de Job. No sostiene que sus sufrimientos sean el resultado de su pecado, pero tampoco afirma que lo que le sucedió estaba fuera del control del Señor. Yahvé había traído la calamidad sobre ella, su mano se había extendido contra ella, la había puesto en amargura. Sin embargo, Noemí no estaba sugiriendo que el Señor estuviera corrompido con maldad en lo que le hizo; el Señor era justo y bueno a pesar de los males que Noemí experimentó de su mano. El Señor seguía siendo el Rey incluso en medio de los tiempos difíciles.

Noemí no minimizó los males que experimentó; no dio una respuesta sensiblera contraria a la profundidad de la experiencia humana. Se lamentó y se afligió por el dolor que le había sobrevenido. Sin embargo, su pena y el dolor no eran un caso aislado. Israel también estaba sufriendo porque no vivía bajo el gobierno de Yahvé.[8] La conclusión del libro de Rut aclara que la historia de Noemí debe situarse en el contexto de la necesidad de Israel de un rey. El

---

[6] Para el énfasis en la soberanía divina en el libro, véase R. Hubbard, *Book of Ruth*, 68-71; Block, *Judges, Ruth*, 607-10; Gow, "Ruth", 176.

[7] En oposición a Webb (*Five Festal Garments*, 43), que ve aquí autocompasión y queja contra Yahvé.

[8] La analogía no funciona en todos los puntos si estoy en lo cierto al decir que los sufrimientos de Noemí no se debieron al pecado personal.

sufrimiento de Noemí y de Israel no eran la última palabra. Yahvé sería fiel a su pacto; levantaría sobre ellos un rey que gobernaría con rectitud y justicia. Así pues, uno de los temas fundamentales del libro de Rut es la realeza del Señor. Robert Hubbard dice: "Es una historia sobre las 'manos' firmes y guiadoras de la providencia divina que actúan en el mundo".[9]

Yahvé estaba llevando a cabo su plan incluso en los acontecimientos aparentemente corrientes y ordinarios.[10] De hecho, "aunque el escritor no limita en absoluto la libertad de las personas cuyas vidas describe, es obvio que se complace en trazar la delicada manera en que Dios incorpora todas sus acciones a su plan".[11] Como señala Ronald Hals, los propósitos y planes de Yahvé están ocultos, pero se hacen evidentes con el paso del tiempo.[12]

Fe

Yahvé había traído sufrimiento a la vida de Noemí, pero su suerte estaba a punto de cambiar. El Señor señala este cambio de fortuna al visitar a su pueblo y proporcionarle alimentos (1:6). Como dice Hubbard, es "un presagio" de la "intervención" divina.[13] El mismo Dios que trajo la fertilidad al campo también concedió la fertilidad a Rut para que diera a luz un hijo (4:13).[14] El Dios que trajo la calamidad también prometió traer una gran bendición. Noemí estaba a punto de ser bendecida por medio de una fuente muy inusual. "Aunque ella [Noemí] no lo sabe, sin embargo, Yahvé ya le ha extendido misericordia en su perdida a través del compromiso de Rut con ella".[15] Nohemí ordenó a sus dos nueras que regresaran a Moab porque no había posibilidades de esposos para ellas en Israel (1:6-15)

Orfa regresó a Moab y a sus dioses (1:15), pero Rut sorprendió a Noemí al insistir en que iría con ella a Israel. Claramente, Rut había puesto su fe en Yahvé, el Dios de Israel. Esto quedó ilustrado por su "aferramiento" a Noemí (1:14) (NVI).

---

[9] R. Hubbard, Book *of Ruth*, 63. Véase también Hals, Book *of Ruth,* 6-9.

[10] Waltke, *Old Testament Theology*, 862.

[11] Hals, *Book of Ruth*, 18. "La ocultación total de la mano de Dios por parte del narrador es más bien su afirmación contundente de la completa soberanía del Señor" (p. 19). El Señor "es visto como un actor no intermitente sino continuo" (p. 19).

[12] Ibídem, 16-17.

[13] R. Hubbard, *Book of Ruth*, 65.

[14] Véase R. Hubbard, *Book of Ruth*, 69; Block, *Judges, Ruth*, 607.

[15] House, *Old Testament Theology*, 457.

Rut 1:14–15 Y ellas alzaron sus voces y lloraron otra vez; y Orfa besó a su suegra, pero Rut se quedó con ella. Entonces *Noemí* dijo: «Mira, tu cuñada ha regresado a su pueblo y a sus dioses; vuelve tras tu cuñada».

La palabra "aferrarse" (*dābaq*) es un término del pacto, que denota la responsabilidad de unirse a la propia esposa (Gn. 2:24) y, aún más profundamente, la obligación del pacto de aferrarse a Yahvé (Dt. 10:20; 11:22; 13:5; 30:20). La devoción de Rut por Noemí demostró su vínculo de pacto con Yahvé, el Dios de Israel. La fe de Rut en Yahvé queda aún más clara en las famosas palabras de 1:16-17:

No insistas en que te deje o que deje de seguirte; porque adonde tú vayas, yo iré, y donde tú mores, moraré. Tu pueblo será mi pueblo, y tu Dios mi Dios. Donde tú mueras, allí moriré, y allí seré sepultada. Así haga el SEÑOR conmigo, y aún peor, si algo, excepto la muerte, nos separa.

La palabra "dejar" (*ʿāzab*) también está relacionada al pacto (véase Dt. 28:20; 29:25; 31:16; cf. Gn. 2:24). Rut no sólo era devota de Noemí, sino que estaba abandonando su pueblo, su origen étnico (Moab) y sus dioses, y se estaba uniendo a Israel y declarando su devoción a Yahvé, el Dios de Israel. Tal cambio de lealtad demostró la fe de Rut.

Recompensa

La historia de Rut, al igual que el relato de Rahab (Jos. 2), anticipa uno de los temas principales del pacto con Abraham. La bendición prometida a Abraham no está reservada sólo para Israel; pertenece a todo el mundo e incluye a todos los grupos humanos. Aunque Rut era, como ella misma dice, "una extranjera" (2:10), ahora era ciudadana de Israel. Booz capta esta verdad en su respuesta a Rut:

Todo lo que has hecho por tu suegra después de la muerte de tu esposo me ha sido informado en detalle, y cómo dejaste a tu padre, a tu madre y tu tierra natal, y viniste a un pueblo que antes no conocías. Que el SEÑOR recompense

tu obra y que tu pago sea completo de parte del SEÑOR, Dios de Israel, bajo
cuyas alas has venido a refugiarte (2:11–12).

La devoción de pacto de Rut a Yahvé se reitera de nuevo con el verbo "dejaste"
(*'āzab*). Al igual que Abraham (Gn. 12:1-3), Rut dejó atrás a su familia y su país
para unirse al pueblo de Dios. Aparentemente, la exclusión de Moab del pueblo
de Dios (Dt. 23:3) admitía excepciones o no se aplicaba a una moabita que se
había casado con un israelita.[16] La obediencia de Rut asegura el pago y la
recompensa. Sin embargo, este pago y recompensa no deben interpretarse como
una contradicción a la importancia fundamental de la fe en la vida de Rut. Rut
no se ganó ni mereció la recompensa. Porque confió en Yahvé, se refugió bajo
sus alas. En otras palabras, Rut fue recompensada por buscar a Yahvé como su
fortaleza, protector y roca. Todos los que confían en Yahvé son recompensados
por buscarlo como su Dios y su Rey.

Las palabras de Booz se hicieron realidad de una manera que él nunca
anticipó, pues Rut sería recompensada casándose con él mismo y dando a luz un
hijo suyo. Pero Yahvé era quien estaba actuando entre bastidores para
recompensar a Rut por su fe. "Aconteció" (2:3) (RVR) que Rut espigó en la
parte del campo que pertenecía a Booz. El plan soberano del Señor, aunque
oculto para los seres humanos, está operando.[17] Los beneficios de este suceso
aparentemente fortuito fueron inmediatamente evidentes. Booz protegió a Rut
de las agresiones sexuales de los jóvenes, le proporcionó comida y sustento
mientras espigaba y se aseguró de que se le concediera más comida de la que
podía esperar (2:8-9, 13-18, 21-23).

> **Rut 2:8–9** Entonces Booz dijo a Rut: «Oye, hija mía. No vayas a espigar a otro
> campo; tampoco pases de aquí, sino quédate con mis criadas. »Fíjate en el
> campo donde ellas siegan y síguelas, pues he ordenado a los siervos que no te
> molesten. Cuando tengas sed, ve a las vasijas y bebe *del agua* que sacan los
> siervos».

Dios, en su gracia, recompensó a Rut por su confianza y obediencia a Yahvé. La
confianza de Rut funciona como paradigma para todo Israel y, de hecho, para
todo el mundo.

---

16 Véase Gow, "Ruth", 177.
17 Así R. Hubbard, *Book of Ruth*, 70.

Noemí se dio cuenta de que Booz era un pariente redentor (2:20). Las palabras relacionadas con la redención aparecen más de veinte veces en el libro de Rut y, por lo tanto, constituyen un tema importante en el libro. Según la costumbre israelita del levirato, si un hombre moría sin hijo, su hermano debía casarse con la mujer viuda y tener hijos de ella (Dt. 25:5-6). El primer hijo de dicha pareja continuaría el nombre del hermano muerto. Del mismo modo, un redentor compraría la propiedad que un hermano vendiera para que la herencia permaneciera en la familia (Lev. 25:25). Noemí discernió que Booz funcionaría como redentor de su familia al casarse con Rut, y dio a Rut instrucciones específicas para lograr ese objetivo (3:1-6). El hecho de que Rut se acostara a los pies de Booz mientras dormía, sin que él lo supiera, es bastante inesperado (3:7-8).

> **Rut 3:7–8** Cuando Booz hubo comido y bebido, y su corazón estaba contento, fue a acostarse al pie del montón *de grano;* y ella vino calladamente, le destapó los pies y se acostó. A medianoche Booz se sorprendió, y al voltearse notó que una mujer estaba acostada a sus pies.

Aquí no hay ningún indicio de actividad sexual ilícita, ya que tanto Rut como Booz son elogiados como personas virtuosas. El tema del redentor nos remite a la obra de Yahvé al liberar a su pueblo en el éxodo y a lo que haría en su favor en el futuro. Dado su final real, Rut probablemente anticipa la redención de Israel que se asegurará a través de David y su descendencia.[18]

A lo largo del libro, el narrador destaca la piedad de Booz y Rut. Lo que ocurrió durante su encuentro nocturno estaba fuera de lo común, pero no fue inmoral.[19] Booz difícilmente podría calificar a Rut de "mujer virtuosa" si acabara de seducirlo en medio de la noche (3:11). El designio de Rut es evidente en las palabras de 3:9: "Soy Rut, su sierva. Extienda, pues, su manto sobre su sierva, por cuanto es pariente cercano". Así como Rut buscó refugio bajo las alas de Yahvé (2:12), ahora pide la recompensa de ser colocada bajo las alas protectoras de Booz.[20] Booz resolvió los detalles en la puerta donde se hacían los negocios para poder servir de redentor para preservar el nombre de Mahlón y tomar a Rut por esposa (4:1-10).

---

[18] Véase Alexander, *Servant King*, 53.
[19] Rightly B. Webb, *Five Festal Garments*, 47.
[20] Véase R. Hubbard, *Book of Ruth*, 71.

Una de las características más llamativas del libro de Rut es que todos sus personajes son encomiables; todos ellos viven por y bajo la gracia *(ḥesed)* del Señor.[21] Noemí libera amablemente a sus nueras y no espera que regresen con ella a Israel (1:8-13). Anhela que encuentren descanso y alegría en su tierra natal. Del mismo modo, Rut muestra su devoción a su suegra negándose a dejarla y regresando con ella a Israel (1:15-18). Cuida de Noemí sacrificando su propia comodidad y espigando en los campos (2:2-3).

Booz es un modelo de hombre que teme a Yahvé. Invoca la bendición de Yahvé para sus trabajadores, y ellos desean lo mismo para él (2:4). Parece que la relación entre empleador y empleados es justa y recta de acuerdo con la voluntad de Yahvé. Booz cuida y protege a Rut cuando está espigando para que no sufra abusos y también les proporciona comida a ella y a Noemí (2:8-9). Él ve la mano del Señor en la vida de Rut (2:12), y ella está profundamente agradecida por su bondad (2:13).

De hecho, Booz manifestó una gran preocupación por Rut, al asegurarse de que pudiera espigar productivamente (2:14-17; cf. 3:15-16). Al mismo tiempo, pidió la bendición de Yahvé sobre Rut por su bondad *(ḥesed)* al desear que él, un hombre mayor, fuera su esposo y redentor (3:10). Así mismo, Booz mostró su bondad hacia Rut al querer servirle como redentor (3:13). Como dice Childs, los personajes del libro "surgen como modelos de la vida fiel de Israel".[22] Noemí descubrió la bondad del Señor en el trato de Booz hacia Rut y hacia sí misma, y pidió al Señor que bendijera a Booz por su bondad (2:20). Noemí también mostró la misma bondad con Rut, al instruirla de manera que ella pudiera "buscar seguridad para ti, para que te vaya bien" (3:1). Finalmente, el pueblo se regocija con Noemí por la bendición del Señor en su vida a través del matrimonio de Booz y Rut y el nacimiento de Obed (4:11-16).

Evidentemente, Rut fue recompensada por su fe y fidelidad al casarse con Booz. También Noemí fue recompensada.[23] Antes se lamentaba de que el Señor la había dejado vacía, de que su mano se había extendido contra ella y de que la había puesto en amargura. Pero sólo tenía razón en parte. Ella no había vuelto completamente vacía, porque Rut había venido con ella. Rut fue el medio por el cual la que estaba vacía se llenó, y por el que la que estaba amargada

---

[21] Sobre la importancia de este tema, véase R. Hubbard, *Book of Ruth*, 65-66, 72-74; Waltke, *Old Testament Theology*, 850-69; Gow, "Ruth", 177; Block, *Judges, Ruth*, 611-15; B. Webb, *Five Festal Garments*, 37-57.

[22] Childs, *Old Testament as Scripture*, 567.

[23] Véase R. Hubbard, *Book of Ruth*, 63-64.

experimentó una gran alegría. Yahvé merecía una gran alabanza, pues no había abandonado a Noemí (véase también 3:17), había nacido un hijo de Booz y Rut, y por ello Noemí fue preservada y reconocida en Israel (4:14-16).

> **Rut 4:14–16** Entonces las mujeres dijeron a Noemí: «Bendito sea el Señor que no te ha dejado hoy sin redentor; que su nombre sea célebre en Israel.» Que el *niño* también sea para ti restaurador de *tu* vida y sustentador de tu vejez; porque tu nuera, que te ama y que es de más valor para ti que siete hijos, lo ha dado a luz». Entonces Noemí tomó al niño, lo puso en su regazo y se encargó de criarlo.

De hecho, la oración del pueblo por Rut y Booz fue respondida de una manera muy notable. Como dice Hubbard:

> La genealogía... subraya la gran recompensa concedida a Rut por su lealtad; es la honrada antepasada de un gran líder israelita. También recordó sutilmente la mano firme e imperceptible de la providencia de Dios que había guiado la historia.[24]

De este modo, se recordaba a Israel que el Señor cumpliría sus promesas, aunque el modo en que lo hiciera fuera imperceptible. El pueblo oró para que el Señor hiciera a Rut "como a Raquel y a Lea, las cuales edificaron la casa de Israel", y por Booz: "que tú adquieras riquezas en Efrata y seas célebre en Belén (Casa del Pan). Además, sea tu casa como la casa de Fares, el que Tamar dio a luz a Judá, por medio de la descendencia que el SEÑOR te dará de esta joven" (4:11-12). Poco podían anticipar el renombre que tendría el hijo: era el antepasado del rey David, como explica la genealogía al final del libro (4:17-22).

El linaje de Rut y Booz era el linaje del que procedería la descendencia prometida (cf. Gn. 3:15). Aplastaría a la serpiente y a su descendencia, y traería bajo sus alas a muchos gentiles como Rut. La promesa dada a Raquel y Lea y a Tamar y Judá se hacía realidad. Con sus altos y bajos, con sus avances y retrocesos, la historia iba hacia alguna parte. El Señor reinaría sobre la tierra, y lo haría a través de un rey, y ese rey trazaría su ascendencia hasta Rut y Booz. Hubbard señala con razón: "El cuidado de Dios por la familia de Noemí resultó

---

[24] Ibíd. 22.

ser una pieza de su cuidado por todo Israel".[25] Y a la luz del canon, es parte de
la pieza de su cuidado por todo el mundo.

Conclusión

En esta fascinante historia podemos ver el cuidado de Yahvé por los que confían
en él. Los personajes de Rut muestran con su bondad cómo es la vida cuando se
vive bajo el gobierno de Yahvé. También vemos la gracia y la soberanía de
Yahvé en la historia, ya que está llevando a cabo sus propósitos, aunque estén
ocultos para los seres humanos. Esos propósitos incluyen la bendición para todo
el mundo a través de David y del hijo más grande de David que habría de venir.
Sorprendentemente, Rut constituye un eslabón en la cadena que traería a David
al mundo, resolviendo así el problema de los Jueces, donde Israel carecía de un
rey. Y un futuro hijo de David traería muchos más Ruts, muchos más gentiles al
redil del pueblo de Dios, y cumpliría la promesa de bendición universal hecha a
Abraham.

---

[25] Ibídem, 65.

§9. 1-2 SAMUEL

Introducción

Los libros que las Biblias españolas identifican como 1-2 Samuel son realmente un solo libro y deben estudiarse como un todo. El hecho de que 1-2 Samuel esté ubicado después de Jueces y Rut es significativo. Jueces hace hincapié en la rebeldía de Israel, señalando que no había rey en Israel (17:6; 18:1; 19:1; 21:25).

> **Jueces 17:6** En aquellos días no había rey en Israel. Cada uno hacía lo que le parecía bien ante sus propios ojos.
> **Jueces 18:1** En aquellos días no había rey en Israel. Y por aquel tiempo la tribu de los danitas buscaba para sí una heredad donde habitar, porque hasta entonces ninguna heredad se le había asignado como le correspondía entre las tribus de Israel.
> **Jueces 19:1** En aquellos días, cuando no había rey en Israel, había un levita que residía en la parte más remota de la región montañosa de Efraín, el cual tomó para sí una concubina de Belén de Judá.
> **Jueces 21:25** En esos días no había rey en Israel; cada uno hacía lo que le parecía bien ante sus propios ojos.

El libro de Rut relata la historia de cómo Rut se casó con Booz, y explica cómo ella y Booz llegaron a ser antepasados del que finalmente se convirtió en rey: David.

Los libros de 1-2 Samuel relatan la historia de cómo David se convirtió en rey, y describe la promesa del pacto de que el reino nunca sería retirado de los herederos de David. En estos libros surge uno de los temas centrales del Antiguo Testamento. El gobierno soberano de Yahvé se ejerce a través del rey ungido de Israel. Yahvé gobierna sobre Israel a través de un mediador, y ese mediador es de la línea de la familia de David. Al considerar todo el canon, queda claro que el gobierno de Yahvé sobre todo el mundo, que incluye a los gentiles, se ejerce a través del rey, que no es otro que Jesús el Cristo. La historia del rey y su reino en 1-2 Samuel se separa convenientemente al estudiar los tres personajes principales del libro: Samuel, Saúl y David.

También parece que los temas centrales de 1-2 Samuel se recogen en los cantos y las palabras finales de David. Los cantos son el himno de Ana al principio del libro (1 S. 2:1-10) y el salmo de David al final (2 S. 22:1-51).[26] Las palabras finales se designan como "las palabras postreras de David" (2 S. 23:1),[27] lo cual sugiere que estas palabras (2 S. 23:2-7) adquieren una importancia inusual (sobre todo porque no son literalmente sus últimas palabras en el libro, ya que David dice otras palabras en 2 S. 24) en la interpretación de 1-2 Samuel en su conjunto. Los cantos y las últimas palabras de David aparecen al principio (1 S. 2:1-10) y al final (2 S. 22:1-23:7), por lo que funcionan como una *inclusio* que pone entre paréntesis toda la obra. Childs dice que "el salmo del cap. 22 ofrece un comentario teológico sobre toda la historia de David".[28] Por lo tanto, estos cantos y palabras finales funcionan como una clave interpretativa para leer 1-2 Samuel.

Comenzamos con el canto de Ana en 1 S. 2:1–10. Childs dice que "ofrece una clave interpretativa para esta historia que debe entenderse, sobre todo, desde una perspectiva teocéntrica".[29] El contenido del canto es bastante excepcional, pues Ana no canta lo que podríamos esperar al nacimiento de un hijo. La esterilidad de Ana en el capítulo 1 refleja el estado de Israel y anticipa el cumplimiento de la promesa de Yahvé, pues la victoria llegaría a través de un hijo nacido de mujer (Gn. 3:15). Además, el conflicto de Ana con Penina refleja la lucha entre los justos y los malvados en Israel, entre el remanente que obedecía al Señor y la fuerte mayoría que perseguía y maltrataba a los justos. Vemos aquí un preludio del maltrato de Saúl a David. Peter Leithart dice, con razón, que "la familia de Elcana era un microcosmos de Israel, dividido entre

---

[26] Childs dice: "El himno de acción de gracias [2 S. 22] recoge muchos de los mismos temas del canto de Ana, y refuerza así el mismo énfasis teocéntrico visto ahora en retrospectiva" (*Old Testament as Scripture*, 274). Para la centralidad de los cantos, véase Rendtorff, *Canonical Hebrew Bible*, 103; Dempster, *Dominion and Dynasty*, 134-36; Satterthwaite, "Samuel", 179.

[27] Véase Dempster, *Dominion and Dynasty*, 144-45.

[28] Childs, *Old Testament as Scripture*, 274.

[29] Ibídem, 273. Así también Dumbrell, *Faith of Israel*, 82; House, *Old Testament Theology*, 229.

los nobles ricos y aparentemente fructíferos y los pobres y necesitados que tenían su hogar en medio del polvo y la ceniza".[30]

En la canción de Ana nos vemos arrastrados a un mundo en el que el Señor reivindica y protege a los justos y aniquila a los malvados. El relato pasa del mundo personal de Ana a la escena cósmica, donde se presenta el reinado de Yahvé sobre toda la tierra. Evidentemente el narrador nos está diciendo que lo primero debe interpretarse a la luz de lo segundo. Los acontecimientos aparentemente pequeños de la historia deben leerse a la luz del gobierno y el reinado del Señor sobre toda la historia. ¿Y cómo debe interpretarse la historia? Hay que leerla al revés (1 S. 2:1-10). Aquellos que son fuertes, los ricos y los malvados no triunfarán finalmente. Son los pobres que confían en Yahvé los que finalmente serán reivindicados.

Los humildes que confían en el Señor serán alimentados, mientras que los arrogantes, que confían en sí mismos, pasarán hambre. Obviamente, en este salmo, Ana no está declarando que lo que canta al respecto ya se ha hecho realidad. En última instancia y finalmente, "los malvados son acallados en tinieblas" (1 S. 2:9). El Señor tronará contra sus adversarios y los vencerá (1 S. 2:10). Estas promesas tampoco se limitan a Israel, pues "el SEÑOR juzgará los confines de la tierra" (1 S. 2:10). Evidentemente, Ana pronostica el futuro cuando exclama que el Señor "dará fortaleza a Su rey, y ensalzará el poder de Su ungido" (1 S. 2:10), pues todavía no había ningún rey en la escena.

Lo que tenemos en el canto de Ana son 1-2 de Samuel completos en forma compacta. De la misma manera que Yahvé vindicó a Ana dándole hijos (1 S. 2:5), también vindicaría al pobre y débil Israel. La historia del capítulo 1, al igual que la de Rut, es una historia para todo Israel y, de hecho, para todo el mundo. El juicio y la destrucción de los hijos de Elí (Ofni y Finees) y la exaltación de Samuel ilustran el tema de Ana. Yahvé juzga a los malvados, que lo desprecian, pero exalta al pequeño niño que confía en él. De hecho, la historia de Saúl y David relata el mismo tema. Saúl comienza como un rey humilde que confía en el Señor, pero se subvierte en el camino y se vuelve hacia el lado oscuro. Todo el libro de 1-2 Samuel trata de cómo el Señor exalta a David como rey a través de muchos peligros, dificultades y trampas y abate a Saúl.[31] Yahvé gobernará la nación a través de un rey que confía en él.

---

[30] Leithart, *A Son to Me*, 38.

[31] Alexander (*Servant King*, 68) subraya que David es exaltado por su humildad, su confianza en Dios y su obediencia.

¿Qué conclusión debe sacarse de la preservación de los fieles y de la destrucción de los impíos por parte de Yahvé? Los lectores deben ver que Yahvé es soberano sobre todas las cosas. No puede ser burlado ni derrotado. Fortalecerá a los pobres y necesitados que confíen en él y minará las fuerzas de los que se le resistan. Como proclama Ana, "El SEÑOR da muerte y da vida; hace bajar al Seol (región de los muertos) y hace subir" (1 S. 2:6).[32] La vida y la muerte están en sus manos, y por eso su pueblo debe confiar en él. Yahvé, como el incomparable, se encargará de que se haga justicia. "No hay santo como el SEÑOR; En verdad, no hay otro fuera de Ti, ni hay roca como nuestro Dios" (1 S. 2:2). Ana había experimentado la exaltación del Señor en su propia vida. El Señor "no le había dado hijos" (1 S. 1:5), pero "se acordó de ella" (1 S. 1:19) y le dio el hijo que había pedido con fervor y humildad. Por eso, Ana y todos los pobres y débiles que confíen en el Señor se alegrarán y exultarán finalmente en el Señor (1 S. 2:1). La victoria y el reinado del Señor traerán gran alegría, porque él alcanzará la salvación para su pueblo (1 S. 2:1), tal como lo hizo para Ana, Samuel y David.

El segundo texto fundamental para interpretar 1-2 Samuel es 2 S. 22, que es el canto de David por haber sido librado de Saúl y sus otros enemigos (1 S. 22:1). El elemento más llamativo de este salmo es lo mucho que coincide con el canto de Ana. David no se anuncia como el asesino de gigantes que mató a Goliat. En cambio, se centra en su debilidad y en la fuerza de Yahvé. El Señor es su roca, su refugio, su salvador, su fortaleza y su libertador (1 S. 22:3). David describe la intervención del Señor en su favor con imágenes sorprendentes: "Humo subió de su nariz" (1 S. 22:9); "inclinó también los cielos, y descendió" (1 S. 22:10); "cabalgó sobre un querubín, y voló" (1 S. 22:11); "ascuas de fuego se encendieron" (1 S. 22:13).

1º Samuel 22:9–11 Entonces respondió Doeg el edomita, que estaba junto a los siervos de Saúl: «Yo vi al hijo de Isaí venir a Nob, a *donde estaba* Ahimelec, hijo de Ahitob. »Y consultó al Señor por él, le dio provisiones y le dio la espada de Goliat el filisteo». El rey mandó llamar al sacerdote Ahimelec, hijo de Ahitob, y a toda la casa de su padre, los sacerdotes que *estaban* en Nob, y todos ellos vinieron al rey.

---

[32] Para las implicaciones de esta afirmación en relación con la resurrección, véase Levenson, *Restoration of Israel*, 173.

Retoma la frase del canto de Ana: "tronó el SEÑOR desde los cielos" (1 S. 22:14), la cual tendría que compararse con 1 S. 2:10: "tronará desde los cielos contra ellos" donde Ana hablaba sobre lo que Yahvé hará a sus enemigos.

El Señor rescató a David cuando no había esperanza (1 S. 22:17-19). ¿Por qué el Señor intervino en favor de David? Porque él había "guardado los caminos del SEÑOR" (1 S. 22:22). David era "recto" y estaba libre de culpa (1 S. 22:24). David dice que Yahvé le recompensó "conforme a mi justicia, conforme a mi pureza delante de Sus ojos" (1 S. 22:25). El punto de la historia de David es que el Señor salva a los afligidos (1 S. 22:28), lo cual concuerda con el tema de Ana. Yahvé salva a los que se refugian en él y ponen su fe en él (1 S. 22:31). Las victorias de David, por tanto, se deben al favor de Dios y al poder que recibió del Señor (1 S. 22:34-46).

El juicio sobre los enemigos del Señor, predicho en el canto de Ana, se ha hecho realidad a través del rey de Yahvé, David. El Señor extiende su salvación y su juicio a través de su ungido. La descendencia de la serpiente es conquistada a través del rey davídico. Por eso David, al igual que Ana, expresa su alabanza a Dios por ser la roca de su salvación (1 S. 22:47, 50). El salmo no se refiere sólo a David; también apunta a su descendencia, pues Dios le había prometido que su descendencia reinaría para siempre (2 S. 7). Además, a través de 1-2 Samuel se aclara que es necesario un rey mejor que David. Sí, David obedeció a Yahvé y, como veremos, confió en el Señor en lugar de vengarse de Saúl. Pero pecó notablemente al cometer adulterio con Betsabé y asesinar a Urías (2 S. 11). Se necesita un rey mejor, uno que pueda ser recompensado por su rectitud que dure toda su vida. Ese rey, según el testimonio canónico, es Jesús el Cristo, el hijo de David.

Las últimas palabras de David también desempeñan un papel clave en el libro (23:1-7). El narrador subraya con gran énfasis que el Señor habló a través de David (23:1-3). Sus palabras son un "oráculo"; el Espíritu habla a través de él; "el Dios de Israel" pronuncia sus palabras a través de él. El dulce salmista de Israel no pronunció palabras humanas meramente; sino las palabras del hombre que Yahvé levantó y ungió para ser rey. ¿Y qué dicen las palabras del ungido? Llaman la atención sobre el rey ideal. El rey en el que Yahvé se complace está radicalmente centrado en Dios. "En el temor de Dios" gobierna (1 S. 23:3) e imparte justicia en la tierra. En su canto, Ana esperaba un rey tal, y al final de 1-2 Samuel reconocemos que Saúl fracasó rotundamente en este aspecto, mientras que David lo consiguió en general. Israel necesita un rey que resplandezca como la luz del sol y bendiga al pueblo con lluvias suaves (1 S. 23:4).

David se identifica a sí mismo y a su casa como este reino (1 S. 23:5), reconociendo que el pacto que Dios ha hecho con él permanecerá a perpetuidad, mientras que los impíos serán destruidos para siempre (1 S. 23:6-7).

> **1º Samuel 23:6–7** Al huir Abiatar, hijo de Ahimelec, a *donde estaba* David en Keila, descendió *con* un efod en la mano. Cuando se avisó a Saúl que David había ido a Keila, Saúl dijo: «Dios lo ha entregado en mi mano, pues se ha encerrado entrando en una ciudad con puertas dobles y barras».

De nuevo, hay una incongruencia entre la justicia del rey y las manchas en el gobierno de David. Canónicamente, esperamos un rey que sea perfectamente justo, que cumpla el pacto con Abraham y traiga la bendición a todo el mundo.

Samuel

Podemos examinar 1-2 Samuel considerablemente bien si nos concentrarnos en tres personajes: Samuel, Saúl y David. Esto no quiere decir que los capítulos del libro puedan dividirse distintivamente entre estos personajes. Hay superposición entre sus historias, de manera que la carrera de Saúl se inmiscuye significativamente en la vida de Samuel y, por supuesto, Saúl y David coinciden e interactúan de forma significativa. Empecemos por Samuel. Inmediatamente se hace claro que funciona como el polo opuesto de los hijos de Elí (Ofni y Finees). Samuel representa a los piadosos y a los pobres que confían en Yahvé en la canción de Ana, mientras que Ofni y Finees representan a los arrogantes, ricos y malvados a los que Yahvé hará caer.[33]

Elí, el padre de Ofni y Finees, es un personaje trágico. Se le caracteriza, al igual que aquellos del libro de los Jueces, como juez de Israel durante cuarenta años (1 S. 4:18). Es difícil saber si su periodo de liderazgo implicó salvar a Israel, como era típico en el libro de los Jueces, o si solo se centró en gobernar en un sentido más administrativo. Al parecer, Ofni y Finees iban a ser sus sucesores, pero su maldad desvergonzada los llevó a la muerte antes de que pudieran sucederlo. Samuel, sin embargo, juzgó a Israel durante toda su vida (1

---

[33] Acertadamente Leithart, *A Son to Me*, 43.

S. 7:15-17), haciendo un recorrido por varias ciudades. Parece que la labor de Samuel como juez fue tanto judicial como soteriológica, pues implicó tanto un liderazgo establecido como victorias sobre los filisteos.

Ofni y Finees representan el mismo problema que observamos en Jueces. Hicieron lo que bien les parecía (Jue. 17:6; 21:25). El narrador alterna entre Ofni y Finees y Samuel, entre los malvados y los piadosos. Ofni y Finees son descritos como "hombres indignos; [que] no conocían al SEÑOR" (1 S. 2:12). Eran necios que tomaban la carne para sí mismos antes de que estuviera completamente cocida (1 S. 2:13-14), transgrediendo la Torá al consumir la carne antes de que se quemara la grasa (1 S. 2:15-16).

> **1° Samuel 2:15–16** Además, antes de quemar la grasa, el criado del sacerdote venía y decía al hombre que ofrecía el sacrificio: «Da al sacerdote carne para asar, pues no aceptará de ti carne cocida, sino solamente cruda». Y si el hombre le decía: «Ciertamente deben quemar primero la grasa y después toma todo lo que quieras»; él respondía: «No, sino que *me la* darás ahora, y si no la tomaré por la fuerza».

El narrador resume su problema: "El pecado de los jóvenes era muy grande delante del SEÑOR, porque despreciaban la ofrenda del SEÑOR" (1 S. 2:17). De hecho, mantenían relaciones sexuales con las mujeres que servían en el tabernáculo de reunión (1 S. 2:22).

Las palabras de Elí en la narración son de gran importancia, pues él era el sumo sacerdote y juez de Israel. Por eso, las que pronuncia contra sus hijos están llenas de significado, al advertirles que no hay mediación para ellos si pecan contra Yahvé (1 S. 2:25). El narrador señala que ellos no prestaron atención a las amonestaciones de su padre, "porque el SEÑOR quería que murieran" (1 S. 2:25). Un profeta ratifica las funestas noticias, reprendiendo a Elí por ser blando con sus hijos y honrarlos más que al Señor (1 S. 2:27-36). Su ceguera probablemente también representa una ceguera espiritual (1 S. 3:2), y su "pesadez" (*kābēd*) (1 S. 4:18) anticipa que la gloria (*kābôd*) de Dios se apartará de él.[34] Yahvé quitará el sacerdocio a los descendientes de Elí y matará a Ofni y Finees el mismo día. Dios confirma el juicio anunciado a Samuel (1 S. 3:11-14). "Pero levantaré para Mí un sacerdote fiel que hará conforme a los deseos de Mi

---

[34] Así, Dumbrell, *Faith of Israel*, 81; Leithart, *A Son to Me*, 48-49.

corazón y de Mi alma; y le edificaré una casa duradera, y él andará siempre delante de Mi ungido" (1 S. 2:35).

Hemos visto que a los seres humanos se les requiere honrar a Yahvé como rey, y Ofni y Finees se negaron a hacerlo, glorificándose a sí mismos en lugar de glorificar al Señor. Samuel, sin embargo, se entregó por completo al Señor. Incluso cuando era un niño, su piedad era evidente. "Y el niño Samuel crecía en estatura y en gracia para con el SEÑOR y para con los hombres" (2:26), anticipando así a Jesús de Nazaret, un niño que agradó al Señor más que Samuel (Lc. 2:52). Siendo un niño pequeño (1 S. 3), Samuel comenzó a escuchar y declarar las palabras del Señor como un profeta, aunque las palabras proféticas no eran comunes en su época.

Tal vez la penumbra en la que se hallaba Elí era una parábola (1 S. 3:2) del estado espiritual de su familia y de todo Israel. Por el contrario, la posición de Samuel como profeta se estableció en todo Israel: "Samuel creció, y el SEÑOR estaba con él. No dejó sin cumplimiento ninguna de sus palabras. Y todo Israel, desde Dan hasta Beerseba, supo que Samuel había sido confirmado como profeta del SEÑOR" (1 S. 3:19-20).

El juicio anunciado se abatió sobre Israel (cap. 4) que, bajo el liderazgo de Ofni y Finees, confiaba supersticiosamente en que el arca les traería la victoria. Probablemente trataban de reproducir la victoria obtenida en Jericó llevando el arca al campamento y gritando.[35] Pero fueron derrotados por los filisteos, y Ofni y Finees, de acuerdo con la profecía (1 S. 2:34), murieron el mismo día. Leithart señala con perspicacia que la batalla fue más parecida a la de Hai que a la de Jericó, ya que los "acanos" estaban "llevando el arca".[36] Además, al oír las noticias, Elí cayó hacia atrás, se rompió el cuello y murió (1 S. 4:18). El antiguo liderazgo fue apartado instantáneamente.

El horror de la noticia provocó que la esposa de Finees entrara en labor de parto, y murió en el proceso de dar a luz mientras declaraba "Icabod", que se explica dos veces como la gloria que se aleja de Israel (1 S. 4:21-22). La presencia gloriosa de Dios (el arca) no reside ni puede residir con aquellos que desprecian su nombre. Pero la presunta derrota de Israel y de Yahvé fue el preludio de la victoria. Antes de que el Señor levantara a la nación, derribaría a los malvados dentro de ella.[37]

---

[35] Así, Leithart, *A Son to Me,*, 55.

[36] Ibíd.

[37] Ibídem, 57.

Los filisteos tomaron el arca de Yahvé, lo que sugería que Yahvé era subordinado e inferior a los dioses filisteos. Pero Yahvé es Señor y Rey. Israel fue derrotado porque intentaron manipularlo, pero para los filisteos la victoria fue más de lo que esperaban. Para mostrar la victoria de sus dioses, los filisteos colocaron el arca de Yahvé en el templo junto al dios Dagón. La inutilidad total de Dagón se retrata con humor: Dagón había "caído rostro en tierra delante del arca del SEÑOR" (1 S. 5:3), por lo que necesitó ayuda para ser devuelto a su lugar. Apenas sirvió de nada, pues al día siguiente volvió a caer, y su cabeza y sus manos estaban separadas de su tronco (1 S. 5:4).

Como dice Leithart, el Señor estaba "obligando a Dagón a inclinarse ante su trono", y Dagón "aparentemente se unía a Israel para postrarse ante el trono del Dios de los dioses".[38] Además, allí donde el arca del Señor era llevada en Filistea había brote de tumores, posiblemente la peste bubónica (1 S. 5:6-12). Evidentemente, Yahvé era el Señor de los filisteos y de sus dioses y debía ser honrado como un gran rey, pues él siempre aplastará la cabeza de la serpiente (Gn. 3:15).[39]

Sin embargo, los filisteos se preguntaban si todo lo ocurrido era mera coincidencia. Necesitaban alguna prueba empírica para verificar que Yahvé los había juzgado de verdad, así que enyugaron vacas lecheras, a las que nunca les habían puesto yugo, a un carro nuevo (1 S. 6:7) y observaron si llevaban el arca de vuelta a Israel. De ser así, se confirmaría que Yahvé verdaderamente los había juzgado. De manera sorprendente, las vacas viajaron directamente a Bet-semes, trabajando juntas durante varias millas a pesar de que nunca habían sido enyugadas antes. Israel se alegró por el regreso del arca, pero de nuevo recibieron un recordatorio del señorío, la santidad y la majestad de Yahvé. Los que miraron dentro del arca fueron fulminados (1 S. 6:19), por lo que Israel exclamó con razón: "¿Quién puede estar delante del SEÑOR, este Dios santo?" (1 S. 6:20).

1º Samuel 6:19–20 *El Señor* hirió a los hombres de Bet Semes porque habían mirado dentro del arca del Señor. De todo el pueblo hirió a 50,070 hombres, y el pueblo lloró porque el Señor había herido al pueblo con gran mortandad. Y los hombres de Bet Semes dijeron: «¿Quién puede estar delante del Señor, este Dios santo? ¿Y a quién subirá *al alejarse* de nosotros?».

---

[38] Ibid.
[39] Véase ibíd., 58.

Aquí vemos de nuevo una alusión al canto de Ana. Los que confían y temen al Señor son rescatados, pero los que lo transgreden se enfrentarán a su ira.

Israel debe arrepentirse y renovar el pacto para presentarse ante el Señor (cap. 7). Como su juez, Samuel los dirige en la ceremonia. El narrador utiliza un lenguaje deuteronómico. Samuel les dice que deben volver a Jehová "con todo su corazón", renunciar a los dioses extranjeros y servir sólo al Señor. Solo entonces serán liberados de los filisteos (1 S. 7:3). Así hizo Israel y se reunió en Mizpa para renovar el pacto (1 S. 7:4-6), confesando sus pecados. Los filisteos aprovecharon la oportunidad para atacar a Israel, e Israel clamó con temor (1 S. 7:7-8). Samuel ofreció sacrificios e intercedió por ellos. Yahvé respondió a la oración de Samuel y "tronó" contra los filisteos, confundiéndolos, de modo que fueron derrotados ante Israel, e Israel recuperó muchas ciudades de los filisteos (1 S. 7:10-14). La palabra "tronó" (1 S. 7:10) recuerda el canto de Ana y lo cumple (1 S. 2:10), pues Yahvé tronó contra sus enemigos. Yahvé es el santo y soberano de Israel. Si ellos le son fieles, él les será fiel. Pero si se apartan de él, correrán la misma suerte que Ofni y Finees.

Los capítulos 8-12 representan una nueva etapa en la carrera de Samuel y una transición hacia Saúl como rey de Israel. Samuel intentó mantener la institución de los jueces en Israel, pero sus hijos eran corruptos (¡como los hijos de Elí!), por lo que el pueblo rechazó su liderazgo (1 S. 8:1-3). Lo que Israel quería era un rey (1 S. 8:5). La petición parece bastante razonable, pues había profecías de que Israel tendría un rey (Gn. 49:10; Nm. 24:17), así como otras indicaciones de que un rey estaba por llegar (Dt. 17:14-20) y era necesario (Jue. 17:6; 18:1; 19:1; 21:25).

Sería un error ver una tendencia antimonárquica en 1-2 Samuel, ya que el canto de Ana indica que Yahvé gobernaría la nación a través de un rey (1 S. 2:10), y todo el libro culmina con el reinado de David, que se perpetuaría para siempre en el pacto davídico (2 S. 7).[40] No obstante, tanto Samuel como el Señor se entristecieron de que Israel deseara un rey (1 S. 8:6-7), pues al hacerlo rechazaban la realeza de Yahvé sobre ellos. De nuevo encontramos lenguaje deuteronómico. Israel estaba "abandonando" a Yahvé y "sirviendo a otros dioses" (1 S. 8:8). Abandonar al Señor nunca los llevará a mejores circunstancias, pues el rey que elijan "tomará" y "tomará" y "tomará" (1 S. 8:11,

---

[40] Acertadamente Satterthwaite, "Samuel", 179-80.

13, 14, 16). ¡Entonces el pueblo clamará al Señor para que lo libere del rey que ellos mismos hayan elegido! (1 S. 8:18). Claramente, tanto el Señor como Samuel conceden renuentemente que Israel debe tener un rey (1 S. 8:9, 22; 10:19). Pero parece que el Señor quiere, en última instancia, que Israel tenga un rey, así que ¿por qué la renuencia? La mejor respuesta parece ser que el problema de Israel eran sus motivos: deseaba un rey no para servir y aferrarse al Señor, sino para ser como las demás naciones y encontrar seguridad en sus batallas (1 S. 8:5, 22).[41] De este modo, estaban rechazando el reinado de Yahvé sobre ellos.

Según el encantador relato que se encuentra en el capítulo 9, el nombramiento de Saúl como primer rey parecía inicialmente muy prometedor.[42] A primera vista, la buena apariencia de Saúl y su sobresaliente estatura parecen ser justo lo que se necesita (1 S. 9:2). Pero la palabra para designar la estatura de Saúl (*gābōah*) recuerda el canto de Ana, donde se critica la arrogancia jactanciosa (*gĕbōhâ*) (1 S. 2:3). De hecho, el narrador más tarde nos enseña que el Señor no se fija en la apariencia externa, sino en el corazón, y que no se debe prestar atención a "lo alto de [la] estatura [*gĕbōah*]" (1 S. 16:7).[43] Las extrañas circunstancias por las que Saúl y Samuel se encuentran demuestran que él era el rey que Yahvé había designado para reinar sobre Israel (1 S. 9:15-16; 10:1).

> **1º Samuel 9:15–16** Ahora bien, un día antes de la llegada de Saúl, el Señor había revelado esto a Samuel: «Mañana como a esta hora te enviaré un hombre de la tierra de Benjamín, lo ungirás para que sea príncipe sobre Mi pueblo Israel, y él librará a Mi pueblo del dominio de los filisteos. Porque Yo he visto la aflicción de Mi pueblo, pues su clamor ha llegado hasta Mí».

Saúl también era humilde, y reconocía (tras las circunstancias de Jue. 19-21) que su tribu era la "más pequeña" de Israel, y que su familia también era la "más pequeña" (1 S. 9:21). De hecho, cuando Saúl fue nombrado, era tan humilde (no hay evidencia aquí de que se tratara de una falsa humildad) que se escondió en el bagaje (1 S. 10:21-22). En efecto, Saúl fue fortalecido por el Señor para servir

---

[41] Acertadamente Satterthwaite, "Samuel", 179.

[42] El hecho de que Saúl sea de "Gabaa" (Jue. 19-20) puede señalar los problemas que se avecinan en el futuro (Dempster, *Dominion and Dynasty*, 138).

[43] Véase ibíd., 139.

como rey, pues el Espíritu "vino sobre" él, revistiéndolo de poder y dándole otro corazón (1 S. 10:6, 9-10).

Aquellos que lo conocían se asombraban de que profetizara (1 S. 10:11-12), pero un hombre comentó sabiamente: "¿Y quién es el padre de ellos?" (1 S. 10:12), dando a entender que no hay conexión genealógica para los que profetizan. La profecía no tiene padre humano; es una obra soberana de Dios. No se pueden trazar racionalmente los canales por los que fluye la profecía. Aunque el Señor no aprobó el deseo de Israel de tener un rey, los que se resistieron a Saúl son descritos como malvados, mientras que los que le apoyaron, como "valientes cuyos corazones Dios había tocado" (1 S. 10:26-27).

La elección de Saúl como rey parece reivindicarse cuando la ciudad de Jabes de Galaad fue amenazada por los amonitas (cap. 11). El "Espíritu de Dios vino con poder sobre" él (1 S. 11:6), y éste rescató a Jabes de Galaad de la catástrofe y la muerte. Saúl se mostró magnánimo, al perdonar a los que se oponían a su reinado en un momento en que podría haberles infligido venganza (1 S. 11:12-13). La gran victoria de Saúl condujo al último gran acto del mandato de Samuel, que consistió en la ratificación del reinado de Saúl y el recordatorio de las obligaciones del pacto de Israel en el capítulo 12. De ahí que el capítulo 12 funcione como un "evento de renovación del pacto".[44]

Samuel había advertido al pueblo del peligro de nombrar a un rey y había destacado su integridad moral como juez de Israel (1 S. 12:1-5). No se había enriquecido a costa de Israel. También les recordó los actos de salvación de Yahvé a favor de ellos desde los días del éxodo hasta ese momento (1 S. 12:6-11). Israel había pedido un rey que los librara de los amonitas (1 S. 12:12), y Yahvé les había concedido su petición (1 S. 12:12-13). Sin embargo, la necesidad fundamental de Israel no era el gobierno de un rey. La demanda para Israel era la misma de siempre. Si servían y obedecían a Yahvé, tanto la nación como el rey prosperarían (1 S. 12:14-15). Pero si se rebelaban, tanto el pueblo como el rey serían destruidos. La renovación del pacto indica que la monarquía, la realeza de Israel, es ahora constitutiva de la relación de Israel con Yahvé.[45]

Al provocar un trueno durante la cosecha de trigo, Yahvé proporcionó una prueba concreta de que Israel se entregó a la maldad al buscar un rey (cf. 2:10). La cosecha de trigo tenía lugar entre mayo y junio, que era la estación seca. La tormenta eléctrica destruiría algunas de las cabezas de grano de la cosecha de

---

[44] Hahn, *Kinship by Covenant*, 87.
[45] Ibídem, 87-88.

trigo, dando así testimonio del juicio de Dios ante el pueblo. La ratificación del reinado de Saúl no fue sentimental. Samuel no asumió que todo estaría bien con la derrota de los amonitas. La maldad que motivó a Israel a exigir un rey no había desaparecido.

Sin embargo, la respuesta de Samuel fue compleja. No se dio por vencido con Israel a pesar de que había seguido un curso de acción malvado. Por el contrario, les exhorta: "No teman; aunque ustedes han hecho todo este mal, no se aparten de seguir al SEÑOR, sino sirvan al SEÑOR con todo su corazón. No se deben apartar, porque entonces irían tras vanidades que ni ayudan ni libran, pues son vanidades." (1 S. 12:20-21). La esperanza aún existía para Israel, pues si seguían a Yahvé, aún encontrarían la bendición. De hecho, en última instancia, la nación sería bendecida: "Porque el SEÑOR, a causa de Su gran nombre, no desamparará a Su pueblo, pues el SEÑOR se ha complacido en hacerlos pueblo Suyo" (1 S. 12:22). El apóstol Pablo retoma esta promesa en Ro. 11, al ver una futura salvación para Israel (Ro. 11:2).

Samuel dice que el futuro de Israel es seguro porque su destino está ligado al nombre y la voluntad de Yahvé. A pesar de su pecado, Yahvé ha elegido a Israel como su pueblo y no lo abandonará finalmente, porque hacerlo sería manchar su propio nombre. Dado que el destino de Israel está ligado al nombre de Yahvé, éste nunca lo abandonará. Pero esta promesa definitiva nunca puede convertirse en un pretexto para la desobediencia. La orden para Israel es "teman al SEÑOR y sírvanle en verdad con todo su corazón" (1 S. 12:24). Si se vuelven contra Yahvé y practican la maldad, tanto la nación como el rey "perecerán" (1 S. 12:25).

> **1º Samuel 12:24–25** »Solamente teman al Señor y sírvanle en verdad con todo su corazón; pues han visto cuán grandes cosas ha hecho por ustedes. »Pero si perseveran en hacer mal, ustedes y su rey perecerán».

Al final, el Señor no abandonará a Israel y cumplirá sus promesas de salvación a su pueblo. Sin embargo, ninguna generación de Israel puede presumir de esa promesa. Al final habrá un rey obediente, pero un rey desobediente y una generación rebelde de israelitas experimentarán el juicio, no la salvación.

Saúl puede ser comparado con Adán y con Israel después de la ratificación del pacto del Sinaí. En cierto sentido, podemos pensar en Saúl como un nuevo Adán y un nuevo Israel, que representan un nuevo comienzo para la nación. Ya hemos visto que el comienzo bajo Saúl fue auspicioso. Él era humilde, amable y obediente. No obstante, en los capítulos 13-15 veremos que siguió el mismo camino que Adán e Israel en el incidente del becerro de oro, mostrando que el mero hecho de tener un rey no era la solución a los problemas de Israel. En otras palabras, Saúl no hizo caso a las palabras de Samuel pronunciadas en la renovación del reinado en el capítulo 12. No sirvió ni temió a Yahvé, sino que practicó la maldad, por lo que su dinastía "pereció" (1 S. 12:25).

Saúl

Ya he señalado que las historias de Samuel y Saúl se superponen, pero en el capítulo 13 vemos que Saúl está en primer plano mientras que Samuel pasa al segundo. La historia comienza con una victoria inicial sobre los filisteos, aunque el triunfo se atribuye a Jonatán y no a Saúl (1 S. 13:3). Sin embargo, la maldad de Saúl sale a relucir en medio de la batalla. Samuel le había ordenado que esperara su llegada antes de ofrecer los holocaustos y las ofrendas de paz (1 S. 13:8-14). Pero Samuel no llegó a la hora prometida, por lo que Saúl se adelantó y ofreció los sacrificios. Justo después de ofrecer los sacrificios, Samuel llegó y lo reprendió por no haber obedecido las instrucciones. Este es un momento crucial para Saúl. Si nos anticipamos a la narración, observamos que David se arrepintió cuando fue reprendido.

Pero Saúl puso excusas, culpando a Samuel por no llegar a tiempo y apelando a lo que parecía razonable: sus tropas se estaban yendo y los filisteos se preparaban para la batalla. Entonces revistió sus acciones de fervor religioso: "me dije: '…no he implorado el favor del SEÑOR' Me vi forzado, y ofrecí holocausto" (1 S. 13:12). En lugar de admitir que fue motivado por el miedo y desobedeció, Saúl actuó como si lo que hizo fuera realmente santo. Fue esta clase de perversidad invertida la que llevó a Samuel a decir que la dinastía de Saúl no continuaría (1 S. 13:13-14). Saúl demostró que no era "un hombre conforme al corazón [del Señor]" (1 S. 13:14). Saúl "se estaba volviendo tan ciego como Elí".[46]

La insensatez de Saúl como líder se pone de manifiesto en el capítulo 14, en notable contraste con el valor y la sabiduría de su hijo Jonatán. Jonatán atacó valientemente a los filisteos, reconociendo que "el SEÑOR no está limitado a

---

[46] Leithart, *A Son to Me*, 86.

salvar con muchos o con pocos" (1 S. 14:6), y que el Señor había entregado a los filisteos en sus manos (1 S. 14:12; cf. 14:15), lo que condujo a una gran victoria (1 S. 14:23). Mientras tanto, Saúl vacilaba en el campamento, preguntando a Dios cuando debería haber atacado (1 S. 14:15-19). Tampoco fue un líder sabio al impedir que los hombres de Israel comieran en medio de una batalla, cuando más necesitaban energía (1 S. 14:24). Al enterarse de la prohibición de su padre, Jonatán reconoció que la victoria habría sido mayor si Saúl no hubiera privado a Israel de comida (1 S. 14:29-30). De hecho, la prohibición de Saúl debilitó tanto a sus tropas que violaron la Torá al comer carne con sangre porque estaban hambrientos (1 S. 14:32-33). Y luego Saúl estaba incluso dispuesto a dar muerte a su hijo Jonatán por infringir una orden que no había escuchado; sólo se vio impedido de hacerlo gracias a sus tropas, que de esa manera demostraron que eran más sabias que su líder (1 S. 14:39-45).

Las victorias de Saúl fueron importantes (1 S. 14:47-48), pero había un gusano en el corazón de la manzana, y esto se hace notablemente evidente en el capítulo 15. El Señor ordenó a Saúl que eliminara a los amalecitas completamente bajo una prohibición total de anatema *(ḥērem)* (1 S. 15:1-6). Saúl los derrotó, pero no cumplió todo lo que el Señor exigía:

> Pero Saúl y el pueblo perdonaron a Agag, y lo mejor de las ovejas, de los bueyes, de los animales engordados, de los corderos y de todo lo bueno. No lo quisieron destruir por completo; pero todo lo despreciable y sin valor lo destruyeron totalmente (1 S. 15:9).

El Señor reveló a Samuel lo que Saúl había hecho, indicando que se arrepentía de haber nombrado rey a Saúl (1 S. 15:11, 35). Samuel viajó para encontrarse con Saúl y confrontarlo con su maldad. Mientras tanto, él se había erigido un monumento a sí mismo (1 S. 15:12). Lleno de bravuconería, se reunió con Samuel, afirmando que había hecho lo que el Señor le había ordenado (1 S. 15:13). Pero Samuel no quiso saber nada al respecto, y le preguntó por qué oía entonces "balido de ovejas y mugido de bueyes" (1 S. 15:14). Saúl excusó su desobediencia, como lo hizo en el capítulo 13, con un razonamiento espiritual: "el pueblo perdonó lo mejor de las ovejas y de los bueyes, para sacrificar al SEÑOR tu Dios" (1 S. 15:15).

Samuel lo paró en seco y le recordó que el Señor lo había elegido cuando no era nada para ser rey de Israel y que lo había enviado en una misión para destruir a Amalec completamente (1 S. 15:17-19). Saúl siguió racionalizando, insistiendo en que sí había obedecido, y que lo que había perdonado sería entregado al Señor como sacrificio (1 S. 15:21-22). Lo que Saúl no reconoció ni admitió fue que actuó con presunción al violar el mandato del Señor (1 S. 15:22-23). Así como "desechó la palabra del SEÑOR", también el Señor lo desechó para que "no seas rey" (1 S. 15:23; cf. 15:26, 28). Finalmente, Saúl reconoció su pecado, y la verdadera razón de su desobediencia salió a la luz: temía a la gente en lugar de temer al Señor (1 S. 15:24). Pero ya no había vuelta atrás. Yahvé le quitó el reino a Saúl y se lo concedió a otro que obedecería al Señor (1 S. 15:28-29). Israel quería un rey, pero el problema para ellos era que Saúl era como Adán y como Israel. El problema era que Saúl, al igual que Israel, hacía lo que era correcto a sus propios ojos (cf. Jue. 17:6; 21:25).

Las palabras de Samuel, de que el reino sería arrebatado a Saúl y su familia, comienzan a hacerse realidad en el resto de 1 Samuel (caps 16-31). David se revela como un hombre según el corazón de Dios, mientras que la rebelión de Saúl contra el Señor se hace aún más evidente a través de su trato con David. La disolución del reino de Saúl se pone en marcha inmediatamente, pues Samuel viaja a Belén para ungir a un nuevo rey de entre los hijos de Jesé (cap. 16). El narrador resalta la sorprendente soberanía de Dios, pues el hijo menor, David, que ni siquiera estaba en la comida, fue elegido para ser rey, demostrando así que Yahvé no "ve lo que el hombre ve", sino "el corazón" (16:7). Cuando David fue ungido como rey, el Espíritu de Yahvé "vino poderosamente sobre David" (16:13), al igual que lo hizo sobre Saúl al principio de su reinado. Por el contrario, ahora el Espíritu se había apartado de Saúl, y un espíritu maligno de parte de Yahvé "le atormentaba" (16:14). Así, David fue llevado a la corte del rey, pues su música fue el medio por el cual el espíritu maligno era ahuyentado de Saúl (16:15-23).

La historia de David y Goliat es digna de su fama. ¿Cuál es su papel en la narración? Demuestra que David debía liderar a Israel en lugar de Saúl. Con el resto del ejército de Israel, Saúl se acobardó y no desafió a Goliat.[47] David, a pesar de ser un joven, actuó con valentía, confiando en el nombre de Yahvé (1 S. 17:32-37). Demostró su liderazgo, burlándose de que cualquier filisteo

---

[47] Véase Waltke, *Old Testament Theology*, 642.

incircunciso "desafíe a los escuadrones del Dios viviente" (1 S. 17:26; cf. 17:36). Vemos otro patrón en la historia que nos recuerda la conquista de Canaán. David no triunfó sobre Goliat porque tuviera un armamento superior; lo mató con una honda y una piedra para demostrar que el Señor "no libra ni con espada ni con lanza" (1 S. 17:47).

El Señor hizo pequeño, como predijo Ana, a uno que era de gran altura (*gābōah*) (17:4). Goliat "maldijo a David por sus dioses" (1 S. 17:43). David, sin embargo, puso su confianza enteramente en el Señor. Vino "en el nombre del SEÑOR de los ejércitos" (1 S. 17:45), demostrando que "la batalla es del SEÑOR" (1 S. 17:47).

> **1° Samuel 17:45–47** Entonces dijo David al filisteo: «Tú vienes a mí con espada, lanza y jabalina, pero yo vengo a ti en el nombre del Señor de los ejércitos, el Dios de los escuadrones de Israel, a quien tú has desafiado. »El Señor te entregará hoy en mis manos, y yo te derribaré y te cortaré la cabeza. Y daré hoy los cadáveres del ejército de los filisteos a las aves del cielo y a las fieras de la tierra, para que toda la tierra sepa que hay Dios en Israel, y para que toda esta asamblea sepa que el Señor no libra ni con espada ni con lanza; porque la batalla es del Señor y Él los entregará a ustedes en nuestras manos».

"La simiente de la mujer ha llegado, y en su primera acción como rey, David es un guerrero, un ungido que vence y decapita a un gigante monstruoso, cuyo discurso es un eco de la voz de la serpiente".[48] A través de la victoria de David, el Señor será glorificado, para que "toda la tierra sepa que hay Dios en Israel" (1 S. 17:46).

El narrador enfatiza que nada puede impedir el ascenso de David al reino. Por más violencia o maquinaciones que Saúl tramó en contra de David, no pudo acabar con su vida.[49] Yahvé exaltó al humilde (David) y derribó al soberbio (Saúl). El resto de la narración de 1 Samuel (caps. 18-31) refleja el conflicto entre la simiente de la serpiente (Saúl) y la simiente de la mujer (David), mostrando así el triunfo de esta última incluso a través de la persecución. El triunfo final de David se manifiesta inmediatamente en la narración. Incluso

---

[48] Dempster, *Dominion and Dynasty*, 140.
[49] Leithart (*A Son to Me*, 101) sostiene que vemos un paralelismo entre las vidas de David y José. Ambos pasaron del sufrimiento a la gloria.

Jonatán, hijo de Saúl y legítimo heredero del reino, se puso del lado de David e hizo un pacto con él (1 S. 18:1-5).

Saúl, encolerizado a causa de los celos porque David recibía más gloria por sus triunfos militares que él, intentó matarlo (1 S. 18:6-11). Tenía un presentimiento acerca del futuro. Temía a David porque Yahvé se había alejado de él, pero estaba con David como lo había hecho con Moisés (1 S. 18:12, 15). Por eso, David era muy popular entre el pueblo (1 S. 18:16) y "David prosperaba en todos sus caminos, pues el SEÑOR estaba con él." (1 S. 18:14). Saúl esperaba matar a David mediante una treta. Como dote por su hija, le exigió el precio de cien prepucios filisteos, pensando que ellos lo matarían (1 S. 18:20-29). Pero el plan resultó dramáticamente contraproducente, pues David mató al doble de filisteos que se le habían requerido, lo cual solo incrementó su popularidad. Además, ahora David formaba parte de la familia real. Lo que Saúl temía se estaba convirtiendo en una realidad (1 S. 18:29).

Saúl estaba empeñado en matar a David, pero de nuevo Jonatán (¡el heredero del trono!) intercedió y lo persuadió de lo contrario (1 S. 19:1-7). Los celos dementes de Saúl le atacaron de nuevo, y trató de clavar a David en la pared con una lanza, pero ésta no dio en el blanco (1 S. 19:8-10). También trató de matarlo en su propia cama, pero Mical, su propia hija y además esposa de David, se puso del lado de éste y ayudó a protegerlo (1 S. 19:11-17). La familia de Saúl mismo frustró sus designios sobre David. David huyó a Samuel en busca de protección, pero Saúl volvió a perseguirlo, primero enviando mensajeros y luego yendo él mismo a matarlo (1 S. 19:18-24). Saúl estaba aprendiendo por las malas, aunque finalmente nunca aprendió la lección: jamás derrotaría a David. Tanto los mensajeros como Saúl fueron tomados por el Espíritu y profetizaron. Saúl se sintió tan abrumado que se despojó de sus ropas y proclamó las palabras de Dios.

La narración en 1-2 Samuel no tiene nada de irreal. Yahvé protegía a David, pero éste seguía tomando precauciones para que Saúl no pudiera matarlo. El relato del capítulo 20 demuestra que la actitud de Saúl hacia David se había endurecido. Cuando Saúl se dio cuenta de que Jonatán estaba protegiendo a David, se enfureció tanto que intentó matar a su propio hijo, convencido de que Jonatán apoyaba a David como rey (1 S. 20:30-31).

La única manera de asegurar el reinado de Jonatán era matar a David. Entonces, tanto Jonatán como David se dieron cuenta de que a partir de ese momento David no podría volver a sentarse a la mesa de Saúl. En adelante, David sería un fugitivo. Como fugitivo, David ahora era prófugo y perseguido

(1 S. 21:10). Viajó a Gat, en Filistea, pero fingió locura cuando se dio cuenta de que su vida corría peligro como el famoso soldado que había matado a muchos filisteos (1 S. 21:10-15).

David y sus hombres funcionaban como una especie de reino guerrillero en Israel, aunque David no intentaba desplazar a Saúl (1 S. 22:1-4). Saúl se consumió irracionalmente con la idea de que David estaba tratando de derrocarlo, viendo una conspiración donde no existía ninguna (1 S. 22:5-23), lo que llevó a la matanza de ochenta y cinco sacerdotes y a la aniquilación de todo hombre, mujer y niño en Nob bajo la dirección de Doeg el edomita. Claramente, Saúl ahora estaba aliado con la serpiente de Génesis 3 y, al igual que el faraón y otros enemigos de Israel, estaba destruyendo a los miembros del pueblo de Dios. David no se acobardó en su fortaleza. Confió en Yahvé y obedeció sus directrices (1 S. 22:5). Bajo la dirección del Señor, rescató a los habitantes de Keila de los filisteos, aunque sus hombres no querían arriesgarse a un ataque así, y no se vengó de los habitantes de Keila ni siquiera cuando se le reveló que ellos lo entregarían a Saúl (1 S. 23:1-12).

Finalmente, Saúl no tendría la capacidad y de ninguna manera lograría triunfar sobre David, pues el gobierno del Señor no puede ser anulado. El narrador resume la historia con acierto: "Saúl lo buscaba todos los días, pero Dios no lo entregó en su mano" (1 S. 23:14). El poder militar y político de Saúl y su estrategia no eran rivales para el Señor. De hecho, en el momento crucial en la huida de David, Yahvé lo reconforta con las palabras de Jonatán. Jonatán, como heredero del trono, habla la palabra del Señor a David: "No temas, porque la mano de Saúl mi padre no te encontrará, y tú reinarás sobre Israel y yo seré segundo después de ti; Saúl mi padre también sabe esto" (1 S. 23:17).

La promesa de un reinado davídico ciertamente se haría realidad. ¡Qué extraordinario giro de acontecimientos! El heredero al trono apoyó a David en lugar de a su padre, reconoció que David sería el rey en lugar de él, e hizo un pacto con David para asegurar su lealtad hacia él (1 S. 23:18). Pero David aún tenía sus enemigos. Los zifeos apoyaron a Saúl y le informaron del paradero de David (23:19-29). Saúl persiguió a David y estuvo notablemente cerca de atraparlo, pues estaba al otro lado de la montaña, y David huía de él. Pero justo cuando parecía que Saúl iba a capturar a David, tuvo que marcharse para atender un ataque filisteo. El momento del ataque filisteo no fue casual. Por mucho que Saúl se acercara a David, nunca lanzaría la red sobre él.

Sin embargo, Saúl era incansable. Era como el Judas Iscariote de David, por así decirlo, haciendo todo lo posible para destruirlo. Cuando descubrió que David estaba en el desierto de En-gadi, la persecución comenzó de nuevo (cap. 24). Saúl se dispuso a descansar en una cueva, sin saber que David y sus hombres estaban sentados en el fondo de la misma. Los hombres de David le instaron a matar a Saúl, sosteniendo que Yahvé había dispuesto las circunstancias para que se deshiciera de él (1 S. 24:4). Pero David se negó a matarlo porque era el rey ungido por Yahvé, y sólo le cortó la orilla del manto (1 S. 24:4-7). Después de que Saúl saliera de la cueva, David riñó con él desde lejos probándole que podía haberlo matado. Así evidenció que la persecución de Saúl era injusta e irracional (1 S. 24:8-11). David demostró que era merecedor de la realeza, pues no tomó la venganza en sus propias manos. En cambio, apeló a Yahvé para que "juzgara" entre él y Saúl (1 S. 24:12, 15).

Por un momento, Saúl reconoció la verdad; el narrador registra estas palabras cruciales salidas de su propia boca:

> Eres más justo que yo, porque tú me has tratado bien mientras que yo te he tratado con maldad. Tú has demostrado hoy que me has hecho bien, ya que el SEÑOR me entregó en tu mano y sin embargo no me diste muerte. Porque si un hombre halla a su enemigo, ¿lo dejará ir sano y salvo? Que el SEÑOR, por tanto, te recompense con bien por lo que has hecho por mí hoy. He aquí, ahora sé que ciertamente serás rey, y que el reino de Israel será establecido en tu mano (1 S. 24:17-20).

Saúl incluso admitió la rectitud de David y su propia maldad, y pidió a Yahvé que recompensara a David por su bondad. Lo más importante es que Saúl pronunció la palabra del Señor, reconociendo que David sería el futuro rey de Israel. En un momento de claridad, Saúl comprendió la verdad, aceptando que David, como descendiente de la mujer (véase Gn. 3:15), triunfaría. O, dicho de otro modo, el reino de Dios no puede fallar.

David sólo sería un rey digno si perseguía la rectitud. Si se entregaba a la maldad, su bondad se vería comprometida, lo que lo descalificaría para servir como rey. En el capítulo 25, David tuvo la tentación de recurrir a la venganza, pues él y sus hombres habían protegido los rebaños de Nabal en el desierto. Cuando le pidieron a Nabal alguna recompensa, éste rechazó bruscamente su petición, quejándose de que pedían algo a cambio de nada. David se enfureció y estaba listo para matar a Nabal y a toda su casa. Pero el Señor tuvo misericordia de David, porque Abigail, la mujer de Nabal, lo interceptó antes de que llegara a Nabal. Ella se disculpó por la insensatez de su marido. Y lo más importante, le recordó a David que no debía buscar venganza para sí mismo (1 S. 25:26). Abigail pronuncia las palabras cruciales de la historia:

> Te ruego que perdones la ofensa de tu sierva, porque el SEÑOR ciertamente establecerá una casa duradera para mi señor, pues mi señor pelea las batallas del SEÑOR, y el mal no se hallará en ti en todos tus días. Y si alguno se levanta para perseguirte y buscar tu vida, entonces la vida de mi señor será ligada en el haz de los que viven con el SEÑOR tu Dios; pero El lanzará la vida de tus enemigos como de en medio de una honda. Y sucederá que cuando el SEÑOR haga por mi señor conforme a todo el bien que Él ha hablado de ti, y te ponga por príncipe sobre Israel, esto no causará pesar ni remordimiento a mi señor, tanto por haber derramado sangre sin causa como por haberse vengado mi señor. Cuando el SEÑOR haya hecho bien a mi señor, entonces acuérdate de tu sierva. (1 S. 25:28–31)

Abigail le recordó a David la promesa de Dios. Él haría una "casa duradera" para David, y el Señor pagaría a sus enemigos lo que merecían. David no debía vengarse; debía dejar que el Señor recompensara el mal. David reconoció que el Señor había enviado a Abigail para evitar que ejecutara el mal (1 S. 25:32-34). Aquí se manifiesta la grandeza de David en contraste con Saúl, pues a diferencia de éste, él estaba abierto a la corrección. Unos pocos días después cuando Nabal murió, David reconoció lo que había ocurrido: "Bendito sea el SEÑOR, que ha defendido la causa de mi afrenta de manos de Nabal, y ha preservado a su siervo del mal. El SEÑOR también ha devuelto la maldad de Nabal sobre su propia cabeza" (1 S. 25:39). Las palabras del canto de Ana y del salmo de David se estaban haciendo realidad. Yahvé estaba levantando a los pobres y humildes y derribando a los ricos y orgullosos.

La verdad del canto de Ana se reflejó especialmente en el conflicto entre David y Saúl. A pesar de todas las conspiraciones de Saúl contra David, éste estaba siendo exaltado como rey, y Saúl finalmente enfrentaría el juicio. Los zifeos suscitaron de nuevo la animadversión de Saúl contra David al informarle dónde se escondía (cap. 26). David y sus hombres llegaron al campamento de Saúl mientras éste dormía. David y Abisai entraron sigilosamente en el campamento, y el Señor impidió que alguno de ellos se despertara. Abisai interpretó el suceso como una señal de Dios de que debía matar a Saúl (26:8).

Sin embargo, David se negó a herir al ungido de Yahvé, pues hacerlo sería incurrir en culpa. Confió en que el Señor se ocuparía de Saúl: "Vive el SEÑOR, que ciertamente el SEÑOR lo herirá, o llegará el día en que muera, o descenderá a la batalla y perecerá" (1 S. 26:10). De nuevo, los dos cantos que funcionan como marco del libro fueron la firma de la vida de David. Yahvé exaltaría y rescataría a David sin que él tuviera que recurrir a la injusticia para avanzar por su propia cuenta. David y Abisai tomaron la lanza y la vasija de agua de Saúl para demostrar que podrían haberlo matado si hubieran querido hacerlo. Despertando a Saúl, David volvió a reñir con él, y le demostró que no había motivos para que le persiguiera.

Saúl volvió a admitir su error, reconociendo que el futuro estaba en manos de David. Las palabras clave de la narración se reflejan en la autodefensa de David ante Saúl:

> El SEÑOR pagará a cada uno según su justicia y su fidelidad; pues el SEÑOR te entregó hoy en mi mano, pero yo no quise extender mi mano contra el ungido del SEÑOR. He aquí, como tu vida fue preciosa ante mis ojos hoy, así sea preciosa mi vida ante los ojos del SEÑOR, y que Él me libre de toda aflicción (1 S. 26:23-24).

Yahvé haría brillar su favor sobre David porque éste confiaba en que el Señor lo exaltaría.

Los últimos capítulos de 1 Samuel (caps. 27-31) registran los últimos días de Saúl. La promesa de protección y exaltación por parte del Señor no excluía la preparación por parte de David. Se apartó con decisión del ámbito de Saúl y escapó hacia la tierra de los filisteos (cap. 27). Estaba fuera del alcance de Saúl y realizaba incursiones contra sus enemigos, pero engañó a Aquis de Filistea haciéndole creer que atacaba a sus propios compatriotas. No obstante, Saúl temía al ejército filisteo que estaba preparado para atacarlo (1 S. 28:5).

Yahvé lo había abandonado, por lo que se negó a responder a sus preguntas (28:6-7). Saúl estaba desesperado, así que buscó a un médium (1 S. 28:7-12), ¡a pesar de que los médiums estaban prohibidos en el país nada menos que por él mismo! (1 S. 28:3). La médium consiguió llamar a Samuel, pero sus palabras para Saúl no fueron sorprendentes ni reconfortantes. Al final, el propio Saúl reconoció ante Samuel: "Dios se ha apartado de mí y ya no me responde ni por los profetas ni por sueños" (1 S. 28:15). Samuel proclamó la palabra del Señor a Saúl:

¿Entonces, por qué me preguntas a mí, ya que el SEÑOR se ha apartado de ti y se ha hecho tu enemigo? El SEÑOR ha hecho conforme a lo que dijo por medio de mí; y el SEÑOR ha arrancado el reino de tu mano, y se lo ha dado a tu prójimo, a David. Porque tú no obedeciste al SEÑOR, ni llevaste a cabo su gran ira contra Amalec, el SEÑOR te ha hecho esto hoy (1 S. 28:16-18).

Yahvé estaba a punto de hacer perecer a los malvados en las tinieblas y levantar al pobre David del polvo (cf. 2:8-9). Por lo tanto, Saúl estaba a punto de sufrir el mismo destino que Ofni y Finees y de perder una gran batalla contra los filisteos (1 S. 28:19). Una vida que había comenzado gloriosamente estaba terminando en la ignominia y la derrota. Cualquier indicio de que Jonatán sirviera como rey queda eliminado después de que muriera en la batalla en la que Saúl e Israel fueron derrotados rotundamente por los filisteos (cap. 31).

¿Qué papel juegan los capítulos 29-30 en la historia? Explican por qué David no pudo acudir en ayuda de Saúl. En el capítulo 27 vimos que David engañaba a Aquis, por lo que su intención era, casi con toda seguridad, rescatar a Israel durante la batalla. Pero los otros comandantes filisteos lo despidieron, discerniendo con razón que no había mejor manera de que David se ganara el afecto de Saúl que acudiendo en su rescate (cap. 29). Sin embargo, incluso después de que David fuera despedido, podría haber intentado unirse a la escena de la batalla por su cuenta. Pero esta posibilidad quedó descartada a su regreso a Siclag (cap. 30), pues al volver se encontró con que su ciudad de residencia había sido saqueada y sus seres queridos capturados.

David y sus seguidores tuvieron que hacer un arduo viaje y pelear una batalla para reclamar lo que era suyo y castigar a los amalecitas que los habían atacado. David demostró que era el legítimo rey de Israel, pues "se fortaleció en el SEÑOR su Dios" cuando su propio pueblo quiso apedrearlo (1 S. 30:6). También demostró su gentileza al compartir el botín de la victoria con los que estaban demasiado agotados para hacer todo el viaje, en contraste con la mezquindad de algunos de su ejército (1 S. 30:20-24). En cualquier caso, Yahvé había dispuesto las circunstancias de tal manera que David no pudo ayudar a Saúl. La perdición de éste último ya era segura. Había llegado una nueva era con un rey que era un hombre según el corazón de Dios. Canónicamente, David apunta a Jesucristo. Al igual que David, Jesús sufrió y posteriormente fue glorificado. Y, como veremos, a diferencia de David, siempre hizo la voluntad del Señor. La obediencia de David era notable, pero no era perfecta, y por eso apuntaba a un rey que lo superaba en justicia.

David

El relato del gobierno de David como rey comienza en 2 Samuel. Inmediatamente demuestra por qué es correcto que rija como rey. Al parecer, el amalecita mintió sobre la muerte de Saúl, aunque de alguna manera consiguió su corona (1 S. 31; 2 S. 1). Seguramente esperaba una recompensa de David por haber matado a Saúl y haberle llevado la corona. El amalecita no conocía bien a David, en cambio, sus tropas podrían haberle dicho cómo se sentiría David con respecto a matar al ungido del Señor. En lugar de celebrar la muerte de Saúl (y de Jonatán), David se lamentó (2 S. 1:11-12), componiendo y cantando un lamento por la derrota que había sufrido Israel (2 S. 1:17-27). El amalecita fue condenado a muerte por admitir que había dado muerte a Saúl (2 S. 1:13-15), lo que demuestra que David era un gobernante justo y recto que no toleró el asesinato como medio de promoción política.

David dio el siguiente paso bajo la supervisión del Señor. Consultó al Señor sobre la ciudad de Judá a la que debía dirigirse, y en Hebrón fue ungido rey de Judá (2 S. 2:1-4). David elogió al pueblo de Jabes de Galaad por su amabilidad con Saúl (2 S. 2:5-6), demostrando así, que no quería dividir a Israel sino unificarlo. Sin embargo, la lucha no había terminado. Abner, tío de Saúl, postuló como rey a Is-boset, hijo de Saúl (cap. 2). Esto resultó en un conflicto entre Israel y Judá durante varios años (caps. 2-4), durante los cuales David se fue haciendo cada vez más fuerte (2 S. 3:1). Las cosas se pusieron claramente del lado de David, ya que Abner e Is-boset tuvieron una disputa por una concubina, y Abner transfirió su lealtad a David (cap. 3).

No obstante, el trato se vino abajo cuando Joab, el comandante del ejército de David, asesinó a Abner (2 S. 3:27). Una vez más, David demostró su valía para servir como rey cuando repudió el asesinato de Abner y lloró su muerte (2 S. 3:28-39). Así señaló que el mal hecho era responsabilidad de Joab y Abisai. La muerte de Abner, general del ejército de Is-boset, supuso el fin de la causa de Is-boset (2 S. 4:1). Dos hombres, Recab y Baana, decidieron acelerar las cosas y asesinaron a Is-boset mientras descansaba en su cama (2 S. 4:2-7).

Al igual que el amalecita, estos hombres no conocían bien a David. Le llevaron la cabeza de Is-boset, esperando sus elogios y un alto puesto en su administración (2 S. 4:7-12). Pero David no estaba impresionado. Los ejecutó por semejante asesinato a sangre fría, demostrando que no tenía ningún deseo de asumir la realeza mediante el asesinato y la intriga. Esperaba, de acuerdo con el canto de Ana (1 S. 2:1-10) y su propio canto (2 S. 22), que el Señor lo exaltara. Era un rey justo, cuya roca y fortaleza eran el Señor que le daría la victoria y el reino. No tenía necesidad de recurrir al mal para autopromoverse.

Finalmente, llegó el día en que el Señor lo exaltó y todo Israel lo eligió como rey (cap. 5). Reconocieron que David ya había actuado como rey de manera significativa, y ratificaron las palabras del Señor: "Tú pastorearás a mi pueblo Israel, y serás príncipe sobre Israel" (2 S. 5:2).[50] David estableció a Jerusalén como capital de su reino (2 S. 5:5-9), lo cual fue significativo por su ubicación central entre el norte y el sur, y porque era "independiente de las tribus de Judá e Israel".[51]

La grandeza de David se debía a que el Señor estaba con él, y no a su propia fuerza o sabiduría (2 S. 5:10). "Y comprendió David que el SEÑOR lo había confirmado por rey sobre Israel, y que había exaltado su reino por amor a su pueblo Israel" (2 S. 5:12). La exaltación de David como rey refleja el tema del canto de Ana y el salmo que se encuentra en 2 S. 22. La familia de David prosperó (2 S. 5:13-16), aunque la referencia a tomar más concubinas sugiere problemas futuros (5:13; cf. Dt. 17:17). Como rey, David prosiguió su batalla contra los filisteos consultando al Señor (2 S. 5:17-25). El Señor los entregó a David (2 S. 5:19), los "quebrantó" (2 S. 5:20) e hirió (2 S. 5:24) su campamento. Está claro que David prosperaba porque se sometía y confiaba en el señorío de Yahvé.

El carácter de David centrado en Dios se manifiesta en su deseo de llevar el arca a Jerusalén (cap. 6). La alegría de David por Yahvé se hace evidente en la música que acompañó el traslado del arca (2 S. 6:5). Pero Yahvé es siempre el santo de Israel. "Llevar el arca a Jerusalén no es sólo una cuestión de poner un

---

[50] Según Rendtorff (*Canonical Hebrew Bible*, 110), la palabra *nāgîd* tiene un significado religioso más que político.
[51] Ibídem, 111.

sello religioso de aprobación a un régimen".[52] Uza fue herido de muerte porque
tocó el arca del Señor (2 S. 6:6-7).

> **2° Samuel 6:6–7** Pero cuando llegaron a la era de Nacón, Uza extendió *la mano*
> hacia el arca de Dios, y la sostuvo porque los bueyes casi *la* volcaron. Y se
> encendió la ira del Señor contra Uza, y Dios lo hirió allí por su irreverencia; y
> allí murió junto al arca de Dios.

La presencia de Dios se manifestaba especialmente a través del arca, pues era
allí donde se reunía con Israel (Éx. 25:20-22) y lo gobernaba.

El Señor ordenó que los levitas llevaran el arca (Nm. 1:50). Además,
advirtió a Israel: "no toquen los objetos sagrados pues morirán" (Nm. 4:15). La
explicación de la muerte de Uza es más completa en 1 Crónicas (15:13-15),
donde se muestra que el arca no fue transportada de la manera prescrita. No se
podía jugar con Yahvé. David estaba enfadado y temeroso por lo sucedido (2 S.
6:8-10), y se abstuvo de llevar el arca más lejos. Pero cuando se dio cuenta de
que la casa de Obed-edom había sido bendecida por el arca, la llevó de nuevo
debidamente a Jerusalén (2 S. 6:11-15). David se llenó de una alegría exhultante,
danzando y cantando con júbilo al Señor. Su esposa Mical, que el narrador
enfatiza que era hija de Saúl, despreció a David por llevar sólo un efod de lino
y bailar con tanto regocijo en público. Ella consideraba que tales acciones
carecían de la dignidad propia de un rey.

Por cierto, hay varios indicios de que David funcionaba como un rey-
sacerdote:[53] (1) llevaba un "efod de lino" (2 S. 6:14); (2) sacrificaba holocaustos
y ofrendas de paz (2 S. 6:17-19); (3) bendecía al pueblo como hacían los
sacerdotes (2 S. 6:18; cf. Nm. 6:24-26). Aquí aflora la grandeza de David, pues
su alegría estaba en el Señor, y vivía para alabarlo. Fue Dios quien designó al
pobre y humilde David para que sirviera como rey (2 S. 6:21-22), y la arrogante
Mical, que lo despreció, fue humillada al nunca tener un hijo. Por lo tanto, el
futuro rey no provendrá del linaje de Saúl.[54] Así que, una vez más, escuchamos
los ecos del canto de Ana: el pobre ha sido exaltado. Como rey-sacerdote, David
desea construir el templo del Señor.[55] Quizás Scott Hahn tenga razón al

---

[52] Dempster, *Dominion and Dynasty*, 141.

[53] Véase Hahn, *Kinship by Covenant*, 180-81; Gentry y Wellum, *Kingdom through Covenant*, 422.

[54] Véase Dempster, *Dominion and Dynasty*, 141.

[55] Así, Hahn, *Kinship by Covenant*, 181.

argumentar que las acciones sacerdotales y reales de David indican que representa a Melquisedec.[56]

La pasión de David por Yahvé alcanza su cenit en su deseo de construir una casa para el nombre de Dios (cap. 7). Natán estaba seguro de que ese deseo debía ser la voluntad del Señor y animó a David a seguir adelante (2 S. 7:3). Pero la palabra del Señor sorprendió a Natán y a David. El Señor le dijo a David: "En realidad no necesito una casa. Nunca he pedido a nadie que me construya una, porque mi plan desde los días del éxodo ha sido desplazarme con mi pueblo Israel en una tienda móvil" (es decir, el tabernáculo) (2 S. 7:4-7). En otras palabras, el Señor no necesitaba a David para hacer avanzar su causa. De hecho, fue precisamente lo contrario. Fue el Señor quien levantó a David, exaltando al que era un pastor del campo para ser "príncipe sobre mi pueblo Israel" (2 S. 7:8). De nuevo, vemos una alusión a los dos cantos que dominan la narración (1 S. 2:1-10; 2 S. 22).

La grandeza de David se debía a que el Señor estaba con él "dondequiera que has ido" (2 S. 7:9), de modo que sus enemigos fueron derrotados. David no debía pensar que iba a engrandecer el nombre del Señor construyendo un templo. En cambio, el Señor haría un "nombre grande" para David (2 S. 7:9). La promesa de engrandecer su nombre es la misma que el Señor le hizo a Abraham (Gn. 12:2), lo cual es una indicación de que las promesas del pacto con Abraham se estaban haciendo realidad a través de David.[57] El capítulo comenzó con el deseo de David de construir una casa para el Señor, pero la historia cambia radicalmente.

En lugar de que David construya una casa para el Señor, el Señor dice que hará un lugar seguro para Israel para que "habite en su propio lugar y no sea perturbado de nuevo" (2 S. 7:10). Vendría un nuevo día en el que Israel no sería perturbado (2 S. 7:10-11). De hecho, David no construirá una casa a Yahvé, sino que el Señor "te edificará una casa" (2 S. 7:11). En otras palabras, se establecería una dinastía para que el hijo de David le sucediera como rey (2 S. 7:12). Y este hijo (Salomón) construiría el templo, y su reino no tendría fin (2 S. 7:13). Si Salomón o sus descendientes pecasen, el Señor los disciplinaría, pero nunca les retiraría su "misericordia" (2 S. 7:14-15). En otras palabras, su pacto con David y sus hijos sería perpetuo. Los reyes serían disciplinados individualmente, pero

---

[56] Ibídem, 192-93.

[57] Así, Dumbrell, *Faith of Israel*, 87.

el pacto nunca se retiraría.[58] En última instancia, un rey davídico gobernaría sobre Israel. "Tu casa y tu reino permanecerán para siempre delante de mí; tu trono será establecido para siempre" (2 S. 7:16).

Este es un pasaje muy notable. El Señor se alegra de que David quiera construirle una casa, pero el peligro es que David piense que ha hecho grandes cosas por Dios. Por eso, el Señor se centra en lo que él ha hecho por David, comprometiéndose a construirle una casa duradera. Es el Señor quien levanta, bendice y sostiene. Él es siempre la roca, la fortaleza y el libertador de David. El pacto davídico representa una ampliación del pacto con Abraham. El Señor traerá la bendición universal al mundo a través de la descendencia de Abraham.[59] Ahora está claro que esta bendición universal también se hará realidad a través de la descendencia de David. Yahvé bendecirá al mundo a través de un rey. El señorío de Yahvé sobre el mundo se expresará a través del gobierno de un monarca davídico. Por supuesto, Mateo retoma este mismo tema en el primer libro del Nuevo Testamento. Jesús es "hijo de David, hijo de Abraham" (Mt. 1:1). La descendencia de la mujer que vencerá a la serpiente (Gn. 3:15) será también la descendencia de David.

David queda atónito y casi sin palabras por la gentileza del Señor (2 S. 7:18, 20). Exclama con razón: "¿Quién soy yo?" y "¿Qué es mi casa?" al oír que el Señor le ha prometido tan grandes bendiciones (2 S. 7:18). En efecto, el Señor le ha hecho promesas imperecederas relacionadas a su familia; esto representa la *tôrâ*, el acta constitutiva para toda la humanidad (2 S. 7:19).[60] En otras palabras, el Señor ha revelado que bendecirá al mundo mediante una dinastía davídica. El corazón de David se llenó de alabanzas, ensalzando la grandeza de Dios y exclamando: "no hay nadie como tú, ni hay Dios fuera de ti, conforme a todo lo que hemos oído con nuestros oídos." (2 S. 7:22). El éxodo de Egipto, en el que el Señor redimió a Israel como pueblo para sí, atestigua que el Señor nunca los abandonará, que Israel será "pueblo tuyo para siempre" (2 S. 7:23-24). David termina orando para que el Señor cumpla su promesa, que construya una casa para David, tal como dijo, para que Israel sea bendecido para siempre (2 S. 7:27-29).

---

[58] Hahn (*Kinship by Covenant*, 198) no ve esto claramente y, por tanto, fusiona demasiado la condicionalidad en los pactos mosaico y davídico.

[59] Para las conexiones con el pacto con Abraham, véase Satterthwaite, "Samuel", 181; Hahn, *Kinship by Covenant*, 196.

[60] Véase Leithart, *A Son to Me*, 201; Williamson, *Sealed with an Oath*, 129; Hahn, *Kinship by Covenant*, 183; Gentry y Wellum, *Kingdom through Covenant*, 399-401.

Hahn resume muy bien los elementos esenciales del pacto con David en la medida en que apuntan al Nuevo Testamento y al cumplimiento en Jesucristo:[61]

(1) La dinastía de David fue prometida mediante un pacto;

(2) David era hijo de Dios (2 S. 7:14);

(3) Era el ungido;

(4) El gobierno de David estaba ligado a Jerusalén, al monte Sión;

(5) Su "monarquía estaba inextricablemente ligada *al Templo*";[62]

(6) David gobernó sobre doce tribus, enfatizando la unidad del pueblo de Dios;

(7) El imperio davídico era internacional; y

(8) La casa de David duraría para siempre.

David alabó al Señor, y por ello el Señor siguió exaltándolo, concediéndole victorias sobre Filistea, Moab, el rey de Soba, los sirios y Edom (2 S. 8:1-13). También recibió tributo de las potencias extranjeras (2 S. 8:12). El Señor estaba honrando a quien lo honraba. El carácter distintivo del gobierno de David se resume de la siguiente manera: "Y el SEÑOR daba la victoria a David dondequiera que iba. David reinó sobre todo Israel, y administraba justicia y derecho a todo su pueblo." (2 S. 8:14-15).

> **2º Samuel 8:14–15** Puso guarniciones en Edom; por todo Edom puso guarniciones, y todos los edomitas fueron siervos de David. Y el Señor daba la victoria a David dondequiera que iba. David reinó sobre todo Israel, y administraba justicia y derecho a todo su pueblo.

David era un rey sabio y justo, Yahvé había levantado al pastorcillo "del polvo" (cf. 1 S. 2:8).

La gentileza de David se manifiesta en su bondad hacia Mefiboset (cap. 9). Típicamente, los reyes eliminaban las posibles amenazas al trono, y Mefiboset, como hijo de Jonatán, aunque era cojo, seguía funcionando como tal. Pero David se acordó de su pacto con Jonatán, y por eso trató a Mefiboset como parte de la realeza, permitiéndole cenar en la mesa real y devolviéndole la tierra de Saúl. David se dio cuenta de que su reinado estaba establecido por el Señor, y que no

---

61 Hahn, *Kinship by Covenant*, 200-201. Ve estos ocho elementos del pacto de David cumplidos en Lucas (pp. 218-19).

62 Ibídem, 201.

necesitaba recurrir al mal para asegurar su gobierno. Finalmente, cuando los amonitas insultaron a David, formaron una amplia coalición para derrotarlo y a su ejército (cap. 10). Pero toda la coalición fue aplastada, de modo que David reinó con fuerza sobre sus enemigos.

La vida de David hasta este momento ha sido un relato notable de su confianza y obediencia al Señor. Sin embargo, en 11:1, resuenan las alarmas de un hecho amenazante.[63] David debería haber salido a la guerra, pero se quedó en Jerusalén. Espió a Betsabé bañándose, la llamó y tuvo relaciones sexuales con ella (11:2-4). Cuando descubrió que estaba embarazada, llamó a su marido, Urías, desde la batalla, tratando de inducirlo a que fuera a su casa a dormir con Betsabé para que su fechoría quedara encubierta (11:5-13).

Urías, en sorprendente contraste con David, era demasiado noble para esto. No se permitió disfrutar de los placeres del hogar mientras sus compañeros estaban en el campo de batalla. A pesar de que David lo emborrachó y trató de persuadirlo para que se fuera a casa, se negó a hacerlo. David estaba decidido a ocultar su pecado, por lo que ordenó a Joab que colocara a Urías en la primera línea de la batalla, donde era más probable que lo mataran (2 S. 11:14-25). El plan funcionó exactamente como David esperaba, y Urías murió en la batalla. Poco después, tomó a Betsabé como esposa, y les nació un hijo (2 S. 11:27). Pero 1-2 Samuel ha recalcado una y otra vez que el Señor exalta a los justos y derriba a los malvados. La nube en el horizonte aparece en el último versículo del capítulo: "Pero lo que David había hecho fue malo a los ojos del SEÑOR" (2 S. 11:27).

Se acerca un duro golpe. Natán le contó a David una parábola sobre un hombre rico y un hombre pobre, en la que el primero se llevaba el único cordero del segundo (2 S. 12:1-6). David se enfureció como es debido, pero Natán le dio la vuelta a la tortilla revelando que David era el hombre de la parábola (2 S. 12:7). El Señor relató todo lo que había hecho por David: ungirlo como rey, rescatarlo de Saúl, darle una casa y esposas (2 S. 12:7-8). De hecho, el Señor le habría dado "muchas cosas como estas" (2 S. 12:8). Pero al pecar, David "despreciado la palabra del SEÑOR" (2 S. 12:9). Las consecuencias del pecado de David se ajustan al crimen que cometió. Destruyó la casa de Urías; ahora el

---

[63] Hamilton exagera al decir que David "ha sido levantado como un nuevo Adán en un nuevo Edén, y trágicamente cae presa de una nueva tentación que pone a la nación en el camino de un nuevo exilio del lugar donde Dios mora" (*God's Glory in Salvation*, 173). Es mejor decir que David es análogo a un nuevo Adán, y lo que tenemos es análogo a un nuevo Edén porque David, a diferencia de Adán, ya era pecador.

conflicto destrozaría su casa (2 S. 12:10). Tomó la mujer de otro hombre, y el Señor se encargaría de que otro hombre se acostara con sus mujeres ante los ojos de todo Israel (2 S. 12:11-12).

2º Samuel 12:11–12 »Así dice el Señor: "Por eso, de tu misma casa levantaré el mal contra ti; *y* aun tomaré tus mujeres delante de tus ojos y *las* daré a tu compañero, y este se acostará con tus mujeres a plena luz del día. "En verdad, tú lo hiciste en secreto, pero Yo haré esto delante de todo Israel y a plena luz del sol"».

Sin embargo, la grandeza de David se manifiesta incluso en esta hora. A diferencia de Saúl, no introdujo un desfile de excusas para justificar su maldad. Simplemente reconoció con humildad: "He pecado contra el SEÑOR" (2 S. 12:13). El Señor le concedió el perdón, pero el hijo de Betsabé no se salvó (2 S. 12:14-23). Sin embargo, hay misericordia en medio del juicio. Sorprendentemente, el Señor bendice y ama al segundo hijo de Betsabé y David, Salomón (2 S. 12:24-25). Uno podría pensar que cualquier hijo de lo que comenzó como una unión adúltera nunca sería el sucesor de David. No obstante, la gracia de Dios es libre e imprevisible. Salomón fue especialmente amado por el Señor.

Sin embargo, en los capítulos siguientes de 2 Samuel se desata el juicio anunciado sobre David (caps. 13-20).[64] El hijo de David, Amnón, se "enamoró" de su media hermana, Tamar (2 S. 13:1-19). Fingiendo estar enfermo, arregló las cosas para que ella lo atendiera en su enfermedad y cuando ella llegó para atenderlo, la violó. Absalón, hermano de Tamar, se enfureció contra Amnón, pero esperó el momento oportuno para atacar (2 S. 13:20-39). Después de dos años, se vengó de la violación de Tamar matando a Amnón. Entonces huyó de Israel y estuvo ausente durante tres años, pero bajo la influencia de Joab regresó a la tierra (2 S. 14:1-23).

Incluso después de que Absalón regresara a Israel, David no lo vería durante dos años más. Así, cuando David finalmente consintió en ver a su hijo, habían pasado cinco años desde la última vez que sus miradas se habían encontrado (2 S. 14:24-33). Pero en este intervalo de tiempo, Absalón se había resentido con David su padre, y había conspirado para derrocarlo. Absalón tenía ventajas

---

64 Satterthwaite ("Samuel", 181) señala que la violación y la guerra civil estaban presentes en Israel cuando no tenían rey en Jue. 17-21.

naturales. Era increíblemente atractivo y apuesto (2 S. 14:25), y utilizaba carros
y caballos para demostrar su importancia (2 S. 15:1). Se introdujo en los afectos
del pueblo, afirmando que la administración davídica no se preocupaba por la
justicia, y que ésta sólo se haría realidad si él ejercía de juez (2 S. 15:2-6).
Absalón lanzó su insurrección en Hebrón, expulsando a David de Jerusalén (2
S. 15:7-18).

Ahora David volvía a vivir como cuando Saúl era rey, huyendo de un
adversario que intentaba matarlo, y su confianza en Yahvé, como en aquellos
días, también era evidente. Dejó el arca en Jerusalén, resignándose a la voluntad
del Señor y confiando en que éste haría lo que "bien le parezca" (2 S. 15:24-26).
David también planificó y oró, enviando a Ahimaas, hijo de Sadoc, y a Jonatán,
hijo de Abiatar, para que le informaran de cualquier novedad (2 S. 15:27-29).
También oró para que el Señor entorpeciera el consejo de Ahitofel (2 S. 15:31),
y envió al consejero que sería la respuesta a esa oración, Husai, de vuelta a
Jerusalén (2 S. 15:32-34), pues a éste, dijo, "harás nulo el consejo de Ahitofel
en favor mío" (2 S. 15:34).

> **2º Samuel 15:32-34** Sucedió que mientras David se acercaba a la cumbre
> donde se adoraba a Dios, Husai el arquita salió a su encuentro con su manto
> desgarrado y polvo sobre la cabeza. Y David le dijo: «Si pasas conmigo,
> entonces me serás una carga.» Pero si regresas a la ciudad, y dices a Absalón:
> "Seré su siervo, oh rey; como en el pasado he sido siervo de su padre, así ahora
> seré su siervo", entonces hará nulo el consejo de Ahitofel en favor mío.

Simei, de la casa de Saúl, arrojó piedras a David y lo maldijo como hombre
sanguinario que ahora estaba viendo la venganza de Yahvé sobre él al quitarle
su poder real (2 S. 16:5-8). Así como Abisai deseaba matar a Saúl en el pasado,
también quería matar a Simei por su vergonzoso trato al rey (2 S. 16:9). Sin
embargo, David seguía dependiendo de las verdades del canto de Ana (1 S. 2:1-
10) y el canto final del libro (2 S. 22). David replicó que la maldición de Simei
podría provenir del Señor, y si el Señor estaba en contra de él, entonces la
resistencia sería inútil, pues nadie a quien el Señor hubiera maldecido sería
bendecido (2 S. 16:10).

Además, como el propio hijo de David se había vuelto contra él, tenía
sentido que lo hiciera uno de la tribu de Benjamín (2 S. 16:11). Quizás, al recibir
la maldición, el Señor podría convertirla en una bendición para David. "Quizá

el SEÑOR mire mi aflicción y me devuelva bien por su maldición de hoy" (2 S. 16:12). Mientras tanto, el consejo de Ahitofel contra David y a favor de Absalón era infalible (2 S. 16:20-23). Aconsejó a Absalón que mantuviera relaciones sexuales con las concubinas de David "ante los ojos de todo Israel" (2 S. 16:22), cumpliendo así la profecía de 12:11-12. Esto demostró que no había vuelta atrás, que no habría reconciliación entre David y Absalón.

La marea comenzó a cambiar a favor de David a partir del capítulo 17. El pobre que estaba hambriento y vacío estaba a punto de ser exaltado de nuevo. Los orgullosos y arrogantes que se habían apoderado del reino estaban a punto de ser humillados. Tanto Ahitofel como Husai dieron consejos sobre cómo conquistar a David y a sus hombres (2 S. 17:1-13). De hecho, el consejo de Ahitofel era superior, pero Absalón y sus hombres creyeron que el consejo de Husai, el aliado secreto de David, era mejor (2 S. 17:14). El narrador nos cuenta la razón por la que Absalón y sus consejeros acabaron por desconfiar del sabio consejo de Ahitofel: "Pues el SEÑOR había ordenado que se frustrara el buen consejo de Ahitofel para que el SEÑOR trajera calamidad sobre Absalón" (2 S. 17:14).[65]

De hecho, la oración de David de que Yahvé hiciera necio el consejo de Ahitofel se había hecho realidad (2 S. 15:31). Del mismo modo, los espías de David, Jonatán y Ahimaas, escaparon de las garras de Absalón y pudieron informar a David de los consejos del palacio (2 S. 17:15-22). Las fuerzas de David tuvieron cuidado de protegerlo negándose a enviarlo a la batalla (2 S. 18:1-4). Absalón, por el contrario, fue arruinado de una manera inusual. Su larga cabellera quedó atrapada en un árbol y, mientras colgaba allí indefenso, fue asesinado por Joab y sus hombres (2 S. 18:9-15).

El malvado había sido humillado y colgado en un árbol, y David, quien huía como un fugitivo, perseguido por su propio hijo, fue exaltado de nuevo. David regresó como el rey bondadoso que había perdonado a Simei (2 S. 19:16-23), que había mostrado generosidad tanto a Mefiboset como a Siba (2 S. 19:24-30), y que había otorgado su benevolencia a Barzilai por apoyarlo en su momento de necesidad (2 S. 19:31-40). Las tensiones entre Israel y Judá, que surgirían continuamente en la historia de Israel, se desbordaron, y Sabá de Benjamín atrajo a Israel tras él, pero la rebelión fue sofocada fácilmente (cap. 20).

---

65 Como señala von Rad (*Israel's Historical Traditions*, 315), vemos la teología del escritor en acción aquí.

El libro de 2 Samuel concluye, pues, con el reino a salvo en manos de David. El último capítulo es significativo. David volvió a caer en pecado e insistió en hacer un censo, confiando en la inmensidad de su ejército en lugar de confiar en el Señor (2 S. 24:1-2). Incluso Joab reconoció que el deseo del rey de hacer un censo desagradaba al Señor (2 S. 24:3). David reconoció su pecado, lo confesó al Señor y le pidió perdón (2 S. 24:10). El Señor le ofreció tres opciones de juicio, de las cuales él eligió la que, según von Rad, es la más sorprendente: tres días de plaga sobre la tierra (2 S. 24:11-14).[66] De esta manera, se estaba encomendando a la misericordia del Señor, quien envió una enfermedad que mató a setenta mil personas y amenazó con arrasar Jerusalén (2 S. 24:15-16).

David, como rey y mediador del pueblo, reconoció que era su pecado el que había traído tal devastación sobre el pueblo (2 S. 24:17), y por eso pidió al Señor que infligiera sobre él el castigo por el pecado de Israel: "Te ruego que tu mano caiga sobre mí y sobre la casa de mi padre" (2 S. 24:17). Sin embargo, el medio de perdón no podía ser el propio David. Era un hombre justo, pero también era un transgresor y, por tanto, no podía expiar el pecado de la nación. Su deseo de expiar el pecado de la nación apuntaba a alguien que vendría, un sacerdote y rey más justo que David.

El profeta Gad instruyó a David: "Sube, edifica un altar al SEÑOR en la era de Arauna jebuseo" (2 S. 24:18). El altar sería el medio por el cual la plaga se alejaría de Israel (2 S. 24:21, 25). David compró el lugar para el templo. Como señala Leithart, "la gran historia del libro de Samuel es la transición del tabernáculo al templo".[67] En el curso de la narración de Samuel, Israel había pasado de tener un tabernáculo a tener un templo, de Silo como centro de adoración a Jerusalén como centro de adoración y lugar donde se construiría el templo.[68] También, Israel había pasado de tener jueces a tener un rey.

Conclusión

En 1-2 Samuel vemos el final del período de los jueces y el comienzo de la realeza en Israel. Como primer rey, Saúl reprodujo el pecado de Adán y de

---

[66] Von Rad, *Israel's Historical Traditions*, 318.

[67] Leithart, *A Son to Me*, 26. Quizás esta no es la historia más significativa, pues la promesa de una dinastía davídica es probablemente aún más importante.

[68] Dempster, *Dominion and Dynasty*, 134. Hahn (*Kinship by Covenant*, 190-91) señala que el lugar era el sitio donde Abraham ofreció a Isaac.

Israel. Comenzó confiando en el Señor, pero luego se apartó al desobedecer el mandato del Señor. Por ello, el Señor no le recompensó con una dinastía. Von Rad resume la vida de Saúl "como un abandonado de Dios, llevado de un engaño a otro, desesperado, y al final completamente envuelto en una miserable oscuridad".[69] En cambio, el Señor levantó a David como un hombre según su propio corazón. Las vidas de Saúl y David reflejan el canto de Ana (1 S. 2:1-10) y el salmo de David (2 S. 22).

Yahvé exaltó y bendijo al humilde David, que confió y obedeció al Señor, mientras que acabó con Saúl, que se volcó al mal y persiguió su voluntad egoísta. El reinado de David reflejó significativamente la justicia y el gozo de un rey que gobierna en el temor de Dios (2 S. 23:3-4).

> **2° Samuel 23:3–4** »Dijo el Dios de Israel, Me habló la Roca de Israel: "El que con justicia gobierna sobre los hombres, Que en el temor de Dios gobierna, Es como la luz de la mañana *cuando* se levanta el sol En una mañana sin nubes, *Cuando brota* de la tierra la tierna hierba Por el resplandor *del sol* tras la lluvia".

Leithart observa:

> El ascenso y la caída de Saúl es como un recuento ampliado de la historia de Adán, y si Saúl era como el primer Adán, David era un tipo del Segundo Adán, llamado a reemplazar al rey caído como cabeza del pueblo de Dios, perseguido sin causa por su rival, esperando pacientemente hasta que el Señor le diera el reino.[70]

Por lo tanto, el Señor hizo un pacto eterno con David (23:5), entretanto que a Saúl lo desechó a causa de su maldad (23:6-7). Bajo el reinado de David, Israel experimentó en gran medida la bendición prometida por medio de la descendencia de la mujer (Gn. 3:15) y la descendencia de Abraham (Gn. 12:1-3). Por ejemplo, David triunfó sobre sus enemigos, trayendo paz y seguridad a la tierra de Israel.[71]

---

[69] Von Rad, Israel's Historical Traditions, 324.
[70] Leithart, *A Son to Me*, 27.
[71] Para el significado de la tierra en Samuel, véase Bergen, *1, 2 Samuel*, 44.

El dominio bajo las potencias extranjeras que era tan típico de los días de los jueces había terminado. David y sus hombres "terminaron el trabajo que Josué había comenzado".[72] Yahvé gobernaba sobre Israel a través de su rey ungido, David. De hecho, el gobierno de David se extendió más allá de Israel. Sin embargo, no hay ninguna indicación clara de que la fe en Yahvé acompañara su gobierno más allá de las fronteras de Israel. Por un lado, la bendición de Abraham prometida a todo el mundo no se realizó bajo el reinado de David. Por otro lado, Yahvé prometió prolongar la dinastía de David para siempre (2 Sm. 7). Siempre habría un hijo de David en el trono. El señorío de Yahvé se extendería a través de un hijo de David, de un rey ungido.[73]

A pesar de esto, David no fue *el* rey a través del cual el Señor bendeciría a todo el mundo. Aunque su confianza y obediencia a Yahvé fueron ejemplares, la narración también destaca su pecado contra Yahvé y las terribles consecuencias que se desencadenaron en el reino a causa de este. David se ofreció para expiar el pecado de la nación, pero se necesitaba una ofrenda mejor para expiar a Israel. David apunta a un rey mejor, un rey que siempre hizo la voluntad del Señor, Jesús el Cristo.

Así como David fue perseguido por Saúl, también Jesús fue perseguido por sus enemigos. Así como David no se volvió hacia el mal cuando fue maltratado, tampoco Jesús lo hizo, "sino que se encomendaba a Aquél que juzga con justicia." (1 P. 2:23). "Él es el Rey Verdadero, quien se levanta como el sol y hace que la vegetación de la tierra florezca".[74] Por último, Jesús, a diferencia de David, podía ofrecerse a sí mismo para el perdón de los pecados porque era el que no tenía pecado, y por tanto la bendición prometida a todo el mundo a través de Abraham se haría realidad a través de él. Jesús no sólo era el verdadero rey, sino también el "sacerdote fiel" (1 S. 2:35).

---

[72] Dempster, *Dominion and Dynasty*, 141. Véase también Dumbrell, *Faith of Israel*, 87.

[73] Williamson (*Sealed with an Oath*, 131-32) sostiene que la redacción del capítulo 23 también anticipa un futuro gobernante a través del cual se realizarán las promesas.

[74] Leithart, *A Son to Me*, 29.

§10. 1-2 REYES

Introducción

Al igual que 1-2 Samuel, 1-2 Reyes, aunque son dos libros en español, deben considerarse como un solo libro. Lo que tenemos aquí es una historia teológica.

> La teología y la historia son inseparables en Reyes, no porque el autor haya hecho algún tipo de petición especial, sino porque el escritor estaba convencido de que los efectos históricos se debían a principios teológicos que se habían tenido en cuenta o que se habían ignorado.[1]

Al repasar la historia general, vemos que el Señor prometió traer su reino a través de la descendencia de la mujer (Gn. 3:15), a través de la descendencia de Abraham (Gn. 12:1-3). Dios prometió a Abraham descendencia, una tierra y una bendición que incluye a todo el mundo. Cuando llegamos a 1-2 Reyes, Israel está repleto de gente y habita en la tierra. De hecho, 1-2 Samuel ha añadido una nueva dimensión a la antigua promesa. En los cinco libros de Moisés se insinuaba que la bendición de Abraham llegaría al mundo a través de un rey (Gn. 17:6, 16; 49:10; Nm. 24:17-19; Dt. 17:14-20).[2]

> **Números 24:17–19** »Lo veo, pero no ahora; Lo contemplo, pero no cerca; Una estrella saldrá de Jacob, Y un cetro se levantará de Israel Que aplastará la frente de Moab Y derrumbará a todos los hijos de Set. »Edom será una posesión, También será una posesión Seir, su enemigo; Mientras que Israel se conducirá

---

[1] House, *Old Testament Theology*, 250.
[2] Véase Alexander, *Servant King*, 30.

con valor. »De Jacob *saldrá* el que tendrá dominio, Y destruirá al remanente de la ciudad».

Lo que 1-2 Samuel ha dejado claro es que esta bendición universal llegará al mundo a través de un rey del linaje de David. El pacto con David (2 S. 7), que promete que un hijo de su línea gobernará, será el medio por el que el pacto con Abraham se haga realidad.

Comenzamos 1-2 Reyes, pues, con expectación, ya que parece que la bendición mundial está a la vuelta de la esquina. Israel está en la tierra. El reino se ha establecido bajo David. Israel está aparentemente en el umbral de ser el vehículo por el cual la bendición se extiende a todo el mundo.[3] El hijo de David está a punto de construir el templo donde residirá Yahvé. En 1-2 Reyes se relata la historia de lo que ocurrió después de los días de David. Pero se trata de una historia inesperada. En lugar de convertirse en una bendición para el mundo, Israel se enreda en el mal, abandona los caminos y los mandatos del Señor y sufre el exilio. El libro de 1-2 Reyes responde a esta pregunta: "¿Qué pasó con la promesa del Señor a Israel, y cuáles son las perspectivas para el futuro?"

Una de las características de 1-2 Reyes es el interés por la historia que impregna la narración, especialmente la historia de los reyes. El libro tiene un nombre acertado, pues lo que encontramos no es simplemente una historia "desde abajo" en la que se relata la vida cotidiana y la actividad social de las personas del común. En cambio, el autor se centra en la historia "desde arriba", en los reyes que gobernaron Judá e Israel. El destino tanto de Judá como de Israel está resumido en la vida de los reyes que representaban al pueblo. Parece que tanto la bendición como la maldición llegan al pueblo a través de las vidas de los distintos reyes.

Podemos concluir, dado que tanto Israel como Judá terminan en el exilio, que el narrador nos está diciendo como lectores que la nación necesita un rey mejor, que la esperanza para la nación es un nuevo y mejor David.[4] "Primera y Segunda de Reyes dejan claro que ningún rey humano puede guiar al pueblo de Dios, ni siquiera el segundo David, Josías".[5] Claramente, el Nuevo Testamento

---

[3] Ver Hamilton, *God's Glory in Salvation*, 178.

[4] Para la centralidad de la promesa davídica, véase House, *Old Testament Theology*, 252-53. Véase también Childs, *Old Testament as Scripture*, 292-93.

[5] Dumbrell, *Faith of Israel*, 90.

retoma este asunto, al ver a Jesús como el verdadero descendiente de David, aquel por el cual se cumplen las promesas hechas a David y a Abraham.

Así, la historia en esta narración se centra en los reyes, tanto de Judá como de Israel. De hecho, el narrador se preocupa de informar a los lectores sobre cuánto tiempo reinó cada rey y cuándo comenzó su reinado. Claramente, la cronología de la historia interesa al escritor, pues no sólo nos dice durante cuánto tiempo gobernaron los reyes, sino que siempre correlaciona el período de tiempo de su reinado con la historia del rey del norte o del sur. El reinado de los reyes de Judá, en otras palabras, nunca se relata de forma aislada del reinado de los reyes de Israel, y viceversa. Cuando un determinado rey gobernaba en Judá, siempre sabemos quién estaba reinando en Israel, y también se nos dice el año exacto en que el rey de Judá comenzó su reinado en relación con el rey de Israel. Es evidente, pues, que el tiempo y el lugar son importantes para el narrador de la historia. Está claro que el autor seleccionó y dio forma al relato para reflejar lo que quería enseñar a sus lectores, ya que el relato abarca unos cuatrocientos años de historia.

Lo que vemos en 1-2 Reyes es una caída desde un estado casi paradisíaco hasta el exilio.[6] La nación se desmorona y se vuelve hacia falsos dioses en lugar de confiar en el Señor. Tanto Israel como Judá experimentan las maldiciones de Deuteronomio cuando son empujados al exilio.[7] Los profetas y aquellos que hablan la palabra del Señor desempeñan un papel central en 1-2 Reyes.[8] La narración está tejida con las palabras de los profetas que prometen el éxito si el pueblo (y especialmente los reyes) sigue al Señor, y el juicio si se apartan de los mandatos del Señor. I. W. Provan sostiene que el tema central es que Yahvé es el único Dios verdadero. Cuando Israel sigue al Señor, es bendecido, pero cuando lo abandona, es maldecido, pues Yahvé debe ser el centro del culto de Israel.[9]

El narrador subraya de forma dramática que las palabras de los profetas siempre se hacen realidad. Ningún rey o enemigo puede frustrar la palabra del Señor. La atención se centra en el juicio, debido a la caída de la nación en el

---

6 "La historia termina con la pérdida de la tierra y el exilio del pueblo. Sin embargo, la amenaza de esta catástrofe aparece desde el principio de la historia y conecta los distintos reinados como si fuera un hilo rojo" (Childs, *Old Testament as Scripture*, 288).

7 Deuteronomio influye claramente en la forma en que el autor interpreta la historia de Israel. Véase ibíd., 291-92.

8 Para comentarios útiles, véase House, *Old Testament Theology*, 250-51.

9 Provan, "Kings", 184-85.

pecado, de modo que las terribles consecuencias predichas por los profetas se hacen realidad. El libro parece terminar con desesperanza, ya que tanto Judá como Israel están en el exilio, pero veremos un rayo de luz en la conclusión del libro. De hecho, el mensaje de esperanza está entretejido en la urdimbre y la trama del libro, pues la palabra del Señor también había prometido una dinastía perpetua a David. Esa palabra no puede fallar, por lo que la historia de Israel, según el narrador, no ha terminado. Aunque la historia de 1-2 Reyes es el relato del paraíso perdido, todavía hay esperanza de recuperarlo.

Una anticipación del paraíso: 1 Reyes 1-10

Los dos primeros capítulos de la narración, 1 Reyes 1-2, a menudo se identifican como parte de la narración de la sucesión. ¿Quién sucederá a David como rey de Israel? Adonías y Salomón contrastan entre sí, ya que Adonías se aferra al trono, maquinando con sus leales la forma de suceder a David. Salomón, en cambio, no toma ninguna acción. Otros intervienen para que el reino le sea entregado. Salomón fue exaltado por su padre, al igual que el Señor Jesucristo fue exaltado por su Padre. Él no utilizó medios retorcidos para recibir el reino; a él se le dio el reino. Adonías, en cambio, "se ensalzaba" (1:5). Además levanta sospechas porque parece ser Absalón renacido, pues leemos de él que "preparó para sí carros, hombres de a caballo y cincuenta hombres que corrieran delante de él" (1:5; cf. 2 S. 15:1). Aunque se utilizan dos palabras hebreas diferentes, tanto Adonías como Absalón son alabados por ser "hermosos" (1 R. 1:6; 2 S. 14:25).

> **1º Reyes 1:6** Su padre nunca lo había contrariado preguntándole: «¿¿Por qué has hecho esto?». Él era también hombre de muy hermoso parecer, y había nacido después de Absalón.
> **2º Samuel 14:25** En todo Israel no había nadie tan bien parecido ni tan celebrado como Absalón. Desde la planta de su pie hasta su coronilla no había defecto en él.

El narrador también relaciona a Adonías con Ofni y Finees, los dos hijos malvados de Elí, ya que así como Elí no reprendió a Ofni y Finees (1 S. 3:13), David tampoco corrigió a Adonías (1 R. 1:6), lo cual resultó en que Adonías se volvió egocéntrico y se autopromovió. Otra señal ominosa se hizo evidente en aquellos que apoyaron la coronación de Adonías: Joab y Abiatar. Nadie dudaba de la valía de Joab como soldado y líder, pero sus despiadados asesinatos de Abner (2 S. 3:27) y Amasa (2 S. 20:8-10) ilustraban su vileza. Abiatar era descendiente de Elí, y el Señor había prometido que quitaría el sacerdocio a los descendientes de este último (1 S. 2:27-36).

Sin embargo, aquellos que apoyaron la ascensión de Salomón al trono tenían una reputación excelente: Benaía como uno de los hombres poderosos de David, el sacerdote Sadoc y el profeta Natán (1 R. 1:8, 26, 32, 38, 44). Por lo tanto, es relevante que Adonías "no invitó al profeta Natán, ni a Benaía, ni a los valientes, ni a Salomón su hermano" a su coronación (1 R. 1:10). El resto del capítulo 1 relata cómo Natán ejecutó un plan por medio del cual David estableció públicamente a Salomón en el trono. Entonces, aquellos que coronaron a Adonías se preocuparon, y se dispersaron para evitar las represalias.

Si el capítulo 1 narra el ascenso de Salomón al trono, el capítulo 2 nos cuenta cómo su reino fue asegurado y establecido, de modo que no prevaleciera ningún vestigio de amenaza a su gobierno. En su lecho de muerte, David da las últimas instrucciones a Salomón, insistiendo en primer lugar en que debe cumplir los mandatos y las normas que se encuentran en el pacto mosaico (1 R. 2:2-4). Sólo si Salomón permanece fiel, su reinado será seguro. Pero a continuación, David pasa a tratar asuntos políticos del reino, y aconseja a Salomón que sea benévolo con los hijos de Barzilai el Galaadita, mientras que para Joab y Simei exige un castigo (1 R. 2:5-9). Muchos intérpretes están convencidos de que el consejo de David representa un giro hacia el mal, especialmente después de su gracioso perdón a Simei anteriormente (2 S. 19:16-23).[10]

Sin embargo, me parece dudoso que el narrador concibiera el consejo de David de esta manera. Por el contrario, todo el contenido de los capítulos 1-2 se articula de forma que muestra cómo el reino estaba correctamente asegurado en manos de Salomón. Ya hemos considerado el carácter malévolo de Joab. Cuando sumamos esto al hecho de que se puso de parte de Adonías, concluimos que su existencia constituye una amenaza para el reinado de Salomón.

Por ello, el narrador considera que la ejecución de Joab por parte de Salomón es una muestra de su sabiduría y justicia, no de su venganza (1 R. 2:28-34). Del manera similar, la ejecución de Simei (1 R. 2:36-44) representa la sabiduría y la justicia de Salomón, ya que éste le había concedido a Simei la

---

[10] Véase, p. ej, Goldingay, *Israel's Gospel*, 561.

oportunidad de preservar su vida, pero él violó las condiciones que se le dieron. Además, Salomón no actuó contra Adonías hasta que éste pidió como esposa a Abisag, que se acostó con David al final de su vida (1 R. 2:13-25). El narrador no da señal alguna de desacuerdo con Salomón, quien consideraba tal acción como un intento de Adonías de asegurarse el reino. La ejecución de Adonías elimina la amenaza más significativa para el trono. Además, Abiatar fue depuesto como sacerdote y enviado a casa en cumplimiento de la profecía hecha a Elí (1 R. 2:35-37). El narrador parece aprobar lo ocurrido, pues concluye diciendo: "Así fue confirmado el reino en las manos de Salomón" (1 R. 2:46). El narrador no se limita a registrar lo sucedido, sino que da su visto bueno a lo que hizo Salomón para asegurar el reino.

Sin embargo, el matrimonio de Salomón con la hija del faraón arroja una señal de advertencia (1 R. 3:1; cf. Dt. 17:17).[11] No obstante, sí comenzó su reinado siguiendo las instrucciones de David. Amaba a Yahvé y le obedecía (1 R. 3:3). Aunque imperfecto, seguía siendo devoto de Yahvé, ofreciendo sacrificios en los lugares altos (1 R. 3:4). De hecho, Salomón aquí cumple la función de rey-sacerdote como Melquisedec.[12] El Señor se le apareció en un sueño en Gabaón al inicio de su reinado, invitándolo a hacer su petición en oración.

Salomón pidió sabiduría para gobernar a Israel, de modo que pudiera hacerlo de forma que agradara al Señor (cap. 3). Tenemos aquí una importante conexión y vínculo con la tradición de la sabiduría en el Antiguo Testamento. Un rey justo gobernaría al pueblo de Dios con sabiduría. Los temas de la sabiduría y el reino de Dios no están separados el uno del otro; están interrelacionados. Jesucristo, como soberano de su pueblo, cumple esta expectativa, pues como sabiduría de Dios, gobierna la iglesia.[13] El Señor también bendijo a Salomón con riquezas, larga vida y liberación de sus enemigos, ya que él no pidió ninguna de estas cosas. No obstante, le dice a Salomón que lo más importante es que "andas en Mis caminos, guardando Mis estatutos y Mis mandamientos." (1 R. 3:14). Para el narrador, la cuestión de la obediencia a Yahvé, el cumplimiento de las estipulaciones del pacto, es lo que hará o deshará a Israel.

---

[11] Dumbrell lo llama "un ominoso aviso político anticohecho" (*Faith of Israel*, 91).
[12] Véase Hahn, *Kinship by Covenant*, 199.
[13] De la misma manera, Alejandro, *Servant King*, 88.

En cuanto a su bendición para la nación, el reinado de Salomón casi representa el paraíso. Lo que Israel necesitaba era un rey que gobernara con sabiduría y justicia (cf. Sal. 72) y en el temor del Señor.[14] La sabiduría de Salomón era legendaria, como se demostró en el conflicto entre dos prostitutas, una cuyo hijo murió y otra cuyo hijo vivió, que discutían sobre cuál de ellas era realmente la madre del hijo vivo (1 R. 3:16-28). El narrador capta la respuesta de Israel a Salomón: "Cuando todo Israel oyó del juicio que el rey había pronunciado, temieron (respetaron) al rey, porque vieron que la sabiduría de Dios estaba en él para administrar justicia." (1 R. 3:28). La vida era prácticamente idílica, de modo que Israel estaba cerca de experimentar un nuevo Edén.[15]

El gobierno que Dios pretendía que los seres humanos ejercieran sobre el mundo prácticamente se hacía realidad a través de un hijo de David, Salomón.[16] El reino estaba bien organizado (1 R. 4:1-19), y había amplias provisiones para la casa de Salomón (1 R. 4:22-23, 26-28).

1° Reyes 4:22–23 La provisión de Salomón para un día era de 30 coros (6,600 litros) de flor de harina y 60 coros (13,200 litros) de harina, diez bueyes cebados, veinte bueyes de pasto y cien ovejas, sin contar los ciervos, gacelas, corzos y aves cebadas.

La alegría en Israel era palpable: "Judá e Israel eran tan numerosos como la arena que está en abundancia a la orilla del mar; comían, bebían y se alegraban" (1 R. 4:20). Evidentemente, la promesa hecha a Abraham de una descendencia innumerable se estaba haciendo realidad. E Israel vivía bajo el señorío de Yahvé en la tierra, de modo que las promesas de tierra a Abraham, Isaac y Jacob también se estaban cumpliendo. "Salomón gobernaba todos los reinos desde el Río (Éufrates) hasta la tierra de los Filisteos y hasta la frontera de Egipto. Ellos trajeron tributo y sirvieron a Salomón todos los días de su vida" (1 R. 4:21).[17]

---

[14] Para los indicios de que Salomón era una especie de "nuevo Adán" que reinaba en la sabiduría, cumpliendo el mandato de la creación, véase Beale, *Biblical Theology*, 66-73; Davies, " 'Discerning between Good and Evil'. "

[15] Véase Dempster, *Dominion and Dynasty*, 148.

[16] Así Hamilton, *God's Glory in Salvation*, 178-79.

[17] "La nación, en términos de la promesa de Abraham, se había convertido en una gran nación, ahora demasiado numerosa para ser contada (3:8; 4:20). Israel ocupaba ahora los límites del pacto desde el Éufrates hasta la frontera de Egipto (1 Reyes 4:21) ... y había

El gobierno de Salomón sobre la tierra estuvo libre de tensiones. Fue notablemente pacífico y edénico. Salomón "tenía dominio sobre todos los reinos al oeste del Río (Éufrates), desde Tifsa hasta Gaza, sobre todos los reyes al oeste del Río; y tuvo paz por todos lados a su alrededor. Y Judá e Israel vivieron seguros, cada uno bajo su parra y bajo su higuera, desde Dan hasta Beerseba, todos los días de Salomón" (1 R. 4:24-25). La paz y la seguridad de Israel se establecieron bajo el mandato del rey Salomón, quien, como hemos señalado anteriormente, fue especialmente célebre por su sabiduría:

> Dios dio a Salomón sabiduría, gran discernimiento y amplitud de corazón como la arena que está a la orilla del mar. Y la sabiduría de Salomón sobrepasó la sabiduría de todos los hijos del oriente y toda la sabiduría de Egipto (1 R. 4:29-30).

La sabiduría de Salomón era tan grande que gente de todas partes venía a aprender de él (1 R. 4:31-34). Como dice Dempster, "esto personifica la seguridad y la prosperidad nacionales, similares a las predichas para el reinado del gobernante mesiánico en los últimos días (Gn. 49:11-12; cf. Mi. 4:4)".[18]

Sin embargo, lo que hace que la tierra sea edénica no es fundamentalmente su prosperidad y paz, sino la presencia de Yahvé en ella. Por ello, el narrador enfatiza el tema de la construcción del templo bajo la dirección de Salomón (cap. 5).[19] Así como el jardín original del Edén era como un templo, la tierra de Israel era como un nuevo Edén con el templo en medio. Como dice Jon Levenson, "el templo era, de hecho, un paraíso".[20] Salomón fue llamado a construir el templo en lugar de David porque era un hombre de paz (1 R. 5:3-4). Aquí Salomón anticipa al príncipe de paz, Jesús, que construye el nuevo templo del Señor: el pueblo del nuevo pacto. El Señor le concedió a Salomón "paz por todas partes" (1 R. 5:4).

Por lo tanto, determinó construir una casa al "nombre" de Dios (1 R. 5:5). El nombre de Dios desempeña un papel importante en 1-2 Reyes, y se asocia

---

logrado el descanso de sus enemigos por todas partes (cf. 4:21)" (Dumbrell, *Faith of Israel*, 95).

[18] Dempster, *Dominion and Dynasty*, 148.

[19] Tal vez la historia hasta este punto culmina con la construcción del templo (Brueggemann, *Theology of the Old Testament*, 211). Para una perspectiva de la teología del templo, véase Terrien, *Elusive Presence*, 161-226.

[20] Levenson, *Sinai and Zion*, 128. Véase también Alexander, *Eden to the New Jerusalem*, 44-45.

especialmente con Jerusalén y el templo. Esto se hará aún más evidente cuando consideremos brevemente la oración de Salomón por el templo en el capítulo 8. El nombre de Dios representa su carácter, su verdadera naturaleza y su ser. El templo que se construye al nombre de Yahvé muestra la centralidad del Señor en Israel. Jerusalén está en el centro de Israel, y en el centro de Jerusalén está el templo, y el tema central del templo es la presencia del Señor entre su pueblo.[21]

El interés del narrador por la cronología aparece en relación con el templo. Se nos dice cuántos años después del éxodo de Egipto comenzó la construcción, y también el año y el mes durante el reinado de Salomón (1 R. 6:1). Además, el escritor nos dice el mes y el año en que se terminó el templo, señalando que tardó siete años en completarse (1 R. 6:37-38). Levenson argumenta que los siete años aluden a los siete días que tardó la creación del mundo (Gn. 2:1-3), y en última instancia sugiere que "el mundo es el Templo de Dios, y en él encuentra descanso... La experiencia sabática y la experiencia del Templo son una sola".[22] Y sin embargo, el descanso del que disfrutó Salomón y el templo que construyó son temporales, lo cual indica que hay un descanso mayor y un templo mayor por venir.

Las especificaciones para la construcción del templo se transmiten en el capítulo 6 de manera intercalada con la descripción de la casa de Salomón (1 R. 7:1-12), y luego viene la descripción del templo y su mobiliario (1 R. 7:13-51). No hay críticas con respecto al esplendor o la duración de la construcción de la casa de Salomón. La narración se centra en la belleza, el tamaño y el encanto tanto de la casa de Salomón como del templo. Se destaca la santidad del templo; no se oyó ninguna herramienta humana donde se construyó la casa (1 R. 6:7). El templo no es un talismán, pues el Señor hace hincapié en que Salomón debe cumplir sus mandatos para poder disfrutar de la promesa dada a David (1 R. 6:12).

Yahvé morará con Israel y le será fiel si es obediente (1 R. 6:13). La palabra "habitar" significa que la singularidad del templo estaría en la presencia del Señor allí, cuya presencia misma se encontraría especialmente en el santuario interior, donde estaba situada el arca (1 R. 6:19). El santuario interior era un cubo perfecto recubierto completamente de oro (1 R. 6:20), lo que significaba que era un espacio consagrado. "Su presencia no es total y tangible, sino sutil y

---

[21] House (*Old Testament Theology*, 254) ve esto como el cumplimiento del requisito de Dt. 12 de que Israel adore en un santuario central.

[22] Levenson, *Sinai and Zion*, 145 (ver también pp. 142-44).

delicada".[23] De la misma manera en que los querubines custodiaban la presencia divina en el tabernáculo (Éx. 25:18-22) y en el jardín del Edén (Gn 3:24), dos querubines se extendían de extremo a extremo en el lugar santísimo (1 R. 6:23-28; 8:6-7). El templo representa "la unión entre el cielo y la tierra, Sión, el monte del Templo, es un lugar preeminente de comunicación entre Dios y el hombre".[24]

La ubicación del arca y los querubines en el lugar santísimo expresan la imponente santidad del Señor. Además indica el gobierno de Yahvé, que "reina entre los querubines" (2 R. 19:15; cf. 1 S. 4:4; 6:2; Sal. 80:1; 99:1) (NVI).[25] La razón central del carácter idílico del reinado de Salomón fue la presencia de Yahvé y su señorío sobre el pueblo. El pueblo tenía descanso y seguridad en la tierra cuando tanto ellos como su rey confiaban y obedecían al Señor. De ahí que el capítulo 8 termine así: "[Salomón] Al octavo día despidió al pueblo. Ellos bendijeron al rey, y se fueron a sus tiendas gozosos y alegres de corazón por todo el bien que el SEÑOR había mostrado a Su siervo David y a Su pueblo Israel" (1 R. 8:66).

Salomón celebra la apertura del templo terminado introduciendo el arca en el edificio y ofreciendo sacrificios y oración (cap. 8). Aquí, Salomón actúa (véase también el cap. 3) como rey y sacerdote en términos de su oración y en el ofrecimiento de los sacrificios,[26] anticipando de nuevo a Jesucristo, quien sirve como rey y sacerdote. El carácter teocéntrico del capítulo 8 es impresionante. Después de que el arca fue puesta en el templo y se ofrecieron los sacrificios, "la nube llenó la casa del SEÑOR, así que los sacerdotes no pudieron quedarse a ministrar por causa de la nube, porque la gloria del SEÑOR llenaba la casa del SEÑOR" (1 R. 8:10-11). Este lenguaje hace eco de los términos que se usaron cuando Moisés instaló el tabernáculo por primera vez (Éx. 40:34-35), mostrando así que Yahvé estaba complacido con la construcción del templo. El énfasis se hace en la presencia de Yahvé que está con su pueblo en el templo; su maravillosa gloria era tan impresionante que los sacerdotes no podían cumplir con sus obligaciones.

En su oración, Salomón inmediatamente se remite a este tema. El templo es un lugar donde Dios habita (1 R. 8:12-13). El Señor habita especialmente en el

---

23 Ibid., 125.

24 Ibid.

25 Ollenburger (*Sión*) sostiene que Sión representa fundamentalmente la realeza de Yahvé. Así, dice, el reinado de Yahvé en Sión implica la seguridad y protección de Israel mientras éste confíe en él.

26 "Salomón desempeña un papel sacerdotal" (Dumbrell, *Faith of Israel*, 92).

lugar santísimo, lo cual atestigua la verdad de que Yahvé "moraría en la densa nube" (1 R. 8:12), manifestando tanto la gracia como el misterio de su presencia. La morada de Yahvé en el templo refleja su morada en el cielo. El cielo es la morada de Dios, y el templo en la tierra funciona como homólogo terrenal de una realidad celestial (1 R. 8:30, 43). ¡Evidentemente, no se trata de una teoría platónica de las formas! Está más cerca de lo que encontramos en el Padre nuestro, donde Jesús instruyó a sus discípulos a orar para que se hiciera la voluntad del Señor en la tierra como en el cielo (Mt. 6:10). Así también, el Señor habita en la tierra, en el lugar santísimo, como en el cielo.

La manifestación del nombre y el carácter de Yahvé se comunica a través del templo (1 R. 8:16, 29; 9:3, 7). Salomón reconoce que Yahvé no puede ser limitado o contenido por el templo: "Si los cielos y los cielos de los cielos no Te pueden contener, cuánto menos esta casa que yo he edificado" (1 R. 8:27). Si el Señor es demasiado inmenso para los cielos, ciertamente no puede ser limitado al templo. Y, sin embargo, se ha dignado a poner su nombre en él (1 R. 8:16, 20, 29, 43, 44, 48). El Señor se ha revelado a sí mismo a su pueblo a través del templo. Su santidad es evidente, pues no se puede entrar casualmente en su presencia, sino que hay que cumplir con ciertos deberes obligatorios y el ofrecimiento de los sacrificios requeridos. Yahvé es el Dios imponente y terrible que derriba a los que le ofenden.

En verdad, no hay nadie como él; es incomparable (1 R. 8:23). Pero también es un Dios guardador del pacto que ha mostrado su amor y gracia a Israel al elegirlo como su pueblo y su herencia y al liberarlo de Egipto (1 R. 8:20, 23, 51, 53). De hecho, Dios es un Dios que cumple sus promesas, que es fiel a sus promesas del pacto. En la terminación del templo, Yahvé cumplió lo que había prometido a David (1 R. 8:15-16).

> **1° Reyes 8:15–16** Les dijo: «Bendito sea el Señor, Dios de Israel, que habló por Su boca a mi padre David y por Su mano *lo* ha cumplido, cuando dijo: "Desde el día en que saqué a Mi pueblo Israel de Egipto, no escogí ninguna ciudad de entre todas las tribus de Israel *en la cual* edificar una casa para que Mi nombre estuviera allí, pero escogí a David para que estuviera sobre Mi pueblo Israel".

El cumplimiento de la promesa no se limita a la construcción del templo, pues ésta está vinculada al pacto davídico, a que Yahvé eligió a David y le prometió que el hijo que lo sucediera construiría el templo (1 R. 8:20, 25).

Desde una perspectiva canónica, la construcción del templo por parte de Salomón apunta a Jesús de Nazaret, quien como rey mesiánico construirá un nuevo templo formado por su pueblo. Pero el tema principal aquí es el cumplimiento de las promesas en la época de Salomón. Salomón alaba al Señor, exclamando: "Bendito sea el SEÑOR, que ha dado reposo a Su pueblo Israel, conforme a todo lo que prometió. Ninguna palabra ha fallado de toda Su buena promesa que hizo por medio de Su siervo Moisés" (1 R. 8:56). Israel no sólo estaba en la tierra; residía en ella con paz y alegría, y la presencia del Señor se establecía con su pueblo a través del templo.

Yahvé cumplió sus promesas a Israel para que ellos le temieran todos sus días (1 R. 8:40), y su temor se expresara en el cumplimiento de sus mandatos y normas (1 R. 8:58, 61). Sin embargo, Salomón reconoce que Israel no tiene la fuerza para cumplir autónomamente la voluntad del Señor. Ruega que el Señor no "deje" a su pueblo, que "incline" sus corazones a obedecerle (1 R. 8:57-58). Si Israel vive así bajo el señorío de Yahvé, entonces "todos los pueblos de la tierra sepan que el SEÑOR es Dios; no hay otro" (1 R. 8:60). Israel no fue llamado a emprender una misión consciente hacia las naciones. En cambio, cuando las naciones fueran testigos de la obediencia y la bendición de Israel, se sentirían atraídas por el Señor. Aparentemente, la naturaleza de la misión de Israel era tal que las naciones "vendrían y verían" en lugar de que Israel "fuera y contara".

En la inauguración del templo, Salomón ora para que el Señor cumpla sus promesas, de modo que un heredero davídico siga reinando en el trono (1 R. 8:25-26). Puesto que Dios condescendió con gracia poner su nombre en el templo, Salomón ora para que el Señor atienda especialmente las oraciones ofrecidas en él, sobre todo porque éste representa la morada celestial de Dios en la tierra (1 R. 8:28-30). Salomón pide especialmente que Yahvé perdone a su pueblo. Contempla varias situaciones en las que Israel cometa transgresión, y pide al Señor que escuche a su pueblo si éste clama verdadera y humildemente en el templo. Ora para que el Señor condene a los malvados y justifique a los justos (1 R. 8:31-32), para que Israel reciba el alivio de sus enemigos si se arrepiente (1 R. 8:33-34, 44-45) y para que la sequía, el hambre y la angustia personal desaparezcan cuando Israel se vuelva al Señor (1 R. 8:35-40).

Pero la oración no se limita a Israel. Si un extranjero viene a Israel "a causa de tu nombre", habiendo oído hablar del "gran nombre" de Dios y de su "mano fuerte", Salomón pide que el Señor responda a la oración del extranjero "para que todos los pueblos de la tierra conozcan tu nombre y te teman" (1 R. 8:41-43). Podemos vislumbrar aquí, la bendición universal prometida a Abraham (Gn. 12:1-3). No representa una misión a las naciones, sino que es un reconocimiento de que Yahvé es el Dios de todo el mundo, y que todos los pueblos deben temer y honrar a Yahvé como Señor.

El narrador presta la mayor atención a la situación que se plantea al final del libro de 1-2 Reyes, pues tanto Judá como Israel son exiliados por su pecado. Salomón oró por esa misma situación (1 R. 8:46-53), reconociendo que todos son pecadores, y que Israel pecaría contra el Señor (1 R. 8:46). Si su pecado era flagrante y persistente, sufrirían el exilio (lo que, como ya mencioné, fue una realidad al final de 1-2 Reyes). Pero Salomón ruega que el Señor se apiade de su pueblo (y el narrador quiere que los lectores oren de la misma manera, aunque el templo ya haya sido destruido), que perdone sus pecados y transgresiones porque son la herencia elegida del Señor, a la que rescató de Egipto. El arrepentimiento de Israel debe ser genuino. Deben "[volverse] a Ti con todo su corazón y con toda su alma" (1 R. 8:48). Este es uno de los textos más importantes del libro, que apunta a la esperanza después del exilio. El exilio que tuvo lugar en 586 a.C. no es la última palabra.[27]

La segunda aparición del Señor a Salomón después de que éste ofreciera su oración (cap. 9), y la afirmación del Señor de que ha respondido dicha oración manifiestan que la construcción del templo representa uno de los acontecimientos más importantes de la historia de la salvación. La morada de Yahvé en el templo representa una especie de nuevo Edén, un nuevo paraíso, y anticipa la nueva creación: los nuevos cielos y la nueva tierra que serán el templo de Dios en el futuro (véase Ap. 21-22).

Yahvé ha reservado el templo para sí mismo y ha puesto su nombre en él para siempre (1 R. 9:3). No obstante, exhorta a Salomón a que cumpla sus mandatos como lo hizo David, pues al hacerlo, su reinado se establecerá a perpetuidad (1 R. 9:4-5).

1º Reyes 9:4–5 »Y en cuanto a ti, si andas delante de Mí como anduvo tu padre David, en integridad de corazón y en rectitud, haciendo conforme a todo lo que te he mandado, *y* guardas Mis estatutos y Mis ordenanzas, Yo afirmaré el trono de tu reino sobre Israel para siempre, tal como prometí a tu padre David, diciendo: "No te faltará hombre sobre el trono de Israel".

---

[27] Así también Dempster, *Dominion and Dynasty*, 154.

Pero si Salomón o sus descendientes lo abandonan y se alejan de él adorando a otros dioses, él enviará a Israel al exilio. Israel caerá en el desprestigio y el templo será destruido (1 R. 9:6-9). La advertencia anticipa el destino futuro de Israel, indicando que Israel sufriría el exilio a causa de su transgresión, y no porque el Señor fuera demasiado débil para librarlo de sus enemigos.

El capítulo 10 retoma el tema del carácter idílico del reinado de Salomón. La reina de Saba vino de visita y quedó asombrada por la sabiduría de Salomón quien dio respuesta a todas sus preguntas (1 R. 10:3), y cuya sabiduría superó con creces sus expectativas, dejándola sin aliento (1 R. 10:5-7). A menudo, los relatos sobre el esplendor de las personas son exagerados, pero no en este caso. La sabiduría de Salomón trajo gran prosperidad y alegría a Israel (1 R. 10:7-8). La visita de la reina "sirvió de inspiración para la posterior visión profética que contemplaba a los reinos gentiles venir a Jerusalén para recibir la sabiduría y la Torá del santuario de Yahvé".[28]

En última instancia, la alabanza por el reinado de Salomón se dirige a Dios: "Bendito sea el SEÑOR su Dios que se agradó de usted para ponerle sobre el trono de Israel. Por el amor que el SEÑOR ha tenido siempre a Israel, le ha puesto por rey para hacer derecho y justicia" (1 R. 10:9). El capítulo concluye con abundantes descripciones de la sabiduría y las riquezas de Salomón, llamando especialmente la atención sobre la abundante cantidad de oro en su reino (1 R. 10:2, 10-11, 14, 16-18, 21-22, 25). El oro del reino trae el paraíso a la memoria de los lectores (cf. Gn 2:11-12) y puede señalar la presencia de Dios con su pueblo.[29] Israel estaba en la tierra, Yahvé estaba en el templo y la nación estaba prosperando. Parecía que la bendición universal estaba justo a la vuelta de la esquina.

La nación se derrumba: 1 Reyes 11-16

El paraíso parecía inminente. Pero en lugar de eso, Salomón e Israel se volvieron hacia el mal y desencadenaron fuerzas que dividieron el reino y culminaron en el exilio tanto de Judá como de Israel. El problema se remonta a la vida sexual de Salomón: "amó a muchas mujeres extranjeras" (1 R. 11:1). Salomón tenía

---

[28] Dumbrell, *Faith of Israel*, 94.
[29] Alexander, *Eden to the New Jerusalem*, 46.

setecientas esposas y trescientas concubinas (1 R. 11:3), violando claramente Dt. 17:17: "Tampoco tendrá muchas mujeres, no sea que su corazón se desvíe; ni tendrá grandes cantidades de plata y oro". Algunos piensan que Salomón también fue culpable de adquirir demasiada plata y oro, lo cual se condena en el mismo versículo en Deuteronomio.

Sin embargo, el narrador de 1-2 Reyes no acusa a Salomón de exceso respecto a este asunto. Las riquezas de Salomón se mencionan en los capítulos que celebran la gloria de su reinado (caps. 1-10). De hecho, el narrador indica que Dios le dio riquezas, señalando específicamente que él no las pidió ni las buscó (1 R. 3:11-13). Pero no se puede decir lo mismo acerca de sus numerosas esposas. No se alude a ellas en los capítulos 1-10, ni se dice nunca que el Señor le dio muchas esposas como bendición. El escritor subraya que las esposas de Salomón "desviaron" su corazón a otros dioses (1 R. 11:2, 3, 4, 8; cf. Éxodo 34:11-16).

En su vejez adoró a otros dioses, entre ellos Astoret y Milcom (1 R. 11:5, 10), e incluso construyó lugares altos para realizar sacrificios a Quemos y a Moloc (1 R. 11:7). El pecado de David con Betsabé y el asesinato de Urías fueron atroces, pero él nunca se volvió a otros dioses como lo hizo Salomón (1 R. 11:32-33). Salomón violó la estipulación esencial del pacto al transgredir el primer mandamiento del Decálogo. Hizo recaer sobre sí mismo el castigo que Yahvé advirtió que traería si uno de los hijos de David se volvía a la iniquidad (2 S. 7:14). Tenemos entonces indicios de que la expansión de Israel en la tierra sería de corta duración a causa del pecado de Salomón. Las glorias temporales que Israel disfrutó bajo Salomón apuntan a un cumplimiento mayor y más expansivo de la promesa de la tierra, un cumplimiento que abarcará toda la creación.[30]

Sin embargo, como vimos (2 S. 7), el pacto con David era irrevocable, y por lo tanto se dejaría una tribu para Judá a pesar de las transgresiones de Salomón (1 R. 11:11-13, 34, 36), dando testimonio de la promesa de que la dinastía de David sería finalmente el medio por el cual Yahvé gobernaría el mundo y cumpliría la promesa a Abraham y Adán (ver 11:39).[31] El reino llegaría, pero ahora era evidente que no se haría realidad a través de Salomón. De hecho, la

---

[30] Véase Williamson, "Promise and Fulfillment", 31-32.

[31] Para la colocación de la necesidad de que los reyes obedezcan para disfrutar de la bendición de Yahvé y la irrevocabilidad del pacto con David, véase Williamson, *Sealed with an Oath*, 133.

paz que caracterizó el reinado de Salomón se vio amenazada; ahora había enemigos en el horizonte 1 R. (11:14, 23).

El más prominente era Jeroboam, a quien Salomón trató de matar (1 R. 11:28-40). El intento de Salomón de privar de la vida a Jeroboam fue inútil, pues el profeta Ahías (1 R. 11:29-31) profetizó que Jeroboam gobernaría sobre diez tribus de Israel. Ahías entregó a Jeroboam una asombrosa promesa del Señor. Le dijo que tendría una "casa perdurable como la que edifiqué a David" (1 R. 11:38) si obedecía al Señor. No obstante, como veremos, Jeroboam se apartó del Señor, por lo que su dinastía duró poco.

Uno de los temas principales de 1-2 Reyes es el cumplimiento de las profecías. La palabra pronunciada por los profetas es irrevocable; ciertamente se cumple. La promesa de que diez tribus abandonarían al rey davídico se hizo realidad durante el reinado de Roboam, hijo de Salomón. Inexplicable y tontamente, Roboam comenzó su reinado con bravuconadas, amenazando con hacer la vida del pueblo más dura bajo su reinado que bajo el de Salomón (1 R. 12:1-13). Esa fue la chispa necesaria para impulsar a las diez tribus a coronar a Jeroboam como rey (1 R. 12:16-20).

El narrador enfatiza que lo ocurrido fue el cumplimiento de la profecía: "El rey no escuchó al pueblo, porque lo que había sucedido era del SEÑOR, para que él confirmara la palabra que el SEÑOR había hablado por medio de Ahías el Silonita a Jeroboam, hijo de Nabat" (12:15). Naturalmente, Roboam estaba decidido a luchar para conservar su dominio sobre las doce tribus, pero hizo caso a la palabra del profeta que le ordenó desistir de luchar para conservar el reino (1 R. 12:24). La disolución del reino bajo Salomón que el Señor predijo, se había hecho realidad.

Mientras tanto, Jeroboam quería asegurar el reino, temiendo que lo mataran y el pueblo volviera a Roboam (1 R. 12:26-31). En lugar de confiar en la promesa divina para asegurar su dinastía, improvisó estableciendo cultos en Betel y Dan con un sacerdocio alterno y haciendo becerros de oro para que Israel los adorara. Al hacerlo, claramente violó el segundo mandamiento del Decálogo y estableció un patrón de pecado que culminó en el exilio de Israel.[32] "El culto de Jeroboam revive y perpetúa la apostasía de Aarón relatada en Éxodo 32".[33]

---

[32] House (*Old Testament Theology*, 257) dice que violó los dos primeros mandamientos del Decálogo.

[33] Dumbrell, *Faith of Israel*, 96. Véase también Dempster, *Dominion and Dynasty*, 150.

El curioso incidente con "el varón de Dios" en el capítulo 13 demuestra de nuevo que la palabra de Dios es eficaz, que el juicio pronunciado contra Jeroboam ciertamente se cumplirá.[34] El profeta predijo que Josías profanaría el altar de Betel donde Jeroboam estaba haciendo ofrenda, y que el altar sería derribado inmediatamente (1 R. 13:2-3).

> **1º Reyes 13:2–3** Y el hombre de Dios clamó contra el altar por palabra del Señor, y dijo: «Oh altar, altar, así dice el Señor: "A la casa de David le nacerá un hijo, que se llamará Josías; y él sacrificará sobre ti a los sacerdotes de los lugares altos que queman incienso sobre ti, y sobre ti serán quemados huesos humanos"». Aquel mismo día dio una señal, y dijo: «Esta es la señal de que el Señor ha hablado: "El altar se romperá y las cenizas que están sobre él se derramarán"».

Jeroboam gritó contra el varón de Dios, ordenando que lo arrestaran, pero su mano extendida fue golpeada con lepra (1 R. 13:4), aunque fue restaurada poco después (1 R. 13:6). La certeza de la palabra del profeta fue evidente inmediatamente porque el altar se derrumbó (1 R. 13:5). Luego se narra una extraña historia en la que un viejo profeta llamó al varón de Dios para que fuera a su casa y comiera con él, a pesar de que éste tenía instrucciones de no comer pan ni beber agua en Betel (1 R. 13:11-32). El viejo profeta mintió al inducir al varón de Dios a ir a su casa. En medio de la comida, el anciano lo reprendió por violar la palabra del Señor, por comer y beber con él cuando el Señor lo había prohibido. Como resultado de su desobediencia, no sería enterrado con sus antepasados. Cuando el varón de Dios regresó a su casa, un león lo atacó y lo mató, cumpliendo así la palabra del viejo profeta.

El narrador enfatiza que la única razón de la muerte del hombre de Dios fue la palabra profética del Señor. El león no tenía hambre. ¡No se comió al varón de Dios ni al burro! Simplemente se quedó en el camino después de matar al hombre de Dios. Esta extraña historia ilustra uno de los temas principales de 1-2 Reyes: la palabra profética no puede ser anulada; siempre se hará realidad. Al narrador no le interesa saber por qué el profeta más viejo mintió o por qué llamó al varón de Dios para que regresara a Betel y así poner en peligro su vida. El

---

[34] Como dice Hamilton: "El dramático relato de 1 Reyes 13 sirve para ilustrar el estado de toda la nación. Israel recibió una palabra clara de Yahvé en la Torá. El hombre de Dios que denuncia el altar de Jeroboam también recibió una palabra clara" (La *gloria de Dios en la salvación*, 180-81).

punto del relato es que la palabra de Dios es inviolable, que lo que el Señor
proclama con seguridad se cumplirá. Por lo tanto, el capítulo termina asegurando
acerca de las palabras del varón de Dios: "Porque ciertamente sucederá lo que
él clamó por palabra del SEÑOR contra el altar en Betel y contra todas las casas
de los lugares altos que están en las ciudades de Samaria" (1 R. 13:32).

La palabra proclamada contra Jeroboam empezó a surtir efecto
inmediatamente (1 R. 14:1-18). La mujer de Jeroboam pretendió ir disfrazada al
profeta Ahías para consultarle sobre la suerte de su hijo. Pero aunque Ahías era
ciego, Yahvé le reveló su identidad y proclamó la muerte de su hijo Abías (no
por su propio pecado, sino por el de Jeroboam). Yahvé mostró su favor a
Jeroboam y lo estableció en el trono, pero Jeroboam, a diferencia de David,
abandonó al Señor y transgredió sus mandamientos, fabricando y adorando
ídolos. Por lo tanto, la muerte de Abías representaba el destino de la casa de
Jeroboam: el Señor cortaría a cada persona, por lo que no habría ningún
superviviente. De hecho, el pecado y el liderazgo de Jeroboam fueron tan
trascendentes que Israel acabaría en el exilio por culpa de sus transgresiones.

El narrador pasa a escribir sobre Judá (1 R. 14:21-31), pero inmediatamente
indica que las cosas no eran mejores allí. Judá también era culpable de idolatría
(lugares altos, estatuas, imágenes de Asera), y los sodomitas estaban activos en
la tierra. El autor insinúa que a Judá no le iría mejor que a Israel. En este punto
de la historia, los días de gloria de Salomón parecen muy lejanos. Abiam, quien
sucedió a Roboam, también fue un fracaso abyecto (1 R. 15:1-8). La única razón
por la que el Señor tuvo misericordia de Israel y dio "lámpara en Jerusalén"
(15:4) fue "por amor a David" (1 R. 15:4). El narrador explica que David fue en
esencia obediente, excepto en el caso de Urías heteo (1 R. 15:5). La estabilidad
de la dinastía davídica se contrapone a la inestabilidad de las dinastías de Israel,
pues en este último hubo diez cambios dinásticos.[35] No todos los descendientes
de David abandonaron al Señor.

Asa siguió el camino de David eliminando sodomitas e ídolos, e incluso
destituyendo a su abuela, Maaca, como reina madre porque era devota de Asera
(1 R. 15:11-13). Asa deshizo la imagen y la quemó. El narrador dice que "el
corazón de Asa estuvo dedicado por completo al SEÑOR todos sus días" (1 R.
15:14), aunque permitió que los lugares altos permanecieran. En medio de los
conflictos entre Israel y Judá, el Señor cumplió su promesa de acabar con la casa

---

[35] Véase Dempster, *Dominion and Dynasty*, 152.

de Jeroboam (1 R. 15:29-30). Sin embargo, el problema en Israel era que todos los reyes y todas las dinastías persistieron en el pecado de Jeroboam (p. ej., 1 R. 15:34), y por lo tanto estaban destinados a correr la misma suerte que Jeroboam (1 R. 16:1-7). Israel continuó hundiéndose en la inconsciencia. Omri fue peor que aquellos antes de él y no abandonó el pecado de Jeroboam (1 R. 16:7, 26); no obstante, Acab sumió a la nación en un mal aún más profundo, pues introdujo el culto a Baal en Israel mediante su matrimonio con Jezabel (1 R. 16:30-33).

El capítulo 16 termina con una nota extraña y aparentemente sin relación: "En tiempos de Acab, Hiel de Betel (Casa de Dios) reedificó Jericó. A costa de la vida de Abiram su primogénito puso sus cimientos, y a costa de la vida de su hijo menor Segub levantó sus puertas, conforme a la palabra que el SEÑOR había hablado por medio de Josué, hijo de Nun." (1 R. 16:34). En realidad, este versículo tiene un significado inmenso, pues el narrador recuerda a los lectores que la palabra del Señor siempre se hace realidad, aunque pasen años y años antes de que se cumpla la profecía, así como la profecía de Josué sobre Jericó tardó años en hacerse realidad. Por lo tanto, la adoración de ídolos en Israel tendría consecuencias fatales, aunque faltaran muchos años para que dichas consecuencias llegaran.

El conflicto con el culto a Baal: 1 Reyes 17-2 Reyes 12

Parece adecuado considerar 1 Reyes 17-2 Reyes 12 como una sola sección, pues aquí el conflicto con el culto a Baal ocupa el primer plano. De hecho, la devoción a Baal no se limitó a Israel, sino que también penetró en Judá. Israel y Judá habían cambiado radicalmente desde los días de Salomón, cuando Israel vivía en condiciones edénicas en la tierra. Ahora toda la nación se alejaba por completo de Yahvé y se postraba ante Baal. Pero Yahvé siempre reina como Señor, y por lo tanto el culto a Baal no podía triunfar ni lo haría.

> Tanto Elías como Eliseo demuestran que el Señor gobierna Israel, Judá, Siria y el resto de la tierra. Por consiguiente, Yahvé merece lealtad exclusiva en lugar de ser considerado meramente como una entre muchas opciones religiosas.[36]

---

[36] House, *Old Testament Theology*, 263.

Los que se entregaron a Baal serían juzgados, y los que permanecieron fieles a Yahvé triunfarían. La lucha contra el culto a Baal no fue liderada por los reyes, pues fueron los reyes los que cedieron ante ellos. El Señor levantó profetas, especialmente a Elías y a Eliseo, para desafiar el culto a Baal. Como ya hemos visto tantas veces en 1-2 Reyes, la palabra del Señor prevaleció.

Baal era un dios de la tormenta y de la fertilidad.[37] Elías apareció de repente y habló a Acab (1 R. 17:1), diciéndole que no habría lluvia ni rocío "sino por mi palabra" (1 R. 17:1). La fertilidad no provenía de Baal, sino de Yahvé. Elías fue alimentado milagrosamente por los cuervos (1 R. 17:2-7), y él y la viuda de Sarepta (y su hijo) fueron sostenidos por la harina y el aceite que se repusieron milagrosamente (1 R. 17:8-16). Esta historia no estaba destinada simplemente a Elías y a la viuda. Israel había rechazado la palabra de Dios (cf. Lc. 4:24-26).

> **Lucas 4:24–26** Y Jesús añadió: «En verdad les digo, que ningún profeta es bien recibido en su propia tierra. »Pero en verdad les digo, que muchas viudas había en Israel en los días de Elías, cuando el cielo fue cerrado por tres años y seis meses *y* cuando hubo gran hambre sobre toda la tierra; sin embargo, a ninguna de ellas fue enviado Elías, sino a una mujer viuda en Sarepta, *en la tierra* de Sidón.

Pero Yahvé proveyó a los suyos (aunque la viuda era una gentil en el territorio de Baal),[38] pues el Señor y no Baal era la verdadera fuente de alimento. La muerte y la vida están en manos de Yahvé, y así, cuando el hijo de la viuda muere, Elías le devuelve la vida (1 R. 17:17-23). Entonces la mujer reconoce: "Ahora conozco que tú eres hombre de Dios, y que la palabra del SEÑOR en tu boca es verdad" (1 R. 17:24). También Israel debe darse cuenta de que la vida está en Yahvé y no en Baal, que Elías es el portavoz de Yahvé y que sus palabras provienen del Señor.

La contienda entre Yahvé y Baal se convierte en el centro de atención en el capítulo 18. Acab persiguió asiduamente a Elías durante los tres años de hambruna, pero no pudo encontrarlo, lo cual demuestra la soberanía y el dominio de Yahvé. Acab y Baal no tenían el control; lo tenía Yahvé. De repente, Elías, bajo la dirección del Señor, volvió a aparecer en escena. Desafió a Acab y a los profetas de Baal a una disputa, y dijo al pueblo que debían seguir a Yahvé o a

---

[37] Véase ibídem, 260.

[38] Ibid.

Baal (1 R. 18:21). Baal era supuestamente el dios de la tormenta, por lo que Elías elaboró un concurso en el que el dios que respondiera con fuego y consumiera el sacrificio en el altar demostraría su deidad (1 R. 18:23-24).

El narrador ridiculiza la absoluta impotencia de Baal. A pesar de que rogaron y se sanjaron hasta que su sangre fluyó, los profetas de Baal no recibieron respuesta alguna (1 R. 18:26, 28). Elías se burló de ellos, preguntándoles si Baal estaba durmiendo, haciendo sus necesidades o viajando (1 R. 18:27). La diferencia entre el yahwismo y el baalismo es clara. El veredicto final sobre Baal es este: "no hubo voz, ni nadie respondió ni nadie hizo caso" (1 R. 18:29). Evidentemente, el dios del fuego no tenía poder de fuego. Elías quería que no hubiera dudas de que Yahvé era Dios (1 R. 18:30-35), así que derramó agua sobre el altar tres veces, de manera que ninguna chispa oculta podría haber hecho arder su sacrificio. Cuando Elías oró, Yahvé demostró que era el verdadero Dios, pues el fuego "consumió el holocausto, la leña, las piedras y el polvo, y secó el agua de la zanja." (1 R. 18:38). Los corazones del pueblo se volvieron a Yahvé (1 R. 18:37), y reconocieron que él era Dios (1 R. 18:39). Elías juzgó a los profetas de Baal dándoles muerte (1 R. 18:40), y el Señor mostró su misericordia para con Israel concediéndole lluvia (1 R. 18:41-46).

Pero la batalla contra el culto a Baal no terminó tan fácilmente. Jezabel amenazó con matar a Elías después de enterarse de la ejecución de los profetas de Baal, por lo que él huyó para salvar su vida (1 R. 19:1-3). Se sintió desesperado por la influencia del culto a Baal en Israel, y pensó que era el único devoto de Yahvé que había quedado (1 R. 19:10). Huyó al monte Horeb (1 R. 19:8), donde Yahvé había establecido pacto con Israel en el Sinaí (Dt. 5:2; 29:1), donde Moisés se encontró con Yahvé en la zarza ardiente (Ex. 3:1), donde Israel escuchó las palabras de Yahvé de en medio del fuego (Dt. 4:10, 15).

Ahora Elías estaba presente allí para escuchar la palabra del Señor, una palabra de seguridad de que Yahvé no había abandonado su pacto con Israel. No oyó la voz del Señor en medio de una tormenta, como hizo Moisés en el Sinaí; ni en los vientos huracanados ni en el terremoto ni en el fuego. Su voz estuvo presente en una brisa apacible (1 R. 19:11-12). ¿Qué significa que el Señor esté presente en un susurro? Tal vez sugiere que Elías no debía estar allí, pues el Señor no tenía ningún mensaje nuevo que declarar desde la montaña ni ningún pacto nuevo que promulgar. Por eso Dios le preguntó dos veces por qué había ido a Horeb cuando él ya había hablado y prometido preservar a su pueblo.[39] El susurro sugiere que el culto a Baal no iba a ser derrocado por una revuelta repentina, sino que el Señor estaba trabajando silenciosamente para provocar su inevitable disolución.

El Señor levantaría a Hazael como rey de Siria para juzgar a Israel por su devoción a Baal, a Jehú para erradicar el culto a Baal en Israel y a Eliseo para continuar la resistencia profética al culto a Baal (1 R. 19:15-16). Yahvé aseguró a Elías que Baal no triunfaría: "Pero dejaré 7,000 en Israel, todas las rodillas que no se han doblado ante Baal y toda boca que no lo ha besado" (1 R. 19:18). La preservación de un remanente en Israel demuestra que el culto a Baal no triunfaría.[40] Yahvé es el rey, y preservaría un pueblo para sí mismo. "El principio de la elección garantiza la supervivencia del pueblo y de la promesa divina"[41] (cf. Ro 11:1-6). Reafirmando el pacto de Israel con Yahvé en el Sinaí, Elías es prácticamente un nuevo Moisés en la historia.[42]

El resto de 1 Reyes (capítulos 20-22) relata la caída de Acab, lo que significa el principio del fin del culto a Baal en Israel, de acuerdo con la promesa del Señor a Elías. El capítulo 20 es bastante sorprendente. Yahvé concedió a Acab la victoria sobre Siria, pues los sirios afirmaban que sus dioses eran más grandes. Así, el Señor concedió a Acab victorias en las colinas y en los valles. Pero el verdadero carácter de Acab se manifestó. Como es típico en 1-2 Reyes, el narrador comunica lo que sucede con una extraña historia sobre profetas (20:35-43). Un profeta le dijo a su compañero que lo hiriera por la palabra del Señor, pero éste se negó a hacerlo.

El profeta predijo que un león mataría inmediatamente al hombre que se negaba a herirlo, y lo que profetizó se cumplió. Una vez más, el narrador no se interesa en la razón por la que un profeta daría una orden tan extraña, ni defiende, como cabría esperar, la sensatez del hombre que se negó a golpear a su amigo. En cambio, se destaca la inexorable eficacia de la palabra de Dios. Lo que se profetiza con toda seguridad sucederá. El profeta consiguió que otro hombre lo golpeara y lo hiriera, y se puso una venda en la cabeza para disfrazarse ante Acab. Entonces inventó una historia para contársela a Acab.

Le informó al rey que se había jugado la vida por custodiar a un hombre el cual se le había escapado, por lo que tuvo que pagar una multa. El rey le

---

[39] Esta interpretación fue sugerida por Joshua Greever.
[40] Sobre el remanente en el AT, véase Rendtorff, *Canonical Hebrew Bible*, 705-13.
[41] Véase Dempster, *Dominion and Dynasty*, 151.
[42] Dumbrell, *Faith of Israel*, 98.

respondió que el juicio era justo. El profeta perdió su dinero por dejar escapar al hombre. Pero de pronto se quitó la venda, de modo que Acab lo reconoció como profeta. Entonces pronunció juicio sobre Acab. Puesto que Acab había preservado la vida de Ben-hadad, quien era "anatema" del Señor (1 R. 20:42), el Señor le quitaría la vida, al igual que al hombre que se negó a golpear al profeta.

> **1° Reyes 20:42-43** Y él le dijo: «Así dice el Señor: "Porque has dejado salir de *tu* mano al hombre a quien Yo había destinado a la destrucción, tu vida responderá por su vida y tu pueblo por su pueblo"». El rey de Israel se fue a su casa disgustado y molesto, y entró en Samaria.

El narrador proclama que la desobediencia al Señor llevará a la destrucción.

Acab estaba "disgustado y molesto" (1 R. 20:43) porque el juicio se acercaba, y estaba "disgustado y molesto" porque Nabot no le daba su viña (1 R. 21:4). Nabot siguió la ley del Señor al negarse a entregar su herencia (véase Dt. 19:14; 27:17).[43] Cuando Acab no consiguió lo que quería, Jezabel entró en acción, formando un tribunal irregular que inventó cargos falsos contra Nabot para darle muerte (1 R. 21:5-14). La injusticia "funcionó", y Acab se apoderó con gusto de la viña de Nabot. Pero mientras disfrutaba de la viña, apareció Elías, declarando que los perros lamerían su sangre en el mismo lugar donde habían lamido la de Nabot. Acab fue juzgado por venderse para hacer el mal (1 R. 21:20, 25) y por adorar a los mismos ídolos que los amorreos (1 R. 21:26). A causa de su promoción de la adoración de Baal, los perros también lamerían la sangre de Jezabel (1 R. 21:23), y la casa de Acab sería aniquilada (1 R. 21:21-24). Yahvé demostraría su señorío y juicio sobre todos los que adoraban a Baal. Extraordinariamente, Acab se arrepintió al escuchar tales palabras, y el Señor le mostró misericordia, prometiendo traer el juicio en los días del hijo de Acab en lugar de hacerlo inmediatamente (1 R. 21:27-29).

El poder de la palabra profética y el señorío de Yahvé sobre todas las cosas aparecen en el relato de la muerte de Acab (cap. 22). Josafat de Judá aceptó luchar con Acab contra los sirios. Pero Josafat no quería luchar sin consultar al Señor. Los profetas de Acab estaban más que dispuestos a prometer una espléndida victoria (1 R. 22:6, 11-12), pero Josafat reconoció que eran falsos

---

[43] Así C. Wright, *Old Testament Ethics*, 90.

profetas y no profetas de Yahvé. Acab era reacio a llamar a un profeta de Yahvé, pues deseaba escuchar palabras agradables de sus profetas en lugar de palabras de juicio. Ante la insistencia de Josafat, se convocó al profeta Micaías, que fue animado por uno de los burócratas de Acab a hablar favorablemente como todos los demás profetas (1 R. 22:13). Micaías insistió en que debía decir las palabras de Yahvé (1 R. 22:14), aunque prometió sarcásticamente la victoria a Acab (1 R. 22:15). Cuando se le pidió que se pusiera serio, Micaías profetizó que Acab moriría en la próxima batalla (1 R. 22:17).

Micaías relató un escenario de lo más sorprendente para explicar cómo Acab sería persuadido de ir a la batalla y de esa manera encontrar su muerte (1 R. 22:19-23). Micaías descorrió las cortinas de lo que estaba ocurriendo en la corte celestial para que los que escucharan tuvieran una visión de los propósitos del Señor. En la corte celestial, Yahvé preguntó quién engañaría a Acab para que fuera a la batalla y encontrara la muerte. Un mensajero se ofreció voluntariamente, diciendo que mentiría a través de los profetas de Acab. Por lo tanto, el Señor decretó que Acab encontraría el desastre al creer las palabras de los falsos profetas. Al narrador no le preocupa que alguien pudiera tener problemas éticos con que Yahvé utilizara a los falsos profetas para engañar a Acab. Su interés, más bien, está en que Yahvé es el Señor y el rey; sus propósitos se cumplirán. Nadie puede frustrar su voluntad o su palabra, y el juicio pronunciado sobre Acab por su devoción a Baal se llevaría a cabo.

Tal vez haya un atenuante en cuanto a la cuestión ética de que Yahvé haya utilizado falsos profetas para engañar a Acab. Micaías le dijo a Acab lo que estaba ocurriendo entre bastidores, pero Acab no le creyó. Acab encarceló a Micaías, pero Micaías no dejó dudas sobre la relevancia de sus palabras. Si Acab regresaba vivo, Micaías también era un falso profeta (1 R. 22:27-28).

> **1º Reyes 22:27–28** y dile: "Así dice el rey: 'Echen a este a la cárcel, y aliméntenlo con poco pan y poca agua hasta que yo vuelva en paz' "». Micaías le respondió: «Si en verdad vuelves en paz, el Señor no ha hablado por mí». Y añadió: «Oigan, pueblos todos».

Acab se disfrazó en la batalla, pero Josafat llevaba ropas reales, por lo que los sirios inicialmente fueron tras Josafat, pues querían matar al rey de Israel (1 R. 22:29-38). Acab entorpeció sus propósitos al ocultar su realeza, pero nada puede entorpecer los decretos de Dios. Un hombre "disparó su arco al azar" y su flecha se clavó, al parecer, en Acab "entre la juntura de la armadura" (1 R. 22:34). Acab murió a causa de la herida, y los perros lamieron su sangre, como se había profetizado. Yahvé es el Señor, y Baal y sus seguidores no triunfarían, tal y como había profetizado Elías.

Pero el culto a Baal aún no había sido erradicado de Israel. Jezabel estaba viva y coleando, y los reyes de Israel que vinieron después de Acab seguían siendo devotos de Baal. Al comienzo de 2 Reyes, Ocozías está enfermo y envía mensajeros a Baal en Ecrón para ver si se recuperará (2 R. 1:2). Como Yahvé es soberano sobre todas las cosas, sabe lo que Ocozías ha hecho, así que envía a Elías a su encuentro para proclamar su inminente muerte (2 R. 1:3-4). Si Ocozías creía en algo, era en su propia autoridad, por lo que envió tres grupos de cincuenta hombres para que apresaran a Elías y lo llevaran ante el rey (2 R. 1:9). Pero el rey no tenía autoridad sobre Elías, así como el fuego del cielo no viene de Baal. A la palabra de Elías, descendió fuego del cielo y mató a dos grupos de cincuenta hombres que intentaban capturarlo.

Elías aceptó reunirse con el rey sólo cuando el tercer capitán le pidió humildemente que viniera, y entonces le informó claramente a Ocozías por qué iba a morir. Al acudir a Baal en busca de ayuda, Ocozías estaba negando que Dios estaba en Israel (2 R. 1:3, 16), y su muerte por la palabra de Elías, tal como vimos en 1 Reyes 17, demuestra que sólo Yahvé es Dios.

Mientras continúa el conflicto con el culto a Baal, el ministerio de Elías llega a su fin (cap. 2). ¿Cuál es la función de este capítulo? El mensaje principal parece ser que Eliseo asumió la responsabilidad del ministerio de Elías, quien pidió "una doble porción de tu espíritu [el de Elías]" (2 R. 2:9), y su oración fue atendida, pues vio cómo los carros y los caballos se llevaban a Elías. El "Dios de Elías" estaba con él, pues fue capaz de separar las aguas del Jordán como lo había hecho Elías (2 R. 2:14). El narrador relata una compilación de milagros de Eliseo, aunque en algunos casos es difícil discernir el significado de los milagros realizados. Fundamentalmente, confirman uno de los temas centrales de 1-2 Reyes: el poder inherente a la palabra profética. Ciertamente, muchos de estos milagros apuntan hacia los milagros y la obra del reino de Jesús de Nazaret.

Los milagros de Eliseo anticipan la prometida nueva creación en la que la vida en la tierra vuelve a ser como la del Edén y la trasciende. De ahí que el agua que no era apta para el consumo fuera sanada con sal (2 R. 2:19-22).[44] En otros

---

[44] Levenson (*Restoration of Israel*, 123-31) señala que las obras milagrosas de Eliseo tienen un tema de conexión, pues Yahvé concede la vida donde la muerte amenaza.

lugares, la sal designa el pacto de Dios con su pueblo (véase Lv. 2:13; Nm. 18:19). En otra historia similar, Eliseo pone harina en un guiso en el que hay veneno y la comida se vuelve comestible (2 R. 4:38-41). La provisión del Señor para su pueblo, que anticipa la alimentación de Jesús de los cinco mil y de los cuatro mil, se hace evidente cuando la cebada y el grano se multiplican de manera que hay suficiente para alimentar a cien hombres y sobra (2 R. 4:42-44). Del mismo modo, la viuda de uno de los compañeros del profeta estaba endeudada y temía tener que vender a sus hijos como esclavos.

Por orden de Eliseo, ella vertió suficiente aceite en tinajas para pagar sus deudas y sostenerse (2 R. 4:1-7). Las bendiciones de los milagros de Eliseo no se limitaron a Israel. La mujer sunamita reconoció que Eliseo era un "santo hombre de Dios" (2 R. 4:9), la cual es una designación común para los profetas, pero es especialmente prominente en este capítulo y se usa para describir a Eliseo más que a cualquiera de los otros profetas.[45] Ella no podía tener hijos, y para su asombro, Eliseo le prometió que tendría uno (2 R. 4:14-17).

2° Reyes 4:14–17 Eliseo entonces preguntó: «¿Qué, pues, se puede hacer por ella?». Y Giezi respondió: «En verdad ella no tiene ningún hijo y su marido es viejo». Y Eliseo dijo: «Llámala». Cuando él la llamó, ella se detuvo a la entrada. Entonces Eliseo *le* dijo: «Por este tiempo, el año que viene, abrazarás un hijo». Y ella dijo: «No, señor mío, hombre de Dios, no engañe usted a su sierva». Pero la mujer concibió y dio a luz un hijo al año siguiente en el tiempo que Eliseo le había dicho.

Cuando el hijo fue mayor, de repente tuvo una hemorragia o algún problema en la cabeza y murió (2 R. 4:18-37). Después de su muerte, Eliseo se acercó y tendió sobre él, carne sobre carne, y le devolvió la vida. Tal vez habría que situar aquí también el milagro de la cabeza de hacha flotante (2 R. 6:1-7), pues tales herramientas eran caras y difíciles de reemplazar. En cualquier caso, todos estos milagros de Eliseo demuestran que es un profeta del Señor, que la vida y el

---

[45] Así, Moisés (Dt. 33:1; Jos. 14:6; 1 Cr. 23:14; 2 Cr. 30:16; Esd. 3:2; Sal. 90:1); profeta sin nombre (1 Sam. 2:27); Samuel (1 S. 9:6, 7, 8, 10); Semaías (1 R. 12:22; 2 Cr. 11:2); sin nombre (1 R. 13:1, 4, 5, 6, 7, 8, 11, 12, 14, 21, 26, 29, 31; 2 R. 23:16, 17); Elías (1 R. 17:24; 2 R. 1:9, 10, 11, 12, 13); sin nombre (1 R. 20:28); Eliseo (2 R. 4:7, 9, 16, 21, 22, 25, 27, 40, 42; 5:8, 14, 15, 20; 6:6, 9, 10, 15; 7:2, 17, 18, 19; 8:2, 4, 7, 8, 11; 13:19); David (2 Cr. 8:14; Neh. 12:24, 36); sin nombre (2 Cr. 25:7, 9).

sustento provienen del Señor y no de Baal, y anuncian la llegada de una nueva creación, un nuevo cielo y una nueva tierra, donde hay vida, plenitud y alegría.

La historia de los osos que destrozaron a los muchachos que ridiculizaron a Eliseo (2 R. 2:23-25) resulta extraña para los oídos modernos. Sin embargo, el narrador considera este incidente como un ejemplo del poder profético de Eliseo, pues él maldijo a los muchachos en nombre del Señor. En efecto, la palabra profética es eficaz, pues Eliseo no podía hacer que los osos mataran a los jóvenes, sobre todo si estaba en pecado. Aparentemente, ridiculizar a Eliseo equivalía a rechazar a Yahvé.

En contraste, en el ministerio de Eliseo vemos que el señorío de Yahvé es reconocido fuera de Israel. De esta manera, tanto Elías como Eliseo anticipan la difusión del evangelio a todas las naciones (cf. Lc. 4:25-27). La mujer sunamita funciona como un ejemplo (2 R. 4:8-37), y Naamán como el otro (cap. 5). Una sirvienta de Naamán le informó que podía ser curado por Eliseo. El rey de Israel estaba preocupado de que se produjera un desastre diplomático y militar. Eliseo, sin embargo, vio la petición de Naamán como una gran oportunidad, para que Naamán supiera "que hay profeta en Israel" (2 R. 5:8).

No obstante, Naamán se sintió indignado por el trato que recibió de Eliseo, pues éste ni siquiera se molestó en saludarlo, sino que, a través de un mensajero, le indicó que se lavara siete veces en el Jordán para que quedara limpio. Naamán esperaba que Eliseo hiciera algo más dramático y se ofendió porque el Jordán fuera el lugar para limpiarse y no los ríos de Damasco. Pero los sirvientes de Naamán le convencieron de que se sometiera a "la palabra" del profeta, y entonces quedó limpio (2 R. 5:14). El punto principal del relato se retoma cuando Naamán confiesa: "Ahora reconozco que no hay Dios en toda la tierra, sino en Israel" (2 R. 5:15). Aquí vemos uno de los temas principales de 1-2 Reyes: la palabra de los profetas demuestra que Yahvé es el único Dios verdadero. Hay que rechazar a Baal o a cualquier otro competidor.

Otros tres relatos presentan las habilidades proféticas de Eliseo. Cuando Giezi tomó dinero y ropa de Naamán y trató de ocultárselos a Eliseo, éste supo lo que había hecho, por lo que fue herido con lepra (5:19-27). Eliseo también conocía los planes de batalla de los sirios desde su habitación (6:8-23). Cuando los sirios llegaron a Dotán para apresar a Eliseo, su criado temió por su vida. Pero Eliseo oró para que se le abrieran los ojos, y entonces el criado vio que "miró que el monte estaba lleno de caballos y carros de fuego alrededor de Eliseo" (6:17). El Señor hirió al ejército con ceguera, y Eliseo los condujo a

Samaria, donde, después de que el Señor abriera sus ojos de nuevo, Eliseo los
alimentó y los envió a casa. Finalmente, una gran hambruna golpeó Samaria, y
el rey irracionalmente culpó a Eliseo (2 R. 6:24-7:20).

Cuando toda esperanza de sustento parecía perdida, Eliseo profetizó que al
día siguiente habría abundante comida para comprar a cambio de prácticamente
nada. El ayudante personal del rey exclamó que tales circunstancias difícilmente
podrían darse aunque el Señor hiciera "ventanas en el cielo" (2 R. 7:2). Eliseo
profetizó que dicho hombre vería al Señor realizar esta asombrosa provisión,
pero que no podría comer de ella. Y así sucedió, pues el hombre fue pisoteado
cuando el pueblo de Israel se apresuró a consumir la comida que los sirios habían
dejado. ¿Qué sentido tienen estos relatos? El hilo conductor parece ser que Israel
puede confiar en la palabra del Señor. Como Señor del pacto, él cuidará de su
pueblo. A diferencia de Giezi, no necesitan violar la palabra de Dios para
satisfacer sus necesidades materiales. En cambio, pueden descansar en el Señor
como lo hizo Eliseo cuando los sirios vinieron a atacarlo. Incluso en las
situaciones más extremas pueden confiar en que el Señor proveerá para sus
necesidades. Por lo tanto, no deben recurrir a Baal ni a ningún otro dios para
obtener provisión.

Pero la lucha contra Baal no había terminado. Josafat se alió con Joram, el
hijo de Acab (véase 3:1),[46] lo que abrió la puerta en los años siguientes, aunque
no a través del propio Josafat, a la adoración de Baal en Judá. El hijo de Josafat,
Joram, se casó con la hija de Acab y "anduvo en el camino de los reyes de Israel,
tal como había hecho la casa de Acab" (2 R. 8:18). Eso significa casi con
seguridad que promovió y participó en la adoración a Baal. El juicio sobre Israel
por su pecado sería infligido por Hazael de Siria (2 R. 8:12), pero Judá se salvó
de perder por completo la línea davídica debido al pacto del Señor con David (2
R. 8:19). Sin embargo, su poder político se debilitó a causa de su pecado (2 R.
8:20-22). Ocozías sucedió a Joram en Judá, pero también siguió los caminos de
Acab y la adoración a Baal (2 R. 8:26-27).

La infección no desaparecía en Judá. Ahora tanto el reino del norte como el
del sur seguían el culto a Baal. El Señor levantó a Jehú para eliminar el pecado
tanto del norte como del sur, tanto a Israel como a Judá (2 R. 9:1-3). Aniquiló la
casa de Acab, de modo que ésta dejó de existir (2 R. 9:8-10).

---

[46] También se le llama Joram. Debemos notar que Josafat también nombra a uno de sus
hijos Joram.

2º Reyes 9:8–10 "Toda la casa de Acab perecerá, y cortaré de Acab todo varón, tanto siervo como libre en Israel. "Yo pondré la casa de Acab como la casa de Jeroboam, hijo de Nabat, y como la casa de Baasa, hijo de Ahías. "Los perros se comerán a Jezabel en el campo de Jezreel, y nadie *la* sepultará"». Entonces abrió la puerta y huyó.

Mató a Joram y arrojó su cadáver en el campo de Nabot en cumplimiento de la profecía (2 R. 9:22-26). También dio muerte a Ocozías, rey de Judá (2 R. 9:27-29). La base del culto a Baal era Jezabel, a quien Jehú hizo arrojar desde una ventana, y cuya carne comieron los perros en cumplimiento de la profecía de Elías (2 R. 9:30-37; cf. 1 R. 21:23).

Aunque el culto a Baal estaba arraigado en Israel y Judá, y la casa de Acab parecía inexpugnable, la palabra del Señor no podía fallar. Por temor a Jehú, los setenta hijos de Acab fueron asesinados (2 R. 10:1-9). El énfasis en el cumplimiento de la profecía es evidente (2 R. 10:10-11). Del mismo modo, todos los parientes de Ocozías fueron asesinados (2 R. 10:13-14), presumiblemente porque simpatizaban con el culto a Baal. La erradicación del culto a Baal era inminente, pues Jehú aniquiló a todos los simpatizantes de Acab en cumplimiento de la profecía de Elías (2 R. 10:18). Luego, en un gran festín, procedió a la matanza de todos los que pertenecían a Baal (2 R. 10:18-27), y el narrador concluye: "Así Jehú extirpó a Baal de Israel" (2 R. 10:28). Lo que el Señor profetizó a Elías en 1 Reyes 19 se había hecho realidad.

Pero la crisis no había terminado en Israel, ya que Atalía, que puede haber sido una hija de Jezabel (cf. 2 R 8:26), dio muerte a toda la familia real de Judá (2 R. 11:1-3). No se dio cuenta de que Josaba había perdonado a Joás, hijo de Ocozías. La casa de David fue destruida casi por completo. Claramente, Atalía era la descendencia de la serpiente que intentaba extinguir la descendencia de la mujer prometida en Gn. 3:15.[47] Pero nada ni nadie puede triunfar sobre el Señor, y por eso Joás fue preservado. Después de seis años, Joiada llevó a cabo su plan de establecer a Joás como rey y dio muerte a Atalía (2 R. 11:4-20). Finalmente, Judá quedó limpia del culto a Baal (2 R. 11:17-18). De nuevo Judá se dedicó al Señor, y por eso hubo gozo en la tierra y tranquilidad en la ciudad (2 R. 11:20). Los lugares altos permanecieron bajo el mandato de Joás (2 R. 12:3), pero se esmeró en reparar el templo (2 R. 12:4-16).

---

[47] Dempster (*Dominion and Dynasty*, 152) compara acertadamente su acción con el intento del Faraón de eliminar a Israel.

Exilio: 2 Reyes 13-25

La extirpación del culto a Baal puede haber sugerido que Israel y Judá estaban a punto de experimentar un nuevo día de devoción al Señor, pero a pesar de algunos breves períodos en los que el amor por Yahvé floreció en Judá, su trayectoria fue en declive. Joacaz asumió el reino en Israel y, como tantos otros antes de él, siguió el modelo de Jeroboam hijo de Nabat (13:1-2). Por ello, a causa de la ira del Señor, Hazael de Siria comenzó a triunfar sobre él (2 R. 13:3). Los tiempos difíciles provocaron que Joacaz buscara al Señor, quien le proporcionó cierto alivio de la opresión siria, pero aun así el pueblo continuó con sus costumbres idólatras (2 R. 13:4-7). A pesar de que Israel pecó, Yahvé le mostró una misericordia y una paciencia extraordinarias (2 R. 13:23). Esa gracia estaba arraigada en el pacto hecho con sus antepasados.

Amasías tuvo un historial mixto como rey de Judá, y en consecuencia obtuvo victorias y sufrió derrotas (2 R. 14:1-14, 17-20). Una vez más, lo que se muestra es la misericordia del Señor. Jeroboam II se convirtió en rey de Israel, y practicó el mal como los otros reyes de Israel que le precedieron (2 R. 14:23-24). Pero, dando testimonio de la gracia del Señor, Jonás profetizó que el territorio de Israel se expandiría bajo el reinado de Jeroboam (2 R. 14:25). Finalmente, el Señor envió a Israel al exilio, pero el narrador tiene la intensión de enfocarse en la paciencia y el increíble amor del Señor. Él acudió en ayuda de Israel en los días de Jeroboam II (2 R. 14:26-27).

Azarías y Jotam fueron básicamente buenos reyes para Judá (2 R. 15:1-7, 32-38), pero las cosas empezaron a desmoronarse para Israel a medida que un gobernante sucedía al otro y todos eran malos (2 R. 15:8-31). El rey Tiglat-pileser de Asiria comenzó a devorar parte de la tierra de Israel. El veneno del norte fluyó hacia el sur, pues cuando Acaz tomó las riendas de Judá, orientó a la nación hacia el mal (cap. 16). La maldad de Acaz fue escandalosa, hasta el punto de que quemó a su hijo como ofrenda, siguiendo las prácticas de las naciones paganas (2 R. 16:3). Cuando llegó la presión política de Israel y Siria, Acaz acudió a Tiglat-pileser de Asiria en busca de protección (2 R. 16:5-9) en lugar de confiar en el Señor. Acaz estaba tan impresionado con Asiria que hizo una réplica de su altar y lo puso en lugar del altar del Señor (2 R. 16:10-15).

Los últimos días de Israel como país independiente se relatan en el capítulo 17. Israel siguió pecando contra el Señor y fue llevado al exilio por Asiria. En este capítulo, el narrador reflexiona extensamente sobre la razón por la que Israel sufrió tal destino. El problema fundamental no era político sino religioso. Los hijos de Israel "pecaron contra Jehová su Dios" (2 R. 17:7); siguieron el modelo de las naciones paganas (2 R. 17:8); construyeron lugares altos y erigieron estatuas e imágenes de Asera (2 R. 17:9-11) y adoraron a dioses falsos (2 R. 17:12).

Fueron amonestados con gracia por los profetas para que se apartaran de su maldad, pero fueron obstinados y se resistieron al consejo del Señor (2 R. 17:13-15), volviéndose en cambio hacia la adoración a Baal (2 R. 17:16), incluso ofreciendo sus hijos como sacrificios (2 R. 17:17). Jeroboam, hijo de Nabat, hizo que Israel empezara con mal pie desde el principio (2 R. 17:21-23). En términos de la línea argumental de la Escritura en su conjunto, Israel sufrió las maldiciones del pacto (Lv. 26; Dt. 27-28), que Moisés predijo que experimentarían si violaban las estipulaciones del pacto. De hecho, vimos en Deuteronomio que Moisés predijo que Israel cometería apostasía y se apartaría del Señor. No se sometieron a él como su Señor del pacto, y por eso sufrieron lo que el Señor les advirtió que sufrirían. Después de que Israel fuera al exilio, la tierra se pobló tanto con nativos de Israel como con gente de otras naciones (2 R. 17:24-41), de modo que el norte se vio comprometido por el sincretismo.

Mientras Israel implosionaba, apareció una luz en el horizonte para Judá. Ezequías hizo volver a Judá hacia Yahvé de forma contundente (caps. 18-20). Ezequías repudió los ídolos (2 R. 18:4) y cumplió los mandatos del Señor porque confiaba en él (2 R. 18:5-6). Por lo tanto, el Señor estaba con él (2 R. 18:7), pues el Señor siempre defiende a quien vive para honrar su nombre. Ezequías derrotó a los filisteos (2 R. 18:8) y se rebeló contra Asiria (2 R. 18:7). Los asirios no dudaban que capturarían Jerusalén, y ridiculizaban la idea de que el Señor libraría a Israel de su mano (2 R. 18:19-37), ya que los dioses de otras naciones no habían podido resistir el poderío de la superpotencia asiria. Sin embargo, el Señor prometió librar a Jerusalén de la mano de Asiria para frustrar el orgullo asirio (cap. 19). Ezequías oró para que Dios librara a Jerusalén (2 R. 19:15-19), y Yahvé respondió a su oración (porque Asiria se había burlado del "Santo de Israel" [19:22]) matando a 185.000 asirios (2 R. 19:35-37). Por medio de esta liberación Dios trajo honra a su nombre, y también reivindicó al rey davídico (12 R. 9:34). La liberación bajo Ezequías significa que el Señor en definitiva rescatará a su pueblo.

El final de la vida de Ezequías fue mixto. Por un lado, Yahvé le curó de su enfermedad (cap. 20), dando a entender que perdonaría a Jerusalén "por amor a mí mismo, y por amor a David mi siervo" (2 R. 20:6). Jerusalén y Judá no sufrirían el exilio bajo Ezequías, como lo hizo Israel cuando se enfrentó a la superpotencia asiria. Pero el reinado de Ezequías terminó en un tono lúgubre. Invitó a los babilonios a su palacio y les mostró toda su riqueza. Isaías predijo que en el futuro Judá sería exiliado a Babilonia (2 R. 20:17). La insensibilidad de Ezequías es evidente, pues se despreocupó porque el exilio no ocurriría en sus días. Dumbrell dice con razón que Ezequías representa a Judá en su conjunto. "Ezequías parece un paradigma de Judá, al sufrir una enfermedad que debería haberle llevado a la muerte 2 R. (20:1-7), pero fue restaurado (2 R. 20:8-11) sólo para recurrir en el futuro a la ayuda extranjera en busca de salvación".[48]

Y Judá iría al exilio. Siendo Manasés, el hijo y sucesor de Ezequías, quien desempeñaría un papel importante en su caída. El reinado de Manasés (cap. 21) puede resumirse como una flagrante y atroz violación de las estipulaciones del pacto del Sinaí. Restauró el culto a los ídolos de forma descarada (2 R. 21:3), instalando altares extranjeros en el templo donde el nombre del Señor debía ser honrado especialmente (2 R. 21:4; cf. 21:5, 7). La profundidad de su maldad fue evidente, pues "hizo pasar por fuego a su hijo, practicó la hechicería, usó la adivinación y trató con adivinos y espiritistas. Hizo mucho mal ante los ojos del SEÑOR, provocándolo a ira" (2 R. 21:6). El exilio se evitaría si el pueblo de Dios permanecía en las disposiciones del pacto mosaico (2 R. 21:8-9), pero las maldades horrendas de Manasés garantizaron el castigo y el exilio (2 R. 21:10-16). Su hijo Amón siguió el mismo patrón (2 R. 21:19-22).

> **2° Reyes 21:19–22** Amón *tenía* veintidós años cuando comenzó a reinar, y reinó dos años en Jerusalén. El nombre de su madre *era* Mesulemet, hija de Haruz, de Jotba. Hizo lo malo ante los ojos del Señor, como había hecho su padre Manasés. Pues anduvo en todo el camino en que su padre había andado, sirvió a los ídolos a los que su padre había servido y los adoró. Abandonó al Señor, el Dios de sus padres, y no anduvo en el camino del Señor.

Luego llegó Josías, una breve luz en la oscuridad (caps. 22-23), pero ya era demasiado tarde para que Judá sobreviviera. Josías fue un digno sucesor de David, ejemplificando lo que debía ser el reino davídico. Josías reparó el templo,

---

[48] Dumbrell, *Faith of Israel*, 101.

y en el proceso se descubrió el libro de la ley, que contenía las obligaciones del pacto para Judá. Cuando Josías escuchó la lectura del libro, comprendió el peligro (2 R. 22:13). Uno de los temas centrales de 1-2 Reyes es la inviolabilidad de la palabra de Dios. El Señor juzgaría a su pueblo cuando éste transgrediera sus prescripciones. La profetisa Hulda no fue portadora de buenas noticias cuando Josías mandó a que se la consultara. Judá estaba destinado al desastre porque había abandonado a su rey y se habían vuelto a otros dioses (2 R. 22:16-17). La ira de Dios estaba a punto de derramarse sobre Judá pero Josías moriría en paz, pues se humilló ante el Señor, lloró por los pecados de la nación y anheló que se hiciera la voluntad del Señor (2 R. 22:18-20).

En lugar de dejarse disuadir por la palabra de juicio, Josías se vio impulsado a actuar, reformando la nación con celo (cap. 23). El libro del pacto fue leído públicamente en el templo, y el pueblo se comprometió a consagrarse de nuevo a su Señor del pacto (2 R. 23:1-3). Los objetos de culto de otros dioses se quemaron y los sacerdotes idólatras fueron depuestos (2 R. 23:4-7, 11-12). Josías profanó los lugares de culto donde se sacrificaban ofrendas idolátricas (2 R. 23:8-10). Incluso llegó a destruir los lugares de culto establecidos por Salomón (2 R. 23:13). La profecía del varón de Dios (véase 1 R. 13) se cumplió en tanto que Josías derribó el altar de Bet-el (2 R. 23:15). El narrador hace especial hincapié en recordar a los lectores que, al hacerlo, Josías cumplió una antigua profecía (2 R. 23:16-18). Sorprendentemente, las reformas de Josías alcanzaron incluso al reino del norte (2 R. 23:19-20). Josías celebró la Pascua y purgó a Judá y Jerusalén de la hechicería (2 R. 23:21-24).

Por desgracia, las reformas de Josías no fueron suficientes para librar a Judá. La ira del Señor seguía siendo inminente sobre la nación (2 R. 23:26-27). Después de su muerte, los hijos de Josías lo sucedieron y se volvieron de nuevo al mal (2 R. 23:32, 37). Se acercaban los días del exilio bajo Nabucodonosor. El narrador resalta:

> Ciertamente por mandato del SEÑOR sucedió esto contra Judá para quitarlos de Su presencia, por los pecados de Manasés, por todo lo que había hecho. También por la sangre inocente que derramó, pues llenó a Jerusalén de sangre inocente, y el SEÑOR no quiso perdonar (2 R. 24:3-4).

Nabucodonosor sitió a Judá en tres ocasiones, pues la nación seguía rebelándose. Finalmente, quemó el templo y tomó la ciudad. Al igual que el traslado de los objetos del templo a Babilonia (2 R. 25:13-16), la forma en que Sedequías fue privado de la vista y el asesinato de sus hijos, representaron la magnitud de la devastación infligida por sus captores (2 R. 25:6-7). Judá sufrió el exilio por violar el pacto. "El juicio del exilio había sido anunciado en Deuteronomio 29:1-30:10, en la poesía profética del capítulo 32, y de nuevo en las últimas palabras de Josué 23-24".[49]

Conclusión

El libro de 1-2 Reyes comenzó con un tono positivo. El reinado de Salomón parecía un retorno al paraíso; la bendición mundial prometida a Abraham estaba a la vuelta de la esquina. Pero luego, lo que vemos en 1-2 Reyes es una lenta involución, empezando por Salomón. El paraíso de carácter edénico que tuvo lugar bajo Salomón, ahora era un recuerdo lejano. Israel, como Adán, estaba en el exilio.[50] Y como David Freedman señala, la historia no había progresado más allá de Babilonia desde los días del Génesis; comenzó en Babilonia (Gn. 11:1-9), y ahora Israel de nuevo estaba en Babilonia.[51]

La promesa a Abraham parecía más lejana que nunca. Israel estaba en el exilio y en peligro de perder su carácter distintivo entre las naciones. Todos los elementos de la promesa a Abraham (tierra, descendencia, bendición) estaban en peligro. Uno de los temas fundamentales de la narración es la eficacia de la palabra de Dios. Todo aquello que el Señor del pacto dice ciertamente se cumplirá. Puede tardar, y tarda, por la misericordia de Dios, pero en última instancia, él castiga a los que le abandonan. Tanto Israel como Judá estaban en el exilio por su flagrante incumplimiento de las estipulaciones del pacto. El futuro lucía sombrío.

Asombrosamente, aún entonces, había esperanza.[52] El libro termina con Joaquín siendo liberado de la prisión y cenando en la mesa del rey de Babilonia (2 R. 25:27-30).

---

[49] Ibídem, 104. Dumbrell continúa diciendo: "El lector no puede escapar a la conclusión de que Yahvé estaba justificado en su juicio, que su pueblo estaba ampliamente preparado para ello y que debía aceptar la culpa".

[50] Así, Freedman, *Unity of the Hebrew Bible*, 8.

[51] Ibídem, 9.

[52] House, *Old Testament Theology*, 269.

2° Reyes 25:27–30 En el año treinta y siete del cautiverio de Joaquín, rey de Judá, en el mes duodécimo, a los veintisiete *días* del mes, Evil Merodac, rey de Babilonia, en el año en que comenzó a reinar, sacó de la prisión a Joaquín, rey de Judá; y le habló con benevolencia y puso su trono por encima de los tronos de los reyes que *estaban* con él en Babilonia. Le cambió sus vestidos de prisión, y comió siempre en la presencia del rey, todos los días de su vida; y *para* su sustento, se le dio de continuo una ración de parte del rey, una porción para cada día, todos los días de su vida.

Lo que le ocurrió a Joaquín parece casi trivial. Pero el narrador ve esperanza en este giro de los acontecimientos. El rey davídico sobrevivió y, en cierto modo, estaba prosperando en el exilio.[53] Además, por medio de este hecho recordamos un tema importante en 1-2 Reyes: la fiabilidad de la palabra de Dios, pues sabemos que el Señor prometió que la dinastía de David no terminaría. Había preservado una "lámpara" para David.[54] El Señor es rey, y cumplirá sus promesas.

Nada puede frustrar su palabra. La descendencia de la mujer triunfaría sobre la serpiente por medio de un hijo de David. Sin importar cuán improbable pareciera esa esperanza, no se frustraría. Así como el Señor cumplió su promesa de juzgar a su pueblo, el final de 1-2 Reyes promete que el Señor no ha olvidado su pacto. La conclusión de la narración susurra esperanza en lugar de gritarla. Aun así, la historia de Israel muestra el poder del pecado, indicando que la salvación y la liberación serían un milagro. Israel, por sí solo, carece de recursos para cumplir la voluntad del Señor.

---

[53] En oposición a Dumbrell, *Faith of Israel*, 104. Acertadamente Dempster, *Dominion and Dynasty*, 155-56.

[54] Para una defensa convincente de esta lectura, véase Provan, "Kings", 185-87.

§11. 1-2 CRÓNICAS

Introducción

Los libros de 1-2 Crónicas, que, al igual que los de 1-2 Samuel y 1-2 Reyes, son en realidad un solo libro, cubren el mismo período general de tiempo que 1-2 Reyes. En algunos pasajes, 1-2 Crónicas repite la misma historia con las mismas palabras que se encuentran en 1-2 Samuel y 1-2 Reyes. Pero las diferencias entre Crónicas, Samuel y Reyes también son evidentes. El cronista a menudo añade material distintivo a los relatos que se basan en Samuel y Reyes. La perspectiva y la teología del cronista se exponen mediante la selección, la adaptación, la disposición y la inclusión de diversos relatos y tradiciones.

Sería un error limitarnos a lo que el cronista añadió, como si sólo hubiera que tener en cuenta lo que es distintivo de esta narración para expresar la teología de la obra. Tanto la tradición como la redacción deben ser incluidas en la teología del cronista. Aun así, me centraré un poco más en lo distintivo de Crónicas sin descuidar lo que tiene en común con Samuel y Reyes. Por ello, el material común se tratará de forma más abreviada.

Crónicas se centra en muchos aspectos en la realeza y el sacerdocio. El gobierno de Yahvé se ejerce a través del rey davídico, de los sacerdotes y de los levitas.[1] Cuando los hijos de Israel son obedientes al Señor, su nación será bendecida, pero cuando abandonan el culto y la alabanza al Señor y lo abandonan a él por otros dioses, su nación será maldecida. Childs resume muy bien el objetivo principal del libro:

> El autor intentaba interpretar para la comunidad restaurada en Jerusalén la historia de Israel como un pacto eterno entre Dios y David que exigía una

---

[1] Para la noción de que Crónicas se escribió para defender la monarquía davídica, véase Freedman, "The Chronicler's Purpose".

respuesta obediente a la ley divina. Sobre la base de la historia pasada, trató de extraer una y otra vez la lección de que Israel prosperaba cuando era obediente, pero que la desobediencia le hacía merecedor de la ira de Dios y de la destrucción de la nación. A pesar de las continuas advertencias de los profetas, Israel abandonó la ley de Dios y sufrió las consecuencias… Sin embargo, después del juicio, Dios volvió a restaurar a su pueblo, que seguía estando bajo los mismos imperativos divinos.[2]

El pacto con David no se revocaría. Aunque Israel pecara y sufriera los peores castigos imaginables, incluso el exilio de la tierra, el Señor seguiría cumpliendo sus promesas. La esperanza no se apaga para una nueva generación de Israel.

La Genealogía

La genealogía que abre el libro (1 Cr. 1-9) resulta bastante desconcertante para los lectores modernos, aunque si se presta atención a su estructura más amplia, se descubre parte de la teología del Cronista. La genealogía se remonta a Adán (1 Cr. 1:1), mostrando así que la implicación de lo que aquí se enseña es para todo el mundo.[3] Sin embargo, el Cronista se centra en Israel, especialmente en el destino de Judá, ya que es a través de Judá que la bendición llegará a todos. La historia de Judá está conectada con la historia universal y la historia de toda la raza humana.[4]

El papel de Abraham como padre de muchos también se introduce en el capítulo 1 (1 Cr. 1:27-54). El escritor no hace hincapié en la bendición de Abraham, pero dado que en el capítulo 2 presenta a los hijos de Israel, es difícil creer que no tuviera en mente la bendición de Abraham. La selectividad en la genealogía refleja el interés del cronista. Por ejemplo, describe la genealogía de la tribu de Judá con cierto detalle (1 Cr. 2:3-4:23), y, dándole especial atención, sitúa la genealogía de David y sus hijos en medio de esta primera sección (1 Cr. 3:1-24). La esperanza de un futuro reino para Israel proviene de David y su descendencia. Es significativo que el narrador incluya a los descendientes de David desde la época del exilio en Babilonia (1 Cr. 3:17-24), sugiriendo así que la esperanza del pacto prometido a David aún persiste. El narrador creía que las

---

2 Childs, *Old Testament as Scripture*, 644.
3 Así, Selman, "Chronicles", 189.
4 Véase Dumbrell, *Faith of Israel*, 324-25; Kelly, *Retribution and Eschatology*, 177-78.

promesas dadas a David para Israel no se habían anulado y que aún se cumplirían,[5] pues la palabra de Dios en las Escrituras es eficaz.[6]

Las genealogías de las tribus del norte (1 Cr. 7:1-40) y de las tribus de Transjordania (1 Cr. 5:1-26) son breves en comparación con la anterior. De hecho, sólo en esta parte del libro el autor menciona que las tribus del norte fueron al exilio bajo el poder asirio (1 Cr. 5:25-26), explicando que desertaron de Yahvé y adoraron a otros dioses. Sin embargo, su atención se enfoca en otra parte. Las tribus de Simeón (1 Cr. 4:24-43) y Benjamín (1 Cr. 8:1-40) reciben más atención. Tal vez éstos son examinados más detalladamente porque estaban estrechamente relacionados con Judá, ya que Simeón vivió básicamente dentro de la tribu de Judá, y algunos de la tribu de Benjamín se quedaron con el rey davídico cuando los reinos del norte y del sur se dividieron.

El enfoque en la tribu de Leví (1 Cr. 6:1-81), y la especial atención a los hijos de Aarón y a los gersonitas, coatitas y meraritas, ciertamente anticipa lo que vendrá en 1-2 Crónicas. Dios exige adoración adecuada y, en cuanto a los asuntos cultuales, en conformidad con la voluntad de Yahvé. La importancia crucial del culto es evidente cuando el autor interrumpe la genealogía con este comentario:

> Estos son los que David puso sobre el servicio del canto en la casa del SEÑOR, después que el arca descansó allí. Ellos ministraban con el canto delante del tabernáculo de la tienda de reunión, hasta que Salomón edificó la casa del SEÑOR en Jerusalén, entonces servían su oficio en ella conforme a su orden (1 Cr. 6:31-32).

La importancia de la expiación también se comunica en medio de la genealogía: "Aarón y sus hijos sacrificaban sobre el altar del holocausto y sobre el altar del incienso, para toda la obra del Lugar Santísimo y para hacer expiación por Israel, conforme a todo lo que Moisés, siervo de Dios, había ordenado" (1 Cr. 6:49). Si Israel no sigue las reglas y estipulaciones del culto, su alabanza y su relación con Yahvé serán imposibles. Es significativo que la genealogía continúe con

---

5 En contra de quienes ven poco interés por el mesianismo en la obra (p. ej., Ackroyd, *The Chronicler*, 71-72, 267-68). Japhet (*Ideología*, 358, 387-93) ve poco interés en el pacto con David y ningún interés en la escatología. Para un análisis más convincente, véase Kelly, *Retribution and Eschatology*, 143-67.

6 Sobre la centralidad de la palabra de Dios en Crónicas, véase Selman, "Chronicles", 189-92.

aquellos que regresaron tras el exilio a Babilonia (1 Cr. 9:2-34). De esta manera, una vez más, el narrador señala que hay esperanza para Israel: los días de gloria no han terminado con la muerte de David y Salomón.[7]

El autor también se enfoca en "los sacerdotes, los levitas y los sirvientes del templo" (1 Cr. 9:2) al describir a los que regresaron del exilio.

> **1º Crónicas 9:1–2** Todo Israel fue inscrito por genealogías; y están escritos en el libro de los reyes de Israel. Y Judá fue llevado al destierro a Babilonia por su infidelidad. Los primeros que habitaron en sus posesiones en sus ciudades *fueron* Israel, los sacerdotes, los levitas y los sirvientes del templo.

Además, otras tribus se unieron a Israel en Jerusalén (1 Cr. 9:3), lo que indica que el retorno es una promesa para todo Israel.[8] La tierra sigue siendo un tema importante para el cronista.[9] Uno de los temas principales de Crónicas es "todo Israel".[10] El autor utiliza la frase cuarenta y siete veces para denotar la universalidad del pueblo de Dios; no hace hincapié en la división de Israel y Judá, sino que resalta que el verdadero pueblo de Dios está unido en torno al rey davídico y al templo de Jerusalén.

El enfoque en el templo es bastante notorio en el capítulo 9. Los que regresaron eran devotos a la casa de Dios (1 Cr. 9:11, 13) y se les confió como guardas de la casa del Señor (1 Cr. 9:21-27). De hecho, el autor especifica quiénes eran los responsables de los utensilios, la comida y los bienes para el templo de manera que todo se llevara a cabo correctamente (1 Cr. 9:28-33). Hay un futuro para "todo Israel", tanto del sur como del norte, si se entregan al Señor.[11]

Saúl y David

El reinado de Saúl se trata de forma abreviada en 1 Crónicas. El relato detallado de Samuel, que cuenta cómo Saúl persiguió a David y cómo David acabó

---

[7] "El mensaje para todo Israel es que todavía puede haber un futuro glorioso" (Dumbrell, *Faith of Israel*, 326).

[8] Así también Waltke, *Old Testament Theology*, 756.

[9] Acertadamente, Kelly, *Retribution and Eschatology*, 179-82.

[10] Véase Japhet, *Ideology*, 209-17. Véase también su discusión posterior (pp. 217-84).

[11] Véase Kelly, *Retribution and Eschatology*, 182-84.

sucediéndolo como rey, se pasa por alto en su mayor parte. La razón del rechazo a Saúl se presenta en una declaración corta y resumida:

> Así murió Saúl por la transgresión que cometió contra el SEÑOR por no haber guardado la palabra del SEÑOR, y también porque consultó y pidió consejo a una adivina, y no consultó al SEÑOR. Por tanto, Él le quitó la vida y transfirió el reino a David, hijo de Isaí (1 Cr. 10:13-14).

Lo que interesa al escritor es el reinado de David y la promesa de que un heredero de David sería rey para siempre. Tal vez enfatiza el ascenso de David después de Saúl para animar a Israel a que también pueda resurgir después del exilio.[12] Guardando la misma línea, el narrador no revela ningún interés independiente en los reyes de Israel en el norte o en la historia del reino del norte. Por ejemplo, en todo el libro sólo menciona a Elías una vez, y a Eliseo no lo nombra en absoluto, lo cual no resulta sorprendente porque estos dos profetas centraron su ministerio en el reino del norte. De hecho, el nombre de Elías sólo aparece porque escribió una carta a Joram, rey de Judá (2 Cr. 21:12). Los reyes de Israel y el destino del reino del norte aparecen en el relato sólo cuando se cruzan con la historia de Judá. Es evidente que el cronista se centra en David y en la historia de Judá.

El cronista se salta la lucha por el trono con Is-boset y destaca que "todo Israel" y "todos los ancianos de Israel" (1 Cr. 11:1, 3) ungieron a David como rey. De hecho, Israel se sintió atraído por David aún antes de que fuera coronado como rey. Incluso algunos de la tribu de Benjamín se le unieron (1 Cr. 12:2, 16), junto con los gaditas (1 Cr. 12:8, 14) y los de la tribu de Manasés (1 Cr. 12:19), de manera que los que estaban con David eran "un gran ejército, como ejército de Dios" (1 Cr. 12:22). El autor relata con cariño, cuando llegó el momento de ungir a David como rey, cuántos de cada tribu acudieron a Hebrón para coronarlo (1 Cr. 12:23-40).

La unidad de Israel es de gran importancia para él, como podemos ver claramente en 1 Cr. 12:38: "Todos éstos, hombres de guerra, que podían ponerse en orden de batalla, vinieron con corazón perfecto a Hebrón, para hacer rey a David sobre todo Israel; también todos los demás de Israel eran de un mismo parecer para hacer rey a David". Se destaca el papel de David como "pastor" y

---

[12] Véase Ackroyd, *The Chronicler*, 68.

"príncipe" sobre Israel (1 Cr. 11:2). De hecho, "todo Israel" fue a Jebús con David; la ciudad fue conquistada y se convirtió en el centro del reinado de David (1 Cr. 11:4-9). Jerusalén era importante no sólo por razones políticas; también sería el lugar donde se construiría el templo y se adoraría a Yahvé en Israel. El cronista cree que las promesas hechas se cumplirán para "todo Israel".[13] Desde la perspectiva del Nuevo Testamento, estas promesas para Israel se cumplen en Jesucristo. Él es el verdadero hijo de David que gobierna sobre el verdadero pueblo de Dios conformado por judíos y gentiles.

Se destaca la sabiduría de David como líder. Antes de tomar una decisión, consultó sabiamente con otros (1 Cr. 13:1). David quería llevar el arca a Jerusalén, pero antes de hacerlo, buscó el consejo de "toda la asamblea de Israel" y envió invitaciones a "todas partes, a nuestros parientes que permanecen en toda la tierra de Israel, y también a los sacerdotes y a los Levitas que están con ellos en sus ciudades y tierras de pastos, para que se reúnan con nosotros" (1 Cr. 13:2). Para David era crucial que el pueblo se uniera para adorar al Señor, y su plan tuvo éxito: "Toda la asamblea dijo que así lo harían, porque esto pareció bien a todo el pueblo" (11 Cr. 3:4). El énfasis en la unidad es bastante asombroso:

> Entonces David congregó a todo Israel, desde Sihor de Egipto hasta la entrada de Hamat, para traer el arca de Dios de Quiriat Jearim. David subió con todo Israel a Baala, es decir, a Quiriat Jearim, que pertenece a Judá, para hacer subir desde allí el arca de Dios el SEÑOR (1 Cr. 13:5-6).

El resto del capítulo relata la muerte que sufrió Uza por haber tocado ilícitamente el arca, ya que el procedimiento adecuado relativo al culto es de especial importancia para el cronista.

El éxito de David como líder contrasta con Saúl. El narrador destaca que el Señor dio muerte a Saúl y entregó el reino a David porque Saúl no buscó la guía del Señor (1 Cr. 10:13-14). Por el contrario, cuando David se enfrentó a los filisteos, consultó al Señor a cada paso del camino (1 Cr. 14:10, 14). A diferencia de Saúl, "hizo tal como Dios le había mandado" (1 Cr. 14:16), y por eso "el SEÑOR puso el terror de David sobre todas las naciones" (1 Cr. 14:17). Uno de

---

[13] Tal vez el uso de "todo Israel" por parte del Cronista indique una redefinición del verdadero Israel, como propone Joshua Greever.

los temas centrales de Crónicas es que la obediencia trae bendiciones, mientras que la desobediencia acarrea terribles consecuencias.[14]

Además, David aprendió del incidente con el arca (cap. 15). Sólo los levitas podían llevar el arca (1 Cr. 15:2, 12; cf. Dt. 10:8). El desastre con Uza ocurrió "puesto que ustedes no la llevaron la primera vez, el SEÑOR nuestro Dios estalló en ira contra nosotros, ya que no lo buscamos conforme a la ordenanza" (1 Cr. 15:13; cf. Nm. 1:50; 4:15). Así que "Los hijos de los Levitas llevaron el arca de Dios sobre sus hombros, con las barras puestas, como Moisés había ordenado conforme a la palabra del SEÑOR" (1 Cr. 15:15). El cronista no se dedicaba a seguir reglas de manera minuciosa por sus propios intereses. El arca representaba el gobierno de Yahvé, "que mora entre los querubines" (1 Cr. 13:6). Como Yahvé es el gran rey y gobernante, debe ser tratado como el santo de Israel.

Aquí surge uno de los principales temas de Crónicas. Hay que alabar a Yahvé como gran rey y redentor.[15] Por lo tanto, los levitas tuvieron la responsabilidad especial de designar cuidadosamente cantantes y músicos de entre ellos, que alabaran a Yahvé con habilidad (1 Cr. 15:16-24; 16:4-6; cf. 16:41-42). Con su efod de lino, David actuó como rey-sacerdote al subir el arca (1 Cr. 15:27), pues no sólo presentó las ofrendas, sino que también dio una bendición sacerdotal al pueblo (1 Cr. 16:2).

> **1° Crónicas 16:1–2** El arca de Dios la trajeron y la colocaron en medio de la tienda que David había levantado para ella, y ofrecieron holocaustos y ofrendas de paz delante de Dios. Cuando David terminó de ofrecer el holocausto y las ofrendas de paz, bendijo al pueblo en el nombre del Señor.

El propósito de la música y las ofrendas, por supuesto, era ofrecer alabanzas a Yahvé, y por eso se incluye un himno de alabanza en medio de la narración (1 Cr. 16:8-36). El tema del canto es que hay que alabar y agradecer a Yahvé como Dios del pacto de Israel y como Rey de todo el mundo. Yahvé hizo un pacto con Abraham y sus descendientes (1 Cr. 16:15-22), y lo cumplió liberando a su pueblo de la esclavitud egipcia (1 Cr. 16:13-14).[16] Debido a la grandeza de

---

[14] Véase Childs, *Old Testament as Scripture*, 652-53.

[15] El carácter centrado en Dios de Crónicas también es evidente por el énfasis en la búsqueda de Yahvé. Véase C. Berg, "'Seeking Yahweh'".

[16] La "salvación" y las "obras maravillosas" del Señor se refieren probablemente a la liberación de Egipto.

Yahvé, a Israel se le ordena: "Tributen al SEÑOR la gloria debida a Su nombre; Traigan ofrenda, y vengan delante de Él; Adoren al SEÑOR en la majestad de la santidad" (1 Cr. 16:29). El tono de alabanza, exultación y alegría incontenible palpita en todo el salmo. Aquellos a quienes el Señor salva bendicen su nombre y se llenan de gozo inefable (cf. 1 P. 1:8). En el libro de Crónicas, el reino del Señor es un tema principal, y ese reino alcanzará su meta prevista a través del gobierno de un rey davídico.[17]

Sin embargo, el pacto con Abraham no es el único que el Señor hizo. El capítulo 17 relata el pacto que Dios hizo con David, que también encontramos en 2 S. 7. En este pacto Dios le promete a David una dinastía que no tendrá fin. Cada rey puede ser disciplinado individualmente por violar la voluntad del Señor, pero el pacto en sí es irrevocable; finalmente se cumplirá. Siguiendo la misma línea narrativa de 2 Samuel, los capítulos 18-20 relatan las victorias de David sobre sus enemigos. El rey obediente que confía en el Señor es bendecido con el triunfo sobre todos sus enemigos. Aunque Crónicas pasa por alto el pecado de David con Betsabé y el asesinato de Urías, sí narra su pecado de contar al pueblo en el censo (cap. 21).

Las faltas de Salomón se omiten. El cronista no está sugiriendo que David y Salomón no tuvieran ninguna falta, ya que, como vimos, el pecado de David con respecto al censo está debidamente señalado. Más bien, el Cronista se centra en sus fortalezas y su piedad para dar esperanza a la nación, ya que el pacto con David promete que vendrá un futuro rey que reflejará todas las virtudes de David y Salomón, y más.[18] Desde una perspectiva canónica, Jesús como el Cristo cumple esta expectativa.

El pecado de David en relación con el censo se incluye porque del relato aprendemos dónde se construirá el templo. El sacrificio de David puso fin a la plaga que cayó sobre Israel (1 Cr. 21:28), y por lo tanto éste se convirtió en el lugar donde se erigiría el templo (1 Cr. 22:1; 2 Cr. 3:1), y se sacrificarían ofrendas para la expiación del pecado del pueblo.

> **1° Crónicas 21:28** En aquel tiempo, viendo David que el Señor le había respondido en la era de Ornán el jebuseo, ofreció allí sacrificios.
> **1° Crónicas 22:1** Entonces David dijo: «Esta es la casa del Señor Dios, y este es el altar del holocausto para Israel».

---

17 Kelly, *Retribution and Eschatology*, 211. Véase también Japhet, *Ideología*, 308-20.
18 Véase Waltke, *Old Testament Theology*, 760.

2° Crónicas 3:1 Entonces Salomón comenzó a edificar la casa del Señor en Jerusalén en el monte Moriah, donde *el Señor* se había aparecido a su padre David, en el lugar que David había preparado en la era de Ornán jebuseo.

Ciertamente, tales sacrificios encuentran su cumplimiento final en la obra expiatoria de Jesucristo, que logra el perdón de los pecados.

El Templo

El templo desempeña un papel central en Crónicas. "El culto se convierte en el vehículo central a través del cual se celebra y se presenta la relación de Israel con Yahvé".[19] En 1 Crónicas el narrador señala que David proporcionó provisiones para el templo (1 Cr. 22:2-5, 14-16), ya que él mismo no podía construirlo porque era un guerrero (1 Cr. 22:7-8). Salomón, como hombre de paz, erigiría el templo (1 Cr. 22:9-10); y su éxito dependía de su obediencia (1 Cr. 22:12-13) y de su búsqueda del Señor (1 Cr. 22:14).

> **1° Crónicas 22:12–13a** »Que el Señor te dé prudencia y entendimiento, y te dé dominio sobre Israel, para que guardes la ley del Señor tu Dios. »Entonces prosperarás, si te cuidas de observar los estatutos y ordenanzas que el Señor ordenó a Moisés para Israel. Esfuérzate y sé valiente, no temas ni te acobardes.

David organizó el pueblo eficazmente, preparándolo para el día en que se construyera el templo. Organizó a los levitas en grupos más grandes que cuidarían de la casa del Señor, servirían como oficiales y jueces, y funcionarían como porteros y músicos (1 Cr. 23:3-5). Los deberes de los levitas estaban cambiando porque el tabernáculo se estaba retirando del uso (1 Cr. 23:26), entonces se les asignaron diversas responsabilidades para ayudar en la adoración en el templo (1 Cr. 23:29-30). David también organizó a los sacerdotes, los hijos de Aarón, para que todos pudieran servir en el momento requerido (cap. 24), asegurándose también de que se instalaran músicos para que se cantaran alabanzas al Señor frecuentemente (cap. 25).

El cronista no se limita a elogiar el canto, pues "en el servicio coral en particular el culto tiene un carácter prospectivo, ya que expresa la alabanza por

---

[19] Dumbrell, *Faith of Israel*, 327.

la realeza universal de Yahvé, súplica por el pueblo del pacto y la seguridad de la liberación de los enemigos".[20] Brian Kelly también señala que el canto en Crónicas está vinculado con el sacrificio y con la poderosa presencia de Yahvé entre su pueblo, lo cual anticipa la futura obra de Dios entre su pueblo.[21]

Convenientemente, las últimas palabras de David se refieren a la construcción del templo y a la sucesión de Salomón al trono (caps. 28-29). El hecho de que David reuniera a los principales y los jefes para el discurso es una muestra de la solemnidad de la ocasión (1 Cr. 28:1). David explicó que deseaba construir el templo, pero que Salomón, como hombre de paz, había sido designado para hacerlo; por supuesto, era imperativo que Salomón buscara al Señor y cumpliera sus mandamientos (1 Cr. 28:7-9). David entregó a Salomón los planos detallados del templo, los cuales recibió del Señor (1 Cr. 28:11-19). Además lo exhortó con palabras que nos recuerdan la advertencia a Josué antes de que entrara en la tierra prometida:

Esfuérzate, sé valiente y haz la obra; no temas ni te acobardes, porque el SEÑOR Dios, mi Dios, está contigo. Él no te fallará ni te abandonará, hasta que toda la obra del servicio de la casa del SEÑOR sea acabada (1 Cr. 28:20).

David concluyó su discurso de despedida haciendo un recuento de las riquezas que había aportado para la construcción del templo (1 Cr. 29:1-5). El pueblo también dio generosamente para financiar la casa del Señor (1 Cr. 28:6-9).

Las últimas palabras de David están centradas en Dios (29:10-20). Alaba al Señor por su soberanía y dominio sobre todo.[22]

Tuya es, oh SEÑOR, la grandeza y el poder y la gloria y la victoria y la majestad, en verdad, todo lo que hay en los cielos y en la tierra; Tuyo es el dominio, oh SEÑOR, y Te exaltas como soberano sobre todo. De Ti proceden la riqueza y el honor; Tú reinas sobre todo y en Tu mano están el poder y la fortaleza, y en Tu mano está engrandecer y fortalecer a todos" (1 Cr. 29:11-12).

Porque el Señor es el gran Rey, nosotros "Te damos gracias y alabamos Tu glorioso nombre" (1 Cr. 29:13). El templo fue erigido para comunicar a Israel la

---

[20] Kelly, *Retribution and Eschatology*, 169-70.
[21] Ibídem, 171-75.
[22] Sobre la visión del cronista de la soberanía divina, véase Japhet, *Ideology*, 42-47.

majestuosidad y la belleza del Señor. Israel no podía atribuirse el mérito de los dones que daba, "Porque de Ti proceden todas las cosas, y de lo recibido de Tu mano Te damos" (1 Cr. 29:14). David ora para que el pueblo y Salomón permanezcan fieles al Señor, y para que Salomón termine el templo (1 Cr. 29:18-19). Finalizó bendiciendo al Señor (1 Cr. 29:20), y el pueblo ofreció sacrificios y comió en presencia del Señor con alegría cuando Salomón fue establecido como rey (1 Cr. 29:21-22). No se dice nada sobre la rebelión de Absalón en el reinado de David ni sobre el intento de Adonías de asegurarse la realeza.

Al comenzar 2 Crónicas, el cronista se centra en el reinado de Salomón en la construcción del templo. Aparte de la actividad relacionada con el templo, se nos dice muy poco sobre Salomón, aunque también se elogian sus riquezas y su sabiduría (caps. 8-9). Su desvío hacia la idolatría al final de su vida, que se describe en 1 Reyes, queda excluido de la narración. El enfoque en el templo revela lo central y significativo que es el templo para el narrador. El reino estaba asegurado en manos de Salomón porque "el SEÑOR su Dios estaba con él y lo engrandeció en gran manera" (2 Cr. 1:1). El reinado de Salomón fue sobre "todo Israel" (2 Cr. 1:2).

> **2° Crónicas 1:1–2** Salomón, hijo de David, se estableció firmemente en su reino, y el Señor su Dios *estaba* con él y lo engrandeció en gran manera. Y Salomón habló a todo Israel, a los capitanes de miles y de cientos, a los jueces y a todos los príncipes de todo Israel, jefes de *casas* paternas.

La narración destaca su sabiduría y riquezas, las cuales fueron un don de Dios. Su propósito fundamental como rey era construir el templo (cap. 2), en el que honraría al Señor al edificar "casa al nombre del SEÑOR mi Dios" (2 Cr. 2:4). El templo no fue construido para llamar la atención en sí mismo, sino para dar testimonio de la grandeza del Señor. Salomón observa: "Y la casa que voy a edificar será grande; porque nuestro Dios es grande, más que todos los dioses" (2 Cr. 2:5), aunque también reconoce que ningún edificio puede contener al Señor, cuya grandeza trasciende cualquier morada humana (2 Cr. 2:6). El autor relata cómo se preparó Salomón para construir el templo (cap. 2), la construcción del templo como tal (cap. 3) y del mobiliario del templo (cap. 4).

La dedicación del templo fue un espectáculo magnífico. Se enfatiza particularmente que todo Israel estuvo incluido en el momento del ingreso del arca en el templo:

Entonces Salomón reunió en Jerusalén a los ancianos de Israel, a todos los jefes de las tribus y a los principales de las casas paternas de los Israelitas, para subir el arca del pacto del SEÑOR de la ciudad de David, la cual es Sion.[23] Y se reunieron ante el rey todos los hombres de Israel en la fiesta del mes séptimo. Cuando llegaron todos los ancianos de Israel, los Levitas alzaron el arca" (2 Cr. 5:2-4).

Se ofrecieron sacrificios sin número, y los cantores levitas alabaron al Señor tanto con sus voces como con sus instrumentos (5:6-13), celebrando especialmente el amor bondadoso del Señor. De repente, el templo se llenó de la nube, al igual que el tabernáculo, y la gloria de la presencia del Señor era tan impresionante dentro de él que los sacerdotes no podían quedarse a ministrar (2 Cr. 5:13-14). El templo reflejaba la gloria de Dios y la presencia de Dios con su pueblo, porque el Señor había elegido especialmente poner su nombre en Jerusalén y en el templo (2 Cr. 6:5-6; 7:16). El templo representa la presencia de Yahvé y su gobierno sobre su pueblo, y señala a Jesús como el verdadero templo y a la presencia de Dios en la nueva creación, pues en el mundo venidero, como veremos en Apocalipsis 21-22, el mundo entero será el templo de Dios.

La oración inaugural de Salomón (2 Cr. 6:12-42), que también se encuentra en 1 Reyes 8, indica la centralidad del templo en la vida de Israel. Cuando Israel invoque al Señor, pidiéndole gracia en arrepentimiento en relación con el templo, el Señor escuchará, perdonará y actuará. Dicha oración concluyó con un relámpago, pues bajó fuego del cielo y consumió las ofrendas (2 Cr. 7:1). La impresionante gloria del Señor llenó el templo, y el pueblo se postró en tierra alabando al Señor por su gracia y bondad (2 Cr. 7:2-3, 6). Israel se llenó de alegría, y el Señor afirmó que respondería a la oración de Salomón con respecto al templo (2 Cr. 7:10-12). Pero si Israel se apartaba de los mandatos de Yahvé y se volvía hacia los ídolos, entonces el pueblo sería enviado al exilio y el templo sería destruido (2 Cr. 7:19-22).

2º Crónicas 7:19–20 »Pero si ustedes se apartan y abandonan Mis estatutos y Mis mandamientos que he puesto delante de ustedes, y van y sirven a otros dioses y los adoran, Yo los arrancaré de Mi tierra que les he dado, y echaré de

---

[23] Sobre la teología de Sión en el AT, véase Rendtorff, *Canonical Hebrew Bible*, 575-85.

Mi presencia esta casa que he consagrado a Mi nombre, y la convertiré en refrán y escarnio entre todos los pueblos.

El templo no era un talismán mágico que protegería a Israel aunque se apartara del Señor. De hecho, el narrador anticipa el final del libro, en el que el templo fue destruido y la nación fue al exilio debido a su apostasía del Señor.

La trayectoria decadente bajo los reyes de Judá

La unidad de todo Israel se fracturó bajo el gobierno de Roboam, ya que éste, imprudentemente, prestó atención a jóvenes impetuosos en lugar de escuchar las palabras experimentadas de sus ancianos (2 Cr. 11). Como resultado de esto, el norte quedó bajo la autoridad de Jeroboam hijo de Nabat y el sur bajo Roboam. El narrador pone especial atención en los levitas y sacerdotes que se unieron a Roboam, ya que Jeroboam instituyó un sacerdocio y unos sacrificios desviados (2 Cr. 11:15):

> Y los sacerdotes y los Levitas que estaban en todo Israel se pasaron a él desde todos sus distritos. Porque los Levitas dejaron sus tierras de pastos y sus propiedades y vinieron a Judá y a Jerusalén, pues Jeroboam y sus hijos los habían excluido de servir al SEÑOR como sacerdotes (2 Cr. 11:13-14).

A pesar de sus pecados y debilidades (cap. 12), Roboam mantuvo fielmente los sacrificios y el sacerdocio ordenados en la ley. Dicha fidelidad tuvo un impacto sobre todo Israel: "Aquéllos de entre todas las tribus de Israel que habían resuelto en su corazón buscar al SEÑOR, Dios de Israel, los siguieron a Jerusalén para sacrificar al SEÑOR, Dios de sus padres" (2 Cr. 11:16). Los que verdaderamente pertenecían al Señor en el norte se dieron cuenta de que el único lugar legítimo para ofrecer sacrificios era Jerusalén.

El carácter distintivo del cronista se hace evidente en la información que incluye sobre Abías. En Reyes, el retrato de Abías (donde se le llama "Abiam") no es muy halagador y se le caracteriza como fundamentalmente infiel a Yahvé y a sus caminos (1 Reyes 15:1-8). Sin embargo, la imagen que se da de él en 2 Crónicas es notablemente diferente. El narrador destaca una ocasión en la que Abías y Jeroboam se enfrentaron en una batalla, y relata el discurso que Abías pronunció entonces. Comienza señalando que el Señor hizo un pacto perpetuo con David y sus herederos (2 Cr. 13:5), mientras que Jeroboam se rebeló contra la autoridad (2 Cr. 13:6). Además dice que Jeroboam estableció el culto a los becerros de oro (2 Cr. 13:8). La preocupación por el culto, tan característica de Crónicas, se manifiesta en las palabras de Abías:

¿No han echado fuera ustedes a los hijos de Aarón, y a los sacerdotes del SEÑOR, y a los Levitas, y se han hecho sacerdotes como los pueblos de otras tierras? Cualquiera que venga a consagrarse con un novillo y siete carneros, aun éste puede llegar a ser sacerdote de los que no son dioses (2 Cr. 13:9).

A modo de contraste, Abías subraya que en su reino el culto se está observando correctamente y según la voluntad del Señor (2 Cr. 13:10-11), por lo cual Dios está con ellos en la batalla (2 Cr. 13:12), y es la razón por la que obtuvieron una importante victoria sobre Jeroboam (2 Cr. 13:13-20).

El sucesor de Abías, Asa, tuvo un buen comienzo como rey de Judá, siguiendo las normas de la Torá. En la narración, una vez más, dominan los intereses cultuales:

Porque quitó los altares extranjeros y los lugares altos, destruyó los pilares sagrados, derribó las Aseras (deidades femeninas). También ordenó a Judá que buscara al SEÑOR, Dios de sus padres y cumpliera la ley y el mandamiento de Él. Quitó además los lugares altos y los altares de incienso de todas las ciudades de Judá. Y bajo él, el reino estuvo en paz (2 Cr. 14:3-5).

Asa confió en el Señor en una batalla contra los etíopes y obtuvo una gran victoria (14:9-15). El profeta Azarías animó a Asa a buscar ardientemente al Señor (2 Cr. 15:1-7), y Asa respondió quitando los ídolos y reparando el altar del templo (2 Cr. 15:8), e incluso deponiendo a su abuela Maaca de ser reina madre (2 Cr. 15:16). El narrador señala que muchos del norte apoyaron a Asa en esta empresa: "Entonces reunió a todo Judá y Benjamín y a los de Efraín, Manasés y Simeón que residían con ellos. Porque muchos de Israel se pasaron a él cuando vieron que el SEÑOR su Dios estaba con él" (2 Cr. 15:9).

Asa promulgó un juramento por medio del cual Israel se comprometía a buscar al Señor (2 Cr. 15:12-15). No obstante, al final de su vida, Asa dejó de buscar al Señor y de confiar en él, y en cambio, puso su confianza en los sirios (cap. 16). Cuando el profeta Hanani lo reprendió, Asa lo encarceló y también abusó de los derechos humanos de otros (2 Cr. 16:7-10). Además, al final de su vida, Asa contrajo una enfermedad en los pies, y el narrador nos informa que no buscó al Señor, sino que confió en sus propios médicos (2 Cr. 16:12). Aparentemente, Asa funciona como una parábola de Judá, que empezó bien y confió en el Señor, pero luego se apartó de él y por ello sufrió las consecuencias.

Josafat, el sucesor de Asa, es presentado en términos muy positivos: "Y el SEÑOR estuvo con Josafat porque anduvo en los primeros caminos de su padre David y no buscó a los Baales, sino que buscó al Dios de su padre, anduvo en sus mandamientos y no hizo como Israel" (2 Cr. 17:3-4); y, "su corazón se entusiasmó en los caminos del SEÑOR, y además quitó de Judá los lugares altos y las Aseras" (2 Cr. 17:6). Envió funcionarios y levitas para que enseñaran la Torá en las ciudades de Judá (2 Cr. 17:7-10), y se encargó de que se hiciera justicia en todo el país (2 Cr. 19:5-11). No obstante, Josafat también tuvo defectos, pues se alió con Acab, con el que contrajo parentesco, y lo ayudó en la batalla (cap. 18), por lo que fue reprendido por el profeta Jehú (2 Cr. 19:2). Sin embargo, su batalla con los moabitas, amonitas y meunitas es paradigmática para el autor (cap. 20).

Las abrumadoras probabilidades en contra de Josafat lo asustaron, y su temor lo llevó a buscar al Señor y a ayunar (2 Cr. 20:2-3). El pueblo de Judá se reunió para buscar la ayuda del Señor. Josafat reconoció delante del Señor: "Oh SEÑOR, Dios de nuestros padres, ¿no eres Tú Dios en los cielos? ¿Y no gobiernas Tú sobre todos los reinos de las naciones? En Tu mano hay poder y fortaleza y no hay quien pueda resistirte" (2 Cr. 20:6). El soberano Señor había hecho un pacto con Israel a través de Abraham para darle la tierra (2 Cr. 20:7), y, desde el templo, Josafat estaba aplicando la oración de Salomón (cap. 6) para que el Señor le ayudara (2 Cr. 20:8-11).

Josafat confesó que la nación era impotente, pero el Señor prometió rescatar a Judá (20:12-15). En respuesta, la nación alabó al Señor y lo adoró (2 Cr. 20:18-19). Extraordinariamente, Judá entró en la batalla cantando alabanzas al Señor y obtuvo una gran victoria (2 Cr. 20:21-24), y regresó en medio de alabanzas a Jerusalén (2 Cr. 20:28). La victoria de Josafat sirve de lección para el Israel de la época del cronista. Habían regresado del exilio, pero la vida en la tierra era dura. Sin embargo, al igual que Josafat recibió ayuda cuando era débil, Israel volvería a prosperar si confiaba en el Señor, cantaba sus alabanzas y seguía su voluntad. Como soberano sobre todas las naciones, el Señor restauraría de nuevo a Israel, si Israel se entregaba a él.

Desgraciadamente, el siguiente rey, Joram, se alió con la adoración a Baal y los reyes de Israel (cap. 21). A causa de su idolatría murió en dolor agonizante, pues se le salieron los intestinos. Los siguientes capítulos describen lo que también vemos en Reyes. Ocozías y Atalía llevaron a Judá a la adoración a Baal, siendo la segunda quien casi extinguió el linaje de Judá en Israel (caps. 22-24). Pero el Señor había prometido que la descendencia de Israel no sería aniquilada, y la dinastía fue preservada a través de Joás. Joás se dedicó a la casa del Señor durante los días de Joiada e incluso reparó el templo, pero después de la muerte de Joiada se volvió contra el Señor y su templo, e incluso asesinó a Zacarías, el hijo de Joiada. Como resultado, Joás fue asesinado por sus propios siervos.

Amasías, al igual que Josafat (cap. 25), funciona como ejemplo para la nación que acaba de regresar del exilio. Comenzó confiando en el Señor y cumpliendo sus mandatos, de modo que, de acuerdo con la ley mosaica, no dio muerte a los hijos de los que mataron a su padre (25:4). También respondió a la advertencia del profeta que le exhortó a no librar la batalla con las tropas del reino del norte de Israel (2 Cr. 25:7-8). Inicialmente, Amasías se quejó de permitir la salida de las tropas del norte, ya que había gastado una suma considerable en ellas, pero el hombre de Dios le respondió: "Jehová puede darte mucho más que esto" (25:9).

Amasías creyó en esta promesa y obtuvo una importante victoria sobre Edom. De nuevo, el cronista promete lo mismo a su generación. Si confían en el Señor y se niegan a transigir forjando alianzas con los contaminados por la idolatría, el Señor será más bondadoso con ellos de lo que podrían imaginar. De hecho, Judá fue al exilio porque siguió el mismo camino que Amasías. Después de obtener la importante victoria sobre Edom, irracional e inexplicablemente adoró a los dioses de dicha nación (2 Cr. 25:14). A diferencia de David, al ser reprendido por un profeta, no ablandó su corazón ni se arrepintió (2 Cr. 25:15-16), entonces el profeta declaró que el Señor lo destruiría.

> **2º Crónicas 25:15–16** Entonces se encendió la ira del Señor contra Amasías, y le envió un profeta que le dijo: «¿Por qué has buscado a los dioses de *otro* pueblo que no pudieron librar a su propio pueblo de tu mano?». Y mientras el profeta hablaba con él, el *rey* le dijo: «¿Acaso te hemos constituido consejero real? Detente. ¿Por qué *buscas que* te maten?». Entonces el profeta se detuvo, y dijo: «Yo sé que Dios ha determinado destruirte, porque has hecho esto y no has escuchado mi consejo».

Posteriormente, Judá fue contundentemente derrotado por Israel, y Amasías fue condenado a muerte por una conspiración (25:17-28). Del mismo modo, Judá sufrió el exilio porque abandonó al Señor, y en el futuro solo saldría avante si cumplía sus mandatos.

Uzías siguió el mismo patrón, aunque política y militarmente era mucho más fuerte que Amasías (cap. 26). Comenzó buscando al Señor y prosperó. Pero su propio éxito fue su perdición: "Pero cuando llegó a ser fuerte, su corazón se hizo tan orgulloso que obró corruptamente, y fue infiel al SEÑOR su Dios, pues entró al templo del SEÑOR para quemar incienso sobre el altar del incienso" (26:16). Teniendo en cuenta el interés del cronista por el culto, fácilmente apreciamos que la prevaricación de Uzías fue deplorable. De hecho, ochenta sacerdotes le persiguieron para reprenderle, pero él se negó a hacer caso de sus advertencias hasta que fue herido de lepra, y permaneció leproso hasta el día de su muerte.

Su sucesor, Jotam, es elogiado por seguir al Señor (cap. 27), pero, del siguiente, Acaz, se cuenta una historia diferente (cap. 28). Siguió a los ídolos con saña e incluso ofreció a sus hijos para asegurarse el favor de los dioses. Como resultado, Acaz fue subyugado por Tiglat-pileser. Tal vez lo más atroz para el autor fue que "Además, cuando Acaz recogió los utensilios de la casa de Dios, hizo pedazos los utensilios de la casa de Dios; cerró las puertas de la casa del SEÑOR e hizo para sí altares en cada rincón de Jerusalén" (2 Cr. 28:24). Ezequías no se comportó como su padre (caps. 29-32), sino que siguió al Señor como lo hizo David (2 Cr. 29:2).

El narrador se centra en su preocupación por el templo y el papel de los sacerdotes y levitas:

> En el primer año de su reinado, en el mes primero, abrió las puertas de la casa del SEÑOR y las reparó. Hizo venir a los sacerdotes y a los Levitas y los reunió en la plaza oriental. Entonces les dijo: Óiganme, Levitas. Santifíquense ahora, y santifiquen la casa del SEÑOR, Dios de sus padres, y saquen lo inmundo del lugar santo (2 Cr. 29:3–5).

Ezequías hizo un pacto con el Señor, y los levitas se consagraron para limpiar el templo (2 Cr. 29:10-19). Se ofrecieron los sacrificios requeridos según la ley para asegurar la expiación del pueblo (2 Cr. 29:20-24). Se pusieron levitas para que tocaran instrumentos y cantaran, y la asamblea adoró al Señor y cantó sus alabanzas (2 Cr. 29:25-30) y ofreció sacrificios de gozo y consagración (2 Cr. 29:31-33).

Además, Ezequías celebró la Pascua con un mes de retraso (cap. 30), prometiendo misericordia si la nación volvía al Señor. La importancia de "todo Israel" aparece en el relato. "Pasaron, pues, los mensajeros de ciudad en ciudad por la tierra de Efraín y de Manasés y hasta Zabulón, pero los escarnecían y se burlaban de ellos. No obstante, algunos hombres de Aser, de Manasés y de Zabulón se humillaron y vinieron a Jerusalén" (2 Cr. 30:10-11). Aquí vemos el tema de que un remanente prestará atención a las cosas del Señor (2 Cr. 30:12).

El cronista estaba claramente interesado en que las cosas se hicieran de acuerdo con la ley, pero en aquella ocasión muchos no se habían purificado para participar en la Pascua, y sin embargo se les permitió participar; el Señor respondió a la oración de Ezequías para que fueran perdonados (2 Cr. 30:17-20). En la Pascua, la experiencia de Israel fue casi edénica:

> Y se regocijó toda la asamblea de Judá, junto con los sacerdotes, los Levitas y todo el pueblo que vino de Israel, tanto los peregrinos que vinieron de la tierra de Israel como los que habitaban en Judá. Y hubo gran regocijo en Jerusalén, porque desde los días de Salomón, hijo de David, rey de Israel, no había habido cosa semejante en Jerusalén. Entonces los sacerdotes Levitas se levantaron y bendijeron al pueblo; y se oyó su voz, y su oración llegó hasta Su santa morada, hasta los cielos (2 Cr. 30:25-27).

El narrador cree que esa alegría volverá a pertenecer a los hijos de Israel si se vuelven al Señor en obediencia y abandonan los falsos dioses. En respuesta a lo acontecido, "todo Israel" salió y destruyó los ídolos de la tierra (2 Cr. 31:1). Los sacerdotes y levitas fueron designados para servir en sus divisiones, tal como David los había estructurado, de modo que se ofrecieran sacrificios y alabanzas (cap. 31; cf. 1 Cr. 23-25), y se trajeran contribuciones y diezmos para que pudieran realizar su ministerio. Tal como podemos ver en Reyes, Ezequías y Jerusalén se salvaron de los asirios porque confiaron en el Señor (cap. 32), aunque el Señor descubrió el orgullo en el corazón de Ezequías; el día del exilio estaba por llegar.

Manasés fue el duplicado de Acaz, sólo que peor (cap. 33). Persiguió la idolatría con saña, e incluso construyó altares en la casa del Señor, donde habitaba su nombre (2 Cr. 33:4). Quemó a sus hijos en el fuego y recurrió a adivinos y médiums en lugar de confiar en el Señor (2 Cr. 33:5-6). De hecho:

> Colocó la imagen tallada del ídolo que había hecho, en la casa de Dios, de la cual Dios había dicho a David y a su hijo Salomón: En esta casa y en Jerusalén, que he escogido de entre todas las tribus de Israel, pondré Mi nombre para siempre (2 Cr. 33:7).

Como resultado de sus pecados, Manasés fue llevado a Babilonia. El cronista añade un elemento que falta en Reyes. Cuando Manasés estaba en Babilonia, se arrepintió y pidió al Señor misericordia, y el Señor le respondió y lo devolvió a Jerusalén (2 Cr. 33:12-13). Dada la magnitud de los pecados de Manasés, la misericordia del Señor es nada menos que extraordinaria.[24] Seguramente el cronista quiere que sus lectores vean en ella una esperanza para su generación. Si el Señor tuvo misericordia con Manasés, entonces también hay esperanza para la época del cronista.[25] El arrepentimiento de Manasés no fue abstracto. Se manifestó en acciones concretas:

> También quitó los dioses extranjeros y el ídolo de la casa del SEÑOR, así como todos los altares que había edificado en el monte de la casa del SEÑOR y en Jerusalén, y los arrojó fuera de la ciudad. Reparó el altar del SEÑOR, y sacrificó sobre él ofrendas de paz y ofrendas de gratitud; y ordenó a Judá que sirviera al SEÑOR, Dios de Israel (2 Cr. 33:15-16).

A pesar del arrepentimiento de Manasés, Judá estaba ya cerca del fin. Su hijo Amón persiguió el mal y no se humilló como lo hizo su padre (2 Cr. 33:21-23).

La historia de Judá ciertamente no fue en una trayectoria descendente en línea recta. Quizás el mejor rey de todos ellos apareció en escena poco antes de la disolución de la nación. En la narración no hay nada negativo acerca de Josías (caps. 34-35), pues anduvo "sin apartarse a la derecha ni a la izquierda" (2 Cr. 34:2). Fue un digno ocupante del trono de David, y desarraigó la idolatría de

---

[24] Para una valoración que tiene en cuenta el tema de la misericordia y sitúa correctamente el tema de la recompensa/castigo en la obra a las bendiciones/maldiciones del pacto mosaico, véase Kelly, *Retribution and Eschatology*, 29-110; para una lectura menos satisfactoria, véase Japhet, *Ideology*, 117-51. Para una interpretación que no ve la complejidad de la teología del Cronista, véase North, "Theology of the Chronicler", 372-74.

[25] Así también Dumbrell, *Faith of Israel*, 330-31.

Jerusalén y de Judá (2 Cr. 34:3-5). De hecho, su programa de reformas llegó incluso al reino del norte (2 Cr. 34:6-7). También ordenó reparar la casa del Señor (2 Cr. 34:8-13). Se descubrió el libro de la ley, que certificaba que la nación sufriría las maldiciones del pacto por haber abandonado al Señor, y Hulda confirmó este pronóstico (2 Cr. 34:14-25).

Debido a su humildad, Dios lo libraría de ver tal castigo (2 Cr. 34:27-28), él por su parte hizo un pacto para dedicarse a sí mismo y a Judá completamente al Señor (2 Cr. 34:30-33). Al igual que Ezequías, Josías celebró la Pascua (cap. 35). Ya conocido el interés del cronista, no nos sorprende saber que Josías indicó a los levitas que pusieran el arca en el templo y siguieran las prescripciones establecidas por David y Salomón (2 Cr. 35:3-6, 10). Las ofrendas se traían y realizaban según la norma de la ley de Moisés (2 Cr. 35:11-14). Del mismo modo, los cantores y los porteros realizaban las tareas prescritas por David (2 Cr. 35:15).

Pero el reinado de Josías fue un intervalo de corta duración. Sus hijos que le sucedieron se volvieron al mal (cap. 36), y la nación fue al exilio. La razón del exilio y el problema central del pueblo se comunican en estas importantes palabras:

> Asimismo todos los jefes de los sacerdotes y el pueblo fueron infieles en gran manera, y siguieron todas las abominaciones de las naciones, y profanaron la casa del SEÑOR que Él había consagrado en Jerusalén. El SEÑOR, Dios de sus padres, les envió palabra repetidas veces por Sus mensajeros, porque Él tenía compasión de Su pueblo y de Su morada. Pero ellos continuamente se burlaban de los mensajeros de Dios, despreciaban Sus palabras y se burlaban de Sus profetas, hasta que subió el furor del SEÑOR contra Su pueblo, y ya no hubo remedio.
>
> Entonces Dios hizo subir contra ellos al rey de los Caldeos, que mató a espada a sus jóvenes en la casa de su santuario y no tuvo compasión del joven ni de la virgen, del viejo ni del débil; a todos ellos los entregó en su mano. Todos los objetos de la casa de Dios, grandes y pequeños, los tesoros de la casa del SEÑOR y los tesoros del rey y de sus oficiales, todo se lo llevó a Babilonia. Y quemaron la casa de Dios, derribaron la muralla de Jerusalén, prendieron fuego a todos sus palacios y destruyeron todos sus objetos valiosos.(2 Cr. 36:14–19).

Pero el exilio no es la última palabra del libro. El autor concluye con el decreto de Ciro, en cumplimiento de la promesa hecha a través de Jeremías, de que los que estaban en Babilonia podrían volver a Jerusalén y construir una casa para el Señor (2 Cr. 36:22-23). "El cronista desea enfatizar que ahora existen las condiciones para alcanzar una restauración más completa".[26] La invitación a "subir" (2 Cr. 36:23) "funciona como un llamamiento del cronista a su propia comunidad, que se encuentra tipológicamente en la misma situación que los retornados originales".[27] El Señor no había terminado con Israel ni con el templo. Las promesas de su pacto seguían siendo confiables. Había un futuro para el pueblo de Israel a pesar de su persistente infidelidad.

Conclusión

Crónicas es fundamentalmente un libro de esperanza. Israel ha regresado del exilio, pero las promesas del Señor aún no se han cumplido en su totalidad. El segundo éxodo se cumpliría de manera más trascendente en el futuro. Dios había hecho un pacto irrevocable con David, y aunque actualmente no hubiera ningún rey en el trono, su dinastía duraría para siempre.

> A pesar de que en la época del cronista, la dinastía había dejado de funcionar, el gobierno de Yahvé estaba asegurado, al igual que el lugar definitivo de Israel. El culto en el templo estaba destinado a recordar a la comunidad el gobierno universal de Yahvé.[28]

Y "el mensaje de Crónicas es que el reino de Dios vendrá y que el segundo éxodo ocurrirá".[29]

Sin embargo, la historia de Israel muestra que ningún rey o generación en particular experimentaría esa bendición si no guardaba la Torá y andaba en los caminos de Dios. Israel y Judá fueron originalmente al exilio porque no cumplieron la voluntad del Señor. Yahvé es el Rey del pacto de Israel, e Israel debe obedecerlo como tal. Israel no debe abandonarlo; debe aferrarse a él en el amor y la obediencia del pacto. El Señor está presente con su pueblo en el

---

[26] Kelly, *Retribution and Eschatology*, 189.
[27] Ibid.
[28] Dumbrell, *Faith of Israel*, 332.
[29] Ibid.

templo, y la devoción a él significa que Israel debe seguir los reglamentos establecidos sobre cómo se debe adorar a Yahvé. Los sacerdotes y los levitas deben servir según el mandato de la Torá. Posteriormente, siguieron las regulaciones establecidas por David.

Lo que significa tener a Yahvé en el centro de la existencia es alabarlo y glorificarlo como Rey y Señor. El autor confía en que un nuevo día está amaneciendo para Israel, y que experimentará la belleza de la presencia del Señor si le obedece y le sigue. El mensaje del Nuevo Testamento es que esa obediencia es el resultado del nuevo pacto que el Señor establece con su pueblo, un pacto establecido mediante la muerte y resurrección de Jesucristo.

§12. ESDRAS-NEHEMÍAS

Introducción

En el canon hebreo de las Escrituras, Esdras y Nehemías son un solo libro. En este libro no sigo el orden del texto masorético, pero Esdras y Nehemías están juntos en el orden que ha llegado hasta nosotros en las Biblias en español también. Además, los libros mismos relacionan la obra de Esdras y Nehemías.[1]

> Nehemías participa con Esdras en la instrucción del pueblo y, en cambio, Esdras comparte la dedicación del muro construido por Nehemías (Neh. 12:27). Es evidente que el narrador o los narradores conciben que la labor política y religiosa de los dos hombres funcionan conjuntamente en la reconstitución de la comunidad.[2]

Los estudiosos difieren en cuanto a si Esdras-Nehemías debe entenderse como el preludio de Crónicas o más bien ser interpretado como una secuela. Si tenemos en cuenta el orden hebreo del canon, concluiremos lo primero, mientras que el orden griego apunta a lo segundo. Sugiero que la cuestión del orden no es decisiva. Se pueden obtener conexiones y conocimiento de manera legítima sea cual sea el orden que se adopte. Mi propósito no es hablar en contra del orden hebreo. Simplemente quiero señalar que el orden griego tiene mucho sentido aquí. De hecho, Esdras retoma las mismas palabras con las que concluye Crónicas (2 Cr. 36:22-23; Esd. 1:1-4) y las amplía.

Texto masorético MT
[1] Así, Childs, *Old Testament as Scripture*, 634-35; House, *Old Testament Theology*, 512-13.
[2] Childs, *Old Testament as Scripture*, 635.

En otras palabras, la historia y el relato de Crónicas continúan en Esdras y Nehemías, de modo que históricamente Esdras y Nehemías encajan bien después de Crónicas, ya que relatan algunos acontecimientos históricos que ocurrieron después del decreto de Ciro. El hecho de que Esdras y Nehemías estén juntos también tiene sentido. Los libros se superponen en términos de período temporal, y Esdras desempeña un papel en ambos libros. Desde el punto de vista temático, también encajan, pues ambas obras prestan atención a la reconstrucción, ya sea del templo o de la ciudad.

La cuestión ante Israel no es sólo si van a hacer el trabajo necesario, sino también si se van a consagrar al señorío de Yahvé, si van a hacer su voluntad. Han regresado del exilio, y la pregunta es cuál será su futuro. ¿Se entregará Israel al Señor y perseguirá sus propósitos, o volverá a hundirse en el sincretismo y el pecado? Al relatar parte de la historia de Israel después del exilio, estos dos libros están diseñados para animar a Israel a ser fiel a su pacto con Yahvé, a centrarse en las prioridades del Señor y a abstenerse de alinearse con quienes no son fieles al Señor.

Reconstrucción del templo en medio de la oposición

La historia comienza con el regreso del exilio, el cual tanto Esdras como Nehemías retoman (Esd 1; Neh. 7). En el año 538 a.C. Ciro, el rey de Persia, decretó que los israelitas podían volver a Israel y construir un templo en Jerusalén (Esd. 1:1-3). Además, ordenó que los habitantes de la región ayudaran a los judíos a construir el templo (Esd. 1:4). Aquí surge uno de los temas de Esdras y Nehemías. Constantemente, a lo largo de los libros, Dios actúa soberanamente a través de los reyes para cumplir su voluntad y hacer el bien al pueblo judío (cf. Esd. 4; 6-8; Neh. 1).[3]

Los judíos respondieron dando generosamente para apoyar la construcción del templo, mientras que Ciro devolvió los vasos que Nabucodonosor había tomado del templo (Esd. 1:5-11). El templo terrenal representa el templo celestial y, por lo tanto, la reconstrucción del templo señala el reinado del Señor sobre Israel y la restauración del favor del Señor sobre su pueblo (véase 1 R. 8; 2 Cr. 6). Antes de que se construyera el templo, se restauró el altar donde se

---

[3] Véase Childs, *Old Testament as Scripture*, 633; Waltke, *Old Testament Theology*, 796-97; Kidner, *Ezra and Nehemiah*, 20-21; Kelly, "Ezra-Nehemiah", 196.

ofrecían los sacrificios y se celebró la fiesta de los Tabernáculos (Esd. 3). La colocación de los cimientos del templo provocó alabanzas y llanto (Esd. 3:10-13): alabanzas porque era un nuevo comienzo, llanto porque los cimientos no se parecían en nada al antiguo templo.

> **Esdras 3:10–11** Cuando los albañiles terminaron de echar los cimientos del templo del Señor, se presentaron los sacerdotes en sus vestiduras, con trompetas, y los levitas, hijos de Asaf, con címbalos, para alabar al Señor conforme a las instrucciones del rey David de Israel. Y cantaban, alabando y dando gracias al Señor: «Porque Él es bueno, porque para siempre es Su misericordia sobre Israel». Y todo el pueblo aclamaba a gran voz alabando al Señor porque se habían echado los cimientos de la casa del Señor.

Aun así, el pueblo vio los cimientos como una señal de la gracia y el amor del pacto de Dios por su pueblo (Esd. 3:11).

Un tema fundamental de Esdras-Nehemías es el peligro del sincretismo, ya que Israel había sufrido el exilio porque no adoraba exclusivamente a Yahvé, sino que también participaba en la adoración a otros dioses. El deseo de los enemigos de Israel suena bastante inocente e incluso parece indicar catolicidad de espíritu: "Vamos a edificar con ustedes, porque, como ustedes, buscamos a su Dios, y le hemos estado ofreciendo sacrificios desde los días de Esar Hadón, rey de Asiria, que nos trajo aquí" (Esd. 4:2). El brusco rechazo de esta oferta (Esdras 4:3) podría parecer poco amable, pero el narrador claramente aprueba el desplante. Tal compromiso contaminaría y, en última instancia, socavaría el culto a Yahvé.

Al ser rechazados, los adversarios de Israel cambiaron de táctica. Desanimaron y atemorizaron al pueblo, de modo que el templo no fue construido durante el resto del reinado de Ciro y no se reanudó el trabajo hasta el segundo año del reinado de Darío (522-486 a.C.) (Esd. 4:24), lo que significaría que la construcción comenzó alrededor del 520 a.C., aunque no se terminó hasta el 516 a.C. Así pues, los opositores judíos, obstaculizaron la construcción del templo durante unos quince años.

El capítulo da un giro inesperado cuando el autor pasa de la construcción del templo a la oposición a los judíos en los reinados de Asuero (486-464 a.C.) (Esd. 4:6) y Artajerjes (464-423 a.C.) (Esd. 4:7-23). La resistencia bajo el gobierno de Artajerjes no fue a la construcción del templo, sino a la reconstrucción de las murallas de Jerusalén. Artajerjes impidió que los judíos construyeran la ciudad porque tenía fama de sediciosa y rebelde. Este asunto de la reconstrucción de la ciudad se retoma en Nehemías. ¿Por qué el narrador incluye, mientras relata la resistencia a la construcción del templo en el año 500, la oposición a los judíos en el siglo siguiente? Parece que su punto es que hay un patrón y una perpetuidad en esta oposición. Retomando la línea de la historia del Génesis, vemos que la descendencia de la serpiente sigue intentando aplastar y destruir a los judíos. El templo representaba la morada de Dios -el Edén de Dios en la tierra, por así decirlo- y por eso fue resistido por aquellos de parte del mal.

Sin embargo, como aclara Esdras 5-6, la oposición al templo no tuvo éxito. Los profetas Hageo y Zacarías animaron al pueblo a construir, y Jesúa y Zorobabel, en representación del sacerdote y del rey, encabezaron la construcción (Esd. 5:1-2). Tattenai se opuso a la reconstrucción, pero los judíos apelaron al decreto de Ciro para justificar el proyecto (Esd. 5:3-17). Darío investigó el asunto y descubrió que, efectivamente, Ciro había decretado que se reconstruyera el templo (cap. 6). Entonces Darío no sólo estuvo de acuerdo con la construcción del templo, ¡sino que proporcionó fondos del tesoro real para ello (Esd. 6:3-4)! No sólo se le ordenó a Tattenai que se abstuviera de su oposición, sino que también se le exigió que pagara y proporcionara los suministros necesarios para el templo (Esd. 6:5-13).

Así, el templo se completó en el año 516 a.C. (Esd. 6:14-15). Aunque Israel enfrenta enemigos a lo largo de su historia, el Señor hará que Israel triunfe si le es fiel. Él cumplirá soberanamente su voluntad a través de gobernantes y funcionarios políticos porque es el Rey del universo. Israel respondió con alegría, celebración y gran alabanza (Esd. 6:16-22). Esdras insistió en que el culto funcionara según la voluntad de Dios. Por lo tanto, los sacerdotes y los levitas servían en sus divisiones de acuerdo con la ley mosaica (Esd. 6:18). Se observó la Pascua, y los sacerdotes y levitas siguieron las normas de pureza (Esd. 6:20). El escritor ve una anticipación del paraíso:

> Los Israelitas que habían vuelto del destierro y todos aquéllos que se habían apartado de la impureza de las naciones de la tierra para unirse a ellos, comieron la Pascua para buscar al SEÑOR, Dios de Israel. Y por siete días celebraron gozosos la Fiesta de los Panes sin Levadura, porque el SEÑOR los había llenado

de regocijo, y había vuelto hacia ellos el corazón del rey de Asiria para animarlos en la obra de la casa de Dios, el Dios de Israel (6:21-22).

El gozo de Israel se atribuyó al Señor soberano, que obró para que Israel tuviera el favor de rey (cf. Prov. 21:1).

La obra de reforma de Esdras

En el capítulo 7, el libro de Esdras salta desde el año 515 a.C. hasta el 458 a. C., cuando Esdras, provisto por Artajerjes de regalos y provisiones para el templo, realizó un viaje de cuatro meses desde Babilonia hasta Jerusalén. En los capítulos 7-8, el narrador recalca que la mano de Dios estaba sobre Esdras y los que viajaban con él (Esd. 7:6, 9, 28; 8:18, 22, 31), pues tal viaje era peligroso y largo, y tal favor se limitaba a los "que lo buscan" porque "su poder y su furor [es] contra todos los que le abandonan" (Esd. 8:22).

El éxito del viaje se atribuye a Dios, pero no habría tenido lugar sin la devoción de Esdras al Señor. Que la mano del Señor estuviera sobre Esdras también se debe a que era "experto en la ley de Moisés" (Esd. 7:6) como escriba. En Esd. 7:9 leemos que "la mano bondadosa de su Dios estaba sobre él", Esdras llegó a Jerusalén, y en Esd. 7:10 encontramos una mejor explicación: "porque Esdras había dedicado su corazón a estudiar la ley del SEÑOR, y a practicarla, y a enseñar Sus estatutos y ordenanzas en Israel". El éxito de Esdras se describe en términos de su fiel enseñanza y obediencia de la ley. Esdras no es presentado como un intelectual simplemente. Estudió, obedeció y enseñó. El orden es crucial. Antes de que Esdras enseñara la ley, él mismo la obedecía. No hay un interés abstracto o meramente intelectual en la Torá.

Ya que el viaje se enfoca en llevar las provisiones para el templo, no nos sorprende leer que junto con los israelitas comunes viajaron a Jerusalén "los sacerdotes, levitas, cantores, porteros y sirvientes del templo" (Esd. 7:7). El personal para el ministerio del templo era especialmente importante. De hecho, Esdras trajo dinero del rey para el templo y solicitó también otras ofrendas (Esd. 7:15-16). El dinero se proporcionó para ofrecer los sacrificios requeridos (Esd. 7:17). Las provisiones de Artajerjes fueron realmente abundantes: "Lo demás que se necesite para la casa de tu Dios, para lo cual tengas ocasión de proveer, provéelo del tesoro real" (Esd. 7:20; cf. 7:21-23). De hecho, Artajerjes instruyó a Esdras para que enseñara al pueblo la ley divina, para que nombrara jueces y funcionarios que la hicieran cumplir y para que castigara a los que la violaran (Esd. 7:25-26).

Esdras celebró la obra soberana del Señor para el bien de su pueblo y de su casa:

> Bendito sea el SEÑOR, Dios de nuestros padres, que ha puesto esto en el corazón del rey, para embellecer la casa del SEÑOR que está en Jerusalén, y que me ha extendido misericordia delante del rey y de sus consejeros y delante de todos los príncipes poderosos del rey. Así fui fortalecido según estaba la mano del SEÑOR mi Dios sobre mí, y reuní a los jefes de Israel para que subieran conmigo (Esd. 7:27-28).

El Señor había mostrado su favor a Israel, pero el peligro que la nación enfrentaba era transigir y practicar el sincretismo.[4] Israel fue al exilio en primer lugar porque violó las estipulaciones del pacto; y ahora, la falta de fe de Israel había vuelto a surgir, pues muchos de ellos se habían casado con mujeres extranjeras, que adoraban a otros dioses (caps. 9-10). El matrimonio con extranjeros que adoraban a otros dioses estaba prohibido en la Torá (véase Éx. 34:16; Dt. 7:3-4; cf. Jos. 23:12). Lo que resultaba particularmente irritante para Esdras era que el pecado era especialmente prominente entre "los príncipes y de los gobernantes" (Esd. 9:2). Esdras se dirigió al Señor en oración, y confesó los pecados de Israel ante él (Esd. 9:6-15).

Para empezar, el pecado había conducido a Israel a su exilio, ahora Esdras temía las consecuencias de tal pecado. Está claro que el regreso de Israel del exilio no fue visto como el cumplimiento de todo lo que el Señor prometió para su pueblo. El estado actual de Israel es ambiguo. Por un lado, se les sigue viendo como esclavos y cautivos (Esd. 9:7, 9); por otro lado, el Señor les ha mostrado su gracia y les ha dado "un poco de vida en nuestra servidumbre" (Esd. 9:8). El Señor había sido fiel a las promesas de su pacto para que Israel sobreviviera como remanente, para que el templo fuera reconstruido y para que volvieran a vivir en la tierra (Esd. 9:9). Pero su antigua némesis (¡su pecado!) había surgido, porque Israel no cumplió con las estipulaciones del pacto y despreció la misericordia que se le había concedido (Esd. 9:13). Si no actuaban, el remanente podría ser quitado de en medio de ellos (Esd. 9:14-15). Así, Israel respondió arrepentido rompiendo los matrimonios con las esposas extranjeras (cap. 10).

---

[4] Véase Kelly, "Ezra-Nehemiah", 197.

Para el narrador, las promesas de salvación concedidas a Israel sólo se harían realidad si Israel se separaba de las naciones. El templo significaba la presencia especial de Dios con Israel, pero la presencia del templo no tenía ningún valor si Israel no vivía como un pueblo santo, si no se diferenciaba de las naciones, si no adoraba y obedecía a Yahvé como su soberano y su Dios. Había esperanza para Israel, pues había regresado del exilio y había reconstruido el templo. Pero si se apartaba de Yahvé, experimentaría una maldición en lugar de una bendición.

Reconstrucción de Jerusalén

El libro de Nehemías aborda, desde un ángulo ligeramente diferente, muchos de los mismos temas que vemos en Esdras. En lugar de la construcción y el equipamiento del templo, se centra en la reconstrucción de Jerusalén, aunque esto último, como vimos, también aparece en Esdras. Nehemías lloró, se lamentó, ayunó y oró cuando se enteró de que la muralla de Jerusalén había sido derribada y sus puertas destruidas (Neh. 1:3-4), pues esta noticia no fue recibida como un mero informe político sobre la suerte de Jerusalén.

Más bien, Nehemías llegó a la conclusión de que tal estado de cosas indicaba que Israel había pecado contra Yahvé. Por lo tanto, respondió en oración, confesando al Dios del pacto los pecados de Israel de no observar los mandatos dados por Moisés (Neh. 1:5-7).

> **Nehemías 1:5–7** Y dije: «Te ruego, oh Señor, Dios del cielo, el grande y temible Dios, que guarda el pacto y la misericordia para con aquellos que lo aman y guardan Sus mandamientos, que estén atentos Tus oídos y abiertos Tus ojos para oír la oración de Tu siervo, que yo hago ahora delante de Ti día y noche por los israelitas Tus siervos, confesando los pecados que los israelitas hemos cometido contra Ti; sí, yo y la casa de mi padre hemos pecado. »Hemos procedido perversamente contra Ti y no hemos guardado los mandamientos, ni los estatutos, ni las ordenanzas que mandaste a Tu siervo Moisés.

Moisés predijo que Israel iría al exilio si se alejaba del Señor, pero que el Señor tendría misericordia si se arrepentían y los devolvería a la tierra (Neh. 1:8-9). Nehemías oró para que el Señor le concediera éxito, ya que el Señor había redimido a Israel como su propio pueblo en el éxodo (Neh. 1:10-11).

En concreto, Nehemías, como copero del rey, quería asegurarse un año sabático de su trabajo para poder atender el problema de Jerusalén. Ciertamente, uno de los temas que destaca en el libro es la iniciativa y el trabajo duro de Nehemías. Pero el libro se malinterpreta si se lee fundamentalmente en términos de la actitud de "puedo hacerlo" y el pensamiento estratégico de Nehemías. Todo el proceso comenzó con la oración, con Nehemías suplicando al Señor que le concediera misericordia ante el rey. De hecho, la oración está salpicada a lo largo del libro en puntos clave, como veremos cuando repasemos la narración. Así, cuando Nehemías preguntó a Artajerjes si podía hacer un viaje a Jerusalén, se apresuró a orar antes de hacer la petición (Neh. 2:4), pues se dio cuenta de que toda la empresa dependía del favor del Señor. [5]

Sin embargo, Nehemías no creía que la soberanía y el favor del Señor excluyeran la iniciativa humana, sino que más bien sustentaban y apoyaban lo que los seres humanos realizaban. En cualquier caso, cuando el rey preguntó a Nehemías qué deseaba hacer con respecto al estado de la ciudad de Jerusalén, Nehemías respondió con una propuesta bien pensada (Neh. 2:5-8), aunque la respuesta favorable del rey a Nehemías fue "porque la mano bondadosa de mi Dios estaba sobre mí" (Neh. 2:8). Otro tema que surge en la narración es la intensa oposición a la reconstrucción del muro. Vemos entonces, otra versión del conflicto que tiene su origen en los primeros capítulos de Génesis.

La descendencia de la serpiente se opone a la de la mujer. Israel es el pueblo de Dios, y Jerusalén es el lugar donde habita. A Sanbalat y a Tobías "les disgustó mucho que alguien hubiera venido a procurar el bienestar de los Israelitas" (Neh. 2:10). Nehemías continuó llevando a cabo su plan de reconstruir las murallas de Jerusalén (Neh. 2:12 18). Los opositores se burlaron de la obra, calificándola de rebelión contra Artajerjes, pero Nehemías no transigió con ellos, sosteniendo que ellos no tenían nada que ver con Jerusalén (Neh. 2:19-20).

Mientras se reconstruía el muro, la oposición continuó (cap. 3). Ésta intentó ridiculizar (Neh. 4:1-3) e intimidar (Neh. 4:7-8; 6:6) con la amenaza de un ataque físico (Neh. 4:11), argumentando que Nehemías estaba iniciando una rebelión política (Neh. 6:7). Al parecer, incluso contrataron profetas para que proclamaran mensajes a Nehemías que lo empujaran a la cobardía y socavaran su liderazgo (6:10-14). Pero él animó al pueblo a trabajar sin cesar a pesar de sus adversarios, y no se dejó intimidar por las amenazas de sus enemigos. Como

---

[5] Sobre la centralidad de la oración en Esdras-Nehemías, véase Kidner, *Ezra and Nehemiah*, 24-26.

ya se ha señalado, la estrategia de Nehemías no era un mero programa secular de trabajo duro y organización; él oraba para que el Señor frustrara a sus adversarios y les devolviera su maldad (Neh. 4:4-5; 6:14) y le diera fuerzas para terminar la tarea (Neh. 6:9).

Nehemías no sólo puso una guardia para proteger a los constructores mientras levantaban el muro, sino que también oró por la protección del Señor (Neh. 4:9), y el Señor respondió a su petición (Neh. 4:15). También vemos en el capítulo 4 que Nehemías dirigió sabiamente la situación para que los que trabajaban estuvieran protegidos. El pueblo trabajaba con sus armas a mano y estaba preparado para luchar si era necesario (Neh. 4:14).

Una vez construido el muro, Nehemías se aseguró de que se establecieran procedimientos para mantener la seguridad de la ciudad (Neh. 7:1-3) e hizo planes para repoblar Jerusalén (caps. 7; 11). En particular, era importante que los sacerdotes, los levitas, los porteros y los servidores del templo estuvieran en Jerusalén. Aquí Vemos preocupaciones muy similares a las de Crónicas. Los levitas fueron designados "para alabar y dar gracias, según lo prescrito por David, hombre de Dios, sección frente a sección" (Neh. 12:24). Asimismo, cuando se dedicó el muro, "buscaron a los Levitas de todos sus lugares para traerlos a Jerusalén, a fin de celebrar la dedicación con alegría, con himnos de acción de gracias y con cánticos, acompañados de címbalos, arpas y liras" (Neh. 12:27).

El muro no existía por su propia causa. Básicamente, el propósito era ofrecer alabanzas y agradecimientos a Dios. Jerusalén debía ser un lugar de alabanza, y por eso Israel celebró la dedicación del muro con gozo (cap. 12; cf. 12:46). La dedicación al Señor era primordial, por lo que "Los sacerdotes y los Levitas se purificaron; también purificaron al pueblo, las puertas y la muralla" (Neh. 12:30). Celebraron con coros y alabaron al Señor con cantos y ofrecieron sacrificios (Neh. 12:42-43).

Nehemías 12:41–43 Y los sacerdotes Eliacim, Maasías, Miniamín, Micaías, Elioenai, Zacarías y Hananías, con trompetas, y Maasías, Semaías, Eleazar, Uzi, Johanán, Malquías, Elam y Ezer. Los cantores cantaban, con su director Izrahías. Aquel día ofrecieron gran *cantidad de* sacrificios y se regocijaron porque Dios les había dado mucha alegría, también las mujeres y los niños se regocijaron. El regocijo de Jerusalén se oía desde lejos.

Vivir en el temor de Yahvé

El mensaje fundamental de Nehemías encaja con lo que vemos en otras partes del Antiguo Testamento. El principal problema de Israel no era la oposición de sus enemigos, sino su propia falta de devoción y compromiso con Yahvé, ya que estaba llamado a vivir bajo su gobierno. Por ejemplo, los oficiales y los nobles se enriquecían a expensas del pueblo cobrándoles intereses (cap. 5), una práctica contraria a la Torá (véanse Éx. 22:25; Lev. 25:36-37; Dt 23:19-20).

> **Levítico 25:36–37** "No tomes interés y usura de él, pero teme a tu Dios, para que tu hermano viva contigo. "No le darás tu dinero a interés, ni tus víveres con ganancia.
>
> **Deuteronomio 23:19–20** »No cobrarás interés a tu hermano: interés sobre dinero, alimento, *o* cualquier cosa que pueda ser prestado a interés. »Podrás cobrar interés a un extranjero, pero a tu hermano no le cobrarás interés a fin de que el Señor tu Dios te bendiga en todo lo que emprendas en la tierra que vas a entrar para poseerla.

Entonces el pueblo luchaba por salir adelante económicamente y sufría la falta de alimentos (Neh. 5:2), y por eso estaban hipotecando sus posesiones para conseguir comida (Neh. 5:3) e incluso estaban vendiendo a sus hijos como esclavos (Neh. 5:5).[6]

Nehemías se indignó ante semejante injusticia y reprendió fuertemente a los dirigentes por tan flagrante maldad. Les exigió que devolvieran al pueblo sus posesiones y dejaran de exigirles intereses (Neh. 5:11). Los oficiales respondieron correctamente y cumplieron las instrucciones de Nehemías (Neh. 5:12-13), quien fue como un modelo para los nobles, pues cuando sirvió como gobernador, proveyó para el pueblo por su propia cuenta, en vez de enriquecerse en virtud de su posición de liderazgo (Neh. 5:14-19). La cuestión de fondo del asunto se expresa en la su reprensión a los oficiales: "¿No deben andar en el temor de nuestro Dios a causa del oprobio de las naciones enemigas nuestras?" (Neh. 5:9). La perpetración del mal siempre se debe a una relación defectuosa

---

[6] Para un debate útil sobre la esclavitud en Israel, véase Goldingay, *Israel's Life*, 458-75. Goldingay sostiene que la noción occidental de esclavitud no existía en el AT, y que lo que encontramos en el AT está más cerca de lo que llamamos servidumbre que de la esclavitud.

con Dios, lo que demuestra que Dios no está en el centro de los afectos de la persona.

La devoción a Yahvé se expresa en la obediencia a la Torá. El capítulo 8 relata un acontecimiento en el que Israel se reunió como pueblo de Dios y Esdras leyó la Torá, tal y como la misma lo demanda (véase Dt. 31:11; cf. Dt. 17:19). Otros ayudaron a Esdras para que, al ser leída, la ley fuera comprendida por todos (Neh. 8:7-8). Al escuchar la ley, las personas del pueblo lloraron, presumiblemente porque se dieron cuenta de la gravedad de la violación de las estipulaciones del pacto (Neh. 8:9-11).

Sin embargo, los sacerdotes, los escribas y los levitas animaron al pueblo a alegrarse en lugar de afligirse, pues aquel era un día de renovación del pacto con el Señor. Así, celebraron la fiesta de los Tabernáculos con gran alegría (8:14-18; cf. Lev. 23). Todo esto formaba parte de una ceremonia de renovación del pacto en Israel. El pueblo de Israel sólo sería grande si se dedicaba al Señor y se entregaba enteramente a él. Por haber abandonado su señorío era que ahora se encontraban en un punto bajo de su historia.

La renovación del pacto era un día de gozo, pero también de ayuno y confesión de los pecados, de lectura de la Torá y de adoración al Señor (Neh. 9:1-3). En oposición a muchos comentaristas y a un largo consenso crítico, no debemos entender aquí la ley en términos legalistas.[7] Los levitas dirigían el culto para que el pueblo se levantara y alabara y bendijera al Señor (Neh. 9:4-5). El corazón y el alma de lo que Nehemías pedía era la alabanza, el honor y la gloria a Yahvé mediante la obediencia del pueblo.

A continuación se repasa la historia de la relación de pacto del Señor con Israel. Yahvé no sólo es el Señor de la tierra sino también del cielo, y por tanto es el Señor de todo (Neh. 9:6) como creador y preservador de todas las cosas. Por su gracia, el Señor eligió a Abraham, lo sacó de Ur a Canaán (Neh. 9:7), e hizo un pacto con él que cumplió al liberar a Israel de la esclavitud egipcia (Neh. 9:8-11). La redención alcanzada es para la gloria de Dios, pues como Esdras dice al Señor, al salvar a Israel, "te hiciste un nombre como el de hoy" (Neh. 9:10).[8] El Señor los condujo con una columna de nube y con una columna de fuego (Neh. 9:12), revelándoles su voluntad por medio de los mandatos que les dio en el Sinaí (Neh. 9:13-14). En el desierto, les dio su provisión (Neh. 9:15),

---

[7] Rightly Childs, *Old Testament as Scripture*, 636.
[8] La LXX identifica a Esdras como el orador.

pero ellos se negaron a obedecer y no entraron en la tierra prometida (Neh. 9:16-17).

> **Nehemías 9:16–17** »Pero ellos, nuestros padres, obraron con soberbia, Fueron tercos y no escucharon tus mandamientos. »Rehusaron escuchar, y no se acordaron de las maravillas que hiciste entre ellos; fueron tercos y eligieron un jefe para volver a su esclavitud en Egipto. Pero Tú eres un Dios de perdón, clemente y compasivo, lento para la ira y abundante en misericordia, y no los abandonaste.

No obstante, el Señor fue clemente y misericordioso y no los abandonó a pesar de su apostasía (Neh. 9:17), incluso cuando hicieron becerros de oro para adorarlos (Neh. 9:18-19). El Señor fue fiel a su pacto, haciendo a Israel tan numeroso "como las estrellas del cielo" (Neh. 9:23), instruyéndolo por medio del Espíritu, sosteniéndolo en el desierto y dándole la tierra que le había prometido (Neh. 9:20-25). Pero Israel fue infiel al pacto, rechazó la ley del Señor y mató a los profetas (Neh. 9:26). En los días de los jueces, el Señor entregó a Israel a sus enemigos, pero le mostró misericordia cuando se arrepintió (Neh. 9:27-29). El Señor prometió que Israel viviría en la tierra si obedecía (véase Lv. 18:5), pero no lo hizo, y por eso el Señor envió a la nación al exilio (Neh. 9:29-30).

Sin embargo, el Señor nunca abandonaría a su pueblo: "Pero en Tu gran compasión no los exterminaste ni los abandonaste, porque Tú eres un Dios clemente y compasivo" (Neh. 9:31). Por eso, Israel invocó al Señor para que se acordara otra vez de ellos en su angustia, porque él había hecho un pacto con ellos y no los había destruido (Neh. 9:32). Los castigos del Señor habían sido justos, e Israel obstinado y anárquico (Neh. 9:33-35). Por eso, aunque esté en la tierra, sigue siendo esclavo porque su trabajo va a parar a los reyes que lo gobiernan (Neh. 9:36-37).

Como resultado, el pueblo hizo un pacto para servir al Señor y entregarse a él por completo (Neh. 9:38). La esencia del pacto era el compromiso de ser fiel a las obligaciones del pacto:

> Y el resto del pueblo, los sacerdotes, los Levitas, los porteros, los cantores, los sirvientes del templo, y todos los que se han apartado de los pueblos de las tierras para aceptar la ley de Dios, también sus mujeres, sus hijos y sus hijas, y

todos los que tienen conocimiento y entendimiento, se adhieren a sus parientes, sus nobles, y toman sobre sí un voto y un juramento de andar en la ley de Dios que fue dada por medio de Moisés, siervo de Dios, y de guardar y cumplir todos los mandamientos de DIOS nuestro Señor, y Sus ordenanzas y Sus estatutos (Neh. 10:28–29).

No se casarían con extranjeros, se abstendrían de comerciar en sábado y de tomar intereses, y traerían las primicias y los diezmos (Neh. 10:30-39; cf. 12:47).

El pacto que Israel hizo se enfoca en su carácter distintivo, su separación de las naciones paganas. Israel había sido contaminado por el sincretismo, y tanto Esdras como Nehemías se preocupaban por la pureza del pueblo. De ahí que no nos sorprenda leer la norma, que de acuerdo con Dt. 23:3-5, determinó que los moabitas y los amonitas nunca debían entrar en la asamblea del Señor (Neh. 13:1-2).[9] El pueblo respondió en obediencia al pacto (Neh. 13:3). El significado de que Tobías fuera amonita (Neh. 2:10, 19; 4:3, 7; 6:1, 12, 14, 17, 19) queda claro entonces. No sólo era un enemigo de Nehemías en el libro, sino que también estaba de acuerdo con aquellos que, como Balaam, eran enemigos históricos de Israel (Neh. 13:2). Nehemías se indignó al enterarse de que el sacerdote Eliasib, pariente de Tobías, había tomado una cámara de almacenamiento para los granos y otras ofrendas que se daban a los sacerdotes en los atrios del Señor y había puesto a Tobías allí (Neh. 13:4-7).

Entonces, representando la forma en que Israel debía responder al mal, Nehemías tiró los muebles de la cámara, la limpió y devolvió los bienes que pertenecían a ella (Neh. 13:8-9). Asimismo descubrió que los levitas no estaban siendo provistos con los diezmos, y también remedió esa situación (Neh. 13:10-13). Igualmente puso fin a la práctica de los que comerciaban en sábado (Neh. 13:15-22). Israel acababa de hacer un pacto para guardar el sábado, pero ya lo estaba violando de manera atroz. Nehemías era un modelo de persona que vivía para el honor de Dios y la gloria de su casa (Neh. 13:14, 22); si Israel seguía su modelo, el Señor lo recompensaría y lo libraría del juicio.

Sorprendentemente, después de todo lo que habían pasado, algunos en Israel también estaban contrayendo matrimonio con extranjeros paganos, incluso después de haber hecho un pacto en el que renunciaban a esa misma práctica (Neh. 13:23-24). Algunos "ninguno de ellos podía hablar la lengua de Judá"

---

[9] Ya hemos visto que Rut es una excepción, lo que quizás significa que la regla no se aplica si un moabita se une a Israel.

(13:24). Habían olvidado su herencia y apenas se diferenciaban de las naciones paganas. Según el narrador, Nehemías no fue culpable de enfurecerse al maldecirlos, arrancarles el pelo y administrarles castigos físicos (Neh. 13:25).

En cambio, los llamó a renovar su juramento al Señor. Les recordó la historia de Israel. Salomón inició el camino hacia el exilio mediante sus matrimonios con mujeres paganas (Neh. 13:26). Este comportamiento no es más que una traición al pacto (Neh. 13:27), que amenaza a Israel con el exilio de nuevo. La familia de Eliasib no sólo estaba emparentada con el viejo enemigo de Nehemías, Tobías el amonita, sino que además el hijo de Eliashib parece haberse casado con la hija del otro enemigo de Nehemías, Sanbalat el horonita (Neh. 13:28; cf. 2:10, 19; 4:1, 7; 6:1-2, 5, 12, 14).

El compromiso con el paganismo estaba profundamente arraigado en Israel, e Israel, al igual que Nehemías, debía ahuyentar de la casa del Señor a los que lo practicaban (Neh. 13:14). La preocupación de Nehemías por la pureza se hace evidente: "Acuérdate de ellos, Dios mío, porque han profanado el sacerdocio y el pacto del sacerdocio y de los Levitas" (Neh. 13:29). Pero él mismo se encontraba en otra categoría:

> Así los purifiqué de todo lo extranjero, y designé oficios para los sacerdotes y Levitas, cada uno en su ministerio, e hice arreglos para la provisión de leña en los tiempos señalados y para las primicias (Neh. 13:30-31).

Nehemías vivía para el honor y la gloria de Dios, y por ello anhelaba ver su santidad preservada. El libro termina con una de las muchas oraciones de "recuerda" del libro: "¡Acuérdate de mí, Dios mío, para bien!" (Neh. 13:31; cf. 5:19; 6:14; 13:14, 29). Estas oraciones de que solicitan a Dios remembranza tendrán ciertamente una respuesta afirmativa. El Señor del pacto bendecirá a los que le son fieles y castigará a los que se le oponen. Pero estas oraciones no eran sólo para Nehemías; se aplican a todos los que se dedican al Señor del pacto preservando celosamente su honor y cumpliendo sus mandatos. De este modo, Israel vive bajo el señorío de Yahvé.

Conclusión

¿Dónde nos dejan Esdras y Nehemías en términos históricos? Israel ha regresado del exilio. El templo es reconstruido y las murallas de Jerusalén levantadas y, sin embargo, la nación es muy débil. "Si Esdras es un segundo Moisés, al igual que el primer Moisés, no ha producido ni puede producir un cambio en el corazón del pueblo"[10] Ambos libros reconocen el regreso, pero también admiten que Israel está bajo el tutelaje de otros poderes. "El exilio continúa a pesar de que Israel está en la tierra".[11] No están disfrutando de la verdadera libertad y alegría en la tierra. ¿Por qué son tan débiles? Porque no han obedecido a Yahvé como Señor del pacto. Deben prestar atención a las estipulaciones del pacto de la Torá dada por Moisés.

El culto en el templo debe llevarse a cabo como el Señor manda, e Israel debe limpiarse de la impureza. Israel ha transigido con los paganos para prosperar económicamente y disfrutar de relaciones sexuales con mujeres de culturas donde se adoran otros dioses. Deben renovar su pacto con el Señor, porque el Señor, a pesar de todo el pecado de Israel, no ha abandonado a Israel. Cumplirá las promesas de su pacto, pero sólo a un pueblo que se someta a su voluntad.

---

[10] Dempster, *Dominion and Dynasty*, 224.
[11] Ibíd.

§13. ESTER

Introducción

El libro de Ester es uno de los relatos más exquisitos de las Escrituras, aunque también parece que los lectores contemporáneos son vengativos e implacables, algo que comentaré a su debido tiempo. La teología del libro se comunica a través del relato, que cuenta cómo Ester se convirtió en la reina del rey Asuero, que reinó entre 486 y 464 a.C. El tema del libro es la obra soberana de Dios para preservar al pueblo judío de la aniquilación.[1]

Yahweh reina sobre Su pueblo y lo preserva, incluso cuando vive en medio de opresores paganos. Sin embargo, el narrador cuenta la historia de una manera inusual, ya que nunca se menciona a Dios en el libro. La omisión es deliberada, ya que hay una serie de puntos en el libro en los que el papel de Dios en la historia casi pide ser introducido, pero no se menciona.[2]

> Dios está presente incluso cuando está más ausente; cuando no hay milagros, sueños o visiones, ni líderes carismáticos, ni profetas que interpreten lo que ocurre, ni siquiera un discurso explícito de Dios. Y Él está presente como libertador.[3]

La historia, desde una perspectiva canónica, funciona como una elaboración de Génesis 3:15. La descendencia de la serpiente intenta destruir y aniquilar a la descendencia de la mujer.[4] Sin embargo, Dios se encarga de frustrar el intento de aniquilar a Su pueblo, de modo que la descendencia de la serpiente acaba

---

[1] Véase Keys, "Esther", 198-200.

[2] Véase House, *Old Testament Theology*, 496; Dumbrell, *Faith of Israel*, 299; B. Webb, *Five Festal Garments*, 121.

[3] B. Webb, *Five Festal Garments*, 124.

[4] Véase Dempster, *Dominion and Dynasty*, 223.

siendo aplastada por la descendencia de la mujer. Mardoqueo y Ester funcionan para el autor como José y Moisés, a quienes el Señor utilizó para rescatar a Israel de la aniquilación.[5]

La historia

La historia comienza con la degradación de la reina Vasti por su negativa a obedecer la orden del rey Asuero de que exhibiera su belleza ante sus invitados (cap. 1). El narrador no muestra ningún interés en moralizar sobre el comportamiento del rey o la negativa de la reina a hacer lo que el rey exigía. El punto de la historia es que Dios estaba actuando secreta y discretamente en los asuntos humanos, ya que por este medio se abrió el camino para que Ester reemplazara a Vasti como reina (cap. 2). Ester estaba ahora en posición de abogar por los judíos en el momento crucial. Siguiendo el mandato de Mardoqueo, no había revelado que era judía, que es otra forma de decir que no había revelado que adoraba a Yahweh (2:10, 20).

> **Ester 2:10, 20** Ester no dio a conocer ni su pueblo ni su familia, porque Mardoqueo le había mandado que no *los* diera a conocer... Ester todavía no había dado a conocer ni su familia ni su pueblo, tal como Mardoqueo le había mandado, porque Ester hizo lo que le había dicho Mardoqueo, como cuando estaba bajo su tutela.

El autor, al reflexionar dos veces sobre el hecho de que Ester era judía, prefigura un tema que desempeñará un papel central en la historia. Otra prefiguración significativa cierra el capítulo 2 (2:21-23). Mardoqueo descubrió que dos funcionarios del rey Asuero estaban tramando el asesinato del rey. Transmitió el plan a Ester, quien informó al rey, y los autores fueron ejecutados. El incidente quedó debidamente registrado en los archivos del rey.

La oposición a los judíos aparece en escena en la persona de Amán (cap. 3). Amán era un agagueo, lo que significa que era descendiente de Agag de Amalec (1 Sam. 15).[6] Amalec luchó contra Israel en el desierto cuando estaba débil y

---

[5] House, *Old Testament Theology*, 494.

[6] Véase Childs, *Old Testament as Scripture*, 605. Mardoqueo era descendiente de Saúl, quien infamemente se negó a destruir a todos los amalecitas cuando se le ordenó hacerlo (1 Sam. 15). Mardoqueo, por supuesto, en su resistencia a los amalecitas se encuentra en una posición muy diferente a la de Saúl. Véase Dempster, *Dominion and Dynasty*, 222.

agotado (Ex. 17:8-16). Por lo tanto, fueron considerados enemigos perpetuos de Israel y debían ser destruidos (Dt. 25:17-19). Amán, como veremos, es un digno descendiente de sus antepasados, reflejando el proverbio "De tal palo, tal astilla". Estaba hambriento de poder y disfrutaba de los siervos que se inclinaban y le rendían homenaje (3:2). Mardoqueo, sin embargo, "ni se inclinaba ni se postraba" (3:2), violando el decreto del rey (3:3). Mardoqueo informó a sus compañeros de servicio que su razón para negarse a inclinarse era "que era judío" (3:4). Esta es una de esas ocasiones en el libro en las que esperamos que se mencione a Yahweh.

Podría parecer que Mardoqueo era bastante recalcitrante y obstinado, pero el narrador aparentemente cree que Mardoqueo tenía razón y estaba justificado, aunque nunca explica por qué, dejándonos leer entre líneas.[7] Parece que inclinarse ante Amán violaría su devoción a Yahweh como Dios de Israel. El Señor era el rey y soberano de Mardoqueo, no Amán.[8] Cuando Amán descubrió lo que Mardoqueo estaba haciendo, se enfureció. Y al descubrir la razón, no se conformó con matar solo a Mardoqueo. Urdió un complot mediante el cual aniquilaría a todos los judíos del imperio (3:5-15). Acusó a los judíos de deslealtad al imperio (3:8), prometiendo dar 340 toneladas de plata al tesoro del rey si los judíos eran eliminados (3:9-11). Amán funcionó como sucesor de Caín, del Faraón y de los demás enemigos de los judíos que deseaban aniquilarlos, revelándose como la simiente de la serpiente. Como enemigo del pueblo del pacto, como alguien que lo maldijo, él mismo estaba destinado a ser maldecido (véase Génesis 12:2-3).[9]

Mardoqueo y los judíos, al conocer la noticia, ayunaron y se lamentaron (4:1-4). Es casi seguro que tales actividades iban acompañadas de oraciones por la nación, pero el autor continúa con su estudiada e intencionada omisión de mencionar a Dios explícitamente, aunque eso no debe interpretarse como que el autor tiene un punto de vista secular. Mardoqueo pidió a Ester que intercediera ante el rey por el pueblo judío (4:8-10), pero Ester dudó porque se enfrentaba a una pena de muerte si entraba en la presencia del rey sin avisar (4:11).

---

[7] Es posible también que haya una crítica sutil tanto a Ester como a Mardoqueo. Para un análisis de este asunto, véase B. Webb, *Five Festal Garments*, 119-20. Sin embargo, me parece poco probable que el narrador viera algún problema en su comportamiento o acciones.

[8] En contra de Waltke (*Old Testament Theology*, 767), que piensa que Mardoqueo era simplemente culpable de orgullo.

[9] Acertadamente B. Webb, *Five Festal Garments*, 127.

Mardoqueo contraatacó, afirmando que Ester y su familia, aunque estuvieran en el palacio, no escaparían al complot de Amán, pues ellos también eran judíos (4:12-13).

Ester 4:12–13 Y contaron a Mardoqueo las palabras de Ester. Entonces Mardoqueo *les* dijo que respondieran a Ester: «No pienses que *estando* en el palacio del rey *solo* tú escaparás entre todos los judíos.

La soberanía oculta del Señor se introduce de nuevo en la historia, pues Mardoqueo sugirió que Ester había sido nombrada reina "para una ocasión como esta" (4:14). Y si ella no actuaba, entonces "alivio y liberación vendrán de otro lugar para los judíos" (4:14). La vaguedad de la expresión es sorprendente. El autor podría haber dicho fácilmente que el Señor proporcionaría otro medio por el que los judíos serían liberados. En cambio, se refiere a la liberación de forma alusiva y misteriosa para provocar que el lector se pregunte por la fuente del rescate. Sorprendentemente, Mardoqueo estaba convencido de que los judíos serían liberados. Esa no era la cuestión. La cuestión era si Ester cumpliría con su responsabilidad en su momento histórico. Ester estuvo a la altura de las circunstancias, ayunando durante tres días antes de presentarse ante el rey (4:16),[10] y se entregó a las manos del Señor sin mencionarlo, exclamando: "Si perezco, perezco" (4:16).

Ester se armó de valor para ir a la presencia del rey y hacer su petición, y el rey le perdonó la vida (cap. 5). Su primera petición fue que el rey y Amán asistieran a un banquete que ella había preparado, y de forma un tanto misteriosa, en lugar de expresar su petición en el primer banquete, pidió que ambos asistieran a otro banquete al día siguiente. El retraso resulta ser decisivo para el desenlace de la historia, confirmando la providencia del Señor en todo lo que sucede. Amán abandonó el banquete con alegría porque era la única persona fuera de la pareja real invitada a los banquetes. Sin embargo, se indignó cuando Mardoqueo "no se levantaba ni temblaba delante él" (5:9). Para remediar la situación, construyó una horca para colgar a Mardoqueo (5:13-14). Todo parecía ir bien para Amán. Pasó la noche jactándose de "la gloria de sus riquezas, la

---

[10] Waltke (*Old Testament Theology*, 767) lee erróneamente el ayuno de Ester como si no se ajustara plenamente a la voluntad del Señor. Para una lectura más convincente, véase House, *Old Testament Theology*, 493. De hecho, la referencia al ayuno muestra que Dios no está ausente en Ester (véase B. Webb, *Five Festal Garments*, 122).

multitud de sus hijos, y todas las ocasiones en que el rey lo había engrandecido, y cómo lo había exaltado sobre los príncipes y siervos del rey" (5:11).

Amán parecía dirigirse al cenit de su carrera. No sabía que el clímax estaba a punto de llegar. El narrador señala el cambio con un detalle aparentemente insignificante: "Aquella noche el rey no podía dormir" (6:1), y pidió material de lectura, leyendo detenidamente el relato de cómo Mardoqueo le salvó la vida de los conspiradores. Se enteró de que no se había hecho nada para honrarlo por su acto de lealtad (6:2-3). Una vez más, no se menciona a Dios, pero este acontecimiento aparentemente casual revela que es el personaje central de la historia. De hecho, justo en ese momento apareció Amán en el tribunal, con la intención de presentar cargos contra Mardoqueo (6:4-5).

Pero el rey habló primero, preguntando a Amán qué debía hacer por un hombre al que el rey deseaba honrar (6:6). Una cualidad que no le faltaba a Amán era la confianza en sí mismo, por lo que supuso que el hombre en cuestión era él mismo, y por ello sugirió que el hombre fuera paseado por las calles en un corcel real, de manera acorde con un rey (6:6-9).

> **Ester 6:6–9** Cuando Amán entró, el rey le preguntó: «¿Qué se debe hacer para el hombre a quien el rey quiere honrar?». Y Amán se dijo: «¿A quién desearía el rey honrar más que a mí?». Amán respondió al rey: «Para el hombre a quien el rey quiere honrar, que traigan un manto real con que se haya vestido el rey, y un caballo en el cual el rey haya montado y en cuya cabeza se haya colocado una diadema real; y el manto y el caballo sean entregados en mano de uno de los príncipes más nobles del rey, y vistan al hombre a quien el rey quiere honrar, lo lleven a caballo por la plaza de la ciudad y anuncien delante de él: "Así se hace al hombre a quien el rey quiere honrar"».

Peor aún para Amán, el rey lo eligió para escoltar a Mardoqueo por las calles (6:11). La inversión de las fortunas había comenzado, y los judíos serían exaltados, y los que se oponían a ellos serían deshonrados (6:13). El lugar especial de los judíos fue reconocido incluso por los amigos de Amán (6:14), y nadie que se les opusiera triunfaría sobre ellos.[11] Dios gobierna la historia, y exaltará a Su pueblo y destruirá a sus enemigos.

El segundo banquete solicitado por Ester se celebró, pero su petición en el banquete no fue lo que el rey esperaba. Pidió que se le perdonara la vida a ella

---

[11] House, *Old Testament Theology*, 494; B. Webb, *Five Festal Garments*, 123.

y a su pueblo (7:2-4). El rey se enfureció, sobre todo cuando descubrió que Amán era el cerebro del complot (7:5-6). Amán no solo había planeado matar a la reina, sino que también pretendía ahorcar a Mardoqueo, que había rescatado al rey de los conspiradores (7:9). Parecía que Amán formaba parte del complot para destruir al rey, y por eso fue ahorcado por el rey (7:10). Ester todavía tenía que tomar medidas para evitar la masacre de judíos que se había planeado, y cuyas órdenes se habían enviado por medio de misivas reales oficiales (cap. 8).

> El rey concedía a los judíos que estaban en cada ciudad el derecho de reunirse y defender su vida, de destruir, de matar y de exterminar al ejército de cualquier pueblo o provincia que los atacara, incluso a niños y mujeres, y de saquear sus bienes, en mismo día en todas las provincias del rey Asuero, el día trece del mes doce, que es el mes de Adar (8:11-12).

Muchos incluso se hicieron judíos en ese momento por miedo al pueblo judío (8:17), lo que demuestra que la salvación estaba abierta también a los que estaban fuera de Israel, que no se limitaba al pueblo judío.[12]

El libro concluye con los judíos defendiéndose y triunfando sobre sus enemigos matando a los que querían matarlos (caps. 9-10). De este modo, se invirtieron los pasos dados para destruir a los judíos. La suerte ("Pur") que se echó para determinar el día en que los judíos serían asesinados había caído a favor de los judíos. Por lo tanto, los días que estaban destinados a su destrucción por sorteo ("Purim") se convirtieron en los días de su triunfo. "La inversión parece ser el tema estructural más importante en Ester".[13] Como señala Sandra Berg, Purim en el libro indica que los ayunos para la protección de Israel se han convertido en fiestas.[14] Esto encaja con el mensaje de todo el libro. Como dice el libro de Proverbios, la decisión de la suerte pertenece al Señor (16:33), y Purim recuerda a los lectores que Dios, soberanamente, a través de las circunstancias ordinarias de la vida humana, protegió a su pueblo.

Joyce Baldwin dice: "Incluso cuando los dados habían caído, el Señor era poderoso para invertir su buen presagio en malo, a fin de liberar a su pueblo".[15] Así, Purim, como la Pascua, celebra la salvación del pueblo judío, la

---

[12] Así House, *Old Testament Theology*, 495.
[13] Dumbrell, *Faith of Israel*, 300. Véase S. Berg, *Book of Esther*, 104-6.
[14] S. Berg, *Book of Esther*, 31-47.
[15] Baldwin, *Esther*, 23.

preservación de los elegidos de Dios.[16] La matanza de los enemigos parece salvaje y brutal para muchos occidentales modernos, pero el narrador creía claramente que merecían la destrucción, que los judíos actuaban en defensa propia, que había un conflicto implacable e irreparable entre los judíos y sus enemigos, y que uno u otro serían destruidos.[17] Esta perspectiva refleja, como ya se ha señalado, el conflicto entre la descendencia de la mujer y la descendencia de la serpiente.

Unas palabras finales

El mensaje de Ester no es difícil de entender. Aunque nunca se menciona a Dios, Yahweh es el Rey, y los judíos son Su pueblo. Ningún complot para aniquilarlos tendrá éxito, pues Yahweh hizo un pacto con Israel y cumplirá Sus promesas con ellos. La serpiente y su descendencia no perecerán en la tierra hasta que se obtenga la victoria final, pero no triunfarán en última instancia. El reino vendrá en su plenitud. El mundo entero experimentará la bendición prometida a Abraham.

---

[16] Así, Dumbrell, *Faith of Israel*, 300.

[17] Correctamente House, *Old Testament Theology*, 492. En contra de Waltke (*Old Testament Theology*, 767-68), que piensa que el ataque judío a sus enemigos fue un error. El narrador difícilmente sostiene la opinión de Waltke, pues la celebración de Purim apunta en la dirección opuesta. No hay ninguna crítica sutil a lo que hicieron los judíos en esta ocasión. Sorprendentemente, Waltke no ve que la omisión de Dios es deliberada por parte del narrador, y que no debe interpretarse como que los judíos no buscaban a Dios, aunque ve con razón la importancia del tema de la providencia en el libro (p. 769). El juicio de Waltke es sorprendente, ya que ve correctamente que el conflicto entre Mardoqueo y Amán es una repetición de 1 Sam. 15 (pp. 769-70).

INTERLUDIO: UNA SINOPSIS DE LA HISTORIA DE LA POSESIÓN, EL EXILIO Y EL RETORNO

La historia desde Josué hasta Ester da muchos giros. En primer lugar, debemos recordar dónde la dejamos en el Pentateuco. Dios creó a Adán y Eva para que gobernaran el mundo para Su gloria, pero ellos rechazaron su señorío y pecaron, y su pecado los llevó a la muerte. Aun así, Dios prometió la victoria sobre la serpiente a través de la descendencia de la mujer. El conflicto entre estos vástagos comienza inmediatamente, y parece que la serpiente gana, ya que el mundo se vuelve hacia el mal tanto en el diluvio como en la torre de Babel.

Sin embargo, Dios siempre reina, juzgando y castigando a los que se han entregado al mal. Noé y Abraham destacan, en virtud de la gracia de Dios, como descendientes de la mujer. Dios elige a Abraham y le promete tierra, descendencia y bendición mundial. Al final del Pentateuco se cumple la promesa de la descendencia, con muchos giros en el camino. El Señor liberó a Israel de Egipto y lo llevó a los confines de Canaán, por lo que el segundo elemento de la promesa está a punto de cumplirse.

La generación del desierto se negó a confiar en el poder de Yaweh y a someterse a su señorío, por lo que no poseyeron la tierra. La generación bajo Josué, sin embargo, siguió las directrices del Señor y poseyó la tierra desheredando a los cananeos. Josué repartió una herencia a cada una de las tribus. Ahora, dos de tres de las promesas a Abraham se cumplieron. Israel era una gran nación que habitaba la tierra. La bendición mundial parecía estar a la vuelta de la esquina.

Por desgracia, había un gusano en la manzana. El libro de los Jueces relata cuántas veces Israel no cumplió con las estipulaciones del pacto. Una y otra vez no se sometieron a su Señor y Rey del pacto. Cuando se metieron en problemas, se arrepintieron y se volvieron al Señor, y él les envió salvadores/jueces que los rescataron de sus enemigos, mostrando la misericordia, la gracia y la paciencia del Señor. Sin embargo, cuando los problemas externos cesaron, Israel se volvió de nuevo hacia la idolatría. El libro de los Jueces sitúa el problema en la falta de rey de Israel, pues "cada uno hacía lo que le parecía bien" (17:6; 21:25). Dos historias sórdidas concluyen Jueces (caps. 17-21), de tal manera que se podría perdonar a los lectores que se pregunten si es Israel la simiente de la serpiente.

Todavía existían puntos brillantes en Israel. La historia de Rut ilumina a algunos que son justos y piadosos en Israel. Todavía hay algunos que no se han entregado a una voluntad egoísta; hay algunos que honran a Yahweh como Rey. Rut concluye con la genealogía. Su hijo, Obed, está en la línea que conducirá al rey David. Desde el principio se había insinuado que un rey triunfaría sobre la serpiente y su descendencia. Los reyes vendrían de la familia de Abraham y Jacob (Gen. 17:6, 16; 35:11).

La mano de Judá estaría sobre el cuello de sus enemigos (Gen. 49:8), lo que sugiere que su tribu aplastará a la descendencia de la serpiente. El "cetro" será de Judá y los pueblos le obedecerán (Gen. 49:10). Balaam profetizó que un cetro y una estrella surgirían de Jacob y aplastarían la frente de Moab (Num. 24:17). Es probable que Moab represente aquí a todos los enemigos de Israel, y el aplastamiento de Moab resuena de nuevo con Gen. 3:15. Ahora vemos en Rut la genealogía de este rey. Al leer la historia de Israel, nos esperan sorpresas a la vuelta de cada esquina, ya que Rut es moabita. La intransigencia y la pura terquedad y maldad de los seres humanos, y en particular del pueblo elegido por el Señor, son evidentes. Sin embargo, nada ni nadie triunfará sobre el Señor. Su reino vendrá, y Su pueblo disfrutará de la comunión con Él. Verán al Rey en Su belleza.

El relato de 1-2 Samuel cuenta la historia de cómo Israel llegó a tener un rey, o más concretamente, cómo David llegó a ser rey. La historia comienza con Samuel como el último de los jueces, pero la nación anhelaba un rey. Saúl fue nombrado rey, y comenzó su reinado con humildad y una gran promesa. Pero Saúl reprodujo en su propia vida la historia de Adán e Israel. Se convirtió en su propio soberano y tomó el asunto en sus propias manos. En lugar de obedecer al Señor, racionalizó su pecado, volviéndose hacia el mal, y por eso fue rechazado como rey.

El Señor levantó a David para que fuera rey en su lugar. David fue acosado y perseguido por Saúl, pero fue un ejemplo notable de un hombre que puso su vida en manos de Dios, confiando en el Señor en lugar de depender de sus propios recursos. La canción de Ana se hizo realidad en la vida de David. David, como hombre que sufrió, también fue exaltado. Yahweh rebajó a los ricos y exaltó a los pobres. Aquí vemos cómo la vida de David anticipa y corresponde a la vida de Jesús, pues el sufrimiento precede a la gloria.

Yahweh hizo un pacto con David para que su dinastía no terminara nunca; sus hijos reinarían para siempre (2 Sam. 7). El triunfo sobre la serpiente llegaría a través de uno de los hijos de David. La bendición mundial prometida a Abraham se haría realidad a través de un rey. Pero la bendición mundial no se llevaría a cabo a través de David, ya que, a pesar de toda su grandeza, también era defectuoso. En el apogeo de su poder se inclinó hacia el mal cometiendo adulterio con Betsabé y asesinando a su marido. La promesa no fue retirada a David, pero es evidente que la bendición mundial no se hará realidad a través de él.

Cuando se abre 1-2 Reyes, parece que la bendición mundial puede hacerse realidad a través de Salomón, el hijo de David. Es un hombre de paz y devoto de Yahweh. Construye un templo para el Señor, para que éste pueda habitar en medio del pueblo. El objetivo del reino de Dios, después de todo, era que los seres humanos disfrutaran de la comunión con Él, para que se deleitaran en su presencia. Sin embargo, Salomón tropieza gravemente, cediendo a la idolatría a medida que envejece. El pacto con David no se retira, pero Israel se divide en dos, con diez tribus formando una confederación en el norte (Israel) y dos tribus dedicadas a la dinastía davídica en el sur (Judá).

El narrador de 1-2 Reyes repasa la historia de ambos reinos. En Judá, algunos reyes sirven y obedecen al Señor, pero el panorama en el norte es poco favorable. En cualquier caso, la trayectoria de ambos reinos es descendente. De ahí que el norte sea llevado al exilio por Asiria en el 722 a.C., y el sur por Babilonia en el 586 a.C. La gran promesa de que el reino del Señor llegaría hasta los confines de la tierra no se estaba haciendo realidad en absoluto. Las cosas estaban retrocediendo.

Una vez más, Israel no estaba en la tierra, y ciertamente no era libre. Habían pasado cientos y cientos de años desde que se hizo la promesa a Abraham, y las promesas parecían tan lejanas como siempre. Pero la promesa no fue revocada ni cancelada. La liberación de Joaquín en 2 Reyes 25 indica que el Señor no ha descartado a Israel ni a la dinastía davídica. Sin embargo, la historia de Israel demuestra el poder titánico del pecado. Ganar la victoria sobre la serpiente no era algo trivial. Tenía que ocurrir algo sobrenatural, algo que no dependiera de la fuerza o la piedad de los seres humanos.

La historia en 1-2 Crónicas es bastante similar a la que encontramos en 1-2 Reyes. El Cronista hace hincapié en la dinastía davídica. El Señor cumplirá sus promesas a David aunque Israel esté en el exilio. Además, el templo ocupa un lugar central en Crónicas. Yahweh está presente con Su pueblo a través del templo. Si Israel quiere disfrutar de su presencia, debe adorar a Yahweh de la manera que Él le ha indicado. Los sacerdotes y los levitas deben hacer lo que el Señor ha ordenado, y la nación en su conjunto debe guardar la Torá. No se producirá ninguna bendición para una nación que viole la voluntad de Yahweh.

Esdras y Nehemías reflexionan sobre el regreso de Israel del exilio. La construcción del templo y la reconstrucción de Jerusalén ocupan un lugar central. No se puede exagerar el papel del templo en el AT, ya que Yahweh estaba especialmente presente con Su pueblo en el templo. Además, Jerusalén era el centro de Israel, la ciudad del gran rey. Si Israel ha de ser el pueblo del Señor, debe ser devoto del templo y de Jerusalén. Vemos en Esdras-Nehemías que el pueblo se enfrentó a una importante oposición en la reconstrucción tanto del templo como de Jerusalén.

Pero Yahweh reina sobre todo. Su reino no puede fallar. Él mueve los corazones de los reyes y los funcionarios del gobierno para que tanto el templo como Jerusalén sean reconstruidos. Los que se oponen a Israel son los hijos de la serpiente. Israel no debe comprometerse o unirse con aquellos que no son parte del pueblo del Señor. Deben limpiarse del pecado y vivir de acuerdo con la Torá. Como vimos en Crónicas, Israel no experimentará la bendición si transgrede la voluntad de Yahweh. Las promesas salvadoras de Dios ciertamente se cumplirán, y sin embargo ninguna generación que se niegue a seguir a Yahweh experimentará la realización de tales promesas.

El libro de Ester también está escrito después del regreso del exilio. Aquí vemos a Israel bajo el dominio persa, y la simiente de la serpiente, Amán, quiere destruir a Israel. Al igual que el Faraón, quiere dar muerte a todos los judíos.

Aunque nunca se menciona a Dios en el libro, en realidad es el personaje central. La soberanía de Dios corre como un hilo a través de todo el libro. Israel se salvó no por la valentía de Mardoqueo y Ester, aunque, por supuesto, el Señor los utilizó para cumplir sus propósitos. Dios liberaría a Israel de otra manera aunque Ester no actuara (Est. 4:14).

> **Ester 4:14** »Porque si permaneces callada en este tiempo, alivio y liberación vendrán de otro lugar para los judíos, pero tú y la casa de tu padre perecerán. ¿Y quién sabe si para una ocasión como esta tú habrás llegado a ser reina?».

Nunca hubo dudas sobre si Dios salvaría a Su pueblo. El libro de Ester recuerda a Israel que las promesas de Yahweh no han sido revocadas. Israel se encontraba en un momento bajo, como sus días en Egipto. Pero al igual que Yahweh rescató a Israel de las conspiraciones del faraón, también lo libró del intento de genocidio de Amán. La promesa de un rey davídico que gobernará el mundo para Dios no se ha retirado. Al igual que Israel esperó en Egipto a que Yahweh actuara, deben esperar de nuevo. Pero deben ser como Ester y Mardoqueo, que fueron obedientes a lo que el Señor les llamó a hacer.

PARTE 3: CANTOS Y SABIDURÍA DE ISRAEL

§14. JOB

Introducción

El libro de Job nos introduce en la literatura sapiencial del Antiguo Testamento.[1] ¿Coincide la literatura sapiencial con que el reino de Dios sea el centro de las Escrituras?[2] Muchos dirían que no. Ciertamente, la sabiduría no hace avanzar la línea argumental de la Biblia. Tenemos que examinar cada libro de sabiduría individualmente, pero en su momento argumentaré que cada libro de sabiduría enfatiza el temor del Señor, y temer al Señor es lo que significa vivir bajo el señorío de Yahweh. La literatura sapiencial se pregunta cómo es concretamente en la vida cotidiana vivir bajo el dominio de Dios. Los libros sapienciales, por supuesto, difieren entre sí y no se pueden mezclar como si todos dijeran exactamente lo mismo. Hace tiempo que se reconoce que Job y el Eclesiastés son muy diferentes de los Proverbios. La diversidad de estos escritos es evidente y, sin embargo, también argumentaré que la diversidad no excluye la unidad.

En realidad, el libro de Job se ajusta bastante bien a la tesis principal de la presente obra. Dempster capta uno de los principales temas de Job: "Dios gobierna el mundo y... este gobierno es de un orden diferente al que cabría esperar."[3] Job representa en parte una matización del mensaje de Proverbios, ya que este último libro subraya a menudo que se cosecha lo que se siembra, de modo que los que viven con rectitud serán recompensados. En realidad, una lectura atenta de Proverbios demuestra que incluso en Proverbios el mensaje es

---

[1] Para una introducción estándar, véase Crenshaw, *Old Testament Wisdom*. Véase también von Rad, *Wisdom in Israel*; Perdue, *Wisdom and Creation*.

[2] Para una introducción a las cuestiones, véase Schultz, "Unity or Diversity?". Schultz sostiene con razón que la teología de los libros sapienciales es complementaria y no contradictoria.

[3] Dempster, *Dominion and Dynasty*, 202.

más complejo. Hay proverbios que moderan y matizan el tema de que la justicia es su propia recompensa.[4] Aun así, el mensaje básico de Proverbios enfatiza la recompensa por la justicia y el castigo por la maldad, y Job se destaca como una importante calificación de lo que enseña Proverbios. Los justos no se libran invariablemente del sufrimiento; de hecho, a veces sufren de forma agónica e inexplicable.

La verdadera sabiduría reconoce que la vida es compleja y desafía las respuestas simplistas sobre por qué hay sufrimiento en el mundo. Las respuestas monolíticas que ignoran la complejidad se disfrazan de sabiduría, pero son fundamentalmente insensatas. Aunque la vida tiene misterios que nos desconciertan, estamos llamados a temer al Señor y a hacer su voluntad. La mayor parte de Job está dedicada al diálogo entre Job y sus amigos (caps. 3-37). El prólogo y el epílogo (caps. 1-2; 42:7-17) enmarcan el libro, y el encuentro de Yahweh con Job funciona como clímax (38:1-42:6). Al exponer la teología del libro, consideraré primero el papel del prólogo y el epílogo, luego el diálogo entre Job y sus amigos, y finalmente el encuentro de Job con Yahweh.

Prólogo y Epílogo

El narrador comienza destacando la rectitud de Job en términos enfáticos: "Había un hombre en la tierra de Uz que se llamaba Job, y ese hombre era intachable y recto, que temía a Dios y se apartaba del mal" (1:1). Además, Job encaja en el paradigma del libro de los Proverbios, donde la rectitud trae grandes recompensas. Era increíblemente rico y fue bendecido con siete hijos y tres hijas (1:2-3). De hecho, Job intercedió por sus hijos, ofreciendo holocaustos por ellos en caso de que pecaran (1:4-5).

> **Job 1:4–5** Sus hijos acostumbraban ir y hacer un banquete en la casa de cada uno por turno, e invitaban a sus tres hermanas para comer y beber con ellos. Cuando los días del banquete habían pasado, Job enviaba *a buscarlos* y los santificaba, y levantándose temprano, ofrecía holocaustos *conforme* al número de todos ellos. Porque Job decía: «Quizá mis hijos hayan pecado y maldecido a Dios en sus corazones». Job siempre hacía así.

---

[4] Véase el análisis de Proverbios más adelante.

Sin embargo, el prólogo introduce a los lectores en otro nivel de la realidad, en los acontecimientos que tenían lugar en el reino celestial. Para que los lectores adquieran sabiduría sobre la vida, no deben limitarse a lo que ocurre en la esfera terrenal.

Cuando se descorren las cortinas de los cielos, tiene lugar una conversación muy notable entre Yahweh y Satanás, una conversación oculta para Job. Satán aparece como uno de los hijos de Dios ante Yahweh, y el Señor hace gala de la justicia de su siervo Job, utilizando el lenguaje enfático sobre su justicia que apareció en 1:1 (1:6-8). Satanás, al igual que la serpiente en Génesis 3, ofrece otra interpretación. Job temía al Señor, según Satanás, porque le traía prosperidad y lo protegía de los daños (1:9-10).

Sin embargo, si el Señor le quitaba la protección a Job y le quitaba los dones que disfrutaba, entonces Job maldeciría al Señor (1:11). El Señor accedió a la petición de Satanás, permitiéndole quitarle sus posesiones pero prohibiéndole tocar su persona (1:12). El mundo de Job se derrumbó de golpe; en un solo día perdió sus bueyes, burros, ovejas, camellos, sirvientes y, lo más importante, sus hijos (1:13-19). La respuesta de Job es impresionante:

> Entonces Job se levantó, rasgó su manto, se rasuró la cabeza, y postrándose en tierra, adoró, y dijo: 'Desnudo salí del vientre de mi madre y desnudo volveré allá. El Señor dio y el Señor quitó; bendito sea el nombre del Señor' (1:20-21).

De su corazón brotan tanto el dolor como la adoración. Reconoce la soberanía y la bondad del Señor (1:22), alabando el nombre de Dios a pesar del mal que ha experimentado.

El capítulo 2 representa el segundo asalto en los ataques de Satanás contra Job. De nuevo el Señor hace gala de Job en el consejo celestial, reiterando su irreprochabilidad, aunque Satanás incitó al Señor contra él (2:3). Satanás vuelve a rebatir lo dicho por el Señor, argumentando que Job maldeciría al Señor si sufriera físicamente (2:4-5). El Señor responde permitiendo que Satanás golpee el cuerpo de Job, aunque debe perdonarle la vida (2:6). Satanás inflige a Job algo parecido a llagas por todo el cuerpo (2:7). La mujer de Job le aconseja que "maldiga a Dios y muera" (2:9), pero Job la reprende, diciendo que uno debe recibir tanto el bien como el mal de Dios, alejándose así del pecado (2:10). Entonces llegan los amigos de Job para consolarle en su sufrimiento (2:11-13).

El prólogo ofrece una ventana a la sabiduría, revelando una de las razones del sufrimiento de Job. Job y todos los seres humanos viven su vida ante los seres celestiales, y o bien alaban al Señor o bien reivindican la afirmación de Satanás de que los seres humanos solo viven para sí mismos. "El honor de Dios está en juego. ¿Puede un ser humano amar a Dios por amor a Dios?"[5] La fe de Job en su sufrimiento, sin saberlo, da gloria a Dios al confiar en Él en su agonía. Aunque el consejo celestial se revela a los lectores, sigue siendo cierto que la razón de ser del sufrimiento no es claramente comprensible para los seres humanos. El misterio de por qué el Señor permite el mal no se despeja del todo. El prólogo indica que el sufrimiento en la fe honra al Señor, pero tal revelación no responde a todas las preguntas, ni pretende hacerlo.[6]

El misterio del mal se revela en las conversaciones entre Satanás y el Señor. Estos breves diálogos muestran que el mal infligido a Job fue idea de Satanás, y que fue Satanás, y no el Señor, quien afligió directamente a Job. Sin embargo, Job no sabe nada de la participación de Satanás. Atribuye el sufrimiento que le sobrevino al Señor, y no se equivoca, pues dos veces el autor afirma que no pecó al asignar sus sufrimientos al Señor (1:22; 2:10). Seguramente Job sería culpable de un pecado horrendo si atribuyera al Señor lo que hizo Satanás. La visión del narrador es compleja. En un nivel, el mal infligido proviene de Satanás, y sin embargo el Señor le concedió permiso a Satanás para herir a Job, por lo que en última instancia el Señor quiso que el mal ocurriera.

Sin embargo, hay que distinguir los propósitos y motivaciones del Señor de los de Satanás. Satanás quería que Job fracasara y fuera destruido por el mal. El Señor permitió que Job sufriera para mostrar al consejo celestial la belleza y el brillo de su fe. Una vez más, el narrador apenas pretende responder a todas las preguntas sobre el sufrimiento, pero enseña que el sufrimiento da gloria a Dios, y que Dios tiene razones para sufrir que, aunque no sean totalmente comprensibles para los seres humanos, le exculpan del mal.

El epílogo (42:7-17), al igual que el prólogo, arroja luz sobre el diálogo (caps. 32-37) y el encuentro del Señor con Job (38:1-42:6). El autor aclara que las palabras de Job en el diálogo eran esencialmente correctas, y que sus amigos no habían hablado bien del Señor (42:7). Los sufrimientos de Job, por tanto, no

---

[5] Childs, *Old Testament as Scripture*, 537. Véase también Waltke, *Old Testament Theology*, 931; von Rad, *Wisdom in Israel*, 208.

[6] Fyall (*Now My Eyes Have Seen You*, 36-37) sugiere con razón que el objetivo principal de Satanás es poner en duda el nombre de Dios al cuestionar la rectitud de Job.

se debieron a que hubiera pecado. Se reafirma la valoración del prólogo sobre la rectitud de Job y, por lo tanto, se rechaza la perspectiva de los amigos de que Job estaba recibiendo una recompensa por el mal que hizo. El Señor trajo el sufrimiento a la vida de Job para Sus propios y sabios propósitos. Uno de esos propósitos, al parecer, era mostrar la devoción de Job a Yahweh incluso en medio de su dolor. Job funciona como mediador para sus amigos, orando por ellos para que sus pecados sean perdonados y sean librados de la ira del Señor.

El epílogo también confirma que Yahweh era soberano sobre el mal que experimentó Job. El narrador no separa a Yahweh del sufrimiento de Job, y habla casi con asombro de "todo el mal que SEÑOR había traído sobre él" (42:11). Sin embargo, debemos recordar la perspectiva del prólogo, donde también se explica el papel de Satanás en el sufrimiento. Aun así, se subraya la mano soberana de Yahweh en los sufrimientos de Job. El narrador no recurre a la estrategia de decir que el Señor observó impotente cómo Satanás atormentaba a Job. Yahweh no es malo, pero el sufrimiento de Job se debió a Su voluntad soberana.

El epílogo concluye con la recuperación de la riqueza de Job y el nacimiento de siete hijos y tres hijas. ¿Qué debemos hacer con esta conclusión? Sería contradictorio con el mensaje de todo el libro interpretar su conclusión en el sentido de que los que sufren acabarán experimentando la bendición en esta vida. Este último punto de vista era la teología propuesta por los amigos de Job. Debemos rechazar la idea de que se trata de un torpe redactor posterior que no entendió el sentido de los diálogos. Por el contrario, el narrador enseña que, en última instancia, les irá bien a los que son justos y sufren. Aquí tenemos un vistazo a la escatología del narrador. El sufrimiento no es la última palabra para los que pertenecen a Yahweh. Serán finalmente reivindicados, por lo que aquí se insinúa una vida futura con Yahweh.

Los diálogos

La belleza de Job (y su angustia) se transmite ingeniosamente a través del debate dialógico entre Job y sus amigos. Los diálogos avanzan hasta una especie de conclusión, por lo que esbozaré aquí brevemente la historia y la teología de los capítulos 3-31. Job comienza (cap. 3) con un grito de agonía, lamentando haber nacido, deseando haber muerto al nacer en lugar de vivir una vida tan miserable. La pregunta "¿Por qué?" impregna el capítulo, captada muy bien en 3:20-22:

"¿Por qué se da luz al que sufre, y vida al amargado de alma; a los que ansían la muerte, pero no llega, y cavan por ella más que por tesoros; que se alegran sobremanera, y se regocijan cuando encuentran el sepulcro?" Elifaz tiene una respuesta preparada para el amargo lamento de Job (caps. 4-5).

La confianza de Job debe estar en Dios porque los que confían en Él no perecerán sino que prosperarán. Los que siembran el mal lo cosecharán (4:8). Los necios que rechazan a Yahweh sufren hambre y pérdida de hijos (5:3-5). Si Job sufre, sugiere Elifaz, Dios lo está disciplinando para que busque a Dios (5:8-27). Si se vuelve a Dios, será liberado de sus afliciones y volverá a disfrutar de la paz.

Elifaz, exclama Job, no se ha acercado a comprender la profundidad del sufrimiento de Job. "Las flechas del Todopoderoso" se han disparado contra Job, y está experimentando "terrores" de Dios (6:4). Los amigos de Job no han escuchado el clamor de su corazón. Tratan su sufrimiento como si fuera un tema de discusión académica en lugar de empatizar con él en su angustia (6:14-30). Así que Job no ha cambiado de opinión. Sigue queriendo que Dios lo mate (6:8-9), pues Job es un hombre de carne y hueso, no una piedra impermeable al dolor (6:11-12). En cualquier caso, Job insiste en que su sufrimiento no se debe a su pecado. Confiesa: "No he negado las palabras del Santo" (6:10).

En el capítulo 7, Job pasa de sus amigos a Dios, reflexionando sobre la brevedad y la miseria de la vida. Job se pregunta por qué Dios no le deja en paz. ¿Por qué Dios le aflige de tal manera que incluso le cuesta tragar su saliva (7:19)? En última instancia, las preguntas y los anhelos de Job solo pueden ser respondidos por Dios mismo. Bildad aprovecha inmediatamente las palabras de Job, que sugieren que Dios "tuerce la justicia" (8:3), lanzando un ataque contra la integridad de Job. Los hijos de Job murieron porque pecaron (8:4). Si Job se arrepiente y busca a Dios, éste lo restaurará (8:5-7). Bildad apela a la tradición para apoyar su teología, diciendo que esto es lo que los antiguos han enseñado (8:8-10). Los que se olvidan de Dios serán cortados y se marchitarán (8:12-13), mientras que los justos se regocijarán con una risa alegre (8:20-21).

Job 8:12–14 »Estando aún verde y sin cortar, Con todo, se seca antes que cualquier *otra* planta. »Así son las sendas de todos los que se olvidan de Dios. Así perecerá la esperanza del impío, Porque es frágil su confianza, Y una tela de araña su seguridad.

Job vuelve a dirigirse directamente a Dios. Quiere presentar su caso, por así decirlo, ante Dios en un tribunal (cap. 9). Pero, dice Job, no puede hacerlo. Dios es el asombroso y poderoso creador que nivela las montañas y hace las constelaciones. Su obra está más allá de la comprensión de los seres humanos. Él "hace grandes cosas, inescrutables, y maravillas sin número" (9:10). Job no puede exigir a este Dios imponente que acuda a una audiencia (9:32-33). De hecho, Dios lo está aplastando y aumentando "sus heridas sin causa" (9:17). Le quita el aliento a Job y lo "llena de amarguras" (9:18). Incluso si el caso de Job en la sala fuera impecable, Dios es tan poderoso y sabio que haría que Job pareciera culpable (9:20). Sin embargo, Job insiste en que es "inocente" (9:21). No hay justicia con Dios. "Él destruye al inocente y al impío" (9:22).[7] De hecho, Dios permite que los malvados reinen en la tierra (9:24).

En el capítulo 10, Job continúa su queja, que en realidad consiste en lo que le diría a Dios en la sala del tribunal. Se pregunta por qué Dios le condena (10:2-3). ¿Siente Dios su angustia y su dolor? "¿Tienes Tú ojos de carne, o ves como el hombre ve?" (10:4). El lector cristiano no puede evitar pensar aquí en la encarnación, pero Job no tenía acceso a esa verdad. Job se pregunta por qué Dios persigue su pecado cuando sabe que es justo (10:6-7). Por supuesto, Job no está diciendo que nunca pecó. Como dice von Rad:

> Job afirma en primer lugar que no es consciente de haber cometido un pecado tan grave como para explicar la gravedad de su sufrimiento. También está claro que con esta afirmación no pretende declarar que está absolutamente libre de pecado.[8]

¿Por qué inflige Dios todo este dolor a Job, ya que en primer lugar lo creó (10:8-13)? Job solo quiere que Dios lo deje en paz y lo deje morir en lugar de atacarlo como un ejército merodeador (10:14-22). Zofar está indignado por las palabras de Job contra Dios (cap. 11). Se escandaliza de que Job se considere "inocente ante los ojos de Dios" (11:4). En realidad, argumenta Zofar, Job está recibiendo menos de lo que merece (11:6). Job no puede pretender entender las cosas de Dios (¡aunque aparentemente Zofar sí!), y lo que debe hacer es arrepentirse, y

---

[7] Lo sorprendente aquí es que Job cuestiona la justicia de Dios. Véase Rendtorff, *Canonical Hebrew Bible*, 344; Perdue, *Wisdom and Creation*, 152.

[8] Von Rad, *Wisdom in Israel*, 218.

entonces Dios lo restaurará y la vida "será más radiante que el mediodía"
(11:17), mientras que los impíos serán destruidos (11:20).

Job está agotado y se siente frustrado con sus amigos. Ya está de acuerdo
con las cosas que dicen, pues sabe que los malvados también serán finalmente
castigados (12:1-3), pero está indagando en un nivel más profundo. El punto de
Job es que los malvados, que ignoran a Dios, a menudo prosperan, y eso es
evidente para cualquiera que eche una mirada sobria y clara al mundo (12:6-11),
y por eso sus amigos aparentemente carecen de sabiduría. Está claro que Dios
es soberano sobre todo lo que ocurre; quita la sabiduría a los sabios y derriba a
las naciones que son grandes (12:13-25).

Job afirma todo esto (13:1-2). Pero sus amigos también han distorsionado la
verdad, incluso cuando pretenden decir la verdad en nombre de Dios (13:3-12).
Al defender a Dios, en realidad han tergiversado lo que Dios diría. Ellos son
"forjadores de mentiras" y son "médicos inútiles" (13:4). El silencio sería su
sabiduría (13:5). Sus "máximas son proverbios de ceniza" y sus "defensas son
defensas de barro" (13:12). Lo que Job quiere es un encuentro con Dios en la
sala de la corte, donde pueda argumentar su caso ante Él (13:15-28), pero Dios
debe quitarle a Job su terror para que pueda hablar. Job quiere saber qué pecados
justifican tal castigo, pero seguirá esperando en Dios incluso si Dios le da muerte
(13:15), insinuando que puede haber una futura vindicación para Job.

En el capítulo 14, Job reflexiona sobre la naturaleza efímera de la vida.
Compara la vida humana con la de un árbol: incluso el tronco de un árbol puede
echar brotes y volver a vivir, pero una vez extinguida, la vida humana se acaba.
Sin embargo, Job también expresa su esperanza en la vida futura, en un día en
el que será renovado y vivirá en comunión con Dios (14.14-17).

> **Job 14:14–17** »Si el hombre muere, ¿volverá a vivir? Todos los días de mi
> batallar esperaré Hasta que llegue mi relevo. »Tú llamarás, y yo te responderé;
> Anhelarás la obra de Tus manos. »Porque ahora cuentas mis pasos, No observas
> mi pecado. »Sellada está en un saco mi transgresión, Y tienes cubierta mi
> iniquidad.

Sin embargo, el capítulo vuelve a hablar de la futilidad de la vida, en la que los
seres humanos no conocen el honor que se les concede a sus hijos y se ven
atrapados en su propio dolor (14:18-21).

Las palabras de Job provocan que Elifaz responda enérgicamente (cap. 15). Las palabras de Job no son más que palabrería (15:2-3). El pecado de Job ha influido en su teología, de tal manera que está "rechaza la reverencia delante de Dios" (15:4-5). Job se pone arrogantemente por encima de sus antepasados y contemporáneos, pensando que sabe más que ellos y que es puro ante Dios (15:7-16). Job se equivoca; los malvados sufren una agonía durante toda su vida (15:17-35). Elifaz se limita a repetir la misma teología, afirmándola con dogmatismo.

A Job no le sirven las palabras de sus amigos (16:1-6). Su problema es con Dios. Dios, dice, "me ha agobiado" (16:7) y "me ha llenado de arrugas" (16:8). El lenguaje es sorprendentemente vívido: "Su ira me ha despedazado y me ha perseguido; contra mí Él ha rechinado los dientes" (16:9). Es Dios quien lo entregó a los malvados (16:10-11). La enemistad de Dios se retrata en términos gráficos:

> Estaba yo tranquilo, y Él me sacudió; me agarró por la nuca y me hizo pedazos, también me hizo Su blanco. Me rodean sus flechas, parte mis riñones sin compasión, derrama por tierra mi hiel. Abre en mí brecha tras brecha; me ataca como un guerrero (16:12-14).

"Aquí", señala von Rad, "hay un nuevo tono que nunca antes había sonado".[9] Pero a pesar de todo esto, Job no abandona a Dios.[10] Sigue defendiendo su inocencia (16:18-22), insistiendo "aun ahora mi testigo está en el cielo, y mi defensor está en las alturas" (16:19). Job sigue esperando ser reivindicado.[11] Job está preparado para la muerte, resignado ante la incapacidad de sus amigos para comprender lo que realmente le ocurre (cap. 17). Bildad, en lugar de mostrarse sabio, se siente insultado (18:1-3), y repite el mantra de que los terrores y los castigos son la suerte de los que son malos (18:4-21).

Los consejos de los amigos de Job siguen atormentándolo en lugar de consolarlo (19:1-5). Job continúa dirigiéndose a Dios con valentía, afirmando que Dios lo ha agraviado y que la justicia lo elude (19:6-7). Dios, dice, le ha sumido en las tinieblas (19:8) y "me ha despojado de mi honor" (19:9). "Me destruye por todos lados" y "como un árbol ha arrancado mi esperanza" (19:10).

---

9 Ibid., 217.
10 Véase ibid., 220.
11 Véase Dumbrell, *Faith of Israel*, 257; House, *Old Testament Theology*, 433-34.

Dios ha convertido a Job en su enemigo (19:11) y, como un ejército, está sitiando a Job (19:12).

La consecuencia es que a Job no le quedan amigos. Sus hermanos, sus parientes, su esposa e incluso sus sirvientes lo encuentran repulsivo (19:13-19). ¿Por qué sus amigos no pueden mostrarle misericordia, ya que Dios ha decidido no hacerlo (19:21-22)? Von Rad observa: "Lo que preocupaba a Job por encima de todo era la credibilidad de Dios... Solo puede vivir y respirar si es este Yahweh quien se le revela".[12] Justo cuando parece que Job se va a derrumbar en la desesperación, aparece un mensaje de esperanza:

> Sé que mi Redentor vive, y al final se levantará sobre el polvo; y después de deshecha mi piel, aun en mi carne veré a Dios; al cual yo mismo contemplaré, y a quien mis ojos verán y no los de otro. ¡Desfallece mi corazón dentro de mí! (19:25-27).[13]

Parece que Job ha llegado a creer que la vindicación vendrá para él después de que la vida termine.[14] Este tema de la vindicación futura aparece ya tres veces en el relato. Esto parece confirmar la interpretación ofrecida para el epílogo. La vindicación final no es necesariamente en esta vida; vendrá en el futuro. Zofar responde con la misma línea antigua de que los malvados sufren por su pecado (cap. 20), sin dar muestras de haber escuchado a Job.

Job refuta directamente la teología de sus amigos en el capítulo 21. Pregunta: "¿Por qué siguen viviendo los impíos, y al envejecer, también se hacen muy poderosos?". (21:7). A menudo prosperan de modo que sus hijos se multiplican, sus casas son seguras, sus rebaños son fructíferos y se regocijan en la bendición (21:8-13). Al mismo tiempo, rechazan a Dios y sus caminos (21:14-15). No basta con que Dios castigue a los hijos de los malvados, pues entonces los propios malhechores se libran de su iniquidad (21:19-21). Todo el mundo sabe, exclama Job, que los malvados a menudo prosperan y van a la muerte cómodamente (21:28-33).

Obviamente, Job no está convencido de su propia maldad por parte de sus amigos, así que Elifaz le ataca directamente (cap. 22). Según Elifaz, Job había

---

[12] Von Rad, *Wisdom in Israel*, 221-22.

[13] En apoyo de la opinión de que el redentor es Dios, véase Fyall, *Now My Eyes Have Seen You*, 47-49.

[14] Esta interpretación es muy discutida, pero para apoyarla, véase ibid., 49-52.

arrancado las ropas de los pobres (22:6), había negado la comida y la bebida a los hambrientos y sedientos (22:7) y había oprimido a las viudas y a los huérfanos (22:9). Por eso Job sufre dolor, de modo que si se arrepiente y se vuelve a Dios, experimentará alivio (22:10-30).

El diálogo ha llegado a la tercera ronda con la respuesta de Elifaz a Job, pero en esta tercera ronda las palabras de Bildad son muy breves (cap. 25), y Zofar no responde en absoluto. De hecho, en el capítulo 23 Job ignora lo que dijo Elifaz. Sus preguntas son para Dios. Quiere encontrar a Dios y presentar su caso ante Él para que su justicia sea reivindicada. Job está convencido de que "cuando me haya probado, y saldré como el oro" (23:10). Insiste: "Mi pie ha seguido firme en Su senda, Su camino he guardado y no me he desviado" (23:11). Lo confuso, afirma Job, es entender lo que hace Dios (cap. 24).

A menudo los malvados oprimen a los pobres, y no hay ninguna indicación de que Dios se preocupe o ayude a los maltratados. Les quitan la tierra a los pobres (24:2); les roban las posesiones a las viudas y a los huérfanos (24:3); los pobres tiemblan de frío y hambre (24:7-10) y trabajan para los ricos (24:5-6, 11). Y Dios no hace nada al respecto (24:12). Los malvados cometen asesinatos, adulterios y robos (24:14-16). Sí, acaban muriendo, pero su tiempo en la tierra es dulce, y Dios los sostiene durante su estancia terrenal (24:22-24). Bildad parece haber perdido el hilo de la conversación, y se limita a insistir en que los seres humanos no pueden estar bien con Dios (cap. 25).

Job ha dejado atrás a sus amigos. Su falta de respuesta demuestra que no pueden refutarlo.[15] Job resume su caso en los seis capítulos siguientes (caps. 26-31). Sus amigos son consejeros inútiles (26:2-4), pues no han reflexionado realmente sobre quién es Dios. Se subraya la majestuosidad de Dios como creador soberano, pues ve hasta el Seol (26:6), extiende los cielos (26:7) y gobierna en los cielos, incluso sobre los poderes hostiles (26:8-13). Job concluye: "¡Estos son los bordes de sus caminos; ¡Y cuán leve es la palabra que de Él oímos! Pero Si potente trueno, ¿quién lo puede comprender?" (26:14). Job recuerda a sus amigos que tienen un conocimiento muy limitado de Dios, y las palabras pronunciadas aquí se refieren también a Job. Como veremos, algunas de sus acusaciones contra Dios constituían intentos de comprender y domesticar lo inescrutable.

---

15 Así, Childs, *Old Testament as Scripture*, 535.

El capítulo 27 es difícil de interpretar. Parece que Job se adhiere de repente a la teología de sus amigos. Parece argumentar que los malvados son castigados por sus transgresiones de una manera que sería compatible con la teología de sus amigos. Algunos se han preguntado si el discurso podría representar realmente las últimas palabras de Zofar o si tal vez Job simplemente está citando despectivamente una teología que rechaza, pero no hay ninguna base textual para estas interpretaciones.

Sugiero que la mejor solución a esta dificultad es que Job piensa aquí en el juicio final y futuro de los malvados. Hay indicios, como hemos visto, a lo largo del libro de que Job será reivindicado en el futuro. También hemos visto algunas pruebas de que Job está parcialmente de acuerdo con la teología de los amigos. En efecto, ¡hay castigo para los malvados! Sin embargo, los amigos llegaron a la conclusión errónea de que la alegría y la tristeza durante esta vida reflejan la piedad o la falta de ella. El narrador de la historia no era un nihilista moderno. Creía en un juicio futuro, pero hay que tener cuidado con imponer el futuro al presente.

El capítulo 28 desempeña un papel central en la historia; "es una metáfora de todo el libro".[16] El libro de Job forma parte de la tradición sapiencial del AT, y aquí Job reflexiona sobre la naturaleza de la sabiduría. Comienza considerando la minería (28:1-11). La minería es una empresa fascinante, pues hay que descubrir y excavar gemas y rocas preciosas. La destreza y la imaginación necesarias para desenterrar gemas son cualidades exclusivamente humanas, que atestiguan el tema de la creación, según el cual el Señor hizo a los seres humanos como la corona de la creación (véase Gen. 1:26-27), con los seres humanos gobernando sobre las "aves de rapiña" y el "halcón", y las "orgullosas bestias" y el "león" (28:7-8).

La imaginación, la creatividad y la inteligencia de los seres humanos no deben equipararse a la sabiduría (28:12-28). La sabiduría no se puede encontrar cavando, ni se puede comprar con oro o joyas. De hecho, la sabiduría no puede obtenerse simplemente observando el orden creado. Está oculta para aquellos que escudriñan el mundo para obtener comprensión. Solo Dios sabe lo que es la sabiduría. La sabiduría está fundamentalmente centrada en Dios. No se puede descubrir simplemente observando el mundo y utilizando la inteligencia humana (28:23-27). El carácter centrado en Dios de la sabiduría queda plasmado en el

---

16 Fyall, *Now My Eyes Have Seen You*, 66.

final culminante del capítulo: "El temor del Señor es sabiduría, y apartarse del mal, inteligencia" (28:28).

Lo notable aquí es que el corazón de la sabiduría coincide con lo que leemos en Proverbios (1:7; 9:10) y Eclesiastés (12:13). Los que son sabios se relacionan correctamente con el Señor. Le temen y, en consecuencia, hacen su voluntad. Según Job, la sabiduría no significa que uno tenga una respuesta bien empaquetada al sufrimiento (caps. 26; 38-42). El sufrimiento tiene un carácter irracional que escapa a la inteligencia de los seres humanos, pero éstos deben comprender su responsabilidad como criaturas. Deben temer y honrar al Señor. Deben someterse a su señorío, aunque no entiendan por qué sufren.

Job termina su discurso con una perorata (caps. 29-31). En primer lugar, Job recuerda los buenos tiempos en que la luz de Dios brillaba sobre él (cap. 29). Era rico y respetado, y ayudaba a los débiles y pobres. Otros miraban a Job en busca de ayuda y apoyo. Pero ahora las cosas han cambiado (cap. 30). Ahora Job es objeto de burla y de escarnio por parte de los que están al margen de la sociedad (30:1-14). Su prosperidad ha desaparecido (30:15), sufre un dolor agonizante (30:16-17) y Dios está en su contra y no le ayuda (30:20-23).

Job 30:20–23 »Clamo a Ti, y no me respondes; Me pongo en pie, y no me prestas atención.» Te has vuelto cruel conmigo, Con el poder de Tu mano me persigues. »Me alzas al viento, me haces cabalgar *en él,* Y me deshaces en la tempestad. »Pues sé que a la muerte me llevarás, A la casa de reunión de todos los vivientes.

Job clama por ayuda, pero está completamente solo, por lo que se sumerge en la tristeza (30:24-31). Job concluye con una rotunda afirmación de su justicia (cap. 31).

Job no ha codiciado a las vírgenes (31:1-4), ni ha cometido adulterio (31:9-12); ha vivido con integridad (31:5-8) y ha tratado a sus esclavos con justicia (31:13-15). Ha cuidado de los pobres y ha suplido sus necesidades (31:16-22). Tampoco ha confiado Job en las riquezas (31:24-25) ni ha adorado al sol (31:26-28). Lo que llama la atención es lo centrada que está la justicia de Job en Dios. Vive en la presencia de Dios en todo momento (31:4), sabiendo que Dios juzgará (31:14). La idolatría sería "haber negado al Dios de lo alto" (31:28). Job no se ha alegrado de la ruina ni ha pedido la muerte de sus enemigos (31:29-30), y ha ayudado al viajero necesitado (31:31-32). Job ha confesado sus pecados (31:33), y por eso clama para que el Todopoderoso escuche su caso (31:35-40).

Los diálogos han terminado, salvo la contribución de Eliú. Por el epílogo sabemos que los amigos se han equivocado y han malinterpretado el caso de Job. La estructura del diálogo sugiere también que los amigos están engañados. Job sigue exponiendo su caso, pero los amigos no pueden seguirle el ritmo, de modo que las últimas palabras de Bildad son notablemente breves (cap. 25), y Zofar ni siquiera logra una respuesta final. Además, las últimas palabras de Job (caps. 26-31) constituyen una perorata que resume su posición y subraya su rectitud. De hecho, el prólogo, el epílogo y los diálogos subrayan la irreprochabilidad de Job. La verdadera sabiduría no ofrece fórmulas simplistas sobre la vida humana, sino que reconoce la complejidad, la ambigüedad y la irracionalidad de la vida.

El señorío de Yahweh sobre el mundo no es perceptible para los seres humanos. Hay que abrazarlo por la fe, pues el mal perpetrado en el mundo pone en duda la justicia de Dios. La idea de que el sufrimiento se debe siempre al pecado personal es rechazada categóricamente por Job. Podría parecer que el gobierno de Dios sobre el mundo se manifestaría de una manera perceptible para los seres humanos, pero Job nos enseña que la verdadera sabiduría, que se caracteriza por el temor al Señor y por honrarlo, no se presta a una respuesta tan fácil.

La contribución de Eliú

El papel de Eliú en el libro es difícil de determinar (caps. 32-37). En el epílogo no se dice nada sobre si tenía razón o no en sus consejos. Tampoco Job le responde. A su discurso le siguen inmediatamente las palabras del Señor (38:1-42:6). Aparentemente, el narrador esperaba que los lectores discernieran la importancia de la contribución de Eliú por las pistas que se dan en el resto del libro. Algunos descartan por completo a Eliú, pues consideran que dice lo mismo que los amigos.[17] Otros piensan que Eliú está esencialmente en lo cierto en su crítica a Job.[18] Yo sostengo aquí que Eliú representa una figura de transición en el libro. Su diálogo aparece estructuralmente entre los discursos de los amigos

---

[17] Véase, por ejemplo, Waltke, *Old Testament Theology*, 939.
[18] Aparentemente Dempster, *Dominion and Dinasty*, 204.

de Job y los discursos del Señor porque en parte tiene razón y en parte no. En la medida en que comparte el punto de vista de los amigos, se equivoca; pero en la medida en que comunica la perspectiva del Señor, dice la palabra de Dios a Job.

Eliú se enfada porque Job se justifica a sí mismo en lugar de a Dios (32:2), y veremos en el discurso del Señor que hay verdad y validez en la objeción de Eliú aquí. Además, Eliú reconoce que los tres amigos no han dado una respuesta persuasiva a Job (32:3, 12, 15), y Eliú promete dar una respuesta diferente a la de los amigos (32:14). Job no debe tener miedo de conversar con Eliú, pues es mortal al igual que Job (33:6-7). Eliú ve, con razón, un problema en la defensa de Job, ya que ha considerado a Dios como su enemigo (33:10-11). Job se ha desviado de la verdad, pues la majestuosidad de Dios está más allá de la comprensión humana (33:12).

Pero el propio Eliú se desvía hacia el error, repitiendo básicamente el punto de vista de Elifaz en los capítulos 4-5, donde el sufrimiento de Job se considera una disciplina por su pecado (33:14-35:16). De hecho, Eliú acaba sonando igual que los amigos de Job. Job es un burlón (34:7), y "va en compañía de los que hacen iniquidad y anda con hombres perversos" (34:8). Eliú ve, con razón, que Job se ha equivocado al sugerir que Dios realmente hace lo que es malvado (34:9-32). Pero la respuesta de Eliú es exagerada, pues coloca a Job con los malvados: "Job debe ser juzgado hasta el límite, porque responde como los hombres perversos. Porque a su pecado añade rebelión; bate palmas entre nosotros, y multiplica sus palabras contra Dios" (34:36-37; cf. 35:16). Y parece recaer en la teología simplista de los amigos en sus palabras contra Job (36:1-21).

Pero la respuesta de Eliú es ambigua y compleja. Algunas de sus palabras son erróneas, mientras que otras transmiten con precisión la verdad divina. Eliú comienza a contemplar el poder de Dios (36:22), reconociendo la grandeza de Dios: "Dios es exaltado, y no lo conocemos; el número de sus años es inescrutable" (36:26). Sobre todo ve el poder y el misterio de Dios en la creación (36:27-33). La majestuosidad de Dios se desata en la tormenta eléctrica, cuando los relámpagos resplandecen y los truenos sacuden la tierra (37:1-5). El punto es que Dios "hace grandes cosas que no comprendemos" (37:5). El gobierno del Señor sobre el mundo excede la comprensión humana, pero gobierna. Envía nieve y un frío insoportable al mundo (37:6-10).

El clima se produce por su orden y guía (37:11-12). El encuentro de Dios con Job es inminente, y las palabras de Eliú anticipan las palabras de Dios. Job debe considerar las "maravillas de Dios" (37:14). No entiende ni puede entender el control soberano de Dios sobre las nubes y las tormentas (37:15-16). Job no puede "extender el firmamento" como lo hace Dios (37:18). Hay una "majestad impresionante alrededor de Dios" (37:22), y no está sometido ni dominado por los seres humanos. "Es el Todopoderoso; no lo podemos alcanzar; Él es grande en poder, y no pervertirá el juicio ni la abundante justicia" (37:23). Job se ha equivocado al cuestionar la justicia de Dios, como si tuviera la gravedad y la perspicacia para pronunciarse sobre los caminos de Dios. Eliú, entonces, ha visto parte del problema de Job, pero el defecto de Eliú es que está entre dos mundos. Tiene un pie en el campo de los amigos y otro en el campo de Dios. Se necesita una palabra más clarificadora, y ya viene.

La respuesta de Dios a Job

El clímax del libro llega cuando Dios se encuentra con Job y le habla (38:1-42:6), "pues los discursos divinos son la clave para entender el libro en su conjunto".[19] Job ha estado pidiendo un encuentro con Dios, y lo consigue. El Señor aparece de entre el torbellino e inmediatamente reprende a Job: "¿Quién es este que oscurece el consejo con palabras sin conocimiento?" (38:2). El elogio de Dios a las palabras de Job en el epílogo debe equilibrarse con la reprimenda que Job recibe aquí.[20]

Job tenía razón al sostener que no sufría a causa de su pecado, pero de ello no se deduce que todo lo que dijo Job fuera acertado. Yahweh plantea una serie de preguntas mordaces a Job. ¿Estaba Job presente cuando creó el mundo, y consultó con Job para establecer el mundo (38:4-11)? Robert Fyall sostiene que el mar se concibe aquí como una fuerza caótica mitológica sometida y controlada por Yahweh.[21] ¿Ordenó Job que la aurora se apoderara del mundo (38:12-15), de modo que conociera las profundidades y las alturas de la tierra, sondeara "las fuentes del mar" (38:16) y comprendiera tanto la luz como las tinieblas (38:16-20)? ¿Por qué todas estas preguntas? Ciertamente, Yahweh reprende a Job por pretender comprender la realidad, pues interrumpe sarcásticamente sus propias preguntas para decirle a Job: "¡Tú lo sabes, porque

---

[19] Fyall, *Now My Eyes Have Seen You*, 25-26.

[20] Childs (*Old Testament as Scripture*, 533-34) argumenta con razón que estos dos temas que compiten entre sí no están necesariamente en desacuerdo.

[21] Fyall, *Now My Eyes Have Seen You*, 92-98.

entonces ya habías nacido, y grande es es el número de tus días!" (38:21).[22] El Señor continúa interrogando a Job, preguntándole si éste entiende y controla el clima, de modo que la nieve, la lluvia y la congelación están dentro del ámbito de su comprensión y poder (38:22-30, 34-35, 37-38). Además, ¿guía Job las estrellas cada noche como lo hace el Señor? ¿Gobierna él los cielos (38:31-33)? ¿Concede el entendimiento a los seres humanos (38:36) y proporciona alimento a los leones y a los cuervos (38:39-41)?

Job 38:39–41 »¿Puedes cazar la presa para la leona, O saciar el apetito de los leoncillos Cuando se agachan en *sus* madrigueras, O están al acecho en *sus* guaridas? »¿Quién prepara para el cuervo su alimento Cuando sus crías claman a Dios Y vagan sin comida?

La batería de preguntas del Señor no cesa. ¿Sabe Job cuándo paren las cabras montesas y los ciervos y les da fuerzas para prosperar (39:1-4), y qué sabe de la libertad del asno salvaje (39:5-8), o puede controlar la fuerza del buey salvaje (39:9-12)? El avestruz tiene una velocidad asombrosa, pero "Dios le ha hecho olvidar la sabiduría" (39:17) por lo que no cuida de sus crías (39:13-18).[23] ¿Cómo explica Job el poderío, la majestuosidad y la valentía del caballo (39:19-25), o tiene algo que ver con el halcón y el águila que vuelan (39:26-30)? Todas estas preguntas, por supuesto, están pensadas para mostrar a Job su finitud y pequeñez.

El Señor soberano creó y dirige el mundo. Job, como mera criatura, apenas entiende el mundo, ni ordena lo que sucede. Fyall dice sobre estos ejemplos: "El capítulo 39 trata especialmente de la naturaleza indómita y muestra no tanto que los animales son malos, sino que la vida animal está atravesada por un salvajismo que refleja el mal cósmico final".[24] Dada la limitada comprensión de Job, el Señor pregunta: "¿Podrá el que censura discutir con el Todopoderoso? El que reprende a Dios, responda a esto" (40:2).

Aparentemente, Job piensa que sabe lo suficiente para hablar con Dios sobre la justicia, por lo que Dios le pide una disertación completa. Job confiesa su pequeñez y estupidez: "Yo soy insignificante; ¿qué puedo yo responderte? Mi

---

[22] Véase Childs, *Old Testament as Scripture*, 539.

[23] El avestruz es impresionante y bello, y sin embargo Dios lo ha hecho de una manera determinada, por lo que carece de sabiduría. El enfoque en lo que Dios ha hecho aquí es instructivo (así Fyall, *Now My Eyes Have Seen You*, 78).

[24] Ibid., 130.

mano pongo sobre la boca. Una vez he hablado, y no responderé; aun dos veces, y no añadiré más" (40:4-5). Fyall dice, con razón, que "nos vemos forzados a concluir que hay mucho más misterio en el corazón de la providencia de lo que todavía hemos comprendido y que este sentido del misterio es fundamental para todo culto verdadero"; y, "esto significa que el universo creado en sí mismo no puede proporcionar ninguna respuesta real a los problemas del mal y el sufrimiento".[25] Cuando uno mira el mundo creado, ve belleza, patrones y sabiduría, pero al mismo tiempo ve irracionalidad y absurdo.

Sin embargo, el Señor no ha terminado y vuelve a desafiar a Job desde el torbellino (40:6-7). La queja fundamental del Señor con Job se expresa de inmediato: "¿Anularás realmente Mi juicio? ¿Me condenarás para justificarte tú?". (40:8). Job no está sufriendo por sus pecados, ni está siendo disciplinado por sus pecados, pero se ha desviado al cuestionar la justicia y la rectitud de Dios. En efecto, Job se ha hecho dueño del mundo al decirle a Dios lo que está mal en su gobierno. Dios le dice a Job que, si es el señor, debe usar su señorío para derribar a los orgullosos de sus tronos (40:9-14), que debe usar su poder para expulsar el mal del mundo. A continuación, el Señor pregunta a Job sobre Behemot (40:15-24).

Aunque se han presentado varias propuestas sobre la identidad de esta criatura, Duane Garrett dice acertadamente que ninguna de las identificaciones encaja. "Behemot parece ser una especie de animal compuesto que representa la fuerza, el dominio y la independencia del mundo animal. Es salvaje, poderoso y libre. Behemot no es una criatura sobrenatural, pero es más que un animal natural".[26] Garrett sugiere que la raza humana puede estar en el punto de mira aquí, o tal vez lo más probable es que Job no pueda domesticar o domar "toda la ferocidad del mundo animal".[27] O posiblemente Behemot representa aquí a la Muerte, ya que Mot es el dios de la Muerte.[28]

La última criatura es el Leviatán (cap. 41). "Dios está revelando a Job la naturaleza de su adversario".[29] No es un juguete y no puede ser capturado por los seres humanos, y ningún ser humano es rival para Él. Y si nadie puede manejar a Leviatán como criatura, tampoco nadie puede domesticar a Dios. "¿Quién, pues, podrá estar delante de Mí? ¿Quién me ha dado algo para que Yo

---

[25] Ibid., 79.

[26] Garrett, *Job*, 90.

[27] Ibid., 89.

[28] Así que Fyall, *Now My Eyes Have Seen You*, 126-37.

[29] Ibid., 163.

se lo restituya? Cuanto existe debajo de todo el cielo es Mío" (41:10-11). Yahweh es el Señor del universo. Aunque los seres humanos no comprendan ni puedan comprender los porqués del sufrimiento, Yahweh sigue siendo el Señor de todo. Los seres humanos no pueden vencer al Leviatán, pero Dios sí. No hay ninguna criatura comparable al Leviatán en la tierra. "Nada en la tierra es semejante a él, que fue hecho sin temer a nada. Desafía a todo ser altivo; él es rey sobre todos los orgullosos" (41:33-34).[30]

¿Quién es el Leviatán? Garrett sostiene acertadamente que la referencia es a Satanás.[31] "Gran parte de esto podría tomarse como una descripción hiperbólica del cocodrilo o la ballena, pero una descripción más detallada hace inviable incluso esta interpretación. El Leviatán respira fuego. Sale humo de sus fosas nasales y saltan chispas cuando estornuda. Su aliento puede encender carbones (41:18, 21). No tiene sentido tratar de explicar esto como una mera forma metafórica de decir que el Leviatán es feroz; todas las demás criaturas feroces se describen en términos que, aunque a veces son exagerados, no dejan de ser reconocibles y están dentro del ámbito de la naturaleza.

El Leviatán es sobrenatural; el Leviatán es un dragón".[32] Otras referencias confirman que el Leviatán puede representar una criatura demoníaca (Job 3:8; Is. 27:1; Sal. 74:13).[33] "La imagen natural no implica que el Leviatán sea una criatura natural, sino que muestra la naturaleza palpable del mal que encarna".[34] Una respuesta al problema del mal se le da finalmente a Job. Job debe darse cuenta de su finitud y confiar en el Señor. El mundo fue creado y es sostenido por el Señor soberano, no por Job. Incluso las fuerzas demoníacas desatadas en el mundo están finalmente bajo la mano soberana de Dios.

---

[30] La incomparabilidad del Leviatán también apunta a una referencia a Satanás (véase ibid., 168).

[31] Garrett, *Job*, 90-92. Véase la extensa defensa de una referencia a Satanás en Fyall, *Now My Eyes Have Seen You*, 139-74. Dempster (*Dominion and Dynasty*, 205) ve esto como una posibilidad.

[32] Garrett, *Job*, 90-91. Véase también Fyall (*Now My Eyes Have Seen You*, 165), que dice que el fuego delinea "las pretensiones divinas de Leviatán".

[33] Véase Fyall, *Now My Eyes Have Seen You*, 139-56, 168. Fyall también ve alusiones a lo mismo en 7:12-14; 9:8, 13; 26:12-13; 28:8. Esto no quiere decir que el Leviatán sea siempre demoníaco (cf. Sal. 104:26), pero Fyall argumenta que incluso en Sal. 104:26 Satanás es visto como el "juguete" de Yahweh, dado el poder de Yahweh (p. 170). Véase también Hamilton, *God's Glory in Salvation*, 198-99. Para otra visión del Salmo 74:12, véase Levenson, *Persistence of Evil*, 54-55.

[34] Fyall, *Now My Eyes Have Seen You*, 159.

Puede que Job no perciba cómo es esto, pero ¿es esto una gran sorpresa, dado que ni siquiera entiende cómo funciona el mundo natural? Fyall dice sobre el papel de Satanás en el mal: "Incluso ahora —y esto es parte del misterio de la providencia— no puede actuar sino con el permiso de Dios".[35]

Garrett capta correctamente el mensaje del Señor a Job:

La respuesta de Dios es ésta: "Yo soy el único que puede manejar todas las fuerzas caóticas de la vida y que puede lograr el triunfo definitivo de la justicia, y sé lo que hago. Si esto ha supuesto algún sufrimiento por tu parte, debes comprender que esto no significa que sea injusto o que tengas derecho a desafiar mi justicia. Haré lo que deba hacerse para derrotar a Leviatán y a todos los poderes del caos y del mal. Esto puede requerir a veces sufrimiento por parte de los justos, pero llevaré todas las cosas a una conclusión justa. Tu papel es simplemente confiar en mi sabiduría y bondad".[36]

O, como dice von Rad, Job "sabe ahora que también su destino está bien protegido por este Dios misterioso".[37] Job reconoce el poder soberano del Señor y reconoce que habló de asuntos que están más allá de su comprensión (42:2-3).

Job 42:2–3 «Yo sé que Tú puedes hacer todas las cosas, Y que ninguno de Tus propósitos puede ser frustrado. "¿Quién es este que oculta el consejo sin entendimiento?". Por tanto, he declarado lo que no comprendía, Cosas demasiado maravillosas para mí, que yo no sabía.

Job no tiene la capacidad de gobernar el mundo ni de informar a Dios sobre cómo debe ser dirigido. Ahora que Job ve a Dios y disfruta de su presencia, se arrepiente (42:5-6). Lo que hace que la vida valga la pena no es la ausencia de sufrimiento, sino la relación con el Dios vivo.[38] Es ver al Rey en Su belleza. La restauración de Job no contradice el mensaje del libro. Es un regalo de la gracia de Dios, y muestra en el plano terrenal que Job es reivindicado por Dios.[39]

---

[35] Ibid., 183.

[36] Garrett, *Job*, 92.

[37] Von Rad, *Wisdom in Israel*, 225.

[38] Viberg ("Job", 202) dice que Job no trata centralmente del sufrimiento, sino de la relación personal de Job con Dios.

[39] Fyall, *Now My Eyes Have Seen You*, 182, 184.

Conclusión

Job es un libro rico y complejo. Los amigos de Job tienen una teología cómoda y de corteza. Según ellos, Job sufre porque ha pecado, pero el libro contradice tal conclusión. Job sufre a pesar de ser justo. Para Job, ese sufrimiento es desconcertante, y acaba pidiendo cuentas a la justicia de Dios, pues aunque rechaza la teología de sus amigos, sigue contagiado de ella en cierta medida. Alguien debe tener la culpa, y empieza a pensar que ese alguien es el propio Dios. Sin embargo, la sabiduría reconoce que el temor del Señor es la raíz de todo entendimiento (cap. 28).

Los sabios se dan cuenta de que no pueden descubrir la sabiduría por sí mismos. La sabiduría debe serles revelada. Cuando se retira la cubierta, se revela el papel de Satanás en el mal que tiene lugar en el mundo (caps. 1-2; 41). Está en marcha una gran contienda entre Dios y Satanás (una vez más, Génesis 3:15), y Satanás quiere aniquilar todo lo que es santo. "La historia de Job es un afloramiento de esa gran lucha iniciada en Génesis 3:15".[40] Y, sin embargo, Dios reina también sobre Satanás y el Leviatán. Los seres humanos no son rivales para Satanás, pero Dios sí. El mal desatado en el mundo por Satanás no se produce al margen de la voluntad de Dios. Como creador soberano de todo, gobierna también las fuerzas de la locura y del mal. En el gran conflicto cósmico Él es el Señor. De ello no se deduce, por supuesto, una explicación completamente satisfactoria de la presencia del mal.

El libro de Job enseña que Dios es soberano y justo, pero no explica por qué Dios permite tal maldad en el mundo de una manera que responda a todas las preguntas. En cambio, nos deja con las preguntas con las que Dios se enfrenta a Job en los capítulos 38-41. Nos deja con la verdad de que Dios, como creador y Señor del mundo, sabe lo que hace. Como seres humanos, no se nos dan todas las respuestas. "Todo está bajo la voluntad de Dios, a pesar del oscuro misterio que a menudo rodea sus caminos".[41] En cambio, se nos pide que confiemos en Él y que descansemos en la verdad de que, al final, Él arreglará todas las cosas. Tememos al Señor obedeciéndole incluso cuando no entendemos lo que ocurre.

Desde una perspectiva canónica, el mal desencadenado por Satanás y la humanidad en el mundo será vencido por uno que vence el mal no a través de la

---

[40] Ibid., 189.
[41] Ibid., 161.

guerra sino del sufrimiento. Él vence el poder y el misterio del mal dejando este que le haga lo peor y luego triunfando sobre él. Lo que sostiene a través del sufrimiento es una relación con un Dios amoroso, justo y misterioso. Este Dios se ha encarnado y el mal ha hecho todo lo posible por destruirlo, pero Él ha vencido a los demonios y a la muerte.

§15. SALMOS

Introducción

Aunque el Salterio contiene salmos de lamentación y de alabanza, los salmos son fundamentalmente un llamado a la alabanza al Señor.[1] Por lo tanto, los salmos están centrados en Dios, alegrándose o anticipando la salvación que el Señor ha realizado. Los salmos recogen las penas y las alegrías que caracterizan la experiencia tanto de los individuos como del pueblo de Dios. Son ricamente vivenciales, y demuestran que la relación con el Señor soberano es profundamente personal, expresando un intenso dolor y una alegría desbordante. Dan testimonio de que, en última instancia, aunque solo parcial y provisionalmente en la época actual, la relación con el Señor está marcada por una ferviente alegría.

Como señala Gerald Wilson, incluso en la forma del Salterio hay un movimiento que va del lamento a la alabanza, de modo que los lamentos son más comunes en la primera parte del Salterio, y la alabanza lo concluye.[2] "La alabanza", dice Wilson, "constituye otra realidad en la que la presencia de Dios se ha hecho tan real que la ira no tiene sentido, el dolor no tiene asidero y la muerte carece de todo poder como aguijón".[3] Es significativo que los salmos sean musicales y poéticos, pues la música llega a lo más profundo del corazón. La alegría profunda y el dolor punzante se representan mejor a través de la poesía musicalizada.

Lo que significa vivir bajo el señorío de Yahweh, tanto a nivel corporativo como personal, es alzar la voz hacia él, ya sea en la alegría o en la tristeza.

---

[1] Acertadamente Childs, *Old Testament as Scripture*, 514.
[2] G. Wilson, "Shape of the Book of Psalms", 138-39.
[3] Ibid., 139.

Viendo el Salterio en relación con la línea argumental de las Escrituras, vemos que el triunfo sobre la serpiente y la bendición de Abraham producen alabanza en el pueblo del Señor. Como dice Clinton McCann, "la afirmación central del Salterio es que el Señor reina"[4] y porque reina, su pueblo lo alaba. "Alabar a Dios es el objetivo de la vida humana, el objetivo de todo ser vivo, el objetivo de toda la creación".[5]

Aquí consideraremos el libro de los Salmos en su forma definitiva,[6] por lo que las superinscripciones se integrarán como parte de los libros individuales dentro del Salterio que se va a estudiar.[7] Los cinco libros del Salterio (Libro 1: Sal. 1-41; Libro 2: Sal. 42-72; Libro 3: Sal. 73-89; Libro 4: Sal. 90-106; Libro 5: Sal. 107-150) funcionan como paradigma para desentrañar el libro en su conjunto, aunque otros estudios han desgranado los salmos de forma útil y fructífera desde otras perspectivas.[8] Tal vez los cinco libros del Salterio pretendan reflejar los cinco libros del Pentateuco, como han argumentado muchos intérpretes judíos. Las doxologías concluyen cada libro del Salterio, y los salmos reales están cerca del principio (Sal. 2) o concluyen algunos libros (Sal. 72; 89).[9] Aquí comentaré los salmos en el orden en que aparecen, e intentaré ver las conexiones en el orden dado.[10] La lectura que aquí se ofrece de

---

[4] McCann "Psalms as Instruction", 123.

[5] Ibid., 124.

[6] La hipótesis, aceptada por muchos ahora, es que la forma final representa "una actividad editorial intencionada, y que su propósito puede ser discernido por un análisis cuidadoso y exhaustivo" (G. Wilson, "Purposeful Arrangement of Psalms", 48). El trabajo de Wilson ha sido programático en este sentido; véase G. Wilson, *Editing of the Hebrew Psalter*; idem, "Shape of the Book of Psalms", 129-42. Véase también el intrigante ensayo de John Walton titulado "Psalms: A Cantata about the Davidic Covenant". Walton ve ciertamente el carácter davídico de los salmos, y puede estar en lo cierto al considerar que el Libro 1 se centra en la época anterior a que David se convirtiera en rey. Pero si los títulos de los Sal. 50-60 son antiguos y precisos, como creo que lo son, entonces el Libro 2 no se refiere al reinado de David como rey, ya que muchos de los salmos de esta sección tienen lugar en una época en la que Saúl está intentando matar a David.

[7] En la erudición crítica, la opinión mayoritaria es que los títulos de los salmos son tardíos y no son auténticos (véase Childs, *Old Testament as Scripture*, 509). Sin embargo, como señala Childs (pp. 520-21), los setenta y tres títulos que atribuyen los salmos a David dan a los salmos en su forma final un sello davídico. Waltke (*Old Testament Theology*, 872-74) defiende su antigüedad y autenticidad. Véase también Kidner, *Psalms 1-72*, 32-33.

[8] Nótese que el libro de los Salmos sigue el mismo orden y secuencia en el TM y en los LXX. Véase Mitchell, *Message of the Psalter*, 16-17.

[9] Véase G. Wilson, "Shaping the Psalter", 73.

[10] Howard (*Psalms 93-100*, 3) señala que Franz Delitzsch siguió este enfoque a partir de 1846. Para una historia de la erudición sobre este asunto, véase ibid., 2-19.

los salmos no es solo histórica, sino también canónica, de modo que los salmos se leen también como testimonio de la revelación de Dios en Jesucristo.

Está claro que algunos de los salmos invitan a un estudio más profundo como minicolecciones. El libro 3 (Sal. 73-89) parece encajar especialmente en la época del exilio de Israel, donde encontramos muchos salmos de Asaf (Sal. 73-83; cf. Sal. 50) y algunos salmos de los hijos de Coré (Sal. 84; 85; 87; 88). Los salmos 93-100 se centran en el reinado del Señor sobre Israel y el mundo entero. También los salmos designados como Salmos de Ascensión están claramente unidos (Sal. 120-134), y el Salterio termina, significativamente, con una llamada a alabar al Señor (Sal. 146-150). Los salmos de los hijos de Coré también se recogen juntos (Sal. 42-49). Llama la atención que setenta y tres de los salmos se atribuyan a David, lo que apunta al carácter davídico y real de la forma final del libro.

La lectura de James Hamilton de los Salmos parece convincente.[11] Los libros 1-2 se centran en la vida de David, pero el libro 3 relata el desánimo que siente Israel porque los reyes davídicos ya no reinan. El libro 4 comienza reflexionando sobre la época de Moisés, recordando a Israel que Yahweh cumplirá Sus promesas tal como lo hizo en el éxodo y en la vida del David histórico. Así, el Libro 4, al igual que Isaías y otros profetas, apunta a un nuevo éxodo. El Libro 5 celebra con alabanzas la salvación que vendrá de un nuevo David, con los Salmos de Ascensión celebrando la verdad de que el exilio terminará e Israel experimentará la bendición prometida a Abraham.

Libro 1

El libro 1 (salmos 1-41) comienza con los salmos 1-2. 1-2, que presentan los temas principales del libro.[12] El Salmo 1 establece el escenario del libro de los Salmos,[13] indicando que los salmos representan la palabra de Dios para los seres humanos.[14] Los sabios se niegan a encontrar su comunión y alegría con los malvados. En cambio, su deleite y alegría están en la Torá. Muchos estudiosos han señalado que el Salmo 1 introduce un tema de sabiduría que informa todo

---

[11] Hamilton, *God's Glory in Salvation*, 278-79.

[12] El carácter programático de los salmos 1 y 2 queda sugerido por la ausencia de un título. 1-2 se sugiere por la falta de un título. Véase Childs, *Old Testament as Scripture*, 516.

[13] Véase ibid., 512-13.

[14] Así, G. Wilson, "Shaping the Psalter", 74.

el Salterio.[15] Así, los salmos también funcionan como un medio de instrucción, para que quienes los meditan crezcan en sabiduría.[16]

Existe, pues, una estrecha relación entre la sabiduría y las tradiciones hímnicas, lo que sugiere que no deben separarse la una de la otra. Los que meditan en la Torá tendrán una estabilidad que resistirá todas las tormentas, mientras que los malvados perecerán en el juicio.[17] Los salmos concluyen con una nota de alabanza entusiasta (Salmo 150), y si ponemos el Salmo 150 con el Salmo 1, nos damos cuenta de que los que aman la Torá serán los que alabarán al Señor con danzas y "címbalos resonantes" (150:5).

El Salmo 2 introduce otro tema importante del libro.[18] Aquí vemos a los malvados del Salmo 1 retratados desde otra perspectiva. Se enfurecen contra el dominio del Señor y el rey ungido de Israel (2:1). En lugar de "meditar" (*hāgâ*) en la Torá (1:2), "meditan" (*hāgâ*) en lo que es vano (2:1), anhelando deshacerse de los grilletes del dominio de Yahweh y Su ungido (2:2-3).

Salmo 2:1–3 ¿Por qué se sublevan las naciones, y los pueblos traman cosas vanas? Se levantan los reyes de la tierra, y los gobernantes traman unidos contra el Señor y contra Su Ungido, *diciendo:* «¡Rompamos Sus cadenas y echemos de nosotros Sus cuerdas!».

Los que rechazan la comunión con los impíos son "bienaventurados" (1:1), al igual que los que se refugian en Yahweh son "bienaventurados" (2:12).[19] La resistencia que opongan los impíos fracasará, pues Yahweh ha instalado en Sión al rey davídico, su hijo (2:6-7).

Jamie Grant sostiene que el rey fiel que agrada al Señor es aquel que medita y cumple la Torá según Dt. 17:18-20.[20] Childs sugiere que el Salmo 2 "fue colocado en un lugar tan prominente... para enfatizar la realeza de Dios como

---

[15] Véase, por ejemplo, ibid., 80.

[16] Véase McCann, "Psalms as Instruction", 117-28. Como señala McCann (p. 121), el énfasis en los salmos como instrucción no es nuevo. Se encuentra claramente en la obra de Juan Calvino.

[17] Childs (*Old Testament as Scripture*, 513) señala que las oraciones de Israel son "una respuesta al discurso previo de Dios" en la Torá. Cf. Dt. 30; Jos. 1.

[18] Actualmente es común ver los salmos 1-2 como la introducción del libro. 1-2 como introducción del libro. Véase, por ejemplo, Mays, "Context in Psalm Interpretation", 16.

[19] Como señala Grant (*King as Exemplar*, 61), aquí hay una inclusio ya que la bendición comienza el Salmo 1 y concluye el Salmo 2. Para otros temas y palabras que unen los dos salmos, véase ibid., 61-65.

[20] Grant, *King as Exemplar*.

tema principal de todo el Salterio".[21] La promesa a Abraham de que todas las naciones serán bendecidas a través de él se hará realidad a través del rey davídico, pues "los confines de la tierra" serán su "posesión" (2:8).[22] Solo los que "adoren al SEÑOR" y "honren" al "Hijo" ungido (2:11-12) escaparán al juicio. Los salmos reales (véanse los salmos 72, 89 y 132) "dan testimonio de la esperanza mesiánica que esperaba la consumación de la realeza de Dios a través de su Ungido".[23] Grant argumenta que los salmos 1-2 miran juntos hacia el futuro, de modo que "la introducción al Salterio presenta una esperanza escatológica de un nuevo líder que sería el cumplimiento de la Ley del Rey".[24]

James Luther Mays observa que "el Salterio puede leerse como un libro davídico y mesiánico de oración y alabanza".[25] Y señala que el "emparejamiento" de los Salmos 1-2 "nos habla de que todos los salmos que tratan de la vida bajo el Señor deben entenderse y recitarse a la luz del reinado del Señor y que todos los salmos relacionados con la realeza del Señor deben entenderse y recitarse teniendo en cuenta la Torá".[26]

La forma final de los Salmos sugiere que lo que se dice sobre el rey se cumplirá en el futuro.[27] Canónicamente, el que se deleitó plena y completamente en la Torá fue Jesús de Nazaret. Él también cumple el destino mesiánico del Salmo 2, ya que fue instalado como Señor y Cristo reinante en su resurrección (Hch. 13:33; Heb. 1:5). La bendición prometida al mundo se hará realidad mediante su reinado. El señorío de Yahweh es central tanto en el Salmo 1 como en el 2. Los que se someten al señorío de Yahweh guardan la Torá, y también se ponen bajo el reinado del rey ungido por el Señor.

Si el Salmo 2 se centra en el rey davídico, los Libros 1-2 se centran en David. Prácticamente todos los salmos del Libro 1 son davídicos, y el Salmo 72:20 cierra el Libro 2 diciendo que los salmos de este libro constituyen "las oraciones de David", señalando que estos salmos tienen un tinte mesiánico. Patrick Miller observa: "No hay nada que excluya o prohíba leer la mayoría de los salmos de la primera mitad del Libro 1 del Salterio como procedentes de la boca del rey".[28]

---

[21] Childs, *Old Testament as Scripture*, 516.
[22] Childs (ibid.) ve con razón un tema mesiánico en el salmo.
[23] Ibid., 517.
[24] Grant, *King as Exemplar*, 67.
[25] Mays, *Psalms*, 18.
[26] Mays, "Torah-Psalms in the Psalter", 10.
[27] Ibid.
[28] Miller, "Beginning of the Psalter", 89.

Los salmos 3-7 son oraciones que piden la liberación, centrándose en la oposición a David. Los enemigos mencionados en el Salmo 2 se reúnen contra David y tratan de destruirlo, y en el Salmo 3 descubrimos que incluso el hijo de David, Absalón, pertenece a los que se enfurecen contra el gobierno del Señor. De ahí que David invoque al Señor para que se levante y juzgue a los impíos y reivindique a los justos (3:7; 7:6; 9:19; 10:12).[29]

> **Salmo 3:7** ¡Levántate, Señor! ¡Sálvame, Dios mío! Porque Tú hieres a todos mis enemigos en la mejilla; Rompes los dientes de los impíos.
>
> **Salmo 7:6** Levántate, oh Señor, en Tu ira; Álzate contra la furia de mis adversarios, Y despiértate en favor mío; Tú has establecido juicio.
>
> **Salmo 9:19** Levántate, oh Señor; no prevalezca el hombre; Sean juzgadas las naciones delante de Ti.
>
> **Salmo 10:12** Levántate, oh Señor; alza, oh Dios, Tu mano. No te olvides de los pobres.

Estos salmos ilustran la verdad del Salmo 2: los malvados se burlan y tratan de derrocar el gobierno de David como ungido de Dios.

En medio de estos salmos se encuentra el Salmo 8, un salmo de la creación, que reflexiona sobre el papel de los seres humanos en el orden creado. Claramente, el salmista está pensando en Génesis 1:26-27, donde los seres humanos son la corona de la creación y fueron hechos para gobernar el mundo. David reflexiona sobre el papel que el Señor otorgó al ser humano: "Tú le haces señorear sobre las obras de Tus manos; todo lo has puesto bajo sus pies" (8:6). ¿Quiénes son los seres humanos? Fueron creados para gobernar el mundo para Dios, y en su gobierno el nombre majestuoso del Señor resuena en toda la tierra. Dada la ubicación de este salmo, parece justificado concluir que este gobierno de los seres humanos se manifiesta en el gobierno de David, el ungido.

El llamamiento a que los seres humanos muestren la majestad de Dios gobernando el mundo se hará realidad a través de David y sus herederos. El Nuevo Testamento ve el Salmo 8 cumplido en Jesucristo (Heb. 2). El Cristo resucitado es exaltado como rey mesiánico por su sufrimiento y muerte, aunque todo en el mundo creado aún no está sometido a su reinado. Los seres humanos

---

[29] Para los temas intertextuales que relacionan los Salmos 7-10, véase G. Wilson, Psalms, 236-37. 7-10, véase G. Wilson, *Psalms*, 236-37.

gobernarán el mundo solo si pertenecen a Jesús, y compartirán con Él su futuro reinado.

Muchos de los temas de los salmos se repiten. Parece que los salmos 11-18 hacen especial hincapié en que el Señor reivindicará y extenderá su salvación a los justos. Los impíos pueden decirle a David que huya (11:1), pero ¿por qué habría de hacerlo, cuando el Señor lo ha instalado como rey ungido (2:6-7)? El Señor reina y "sobre los impíos hará hará llover carbones encendidos" (11:4, 6). Los malvados se pavonean con orgullo (Sal. 12), por lo que David se pregunta cuánto tiempo debe esperar la salvación del Señor (Sal. 13). El necio se niega a reconocer que Dios está en toda la tierra (Sal. 14), y por eso David anhela el día en que el Señor salve a su pueblo.

Parece que hay una estructura de anillo en los Salmos 15-24. 15-24, con el Salmo 15 y el Salmo 24 formando el "anillo exterior", y el Salmo 19 siendo el "centro".[30] ¿Quién podrá vivir en la presencia de Dios y en su tabernáculo (Salmo 15)? Solo aquellos que son justos e inocentes. "El deleite en la Torá y la obediencia a ella están al principio y al final de esta colección en las liturgias de entrada a la Torá".[31] Solo los que confían en el Señor serán preservados por Él (Sal. 16).

Miller también ve acertadamente en estos salmos la centralidad del rey, que encaja con la naturaleza programática de los Salmos. 1–2. El rey justo es el que medita y obedece la ley.[32] Si todos los pueblos son malos (Salmo 14), entonces la justicia del Salmo 15 es verdadera finalmente solo de Cristo, lo que encaja con que 16:9-11 sea una profecía de la resurrección de Cristo.[33] David pide que se le reivindique porque ha confiado en el Señor (Salmo 17), y se alegra en Dios porque el Señor le ha rescatado de todos sus enemigos (Salmo 18). David enfatiza que el Señor lo rescató por su justicia (17:2-5; 18:19-25),[34] lo que apunta a la justicia descrita en el Salmo 24.[35]

---

[30] Miller, "Beginning of the Psalter", 86; idem, "Kingship, Torah, Obedience, and Prayer", 127; véase también Grant, *King as Exemplar*, 73.

[31] Miller, "Kingship, Torah, Obedience, and Prayer", 127.

[32] Ibid., 128.

[33] Mays dice sobre el Salmo 15: "Los cristianos vienen a adorar con la confianza de que Dios ha hecho de Jesucristo nuestra justicia" (*Psalms*, 86).

[34] Aquí no se trata de la autosuficiencia. David ha cumplido los requisitos de Dt. 17:18-20 (Grant, *King as* así *Exemplar*, 81-83), que no es lo mismo que reclamar la impecabilidad. Finalmente, la justicia limitada de David apunta a la justicia perfecta de Cristo (así Kidner, *Psalms 1-72*, 25).

[35] Así, Miller, "Kingship, Torah, Obedience, and Prayer", 129.

Este grupo de salmos enfatiza que el Señor salva a los justos. Exaltará a su ungido que confía en Él y le obedece (Salmo 2), pero David finalmente fracasa en este aspecto, por lo que estos salmos se cumplen en última instancia en Jesucristo. El impulso hacia adelante encaja con el salmo que habla de la "misericordia a Su ungido, a David y a su descendencia para siempre" (18:50). El salmista ve en las victorias de David la promesa de una victoria final y definitiva a través de la descendencia de David.

El Salmo 19 celebra la gloria de Dios en la creación y en la Torá. Tal vez se sugiera que la gloria de Dios en los cielos llegará a la tierra cuando se cumpla la Torá, lo que remite al mensaje del Salmo 1.[36] "La idea de buscar refugio en Yahweh es fundamental para entender correctamente los Salmos 20 y 21".[37] Y en la oración del rey en el Salmo 20 tenemos una alusión al Salmo 2:8, donde Yahweh habla de dar al rey el gobierno de las naciones.[38] El papel central del Salmo 19 en los Salmos 15-24 sugiere que el rey que sale victorioso confía en Yahweh y cumple Su Torá.[39]

El tono del Salmo 22 representa un cambio dramático. El salmo alterna entre un sentimiento de abandono de Dios (22:1) y expresiones de confianza en Dios. Aquí los enemigos del Salmo 2 conspiran para destruir a David. Son como toros feroces, leones y perros dispuestos a asolar a su víctima (22:11-16, 20-21). David invoca al Señor, que lo ha abandonado, para que lo libere. El salmo da un giro brusco a partir de 22:22.

Salmo 22:20–22 Libra mi alma de la espada, Mi única *vida* de las garras del perro. Sálvame de la boca del león Y de los cuernos de los búfalos; respóndeme. Hablaré de Tu nombre a mis hermanos, En medio de la congregación te alabaré.

Aquí David se compromete a exaltar y alabar al Señor en la congregación. La liberación apunta más allá de David:

Todos los términos de la tierra se acordarán y se volverán al SEÑOR, y todas las familias de las naciones adorarán delante de Ti. Porque del SEÑOR es el reino,

---

[36] Para los vínculos entre el Salmo 18 y el Salmo 19, véase Grant, *King as Exemplar*, 97-99; Mays, "Torah-Psalms in the Psalter", 11.

[37] Grant, *King as Exemplar*, 107.

[38] Miller, "Kingship, Torah, Obedience, and Prayer", 132.

[39] Véase Grant, *King as Exemplar*, 113; Miller, "Kingship, Torah, Obedience, and Prayer", 128.

y Él gobierna las naciones. Todos los grandes de la tierra comerán y adorarán; se postrarán ante Él todos los que descienden al polvo, aun aquel que no puede conservar viva su alma (22:27-29).

Estas promesas superan el horizonte de la experiencia de David y se remontan a las promesas universales dadas a Abraham. "Desde el punto de vista cristiano, también se encuentra en los salmos la revelación del sufrimiento del Mesías".[40] Canónicamente, esta promesa se realiza en Jesús de Nazaret, a quien Dios abandonó en la crucifixión (Mt. 27:46) y entregó en la resurrección (Heb. 2:12; cf. Sal. 22:22) para que las promesas de bendición universal se realizaran a través de él.[41]

El Salmo 23 pertenece a la misma órbita que el Salmo 22. El Señor pondrá una mesa de triunfo ante David en presencia de sus enemigos. Como el Señor es su pastor, no teme cuando los tiempos son oscuros. Notablemente, el NT ve a Jesús como el pastor del pueblo de Dios (Juan 10). Él pastoreará al pueblo de Dios hacia manantiales de vida (Apo. 7:17). El gobierno de Dios es primordial en el Salterio, como se desprende del Salmo 2. En el Salmo 24 se celebra al Señor como rey de gloria, pero solo los que tienen las manos limpias pueden subir a su colina y estar en su lugar santo. Está claro que David (véase el Salmo 15) representa a alguien que vive con esa integridad, pero David manchó sus manos al cometer adulterio con Betsabé y asesinar a Urías. El único que puede entrar en el templo del Señor con las manos limpias, entonces, es el Señor Jesucristo.

Si el Salmo 24 subraya que solo los que tienen las manos limpias pueden "subir al monte del SEÑOR" (24:3), en el Salmo 25 David pide el perdón de sus pecados basándose en la "misericordia" y la "bondad" de Yahweh (25:7). Ora: "Oh SEÑOR, por amor de Tu nombre, perdona mi iniquidad, porque es grande" (25:11). David será liberado de sus enemigos solo si el Señor actúa en su favor. Lo mismo ocurre con Israel, y por eso David no ora solo por sí mismo, sino que culmina y concluye el salmo con la petición de que el Señor "redima a Israel... de todas sus angustias" (25:22).[42]

---

[40] Sheppard, "Book of Psalms", 155.

[41] Entiendo que el Salmo 22:22 implica la victoria sobre la muerte, es decir, la resurrección.

[42] Childs (*Old Testament as Scripture*, 519-20) señala acertadamente que incluso los salmos que hablan de un individuo en la forma final del Salterio tienen también una referencia corporativa.

El Salmo 26 también pide redención y liberación (26:9, 11), pero David hace hincapié en su integridad y piedad, lo que contrasta y entra en tensión con su petición de perdón de pecados en el Salmo 25, ya que su iniquidad era "grande" (25:11). Pero en el Salmo 26 David parece decir que su obediencia es grande. Hay un sentido en el que ambas cosas son ciertas. El pecado de David con Betsabé y Urías fue atroz, y sin embargo David en general fue notablemente devoto al Señor.[43] De nuevo, en una lectura cristológica del texto, Jesucristo fue el único que encarnó perfectamente la integridad expuesta en el Salmo 26.

Uno de los temas abordados con frecuencia en el Libro 1 es el "monte santo" del Señor (2:6; 3:4; 15:1; "monte" en 24:3). ¿Quién puede estar en su presencia, en su "tienda" (15:1) o en su "lugar santo" (24:3)? David "se postrará en Tu santo templo" (5:7; cf. 11:4; 18:6), y Dios envía ayuda desde su "santuario" (20:2).[44] No hay mayor alegría que permanecer en la presencia del Señor. El Salmo 27 lo expresa bellamente: "Una cosa he pedido al SEÑOR, y esa buscaré: que habite yo en la casa del SEÑOR todos los días de mi vida, para contemplar la hermosura del SEÑOR y para meditar en su templo" (27:4).

David está convencido de que el Señor será su "luz" y su "salvación" y le "esconderá" en su "tabernáculo" y lo "ocultará" en "Su tienda" (27:1, 5). A veces es difícil determinar si el templo es celestial o terrenal, pero la propia ambigüedad es significativa. "Lo que vemos en la tierra, en Jerusalén, es simplemente la manifestación terrenal del Templo celestial, que está más allá de la localización. El Templo de Sión es el antitipo del arquetipo cósmico. El verdadero Templo es aquel al que apunta, el del "cielo", que no puede distinguirse claramente de su manifestación terrenal".[45]

Si relacionamos el Salmo 27 con el Salmo 26, vemos que el mensaje es que el Señor librará al que es piadoso y lo espera. En el Salmo 28, David ora para que el Señor lo escuche desde "el Lugar Santísimo de Su santuario" (28:2) y lo libere mientras juzga a los impíos. David ora como rey, pidiendo al Señor que "salve a Su pueblo y bendiga a Su heredad" (28:9). Ya hemos observado que muchos salmos terminan con un llamado a la salvación o con una promesa de que el Señor bendecirá a Israel, aunque el resto del salmo se refiera a David (véase 3:8; 5:11-12; 14:7; 18:50; 22:31; 25:22; 28:9).

---

[43] La justicia descrita aquí no es la justicia propia (así Mays, *Psalms*, 129-30).

[44] Para un estudio útil sobre el papel del santuario en los Salmos, véase Kraus, *Theology of the Psalms*, 73-84.

[45] Levenson, *Sinai y Zion*, 140.

El Salmo 29 comparte esta característica, concluyendo con las palabras "El SEÑOR dará fuerza a Su pueblo; el SEÑOR bendecirá a Su pueblo con paz" (29:11). La mayoría de los salmos del Libro 1 se centran en el llamado al Señor para que libere a David, y puesto que David era el rey, el llamado para salvar a Israel al final de muchos salmos es adecuada. El rescate de David no puede separarse de la salvación de Israel. La vida de David señala y se cumple en Jesús, pues como Cristo, su triunfo sobre el pecado y la muerte obtiene la victoria para su pueblo. Volviendo al Salmo 29, la oración por la fuerza y la paz para Israel se produce en el contexto de un salmo de la creación (cf. 19:1-6). El Salmo 29 describe una tormenta que convoca a todos a "tributar" "gloria y poder" al Señor (29:1). Al desatarse la tormenta, los que están "en Su templo" gritan "¡Gloria!". (29:9). El gobierno del Señor sobre la tormenta revela su realeza: "El SEÑOR se sentó como Rey durante el diluvio; sí, como Rey se sienta el SEÑOR para siempre" (29:10). El Señor de la creación es también Señor de Su pueblo, y es capaz de protegerlo.

Hemos observado el énfasis recurrente en el monte santo, el santuario, la tienda y el templo del Señor en los salmos, y la superinscripción del Salmo 30 dice que es un "cántico para la dedicación de la casa". Incluso si el estudioso de los salmos Sigmund Mowinckel (1884-1965) exageró o malinterpretó en algunos aspectos la dimensión cultual de los salmos, seguramente tenía razón al considerarla muy prominente en el libro. Aquí el tema del templo se une a un canto de alabanza por la liberación de David por parte de Yahweh. La presencia de Yahweh con Su pueblo es inseparable de Su protección, y así el templo se convierte en el lugar donde se le alaba.

> En el Templo, en lugar de carencia, encontraron abundancia; en lugar de abandono, cuidado; en lugar de contaminación, pureza; en lugar de victimización, justicia; en lugar de amenaza, seguridad; en lugar de vulnerabilidad, inviolabilidad; en lugar de cambio, estabilidad; y en lugar de temporalidad, eternidad.[46]

Si el Salmo 30 se alegra de la salvación de Yahweh, el Salmo 31 la suplica. David "encomienda" su "espíritu" al Señor (31:5), como hizo Jesús en su muerte (Luc. 23:46). El salmo concluye con un llamamiento al pueblo de Dios para que lo ame y sea fuerte en la espera de su liberación (31:23-24).

---

[46] Levenson, *Restoration of Israel*, 94.

Salmo 31:23–24 ¡Amen al Señor, todos Sus santos! El Señor preserva a los fieles, Pero les da su merecido a los que obran con soberbia. Esfuércense, y aliéntese su corazón, Todos ustedes que esperan en el Señor.

A la luz del hecho de que el Salmo 32 enfatiza la bendición de aquellos que confiesan sus pecados, ¿cómo se relaciona el Salmo 32 con el Salmo 31? Parece que la relación es la siguiente: el Señor libera a su pueblo perdonando sus pecados si se los confiesa. Los que confiesan sus pecados son entonces contados como "justos" y están llenos de alegría (32:11) y bendición (32:1). El final del Salmo 32 y el principio del Salmo 33 están estrechamente unidos. El Salmo 32 concluye con las palabras "¡Alégrense en el SEÑOR y regocíjense, justos; den voces de júbilo todos ustedes, los rectos de corazón" (32:11), y el Salmo 33 se abre con "Canten de júbilo en el SEÑOR, ustedes los justos; apropiada es para los rectos la alabanza" (33:1).

Los que el Señor salva y perdona están llenos de alegría. El Salmo 33 subraya la creación del mundo por parte del Señor (33:6-9) y su soberanía (cf. Sal. 2): "El SEÑOR hace nulo el consejo de las naciones; frustra los designios de los pueblos. El consejo del SEÑOR permanece para siempre, los designios de Su corazón de generación en generación" (33:10-11). Por tanto, Israel puede confiar en la victoria, no por su propia fuerza, sino porque Yahweh es un rey poderoso, y por eso se le llama a esperar y confiar en Él (33:20-22).

Muchos de los salmos tratan de la necesidad de David de ser liberado, ya que estaba constantemente en peligro. El Salmo 34 reflexiona sobre el peligro al que se enfrentó David cuando huía de Saúl y escapó ante el rey filisteo. David alaba al Señor porque "buscó al SEÑOR, y Él le respondió y le libró de todos sus temores" (34:4). Los que sufren serán rescatados de todas sus aflicciones por el Señor. Sus huesos no se quebrarán (34:20), y serán redimidos (34:22). Así como el Señor liberó a David de Saúl y de sus enemigos, así liberó a Jesús el Cristo. Sus huesos no fueron rotos (Juan 19:33-36), y fue liberado de la muerte por la resurrección. Si el Salmo 34 agradece al Señor su liberación, el Salmo 35 pide al Señor que libere a David y juzgue a sus enemigos.

La vindicación de David no se establecerá si sus enemigos prosperan. Aquí tenemos lo que se conoce como salmos imprecatorios (véanse también los salmos 69; 109; 137).[47] Si el Salmo 35 es un llamado a juzgar a los malvados, el Salmo 36 reflexiona sobre el contraste entre los justos y los malvados. Los justos disfrutan del amor misericordioso del Señor, y "se sacian de la abundancia de Su casa" y Él "les da a beber del río de Sus delicias" (36:8).

Estos versos personifican los elementos paradisíacos de la experiencia del templo: la presencia divina, la comida y la bebida abundantes en el templo, y la experiencia de ver a Dios como una imagen de la luz divina.[48]

En última instancia, la oración expresada en el Salmo 35 será respondida (Sal. 36:12), y los creyentes disfrutarán de la presencia de Dios para siempre.

El contraste entre los justos y los malvados continúa en el Salmo 37. Los malvados pueden prosperar a corto plazo, pero no a largo plazo. En última instancia, los justos heredarán la tierra. Por lo tanto, se les pide que confíen en el Señor, que esperen y se deleiten en Él. El Salmo 38 nos ayuda a entender quiénes son los justos que heredarán la tierra según el Salmo 37.

Lo que llama la atención es que David confiesa su pecado, por lo que no parece ser lo suficientemente justo como para estar en el santuario de Yahweh (cf. Salmos 15; 26). Pero es precisamente porque admite su pecado y se dirige al Señor en busca de perdón por lo que se le considera "bueno" (38:20) (ver sobre el Salmo 32 más arriba). Del mismo modo, en el Salmo 39, David intenta refrenar su lengua, pero le resulta imposible hacerlo. Reconoce la brevedad de la vida y su pecaminosidad, y confiesa que su esperanza está en Dios para el perdón de sus pecados y para vivir sus días en la tierra.

El Salmo 40 continúa haciendo hincapié en la liberación del Señor, lo que lleva a David a cantar un nuevo cántico. En el Nuevo Testamento, Hebreos retoma el lenguaje de 40:6-8, viendo a Jesús como el que ha cumplido plenamente la voluntad de Dios y como el que ha desplazado los sacrificios del antiguo pacto por el nuevo pacto establecido sobre la base del sacrificio único de Jesús (Heb. 10:5-10). El tema de la liberación continúa en el Salmo 41, en el que el justo David contrasta con sus enemigos, pues un amigo cercano se ha vuelto contra él (41:9; cf. Juan 13:18). La tensión que hemos visto en muchos salmos vuelve a aflorar aquí. David permanece por su "integridad" (41:12), y

---

[47] Para un excelente análisis de la relación de estos salmos con la actualidad, véase Waltke, *Old Testament Theology*, 878-80.

[48] M. Smith, "Book for Pilgrims", 162.

sin embargo, pide a Dios que se apiade de él a causa de su pecado (41:4). Es probable que el salmista crea que los que acuden al Señor en busca de perdón son justos, pero a la luz del canon en su conjunto, el único hijo verdadero de David que vivió sin culpa fue Jesús de Nazaret.

Libro 2

En el Libro 1, el nombre "Yahweh" es el más utilizado para referirse a Dios, pero en el Libro 2, "Elohim" ocupa el primer plano. El Libro 2 comienza con salmos de los hijos de Coré (Salmos 42-49).[49] Los salmos 42-43 son probablemente un solo salmo e introducen el Libro 2. Los salmos abordan la situación de alguien que está separado del templo, alguien que anhela alabar a Dios en el santuario.[50] Esta separación de la presencia de Dios produce desesperación, pues el gran anhelo y la sed es estar en la presencia de Dios.

Como comenta Mark Smith, "la peregrinación era como visitar el paraíso y recuperar temporalmente la paz primordial y la relación enriquecedora con Dios".[51] Este estribillo marca los salmos 42-43: la esperanza en Dios, porque salvará a Su pueblo, y éste volverá a alabarlo con alegría. Resulta esclarecedor en esta coyuntura considerar cómo termina el Libro 2, con un salmo de Salomón (Sal. 72).[52] Aquí Salomón ora para que la esperanza expresada en los salmos 42-43 se haga realidad a través del "hijo del rey" (72:1).

Entonces el pueblo prosperará y disfrutará de la paz. La bendición universal a Abraham se hará realidad: "Que domine él de mar a mar, y desde el río hasta los confines de la tierra" (72:8), y "sean benditos por él los hombres, llámenlo bienaventurado todas las naciones" (72:17). Y la profecía de que la serpiente sería aplastada se haría realidad. Porque todos los pueblos y reyes le servirán, y sus "enemigos lamerán el polvo" (72:9). Cuando esta profecía se hiciera realidad, entonces el nombre del Señor sería bendecido para siempre, y "toda la tierra" se "llenaría de su gloria" (72:19). Toda la tierra se convertiría en el

---

[49] Hamilton (*God's Glory in Salvation*, 284) sostiene que los salmos 42-50 representan los acontecimientos de 2 Sam. 42-50 representan los acontecimientos de 2 Sam. 7-10, cuando el arca fue llevada a Jerusalén.

[50] McCann ("Libros I-III", 102-3) sostiene que la experiencia del exilio de Israel está en vista aquí.

[51] M. Smith, "Book for Pilgrims", 161.

[52] Williamson (*Sealed with an Oath*, 140) piensa que se trata de un salmo que David pronunció en la coronación de Salomón.

templo de Dios sobre el que reinaba y en el que vivía. El Salmo 72 concluye identificando los salmos del Libro 2 como davídicos, pues se cumplirán a través de un heredero davídico.

El llamado a la esperanza en Dios, subrayado en los Salmos 42-43, se acentúa en el mensaje del Salmo 44. 42-43, se acentúa en el mensaje del Salmo 44. Los poetas recuerdan los días en que Yahweh, por Su propia fuerza, obtenía victorias por el bien de Su pueblo. Era el rey de Israel, y como triunfaba sobre los enemigos de Israel, recibía alabanzas: "En Dios nos hemos gloriado todo el día. Por siempre alabaremos Tu nombre" (44:8). Pero Dios se ha olvidado de Israel, y ahora está entregado en manos de sus enemigos. Uno pensaría que los reveses de Israel podrían atribuirse a su pecado, pero no en este caso. Israel ha sido fiel al Señor y, sin embargo, está siendo entregado como oveja para ser sacrificada (44:22; cf. Rom. 8:36). Por eso pide a Dios: "despierta", "levántate" y "sé nuestra ayuda" (44:23-26). Estas súplicas expresan la esperanza en Dios a pesar del sufrimiento que padece Israel.

El Salmo 45 representa la respuesta a la súplica expresada en el Salmo 44 (cf. Salmo 72). Israel será liberado por un rey que "cabalga victorioso por la causa de la verdad, de la humildad" (45:4), cuyas flechas se hundirán en el corazón de sus enemigos, de modo que gobernará sobre todos. Su victoria se deberá a Su rectitud, y debería ser suficiente para conquistar a una esposa de un país extranjero.[53] Canónicamente, el rey ideal esbozado aquí no es el Rey Arturo de la Inglaterra medieval, sino el Rey Jesús.

Hebreos ve en este salmo una prueba de su deidad (Heb. 1:8-9), y la "hija" del salmo encuentra su cumplimiento en la salvación de la iglesia, que incluye a los gentiles (Ef. 5:32; Apo. 19:9; 21:1). Si el Salmo 45 se centra en el rey en Su belleza que traerá la victoria a Su pueblo, el Salmo 46 fija nuestra mirada en "la ciudad de Dios, las moradas santas del Altísimo" (46:4). Dios vive en medio de Su pueblo, y por eso no debe temer aunque el mundo entero amenace con implosionar. "Hay un río" que saciará toda sed (46:4).[54] Dios será exaltado como rey y triunfará sobre las naciones; es la fortaleza de su pueblo.

La victoria del Señor como rey también aparece en el Salmo 47. Él es "un gran rey sobre toda la tierra" (47:2). Por tanto, las naciones están sometidas a Israel, pues "Dios es Rey de toda la tierra" (47:7) y "reina sobre las naciones"

---

[53] Superficialmente, casarse con una esposa extranjera contradice el mensaje de Esdras-Nehemías, pero el salmista supone que la esposa del rey dará su lealtad a Yahweh.

[54] Cf. el río que sale del templo (Ez. 47:1-12; Joel 3:18).

(47:8). De ahí que Israel estalle en una exuberante alabanza. La belleza de la ciudad de Dios sigue siendo un tema en el Salmo 48. Dios es una "fortaleza" (cf. Sal. 46) porque habita en la ciudad.[55]

Los reyes extranjeros fueron derrotados, porque la ciudad de Dios será establecida para siempre, y Dios será alabado en su templo.[56] Los que caminen alrededor de Sión contarán para siempre las alabanzas de Dios. El Nuevo Testamento deja claro que la ciudad celestial y el nuevo templo representan el nuevo cielo y la nueva tierra (Apocalipsis 21-22), no un edificio literal o una Jerusalén literal. Los salmos sobre la ciudad de Dios señalan el universo renovado, la nueva creación, como lugar de la morada de Dios. El último salmo de la colección de los hijos de Coré subraya que los orgullosos y los ricos no tienen un destino duradero (Sal. 49). Solo los que pertenecen a Yahweh serán rescatados y redimidos por Él. El Salmo 49 encaja con los anteriores al subrayar que los que pertenecen al Señor triunfarán finalmente.

Aunque el Salmo 50 no es de los hijos de Coré, encaja perfectamente con el Salmo 49, pues el tema es que Dios, como rey, juzgará a los impíos. El juicio vendrá de "Sión, perfección de hermosura" (50:2). Los fieles serán recompensados, pero los malvados no evitarán el juicio simplemente porque ofrezcan sacrificios. Lo que significa conocer a Dios es invocar su ayuda y alabarlo por recibirla. Los que "se olvidan de Dios" serán despedazados (50:22). Lo que significa olvidar a Dios se explica en el Salmo 51.

David ha pecado gravemente al cometer adulterio con Betsabé y al asesinar a Urías, pero no se ha olvidado de Dios, pues profundamente y desde un "corazón contrito y humillado" (51:17) le pide a Dios que lo perdone. David, como rey, anhela que Dios "haga el bien a Sión" y que "edifique los muros de Jerusalén" (51:18). Los malvados, que serán juzgados (cf. Sal. 50) y derribados por Dios, son como Doeg (Sal. 52), pues Doeg practicó el mal sin arrepentirse. Solo los que hacen de Dios su "refugio" serán como David, "un olivo verde en la casa de Dios" (52:8). Volvemos a observar que los que están en la casa de Dios están protegidos de todo mal. Por el contrario, los malvados (Sal. 53), como Doeg (Sal. 52), viven como si Dios no existiera (53:1). Pero viene un día de terror para los malvados cuando "la salvación de Israel" salga "de Sión" (53:6).

---

55 Véase Mays, *Psalms*, 190.

56 Sobre el significado del Salmo 48, donde se exalta el monte Sión por encima de todo, véase Goldingay, *Israel's Faith*, 240-41.

Los malvados que se olvidan de Dios, como los zifeos que conspiran para matar a David, intentan destruir a David (Sal. 54), pero el Señor mantendrá su vida.

La traición de los amigos íntimos de David le produce un intenso dolor (Sal. 55), pero se entrega al Señor, sabiendo que serán juzgados. El mismo tema aparece en el Salmo 56, pero aquí se contempla el ataque de los filisteos contra él. David pone su confianza en el Señor, que lo librará de la muerte. Aunque el Salmo 51 relata la confesión de David de su pecado en relación con Betsabé y Urías, los salmos que comienzan con el Salmo 52 parecen reflexionar sobre el período de tiempo antes de que se convirtiera en rey. El Salmo 57 se ajusta a esa narrativa, pues aquí David reflexiona sobre su huida de Saúl en una cueva. El salmo late con exultación, ya que David alaba a Dios con exuberancia por haberle rescatado de los designios de Saúl, y de ahí que David alabe a Dios por su "misericordia" y su "verdad" (57:10). De hecho, la liberación de David trae consigo la alabanza a Dios como rey divino, como atestigua el estribillo de 57:5, 11: "¡Exaltado seas sobre los cielos, oh Dios; sea Tu gloria sobre toda la tierra".

El salmo 58 se mantiene en la misma órbita que los salmos anteriores, pero aquí David reflexiona sobre la injusticia y la injusticia de los malvados y pide a Dios que los juzgue. En última instancia, hay justicia para que los malvados sean recompensados por su maldad, y los justos, por su parte. En el Salmo 59, el intento de Saúl de destruir a David vuelve a ser el centro de atención. David ora para que Dios merme las fuerzas de sus enemigos, para que caigan y sean consumidos por su ira.

El propósito del juicio es "que sepan que Dios gobierna sobre Jacob hasta los confines de la tierra" (59:13). Mientras tanto, David cantará las alabanzas de Dios. La batalla de David con sus enemigos pronostica la oposición a Jesús que culminó con su muerte, pero Dios lo reivindicó resucitando de entre los muertos, lo que supone la victoria y el juicio de Satanás y los enemigos del Señor.

El Salmo 60 avanza en la historia hasta el día en que David es rey y se enfrenta a sus enemigos en la batalla. Israel ha sido derrotado en la batalla, y Dios lo ha rechazado (cf. Sal. 44), pero David pide a Dios que intervenga y le conceda la victoria, y recibe la promesa de Dios de que les concederá la victoria sobre sus enemigos. En el Salmo 61, David pide que se mantenga su reinado y que "reinará para siempre delante de Dios" (61:7). El tema de Dios como protección de David sigue avanzando en el Salmo 62, y en este salmo David confiesa que solo Dios es su fortaleza y refugio. Dado que Dios es la única esperanza de David, lo busca "con afán" (63:1). Vuelve el tema del templo;

David ha visto el "poder y la gloria" de Dios en el santuario (63:2).[57] Nada en la vida puede compararse con la dulce comunión con Dios. Este Dios destruirá a los enemigos de David y lo sostendrá como rey (Sal. 64).

El Salmo 65 se aleja un poco del conflicto y tiene un tono más reflexivo. David alaba a Dios por escuchar su oración y por expiar sus pecados. El objetivo final es la relación con Dios, que se realiza en el templo: "Cuán bienaventurado es aquel que Tú escoges, y acercas a Ti, para que more en Tus atrios. Seremos saciados con el bien de Tu casa, Tu santo templo" (65:4). La bondad y la bendición de Dios se experimentan en la tierra. Las lluvias riegan la tierra y el grano se proporciona para el sustento, y David dice al Señor: "Tú has coronado el año con Tus bienes", y se alegra de que "destilen los pastos del desierto" (65:11-12). El Salmo 66 también alaba a Dios por Su bondad. El carácter centrado en Dios, característico de los salmos, se expresa en el grito de alegría a Dios, en el canto a "la gloria de Su nombre" (66:1-2). Se alaba a Dios especialmente por el éxodo, por haber liberado a Su pueblo de la esclavitud.

Los salmos 65-66 reflexionan sobre la bondad de Dios con Israel, las abundantes bendiciones concedidas a Su pueblo. La visión universal del Antiguo Testamento emerge en el Salmo 67. Aquí el salmista, retomando la bendición sacerdotal de Num. 6:24-26, pide que Dios siga bendiciendo a Israel y haga brillar su rostro sobre él (67:1). Pero esta bendición nunca fue pensada solo para Israel; "Su salvación" debe difundirse "entre todas las naciones" (67:2). El reino de Dios sobre toda la tierra se hará realidad cuando "todos los pueblos le den gracias" (67:3), cuando "las naciones" se "alegren y canten con júbilo" (67:4).

Salmo 67:1 1 Dios tenga piedad de nosotros y nos bendiga, Y haga resplandecer Su rostro sobre nosotros, (Selah) Para que sea conocido en la tierra Tu camino, Entre todas las naciones Tu salvación. Te den gracias los pueblos, oh Dios, Todos los pueblos te den gracias. Alégrense y canten con júbilo las naciones, Porque Tú juzgarás a los pueblos con equidad, Y guiarás a las naciones en la tierra. (Selah)

La bendición física de Israel (véase el Salmo 65) no debe volverse hacia el interior, pues el propósito de Dios es que "le teman todos los términos de la tierra" (67:7), tal como se lo prometió a Abraham.

---

[57] Véase M. Smith, "Book for Pilgrims", 162.

El Salmo 68 describe una procesión (68:24-27) hasta el templo, donde se instalaba el arca, que representaba el gobierno real de Dios.[58] La procesión celebraba la victoria que Dios concedía a Israel sobre sus enemigos, de modo que Israel cantaba las alabanzas de Dios. David reflexiona sobre el éxodo, donde la naturaleza se convulsionó y Dios triunfó sobre sus enemigos. El Señor soberano que "cabalga en los cielos" es "imponente" en "Su santuario" (68:35). En el Salmo 69, David se encuentra en una gran angustia y a punto de hundirse en el olvido. Implora a Dios que le salve en su hora extrema, confesando su pecado y reconociendo la hostilidad de los que le desprecian.

En efecto, David sufría el reproche por su celo por el Señor, porque vivía para dar honor a su rey. Por eso, ora para que sus enemigos sean castigados por el Señor por su oposición y confía en la salvación final. Cuando todo esté dicho y hecho, "Dios salvará a Sión y edificará las ciudades de Judá" y "los que aman su nombre morarán en ella" (69:35-36). Los sufrimientos de David apuntan a los de Cristo (69:9; cf. Rom. 15:3), al igual que la bebida que se le ofrece (69:21; cf. Mat. 27:34, 48). El castigo de los malvados también se aplica a los enemigos de Jesús (69:22-23; cf. Rom. 11:9-10).

En el Salmo 69, David ora para ser liberado de sus enemigos, mientras que en el Salmo 70 ruega con urgencia que Dios le ayude y le rescate de sus adversarios. El Salmo 71 es bastante similar, y David pide especialmente que el Señor le siga sosteniendo y guardando durante su vejez. Ya hemos señalado que el Libro 2 termina con un salmo mesiánico, que prevé el cumplimiento de las promesas hechas a Abraham a través de un rey davídico. La dimensión real de los salmos brilla en los dos primeros libros del Salterio. El tema del reino, que es el peso de este libro, desempeña un papel importante en los salmos.

Libro 3

Los libros 1-2 hacen hincapié en la liberación de Israel por parte de Dios, especialmente de David como rey de Israel. El libro 3 (Salmos 73-89), sin embargo, parece correlacionarse mejor con el exilio de Israel.[59] La colección consta de salmos de Asaf (Salmos 73-83), varios salmos de los hijos de Coré

---

[58] Existe un estrecho vínculo entre el hecho de que Yahweh resida en el templo y Su gobierno sobre todo (véase Brueggemann, *Theology of the Old Testament*, 655-61).

[59] Véase Dempster, *Dominion and Dynasty*, 196.

(Salmos 84-85; 87-88), un salmo de David (Salmo 86) y uno de Etán el ezraíta (Salmo 89).

Los lamentos de la comunidad dominan esta sección, lo que demuestra que "el Libro III ha sido moldeado de forma decisiva por la experiencia del exilio y la dispersión".[60] Sin embargo, McCann observa que los lamentos "no se producen de forma consecutiva. Por el contrario, se intercalan con salmos que buscan hilos de esperanza en medio de la experiencia del exilio y la dispersión, celebrando a Dios como juez de toda la tierra o repasando las acciones pasadas de Dios en favor de Israel a pesar de la falta de fe de este"[61].

El Salmo 73 inicia el Libro 3, y Asaf envidia la prosperidad de los malvados al ver su salud, felicidad y prosperidad. Seguramente la experiencia de Asaf coincidía con la de Israel en el exilio, donde ver la gloria de Babilonia debió ser bastante desalentador. Tal envidia, sin embargo, es ignorante y salvaje. Asaf vio el verdadero estado de las cosas en el templo de Dios cuando entró en "el santuario de Dios" (73:17). Entonces vio que la gloria de los malvados era fugaz, que finalmente perecerían. De hecho, Asaf se dio cuenta en el templo de que nada podía compararse con la comunión con Dios: "¿A quién tengo Yo en los cielos sino a Ti? Fuera de Ti, nada deseo en la tierra. Mi carne y mi corazón pueden desfallecer, pero Dios es la fortaleza de mi corazón y mi porción para siempre" (73:25-26).[62] El Salmo 73, por tanto, es paradigmático para toda esta sección, al igual que el salmo final, el Salmo 89 (que examinaremos más adelante). Por muy graves que sean las circunstancias, por muy prósperos que sean los enemigos de Israel, al final perecerán, y los que conocen a Dios serán recibidos en "gloria" (73:24).

El Salmo 74 vuelve a hablar de la triste situación de Israel. La ira de Dios se ha descargado contra las "ovejas de Su prado" (74:1). El santuario está devastado y todo está en ruinas. "Han quemado Tu santuario" (74:7) y "han quemado todos los santuarios de Dios en la tierra" (74:8). Ningún profeta está presente para interpretar lo que sucede. Pero Dios sigue siendo el Rey, y no puede permitir que Su nombre sea mancillado para siempre. El mismo Dios que liberó a Israel en el éxodo no abandonará a Su pueblo. Él "aplastó las cabezas

---

[60] McCann, "Books I-III", 96.

[61] Ibid.

[62] Para la esperanza futura que se vislumbra aquí y en el Salmo 49 y su conexión con la comunión en el templo, véase la fascinante y esclarecedora discusión en Levenson, *Restoration of Israel*, 82-107.

de Leviatán" en el éxodo (74:14),[63] y el éxodo funciona como patrón y precursor de la salvación futura.

El salmista pide al Señor que se levante y se acuerde de Su pacto. En última instancia, esta oración se cumple en Jesús de Nazaret, que realizó un nuevo éxodo y aplastó la cabeza de Satanás en virtud de su muerte y resurrección.[64] El Salmo 75 es un canto de alabanza que confiesa que el Señor juzgará a los impíos y reivindicará a Su pueblo. El Salmo 76 es bastante similar al Salmo 75, pero subraya que el Señor ha establecido "en Salem Su tabernáculo, y en Sión Su morada" (76:2). Yahweh es conocido en un lugar determinado, Sión, y con un pueblo determinado, Israel. El Rey es visto en Su belleza en Jerusalén. Asaf pasa a reflexionar sobre el éxodo, donde Dios triunfó sobre sus enemigos.

El Salmo 77, sin embargo, vuelve al dolor y la devastación expresados en el Salmo 74. Los problemas de Israel son tan grandes que Asaf ni siquiera puede hablar. Se pregunta si el Señor volverá a mostrarse benévolo, si ha retirado para siempre Su misericordia. Pero luego reflexiona sobre el éxodo, encontrando en él fuerza para soportar el sufrimiento presente. Si Dios liberó a su pueblo en el pasado, lo hará en el futuro.

Así como condujo "Su pueblo por mano de Moisés y de Aarón", así lo hará de nuevo (77:20). Levantará un nuevo rey-pastor para Israel. El Salmo 78 repasa la historia de Israel desde el éxodo hasta la época de David. El tema es la fidelidad de Dios y la infidelidad de Israel. A pesar del asombroso poder del Señor al liberarlos de Egipto y de su fidelidad al satisfacer sus necesidades en el desierto, Israel se rebeló contra Él continuamente. Pero la palabra final del salmo es la fidelidad de Dios. El salmo 77 termina con Dios como pastor que guía a Su pueblo mediante Moisés y Aarón. El tema de Dios como pastor de Israel se retoma en el Salmo 78:52.

Dios levantó un nuevo pastor para Su pueblo: "Escogió también a David Su siervo, lo tomó de entre los rediles de las ovejas; lo trajo de cuidar las ovejas con sus corderitos, para pastorear a Jacob, Su pueblo, y a Israel, Su heredad. Y él los pastoreó según la integridad de su corazón, y los guió con la destreza de sus manos" (78:70-72). Israel puede tener esperanza, porque Dios no lo ha abandonado. Su santuario está en el monte Sión (78:68-69) y su rey reinará.

---

[63] Como dice Kline (*Kingdom Prologue*, 181), se comunica así la naturaleza demoníaca de la oposición de Egipto.

[64] Beale (*Biblical Theology* cap. 8) sostiene acertadamente que la resurrección representa la inauguración de la nueva creación.

Salmo 78:67–69 Desechó también la tienda de José, y no escogió a la tribu de Efraín, sino que escogió a la tribu de Judá, al monte Sión que Él amaba. Y edificó su santuario como las alturas, como la tierra que ha fundado para siempre.

Por tanto, incluso después de los días de David, Israel debe estar lleno de esperanza. Dios cumplirá su promesa de pastorear y reinar sobre su pueblo con un nuevo David.[65]

La esperanza engendrada por el reinado de David es importante porque el Salmo 79 recuerda los temas de los salmos 74 y 77. Las naciones "han profanado Tu santo templo; han dejado a Jerusalén en ruinas" (79:1). La sangre de los israelitas se ha derramado en la ciudad, y los extranjeros se burlan de ellos. Asaf pide a Dios que muestre misericordia y que castigue a las naciones que han descargado su ira sobre Jerusalén. Vemos una oración fundamental de los salmos: "¡Ayúdanos, oh Dios de nuestra salvación, por la gloria de Tu nombre; líbranos y perdona nuestros pecados, por amor de Tu nombre!". (79:9). Dios debe salvar a Su pueblo por el bien de Su gran nombre y Su reputación entre los gentiles. El salmo concluye con un tema que ha sido prominente en el Libro 3. Israel es el rebaño de Dios: "Y nosotros, pueblo Tuyo y ovejas de Tu prado, te daremos gracias para siempre; a todas las generaciones hablaremos de Tu alabanza" (79:13).

El Salmo 80 continúa donde lo deja el Salmo 79: "Presta oído, oh Pastor de Israel; Tú que guías a José como un rebaño; Tú que estás sentado más alto que los querubines; ¡resplandece! Delante de Efraín, de Benjamín y de Manasés, despierta Tu poder y ven a salvarnos". (80:1–2). Dios es el pastor y el rey de Israel. Israel es la vid que Dios plantó cuando fue rescatado de Egipto, y Asaf suplica que Dios mire con buenos ojos a esa vid. Han llegado días de lágrimas y de derrota, pero Dios puede hacer nuevas todas las cosas. Así que el estribillo del salmo es esta súplica a Dios: "Restáuranos...; haz resplandecer Tu rostro sobre nosotros, y seremos salvos". (80:3, 7:19).

---

[65] Contra McCann ("Books I-III", 99), que ve un "rechazo de la teología davídica/de Sión". McCann también habla de una "reorientación" (p. 99) y dice acertadamente que la esperanza no se abandona (p. 100). Sin embargo, todavía parece insinuar que un gobernante davídico personal podría no estar próximo.

Israel está sufriendo bajo la mano de los enemigos. El Salmo 81 aclara que este sufrimiento se debe al pecado de Israel. El Señor anhela colmarlos de bienes y lo hará si se apartan del mal. El Salmo 82 pone el foco en el mal de Israel, ya que los jueces no ejecutan la justicia y, por tanto, la sociedad está implosionando. El Salmo 83 representa el último salmo de Asaf, y vuelve a suplicar a Dios que hable, que juzgue a las naciones que están despojando a Israel. Así "sabrán que solo Tú, que te llamas el SEÑOR, eres el Altísimo sobre toda la tierra" (83:18).

Los salmos de los hijos de Coré están llenos de anhelo por los atrios y el templo del Señor (Sal. 84). Tal anhelo se ajusta a una época de exilio y dispersión, en la que Israel no puede disfrutar del santuario de Dios. El salmista anhela profundamente la belleza y el esplendor de la comunión con Dios en Sus "moradas" (84:1-2).

Salmo 84:1–2 ¡Cuán preciosas son Tus moradas, Oh Señor de los ejércitos! Anhela mi alma, y aun desea con ansias los atrios del Señor; Mi corazón y mi carne cantan con gozo al Dios vivo.

Qué alegría es cantar alabanzas en Su presencia, incluso ser un humilde portero en los atrios del Señor. Pide al Señor que mire con buenos ojos al rey ungido y muestre su favor a Israel. El Salmo 85 podría interpretarse como la respuesta a la petición de favor del Salmo 84. Los hijos de Coré recuerdan cómo el Señor perdonó a Su pueblo en el pasado y le piden que vuelva a restaurar y revivir la nación. Están convencidos de que el Señor volverá a mostrar Su fidelidad, Su amor constante y Su salvación a Israel. Se acerca un nuevo día.

Sigue el único salmo de David en esta sección (Salmo 86), quizás para enfatizar la necesidad de que el Señor muestre su favor al rey ungido. David suplica al Señor que le muestre Su gracia y lo salve de su angustia. Una liberación tan grande dará gloria a Dios: "Todas las naciones que Tú has hecho vendrán y adorarán delante de Ti, Señor, y glorificarán Tu nombre" (86:9). Las promesas universales hechas a Abraham se cumplirán a través de un rey davídico. La gloria del Señor sobre las naciones se amplía en el Salmo 87. Las fuentes de la vida están en Sión, el monte de Dios, la ciudad de su residencia.[66]

---

[66] Sobre el papel que desempeña el Salmo 87 en el cumplimiento de las promesas de Dios, véase Gentry y Wellum, *Kingdom through Covenant*, 449-54.

Por lo tanto, aquellos de otras naciones que disfrutan de la vida lo hacen porque han nacido en Sión.

El gozo y la confianza de los Salmos 84-87 se desvanecen al llegar al Salmo 88. El salmo está escrito en primera persona, pero habla del estado de Israel: atribulado, enfurecido, deprimido, desamparado, afligido y, sobre todo, separado del Señor. El Salmo 89 cierra el Libro 3 y es notablemente similar en algunos aspectos al Salmo 73. El salmista recuerda el pacto del Señor con David, la promesa de que su dinastía nunca terminará. Recuerda las grandes victorias del Señor, su aplastamiento de Rahab (89:10), y la promesa de que las mismas victorias le serán dadas a David (89:23). La serpiente será aplastada bajo los pies de David. Si los herederos de David se apartan del pacto de Dios, serán disciplinados, pero Dios nunca revocará Su pacto con David. Pero, dice el salmista, ¿qué ha pasado? El pacto parece haber sido anulado. Israel ha sido derrotado y está lleno de vergüenza, y parece que las promesas de Dios no se harán realidad. Por eso el salmo concluye con un clamor a Dios para que se acuerde de Su pacto y actúe en favor de Su pueblo, de modo que las promesas hechas a David se hagan realidad y su exilio sea un recuerdo lejano.

Libro 4

El libro 4 del Salterio consta de los salmos 90-106. Si el Libro 3 hace hincapié en el exilio y el sufrimiento de Israel, el Libro 4 se centra en la soberanía del Señor y Su promesa de bendecir a Israel. La promesa de Yahweh no se ha retirado, y el Señor soberano cumplirá su promesa de redimir a Israel, por lo que deben exultar, alabar y bendecir al Señor.[67] El libro 4 representa la promesa de

---

[67] Wilson subraya acertadamente que, en respuesta al Libro 3, el Libro 4 enseña que Yahweh reina y es la única esperanza de Israel; sin embargo, Wilson subestima la promesa de cumplir el pacto davídico en el Libro 5, concluyendo que el pacto davídico ha fracasado (cf. Salmos 110; 132). Véase G. Wilson, "Shape of the Book of Psalms", 140; idem., *Editing of the Hebrew Psalter*, 213, 215, 222; idem., "Use of Royal Psalms". Nótese el intento poco persuasivo de Wilson (Editing of *the Hebrew Psalter*, 225) de explicar el Salmo 132 como si fuera una parte ajena al Salterio que se conservó. McCann ("Psalms as Instruction", 123) también separa de forma demasiado tajante el reinado del Señor del reinado del rey davídico. Sobre la idea de que el reinado del Señor no debe separarse del reinado de su ungido, véase Grant, *King as Exemplar*, 34-37; Howard, Psalms *93-100*, 201-2; Mitchell, *Message of the Psalter*, 78-81. Mays (*Psalms*, 17-18) sostiene con razón que los Salmos 110 y 132 representan una renovación de la esperanza de un rey davídico.

un nuevo éxodo, un nuevo acto de redención para Israel. McCann cree que el Libro 4 es el centro del Salterio y contiene su tema principal: "El Señor reina".[68]

El Libro 4 comienza con el único salmo de Moisés (Salmo 90), que tiende un puente entre el pesimismo del Libro 3 y el optimismo del Libro 4.[69] Moisés reflexiona sobre lo breve y efímero de la vida humana y su futilidad a causa del pecado. De ahí que los sabios cuenten sus días, reflexionando sobre lo rápido que pasa su vida en la tierra. Pero el Señor es el Dios eterno, y la vida humana tiene sentido si uno está satisfecho con la "misericordia" del Señor, de modo que "podamos alegrarnos y estar contentos todos nuestros días" (90:14). Moisés ora para que el poder de Dios se muestre a las generaciones venideras, y para que el Señor "confirme la obra de nuestras manos" (90:17).

Salmo 90:15–17 Alégranos conforme a los días que nos afligiste, *y* a los años en que vimos adversidad. Sea manifestada Tu obra a Tus siervos, y Tu majestad a sus hijos, y sea la gracia del Señor nuestro Dios sobre nosotros. Confirma, pues, sobre nosotros la obra de nuestras manos; sí, la obra de nuestras manos confirma.

El Salterio está construido para que la redención lograda para la generación de Moisés se realice de nuevo en un nuevo éxodo. El Salmo 90 comienza diciendo que el Señor "ha sido un refugio para nosotros de generación en generación" (90:1), y el Salmo 91 retoma este tema, refiriéndose al que "habita al amparo del Altísimo" (91:1). A los que confían en el Señor se les dice que están protegidos en última instancia de todo mal "porque han puesto al Señor por su habitación" (91:9). La oración del Salmo 90 será atendida, pues los que hacen del Señor su refugio serán satisfechos "con larga vida" y "salvación" (91:16).[70]

El salmo 92 es un canto de Sabbath que celebra la bondad y la fidelidad del Señor, que concede el triunfo sobre los enemigos. Los justos están satisfechos con la bondad de Dios, pues disfrutan de la maravilla de su presencia en el templo: "Están plantados en la casa del Señor; florecerán en los atrios de nuestro Dios" (92:13). Las preocupaciones que marcan el Salmo 90 tienen una

---

68 McCann, "Psalms as Instruction", 123.
69 Así, Howard, *Psalms 93-100*, 168-69.
70 Así también Sheppard, "Book of Psalms", 151; Howard, *Psalms 93-100*, 170.

respuesta considerable en el Salmo 92.[71] Israel volverá a la tierra, adorará a Yahweh en Su templo y se regocijará en Su gracia.

Los salmos 93-100 se identifican a menudo como salmos reales, ya que celebran la realeza del Señor, que hemos visto que es un tema importante en el Salterio.[72] Los seres humanos no pueden traer la salvación; "estos salmos aconsejan al oyente que se refugie en YHWH, que es el único eterno y capaz de salvar".[73] Solo el Señor puede rescatar a Israel del exilio.

El Salmo 93 comienza con la frase característica de estos salmos: "El Señor reina" (93:1). Como poderoso, es más fuerte que cualquier inundación o desastre que amenace al pueblo de Dios. El tema del templo continúa también, pues "la santidad conviene" a la "casa" del rey gobernante (93:5). Este Dios poderoso es el de la venganza y la justicia, que juzgará a los impíos y reivindicará a los justos, según el Salmo 94. El Salmo 95 es un llamado a acudir a la presencia de Dios en Su templo y a cantar su alabanza porque es creador y Señor y rey, e Israel es Su rebaño,[74] pero Israel debe asegurarse de no endurecer su corazón como hizo la generación del desierto.[75] Los que se endurezcan contra el Señor no disfrutarán del nuevo éxodo.

El Salmo 96 es un canto de alabanza al Señor, porque es el único Dios verdadero y está exaltado por encima de todos los demás "dioses". Este Dios debe ser adorado en el templo mediante ofrendas, y Su gloria debe ser proclamada a todas las naciones, pues es el juez del mundo entero. El reinado del Señor sobre el mundo entero también aparece en el Salmo 97, y por ello se convoca a todos a alabar y adorar a este que juzga la tierra con fuego y tormenta.[76] El tema del juicio y el reinado del Señor sobre todo el mundo continúa en el Salmo 98. De hecho, el Salmo 98 es notablemente similar en muchos aspectos al Salmo 96.[77] Claramente, Yahweh no es una deidad tribal o localizada, ya que juzga a todos, y sin embargo, al mismo tiempo ha mostrado Su amor y salvación a Israel como Su pueblo. Aquí tenemos un indicio de que el nuevo éxodo abarcará a todas las naciones y no se limitará a Israel.

---

[71] Howard, *Psalms 93-100*, 170.

[72] Véase ibid., 21.

[73] G. Wilson, "Shaping the Psalter", 76.

[74] Como señala Howard (*Psalms 93-100*, 176), el Salmo 95 está estrechamente relacionado con el Salmo 100, y los dos parecen funcionar como una inclusio.

[75] Howard (ibid., 120-21) ve un vínculo con el Salmo 94 en el énfasis en el pueblo de Dios.

[76] Para los numerosos vínculos entre el Salmo 96 y el Salmo 97, véase ibid., 141-44.

[77] Véase ibid., 178-79.

Yahweh es el soberano, pues el Salmo 99 comienza con las palabras "El SEÑOR reina" (99:1). Está "sentado como Rey sobre los querubines" en el templo (99:1) y debe ser adorado "en Su santo monte" (99:9).[78] Yahweh es santo e imponente, juzgando y vengando a los que violan Su voluntad. Por eso, el pueblo debe exaltar y alabar a Yahweh como el santo. El salmo 100 es un exuberante canto de alabanza que debe cantarse cuando Su pueblo entra en el templo, cuando "entren por Sus puertas con acción de gracias, y a Sus atrios con alabanza" (100:4). Israel alaba al Señor por Su gran amor.[79] Si consideramos estos salmos reales en el Libro 4, y si los vemos como una respuesta al exilio descrito en el Libro 3, aprendemos que Yahweh puede y cumplirá sus promesas a Israel y a David porque reina sobre todo, y nada puede frustrar su voluntad en última instancia.

David considera su vocación de rey en el Salmo 101. Tiene la responsabilidad de asegurar que la maldad no sea honrada en su reino, de modo que los justos sean favorecidos y los malvados sean desarraigados. El salmo espera en última instancia el reinado de Jesucristo, donde el mal será un recuerdo lejano y la justicia será recompensada. En el Salmo 102, el salmista está muy angustiado, temiendo que su vida esté a punto de extinguirse, ya que sus enemigos lo oprimen. Pero el Señor reina sobre todo, y sus propósitos para Sión no se verán frustrados. El Señor no olvidará a Su pueblo: "Las naciones temerán el nombre del SEÑOR, y todos los reyes de la tierra, Su gloria" (102:15).

La soberanía del Señor sigue siendo celebrada en uno de los más grandes salmos, el Salmo 103. "El SEÑOR ha establecido Su trono en los cielos, y Su reino domina sobre todo" (103:19). Israel es convocado a bendecir al Señor porque ha perdonado sus pecados y curado sus enfermedades. El Dios misericordioso y bondadoso del éxodo sigue siendo el Dios de Israel, y bendecirá a Israel en las generaciones venideras cumpliendo Su pacto y mostrándole Su amor inquebrantable. Volverá a tener misericordia de ellos. El Salmo 104 es un salmo de la naturaleza en el que el salmista alaba al Señor por haber creado y sostenido el mundo. Los temas de la sabiduría y la creación se funden aquí, pues cuando el salmista considera el mundo que el Señor ha creado, confiesa: "Con sabiduría lo hiciste todo" (104:24). La belleza y la maravilla de

---

[78] Como señala Ollenburger (*Sion*, 50), la presencia de Yahweh está aquí estrechamente vinculada a Sion.

[79] Tanto el Salmo 99 como el 100 se refieren al nombre de Dios, y el pueblo de Dios recibe atención en ambos. Véase Howard, *Psalms 93-100*, 165.

la creación provocan que el salmista escriba: "¡Sea para siempre la gloria del SEÑOR! ¡Alégrese el SEÑOR en sus obras!" (104:31).

El libro 4 se cierra con dos salmos sobre la historia de Israel (salmos 105 y 106). El Salmo 105 es un llamado a alabar a Yahweh por cumplir Su pacto con Israel. Se repasa la historia desde Abraham hasta la posesión de la tierra. A pesar de los altibajos en el camino, el Señor cumplió Su promesa de pacto con Israel para que éste entrara en la tierra. El propósito de la redención de Israel era que cumplieran la voluntad del Señor y guardaran Su Torá. Este salmo está colocado aquí para recordar a Israel que Yahweh cumple sus promesas, y que ellos están llamados a hacer Su voluntad.

El Salmo 106 cuenta la historia de Israel desde otra perspectiva. Aquí se presenta la persistente infidelidad y el pecado de Israel. El Señor intervino y salvó a Su pueblo en repetidas ocasiones —por su nombre (Salmo 106:8)— y, sin embargo, siguieron alejándose de Él después de haber sido liberados y, por lo tanto, cayeron en un patrón en el que el Señor los salvó y luego los juzgó por su rebeldía. El salmista no repite esta narración para desanimar a Israel por su constante infidelidad; más bien, el relato enfatiza la misericordia de Dios, cómo liberó a su pueblo una y otra vez. Por eso, el salmo termina, y el Libro 4 concluye, con un clamor para que el Señor salve de nuevo a Su pueblo: "Sálvanos, oh SEÑOR, Dios nuestro, y reúnenos de entre las naciones, para dar gracias a Tu santo nombre, y para gloriarnos en Tu alabanza" (106:47).

El libro 4 subraya la soberanía de Yahweh: la salvación de Su pueblo y Su juicio de los que lo rechazan. Yahweh es fiel a Su pacto y es misericordioso y clemente, como dice Éxodo 34:6-7, y por eso volverá a mostrar misericordia con Israel y lo salvará.[80] El pacto hecho con David (ver Salmo 89) será cumplido por el Señor. Israel se levantará de nuevo.

Libro 5

El libro 5 continúa donde lo dejó el libro 4. Israel debe dar gracias al Señor, porque lo ha redimido (Salmo 107). El quinto libro está marcado por la alabanza, por el llamado a alabar a Yahweh.[81] Los cuatro primeros libros terminan con una doxología, pero el Libro 5 termina con cinco salmos (Sal. 146-150) que son

---

[80] Así, el Salmo 106 representa una respuesta a la petición de Moisés en el Salmo 90. Véase Zenger, "Fifth Book of Psalms", 79n8.

[81] Véase ibid., 77-78.

doxológicos, pues Israel puede estar seguro de que Yahweh responderá a sus oraciones, lo salvará y cumplirá Sus promesas pactuales. De hecho, el autor comienza (entrelazando el Libro 5 con el Libro 4) haciendo hincapié en el regreso del exilio, en que el pueblo de Dios se ha reunido de todas las naciones.

El salmista esboza ejemplos de los que han sido rescatados: los perdidos en el desierto, los prisioneros, los que sufren por su insensatez y los que están en peligro en el mar a causa de las tormentas. La variedad de ejemplos instruye a Israel de que cuando claman a Yahweh, éste los rescatará.[82] En el Salmo 108, David canta las alabanzas de Yahweh por su amor pactual. Yahweh responderá a las oraciones de Israel y le dará ayuda contra los enemigos para que Israel triunfe.[83] ¿Qué se interpone en el camino del triunfo de Israel? Los enemigos de David e Israel. David relata en el Salmo 109 a sus enemigos, pidiendo a Dios que se apiade de él y que castigue a los que se le oponen.

El Salmo 110, al igual que el Salmo 2, reflexiona sobre el gobierno del rey ungido, el vástago de David que también será el señor de David. El Señor ha prometido que gobernará sobre sus enemigos, respondiendo a la petición del Salmo 109. Éste es un rey-sacerdote que triunfará sobre sus enemigos, aplastándolos bajo sus pies (cf. Gen 3:15). Jesucristo cumple el Salmo 109 y el Salmo 110, pues sus enemigos lo traicionaron y lo mataron, pero el Señor lo resucitó de entre los muertos y lo sentó a su derecha como rey-sacerdote. Por medio de Él se realizará la promesa del nuevo éxodo y la salvación definitiva.

El Salmo 111 alaba al Señor por su obra salvadora, sobre todo recordando el éxodo, lo que seguramente funciona como una anticipación de los días venideros. De hecho, se podría argumentar que los cantos de alabanza que predominan después del Salmo 110 son una respuesta a la salvación prometida a través del rey davídico en el Salmo 110.[84] El Salmo 111 también tiene un tema de sabiduría, pues el salmista señala que "el principio de la sabiduría es el temor del SEÑOR" (111:10). Los que viven con justicia, que temen al Señor y cumplen sus mandatos, serán recompensados (Salmo 112).

Los salmos 113-118 se conocen a menudo como los salmos Hallel, cantados por Israel en la noche de Pascua. El Salmo 113 es un hermoso canto de alabanza. "Bendito sea el nombre del SEÑOR desde ahora y para siempre. Desde el

---

82 Zenger (ibid., 88-89) ve el Salmo 107 y el Salmo 145 como el marco antes de los salmos de cierre, 146-150.

83 Para apoyar la toma de los salmos 108-110 juntos, véase ibid., 89-91. 108-110 juntos, véase ibid., 89-91.

84 Así Zenger, "Fifth Book of Psalms", 91; J. Kim, "Royal Psalms", 155.

nacimiento del sol hasta su ocaso, alabado sea el nombre del SEÑOR". (113:2–3). El Señor trascendente también cuida de Su pueblo, levantándolo del polvo y prometiéndole el gobierno. El ejemplo supremo de levantar a Israel del montón de cenizas es el éxodo (Sal. 114). "Judá vino a ser Su santuario, Israel, Su dominio" (114:2).

El Dios que rescató a Israel en el pasado volverá a tener misericordia de él. Israel puede confiar en la liberación futura, ya que adora al único Dios verdadero, al que pertenece toda la gloria, en lugar de a los ídolos (Sal. 115). Por lo tanto, se llama a Israel a confiar en el Señor. El Salmo 116 es un salmo de alabanza individual, pues uno que estuvo a punto de morir fue rescatado por el Señor, ya que como dice el Salmo 115:17: "Los muertos no alaban al Señor". Debido a esa liberación de la muerte, el salmista da gracias al Señor y paga sus votos "en los atrios de la casa del SEÑOR, en medio de ti, oh Jerusalén" (116:19). Jesús cantó estos salmos con sus discípulos en la víspera de la Pascua, y seguramente vio en el salmo 116 una promesa de que Dios le resucitaría de entre los muertos y le trataría con generosidad.

El Salmo 117 pide a todas las naciones que alaben al Señor por Su misericordia y Su fidelidad pactual. En el Salmo 118 el salmista alaba al Señor por Su misericordia cuando se encontró con enemigos que intentaban destruirlo con una intensa embestida. El salmista estalla en alabanzas por su victoria, alegrándose porque "no moriré, sino que viviré" (118:17). Las naciones rechazaban a este líder davídico, pero el Señor lo había establecido como piedra angular del edificio. El Nuevo Testamento considera que este salmo se cumple en Jesucristo. Aunque sus contemporáneos lo rechazaron como constructor del nuevo templo de Dios, Dios lo resucitó y lo convirtió en la piedra angular de todo el edificio. El pueblo de Dios toma ahora su forma de Jesucristo como Mesías y Señor (cf. Mat. 21:42-43 pars.; Hch. 4:11; Ef. 2:20-21; 1 Ped. 2:6-8).

Mateo 21:42–43 Jesús les dijo: «¿Nunca leyeron en las Escrituras: "La piedra que desecharon los constructores, esa, en piedra angular se ha convertido; esto fue hecho de parte del Señor, y es maravilloso a nuestros ojos"? »Por eso les digo que el reino de Dios les será quitado a ustedes y será dado a una nación que produzca los frutos del reino.

El Salmo 119 es una meditación sostenida sobre la alegría de cumplir la ley de Dios y una oración para que el salmista se vea capacitado para hacerlo.[85] Encaja perfectamente con los temas que se encuentran en el Salmo 1 y en el Salmo 19:7-14. Erich Zenger sostiene que el Salmo 119 "es una oración por una vida conforme a la Torá que es una condición previa para el advenimiento del reino universal del Dios del Éxodo y de Sión, celebrado en el quinto libro de salmos".[86] Este tema encaja con lo que hemos visto en otras partes del Salterio. El reino del Señor sobre el mundo se hará realidad cuando surja un rey que observe la Torá.[87] El Nuevo Testamento, por supuesto, considera que Jesucristo es el cumplimiento de este tema.[88]

Los salmos 120-134 se recogen juntos como los Salmos de Ascensión. Así, estos salmos consideran una peregrinación al templo, donde se realiza un viaje para entrar en la presencia del Señor —el monte Sión— con la congregación.[89] "Estos cantos de peregrinación están probablemente colocados aquí para mostrar que el motivo del regreso del exilio es subir al monte Sión para escuchar la Torá en toda su maravilla y adorar al Señor".[90] Es en Sión donde el Señor habita con Su pueblo, bendiciéndolo y protegiéndolo.

La alegría de la ocasión de ir a la casa de Dios estaba bien fundada. La experiencia de los peregrinos en el templo lo abarcaba todo. Saturó los sentidos de los salmistas con toda clase de maravillas, comida abundante e incienso, música y canto, oro y plata, palmeras, agua y querubines. Esta experiencia gozosa fue una experiencia de asombro y santidad en la presencia de Dios.[91]

Philip Satterthwaite sostiene que el tema de la minicolección es la restauración de Sión.[92] En términos del canon, estos salmos anticipan el final de la historia

---

[85] Para los vínculos entre el Salmo 118 y el Salmo 119, véase Grant, *King as Exemplar*, 175-80.

[86] Zenger, "Fifth Book of Psalms", 98.

[87] Véase Mays, "Torah-Psalms in the Psalter", 11.

[88] La lectura del NT concuerda con la lectura de Zenger del Libro 5, donde ve "una perspectiva escatológica-mesiánica" ("Fifth Book of Psalm", 98), aunque Zenger no hace hincapié en el Mesías en el mismo grado que yo.

[89] Para una entrada útil a los Salmos de Ascensión, véase Mays, *Psalms*, 385-87.

[90] Dempster, *Dominion and Dinasty*, 200. Véase también Satterthwaite, "Songs of Ascents", 114-15.

[91] M. Smith, "Book for Pilgrims," 162.

[92] Satterthwaite, "Songs of Ascents", 107.

redentora, donde el Señor morará con su pueblo en la nueva Jerusalén, la ciudad celestial.

El primero de los Salmos de Ascensión (Salmo 120) lamenta la vida fuera del pueblo de Dios, la vida fuera del templo. Jerusalén es un lugar de paz, pero los que están fuera de ella viven para la guerra y se enfrentarán al juicio. Probablemente las colinas del Salmo 121 se refieren al monte Sión, reflejando la teología de 1 Reyes 8. El Señor concederá ayuda desde el monte Sión y protegerá a su pueblo de todo mal. El Salmo 122 reflexiona sobre el gozo de viajar a la casa del Señor y a Jerusalén.[93] El Señor ejerce Su dominio sobre la tierra a través de la casa de David en Jerusalén. Jerusalén representa el lugar de la presencia de Dios y Su gobierno sobre el mundo, por lo que la paz en la tierra solo llegará a través de Jerusalén. Desde la perspectiva del Nuevo Testamento, dicha paz se ha realizado a través de Jesús de Nazaret, que reina sobre la nueva Jerusalén, la ciudad celestial, y trae la paz a su pueblo.

Satterthwaite argumenta que el Salmo 123 vuelve a los temas del Salmo 120, "haciendo sonar una nota de alienación, de hostilidad que hay que soportar".[94] La entronización del Señor en el templo refleja una realidad mayor: su entronización en los cielos (Sal. 123:1). El salmista suplica al Señor que se apiade de Israel. El tema de la hostilidad contra Israel continúa en el Salmo 124.[95] En efecto, el Señor, como confiesa el Salmo 124, ha mostrado su misericordia con Israel, pues si no lo hubiera hecho, Israel habría sido devorado y destruido por las naciones; pero el hacedor de "los cielos y la tierra" ha ayudado a Su pueblo (124:8). En el Salmo 125 se escuchan temas similares a los del Salmo 124. El monte Sión, donde habita el Señor, es inamovible e inexpugnable. Así también, los que confían en el Señor nunca serán derrotados. El "cetro de la impiedad" (125:3) nunca reinará sobre los justos, por lo que Israel puede confiar en la victoria final.

La promesa del Salmo 125 se confirma en el Salmo 126. Cuando Israel estaba en el exilio, lejos de Sión, anhelaba el día en que sería devuelto a la tierra. El día de la restauración era tan maravilloso que era como un sueño. El salmista ora para que, al igual que Yahweh liberó a Israel en el pasado e hizo que se gozara, lo haga de nuevo en la generación actual.[96] En efecto, Israel no puede

---

[93] Satterthwaite (ibid., 118) ve el Salmo 122 como el "clímax" de los Salmos 120-122. 120–122.

[94] Ibid., 119.

[95] Ibid., 120.

[96] Véase ibid., 122.

lograr su propia salvación; la casa debe ser construida por el Señor (Sal. 127). Él debe proveer a los hijos para proteger la ciudad, lo que incluye también la construcción del templo, encajando con el tema de la restauración de los Salmos de Ascensión.[97] El Salmo 128 relata el gozo y la paz de los bendecidos por el Señor desde Sión.

Israel ha sido a menudo objeto de opresión y ataque, pero el Señor ha vencido y vencerá finalmente a los malvados (Salmo 129). ¿Cuál es la necesidad fundamental de Israel? El perdón de los pecados. Por eso, el salmista ora para que el Señor perdone a Israel por sus iniquidades y se apiade de su pueblo (Sal. 130) y lo restaure.[98] Israel debe esperar en el Señor, confiando en Él para la redención final. Esta esperanza se describe en el Salmo 131 como la confianza y la paz que un niño destetado tiene con su madre (Salmo 131).

La esperanza de Israel en el perdón de los pecados y la futura restauración proviene del pacto hecho con David, donde el Señor le prometió una dinastía eterna (Salmo 132). El gobierno del rey davídico vendrá de "Sión", la "habitación" del Señor (132:13).

Salmo 132:11–13 El Señor ha jurado a David una verdad de la cual no se retractará: «De tu descendencia pondré sobre tu trono. »Si tus hijos guardan mi pacto, y mi testimonio que les enseñaré, sus hijos también ocuparán tu trono para siempre». Porque el Señor ha escogido a Sión; la quiso para Su habitación.

En última instancia, Jesús es el "cuerno" que "brotará para David", y es el que guardó el "pacto" y el "testimonio" de Dios (132:12) para que las promesas hechas a David se hagan realidad a través de Él. La alabanza que marca el Libro 5 se debe a la promesa de que Yahweh cumplirá Su pacto con David por el bien de todo el mundo.

El Salmo 133 celebra la unidad del pueblo de Dios y el refrigerio que dicha unidad aporta. Esa unidad se encuentra a través del sacerdocio de Aarón y del culto en el templo de Jerusalén.[99] El Salmo 134 representa el final y el clímax de la obra salvadora de Dios para Su pueblo. En la casa del Señor deben bendecir

---

97 Dempster (*Dominion and Dinasty*, 201) argumenta acertadamente que la casa aquí no es solo individual sino que se relaciona con la dinastía davídica y el templo. También Satterthwaite, "Songs of Ascents", 115.

98 Satterthwaite ("Songs of Ascents", 124-25) argumenta acertadamente que el perdón y la redención se piden para que Israel sea restaurado.

99 Véase ibid., 126.

el nombre del Señor: "Alcen sus manos al santuario y bendigan al SEÑOR!".
(134:2). El salmista ora para que esta visión del futuro se haga realidad.[100]

Los Salmos de Ascensión han concluido, pero el Salmo 135 continúa los
temas del Salmo 134. Los "siervos del SEÑOR" (135:1; cf. 134:1) deben alabar
el nombre del Señor "en los atrios de la casa del SEÑOR" (135:2; cf. 134:1). El
salmista celebra que el Dios que creó todas las cosas eligió y redimió a Israel, y
por eso este debe alabarlo. El salmo 136 discurre por las mismas arterias, donde
un estribillo alaba al Señor por Su misericordia y por Sus misericordias
mostradas tanto en la creación como en la redención.

El Salmo 137 reflexiona sobre la experiencia de Israel en Babilonia, donde
se ausentó de Sión y Jerusalén, y quedaron abatidos por el dolor. El salmista
concluye pidiendo al Señor que se vengue de Edom y Babilonia. El Señor no ha
abandonado a Israel en Babilonia. El Salmo 138 recoge un canto de David en el
que alaba al Señor por haberle rescatado de sus enemigos y por haberle
preservado la vida. Así como el Señor preservó a David, cumplirá su propósito
para Israel.[101] ¿Cómo encaja el Salmo 139 con el Salmo 138? Aquí el salmista
se asombra de la majestuosidad del Señor. Él conoce todo lo que le sucede a una
persona antes de que ocurra (139:1-6), y nunca abandona a los suyos (139:7-12).
Siempre está con Su pueblo. Por muy oscura que sea la situación, el Señor hace
brillar Su luz en medio de esas tinieblas y sostendrá a los suyos. Al fin y al cabo,
Él es el Dios creador, que formó a cada uno en el vientre de su madre (139:13-
18).

Puesto que el Señor protege a Su pueblo con Su conocimiento y presencia,
pueden estar seguros de que cumplirá Su propósito para Israel. Si cuida de cada
persona tan íntimamente, también cuida de Israel en su conjunto. El odio a los
enemigos, pues, refleja la perspectiva de Dios sobre los que se oponen a Él
(139:19-22).

Salmo 139:19–22 ¡Oh Dios, si Tú hicieras morir al impío! Por tanto, apártense
de mí, hombres sanguinarios. Porque hablan contra Ti perversamente, Y Tus
enemigos toman *Tu nombre* en vano. ¿No odio a los que te aborrecen, Señor?

---

[100] J. Kim ("Royal Psalms", 155-56) señala que el Salmo 132, que subraya el
cumplimiento del pacto davídico, va seguido de salmos doxológicos. También piensa que el
Salmo 133 interviene porque comparte el tema de Sión con los Salmos 132 y 134 (p. 156).
132; 134 (p. 156).

[101] Así que el Salmo 138 puede funcionar como una respuesta al problema del Salmo
137 (Zenger, "Fifth Book of Psalms", 96).

¿Y no me repugnan los que se levantan contra Ti? Los aborrezco con el más profundo odio; Se han convertido en mis enemigos.

El salmista ora para seguir andando en el camino de Dios (139:23-24). David ora, como rey ungido, por la liberación de sus enemigos tanto en el Salmo 140 como en el 141. Sus enemigos son hijos de la serpiente (140:3; cf. Gen. 3:15), pero serán derrotados. Sus enemigos son hijos de la serpiente (140:3; cf. Gen. 3:15), pero serán derrotados, y "los justos darán gracias a Tu nombre, y los rectos morarán en Tu presencia" (140:13). En el Salmo 142, David pide liberación y misericordia, porque está completamente solo y abandonado. El Señor es su único refugio, y confía en que Dios lo "colmará de bendiciones" (142:7). El salmo 143 sigue la misma línea que los salmos anteriores. David pide misericordia y liberación. Reconoce y confiesa su pecado (143:2), y pide a Dios que lo "vivifique" "por amor a Su nombre" y "en Su justicia" (143:11). La victoria solo llegará a través del perdón de los pecados. Israel no es lo suficientemente justo para disfrutar de la salvación.

La vida humana, atestigua el Salmo 144, es breve, y como los seres humanos son efímeros y débiles, el reinado y los triunfos de David provienen del Señor. Pide, como rey davídico, que el Señor bendiga a Israel. Jinkyu Kim sostiene que el Salmo 144, como salmo mesiánico, va seguido, como en el caso del Salmo 110 y el Salmo 132 (también salmos mesiánicos), de salmos doxológicos.[102] Ver que Yahweh vence a sus enemigos y reivindica a su pueblo a través de un hijo de David evoca la alabanza, ya que el pueblo ve al Rey en Su belleza. El Salmo 145 es, en algunos aspectos, bastante parecido al Salmo 103, y es claramente uno de los grandes salmos de alabanza del Salterio. Yahweh es exaltado y alabado por Su grandeza y esplendor y por Sus poderosas obras. "Ellos proclamarán con entusiasmo la memoria de Tu mucha bondad, y cantarán con gozo de Tu justicia" (145:7).

El carácter de Dios revelado en Éxodo 34:6-7 se celebra aquí (145:8).[103] También se destaca la soberanía del Señor:

La gloria de Tu reino dirán, y hablarán de Tu poder, para dar a conocer a los hijos de los hombres Tus hechos poderosos y la gloria de la majestad de Tu

---

[102] J. Kim, "Royal Psalms", 155-57.

[103] Sobre el uso de Éxodo 34:6-7 en el AT, véase Hamilton, *God's Glory in Salvation*, 133-37.

reino. Tu reino es reino por todos los siglos, y Tu dominio permanece por todas las generaciones (145:11-13).

Todos dependen del Señor para vivir, y Él "cumplirá el deseo de los que le temen" (145:19), mientras que los impíos serán destruidos. El reino surgirá de nuevo a través de un hijo de David que vendrá, y el Señor actuará de nuevo en favor de Israel, especialmente perdonando sus pecados.

El libro de los Salmos termina apropiadamente con cinco salmos de alabanza (Salmos 146-150). En el Salmo 146 se alaba a Yahweh como ayudante de los débiles, porque da la vista a los ciegos y exalta a los pobres y libera a los prisioneros. Se alaba a Dios por Su reinado, que no tiene fin. En el Salmo 147 se alaba a Yahweh por la construcción de Jerusalén. El que creó las estrellas también atiende las heridas de los corazones rotos. Como creador de todo, no se complace en la fuerza de los seres humanos, sino en los que confían en Él para su liberación. Ha mostrado un favor especial a Israel al darle la Torá. El Señor debe ser alabado con exuberancia, según el Salmo 148. Todas las obras de la creación —el sol, la luna, las estrellas, el fuego, el granizo, la nieve— alaban al Señor cuando cumplen la voluntad de Dios. Los animales y los seres humanos también alaban al Señor.

El Señor es alabado por Su nombre, por Su carácter único. Y también Israel lo alaba particularmente, porque un rey davídico —un cuerno— ha sido levantado por Yahweh. Israel debe alabar a Dios con alegría y debe vengarse de sus enemigos (Sal. 149). El énfasis en la alabanza confirma la centralidad de Yahweh, pues la alabanza expresa la alegría y el amor a Dios mejor que cualquier otra actividad. Por eso, el Salmo 150 concluye el Libro 5, y el Salterio, llamando a toda la creación a alabar a Yahweh. Los libros 1-4 del Salterio concluyen con la alabanza a Dios, y de hecho, el último salmo está dedicado por completo a su alabanza.[104]

Hay que alabarlo por Su amor salvador y Su excelencia intrínseca. La alabanza debe expresarse con la creatividad humana, con música e instrumentos que redunden en Su gloria. Toda la creación fue creada para alabar a Yahweh, y por eso el Salterio termina así: "Todo lo que respira alabe al SEÑOR ¡Aleluya!" (Salmo 150:6). El libro 5 termina con alabanzas, pues Dios librará a Su pueblo

---

104 Así, Childs, *Old Testament as Scripture*, 512.

a través de un rey davídico. El nuevo éxodo se hará realidad, e Israel será perdonado de sus pecados.

Conclusión

Este estudio de los Salmos parece confirmar la idea de que la disposición del Salterio es intencionada. Los libros 1-2 se centran en David y su reinado. El libro 3 considera a Israel y el exilio, e Israel se pregunta si Yahweh cumplirá las promesas hechas a David y devolverá al pueblo a la tierra. Los libros 4-5 responden a esa pregunta. Yahweh restaurará de nuevo a Israel y le levantará un nuevo David, que el Nuevo Testamento identifica como Jesús de Nazaret. Él salvará a su pueblo perdonando sus pecados. El nuevo éxodo y el reino de Dios no se limitarán a Israel.

El gobierno de Dios se extenderá por toda la tierra. El libro 5 está lleno de alabanzas al Señor por Sus promesas de reino y por Su fidelidad salvadora. Desde el Salmo 1 hasta el Salmo 150 se presenta la fidelidad de Yahweh a Sus promesas. Su reino vendrá. El mundo será bendecido. Yahweh reina sobre todo, y el mundo verá al Rey en Su belleza, y disfrutará de la presencia de Yahweh en Su templo, contemplando y deleitándose en Su belleza. La alabanza es la respuesta gozosa al amor salvador de Yahweh, que muestra la visión centrada en Dios del libro de los Salmos.

§16. PROVERBIOS

Introducción

Con el libro de Proverbios, volvemos a la literatura sapiencial. Los Proverbios no tienen un marco narrativo, sino que exponen, principalmente en máximas y proverbios, el camino de la sabiduría. Como señala von Rad, "nadie podría vivir ni siquiera un solo día sin sufrir un daño apreciable si no pudiera guiarse por una amplia experiencia práctica".[1] Bruce Waltke dice que "la posesión de la sabiduría permite a los seres humanos enfrentarse a la vida".[2] James Crenshaw afirma que "el objetivo de la sabiduría era la formación del carácter y dar sentido a las anomalías de la vida".[3]

Lo que nos interesa aquí no es cómo llegó el libro a su composición final. Es obvio, por el contenido del libro, que diferentes manos jugaron un papel en el proceso: los capítulos 1-9 consisten en discursos; el material de 10:1-22:16 se identifica como los proverbios de Salomón; 22:17-24:22 introduce los treinta "dichos de los sabios"; 25:1-29:27 relata otros proverbios de Salomón copiados por los escribas de Ezequías; 30:1-31 contiene las palabras de Agur; 31:1-9 contiene los proverbios del rey Lemuel; y 31:10-31 concluye el libro con un homenaje a una esposa noble. El tema de la esposa noble funciona como una inclusio con los capítulos 1-9, donde la mujer sabia se contrapone a la mujer insensata, pues la esposa noble es aquella que teme al Señor (31:30) y es sabia (31:26).[4]

---

[1] Von Rad, *Wisdom in Israel*, 3.
[2] Waltke, *Book of Proverbs*, 76-77.
[3] Crenshaw, *Old Testament Wisdom*, 4.
[4] Así, Dumbrell, *Faith of Israel*, 263.

Lo que nos interesa aquí es la forma final de Proverbios y el mensaje del libro en su conjunto. El carácter internacional de la sabiduría es evidente, pues los proverbios de 22:17-24:22 se derivan, con algunas adaptaciones, de la sabiduría de Amenemope (siglo XII a.C.).[5] La dependencia de las tradiciones sapienciales de otros países ha contribuido a que algunos estudiosos consideren que los Proverbios reflejan una sabiduría secular, sobre todo porque muchos de los proverbios transmiten observaciones sobre la vida y no parecen reflejar un punto de vista religioso.[6]

En aras de la discusión, he dividido los Proverbios en las distintas categorías, como la centrada en Dios, la de la sabiduría, la de las riquezas y la del discurso. Hay que reconocer desde el principio que las distintas categorías se superponen. Por ejemplo, el discurso, las riquezas, la pobreza, etc., se relacionan con Dios. Del mismo modo, todas las categorías podrían incluirse en la sabiduría. Del mismo modo, los proverbios sobre el futuro en muchos casos no se diferencian claramente de los proverbios sobre la riqueza y la pobreza. Aun así, siempre que reconozcamos que los diversos temas aquí tratados son rudimentarios, los temas examinados son una forma de considerar la teología de los Proverbios.

Centrado en Dios

Ciertamente, muchos proverbios hacen observaciones sobre la vida cotidiana sin mencionar al Señor y la fe de Israel, ni tampoco el pacto de Israel con el Señor recibe atención en el libro. Sin embargo, aquí argumentaré que todos los proverbios, incluso los aparentemente seculares, están integrados en un marco Yahwhístico en el libro. Waltke sostiene acertadamente que la sabiduría no está en última instancia "dentro de la creación".[7] El libro de los Proverbios no es una obra secular, pues en Israel ningún ámbito de la vida era secular, ya que "los

---

[5] Pero, como señala von Rad (*Wisdom in Israel*, 193), el carácter distintivo de la fe de Israel queda indicado por la inserción de la confianza en Yahweh en 22:19.

[6] Para una breve entrada en la cuestión, véase Childs, *Old Testament as Scripture*, 549-50; véase también von Rad, *Wisdom in Israel*, 9-10.

[7] Waltke, *Book of Proverbs*, 81. Toda su discusión en las páginas 81-83 apoya la noción de que la sabiduría no puede obtenerse aparte de la revelación divina.

maestros desconocían por completo cualquier realidad que no estuviera controlada por Yahweh".[8]

Aunque no se mencione a Yahweh, no había ningún ámbito de la vida en Israel en el que estuviera ausente.[9] Incluso los detalles prosaicos de la vida no pueden separarse de Yahweh, ni el libro de los Proverbios, considerado en su conjunto (en su forma canónica final), apoya una división secular/sagrada.[10] "Sería una locura presuponer aquí algún tipo de separación, como si en un caso hablara el hombre de la percepción objetiva y en el otro el creyente en Yahweh".[11]

Proverbios pertenece a la tradición de la sabiduría en Israel, y el libro desentraña lo que significa vivir con sabiduría. Sin embargo, esta sabiduría no debe ni puede entenderse en términos seculares. El libro transmite su propósito al principio: fue escrito para que los lectores adquieran prudencia, sabiduría y perspicacia (1:2-6). Pero lo fundamental y determinante para la sabiduría se transmite en 1:7: "El temor del SEÑOR es el principio de la sabiduría". En efecto, el temor del Señor desempeña un papel central en todo el libro. El temor del Señor significa que Él es supremo en la vida de uno, que toda la vida está ordenada por la relación de uno con Él.[12] Los discursos que abren el libro contrastan la sabiduría con la insensatez (caps. 1-9). Dumbrell señala que el "temor del Señor" en 1:7 y 9:10 funciona como marco para los discursos que introducen el libro.[13]

Proverbios 1:7 El temor del Señor es el principio de la sabiduría; Los necios desprecian la sabiduría y la instrucción.

Proverbios 9:10 El principio de la sabiduría es el temor del Señor, Y el conocimiento del Santo es inteligencia.

---

[8] Von Rad, *Wisdom in Israel*, 64. Véase también Crenshaw, *Old Testament Wisdom*, 82–83; House, *Old Testament Theology*, 440; Garrett, *Proverbs, Ecclesiastes, Song of Songs*, 54–55.

[9] "La imaginación sapiencial actúa especialmente en la visión de Dios, pues los sabios sitúan a Dios en el centro de su mundo histórico y lingüístico del espacio" (Perdue, *Wisdom and Creation*, 55).

[10] Véase Childs, *Old Testament as Scripture*, 553-56; von Rad, *Wisdom in Israel*, 60-64.

[11] Von Rad, *Wisdom in Israel*, 62.

[12] Véase ibid., 66-67. Sin embargo, creo que von Rad subestima la dimensión emocional del temor al Señor.

[13] Dumbrell, *Faith of Israel*, 265. Y House (*Old Testament Theology*, 446) muestra cómo el temor al Señor informa a Prov. 10-24.

Lo sorprendente de la sabiduría es que es accesible al público. "Clama en la calle" y "alza" su voz "en las plazas" (1:20) y habla "a la entrada de las puertas de la ciudad" (1:21). En los versículos siguientes vemos que la sabiduría "llama" y extiende sus manos (1:24), implorando a los sencillos que sean sabios.

> **Proverbios 1:20–24** La sabiduría clama en la calle, en las plazas alza su voz; clama en las esquinas de las *calles* concurridas; a la entrada de las puertas de la ciudad pronuncia sus discursos: «¿Hasta cuándo, oh simples, amarán la simpleza, y los burladores se deleitarán en hacer burla, y los necios aborrecerán el conocimiento? »Vuélvanse a mi represión, y derramaré mi espíritu sobre ustedes; les haré conocer mis palabras. »Porque he llamado y han rehusado *oír*, he extendido mi mano y nadie ha hecho caso.

Los que escuchan la represión y aceptan las palabras de la sabiduría tendrán seguridad (1:33). Significativamente, los que repudian la sabiduría "no escogieron el temor del SEÑOR" (1:29). La sabiduría significa que uno viva correctamente (1:8-19), pero esta es profundamente teológica y centrada en Dios, ya que "el movimiento de la sabiduría dirigió su atención a lo que la propia creación implicaba para la conducta humana".[14] En cierto modo, los Proverbios pueden entenderse como un desenvolvimiento del quinto mandamiento, que insta a los hijos a obedecer a sus padres. El padre en Proverbios (véase el papel introductorio de los capítulos 1-9) insta a su hijo a obedecerle. Pero obedecer a los padres es temer al Señor. Seguir las instrucciones de los padres es vivir bajo el señorío de Yahweh.

La búsqueda de la sabiduría se desarrolla en Prov. 2. Los que adquieren la sabiduría la anhelan, claman por ella y la buscan como se busca la plata y el oro (2:1-4). Sin embargo, los que adquieren la sabiduría no se limitan a tener discernimiento sobre cómo vivir la vida cotidiana; la verdadera sabiduría significa que "entienden el temor del SEÑOR y descubren el conocimiento de Dios" (2:5). En otras palabras, los que son verdaderamente sabios conocen y temen a Dios, y es de su boca de donde procede la sabiduría (2:6). En efecto, la sabiduría no debe separarse de la Torá.[15] Los "mandamientos" que el padre exhorta a su hijo a recibir incluyen casi con toda seguridad los mandatos de la

---

14 Dumbrell, *Faith of Israel*, 273.

15 Véase también Schultz, "¿Unity or Diversity?" 296-98; G. Wilson, "Words of the Wise", 183-89. Hay una serie de conexiones con el Decálogo en Éxodo 20:1-17 (House, *Old Testament Theology*, 444).

Torá (2:1).[16] En 3:1 el hijo debe recordar la "enseñanza" (*tôrâ*) de su padre, y debe cumplir sus "mandamientos".

La promesa de larga vida (3:2) como resultado de la obediencia refleja la enseñanza de la Torá. La relación de la sabiduría con la Torá también se refleja en 4:4, 10, donde se promete la vida a los que guardan los mandatos del padre. Del mismo modo, la Torá promete la vida a los que guardan sus estatutos (véase Lev. 18:5). Así también el "mandamiento" del padre y la "enseñanza" (*tôrâ*) de la madre se unen en 6:20. La estrecha relación con la Torá mosaica es inmediatamente evidente, ya que encontramos en Deuteronomio que los mandatos del Señor deben ser atados "como una señal a tu mano, y serán por insignias entre tus ojos" (Dt. 6:8), mientras que en los Proverbios dicha enseñanza debe ser atada al corazón y al cuello (Prov. 6:21).

En Proverbios, la instrucción de la madre y el padre hablará al hijo dondequiera que vaya: "Cuando andes, te guiarán; cuando duermas, velarán por ti; al despertarte, hablarán contigo" (6:22). En Deuteronomio leemos: "Las enseñarás diligentemente a tus hijos, y hablarás de ellas cuando te sientes en tu casa, y cuando andes por el camino, cuando te acuestes y cuando te levantes" (6:7). Es evidente que la enseñanza proverbial refleja el ideal de la Torá. El sabor deuteronómico de los Proverbios también es evidente en las palabras "Porque el mandamiento es lámpara, y la enseñanza luz, y camino de vida las represiones de la instrucción" (6:23). Tal vez el capítulo 30 sea aún más explícito, donde 30:5-6 muestra "que Dios ya se ha dado a conocer de forma veraz en Su palabra escrita. Su autorrevelación debe ser obedecida y no falseada por añadiduras".[17] Waltke dice acertadamente que la sabiduría para vivir la vida con éxito requiere un conocimiento exhaustivo, y ese conocimiento exhaustivo solo está disponible por la revelación.[18]

El mismo fenómeno aparece en el capítulo 7. Al hijo se le dice que guarde las "palabras" de su padre y que "atesore mis mandamientos contigo" (7:1). Pero la relación con la Torá es aún más clara en 7:2 en las palabras "guarda mis mandamientos y vivirás" (13:13-14; 19:16; véase también Lev. 18:5; Dt. 4:40; 5:33; 8:1, 3; 11:8-9). Y la relación con Dt. 6 se comunica en las palabras "átalos a tus dedos, escríbelos en la tabla de tu corazón" (7:3). Deuteronomio también

---

[16] El libro del Eclesiástico (24:1-23) hace explícita la conexión entre la sabiduría y la Torá.

[17] Childs, *Old Testament as Scripture*, 556.

[18] Waltke, *Book of Proverbs*, 78-80.

subraya que las palabras escritas en las tablas de piedra deben quedar impresas en el corazón de Israel (Dt. 6:6; 11:18; 30:14).

> **Deuteronomio 6:6** »Estas palabras que yo te mando hoy, estarán sobre tu corazón.
>
> **Deuteronomio 11:18** »Graben, pues, estas mis palabras en su corazón y en su alma; átenlas como una señal en su mano, y serán por insignias entre sus ojos.

Varios proverbios cerca del final del libro también subrayan la importancia de guardar la ley (28:4, 7, 9). Proverbios 29:18 dice: "Bienaventurado es el que guarda la ley". De hecho, este versículo es bastante interesante, ya que se establece un vínculo entre la Torá y la profecía, sugiriendo quizás que esta última es una expansión de la primera. En resumen, los paralelos aducidos aquí entre la sabiduría y la Torá demuestran que la sabiduría no es una empresa secular, sino que está inevitablemente ligada a la devoción a Yahweh y a los mandatos revelados en la Torá.

La importancia del "temor del SEÑOR" no se limita a la introducción. Esta frase aparece con bastante regularidad en el libro, subrayando la verdad de que ese temor es fundamental para la sabiduría.[19] Así, leemos en Prov. 9:10: "El principio de la sabiduría es el temor del SEÑOR, y el conocimiento del Santo es inteligencia". La palabra "principio" aquí no lleva la idea de un punto de partida que se deja atrás. Por el contrario, el temor del Señor es el origen y la fuente de toda sabiduría, y quien persigue la sabiduría nunca deja atrás ese temor. El temor del Señor se vincula a menudo con la vida en Proverbios, de modo que el temor del Señor "multiplica los días" (10:27), produce "una fuente de vida" (14:27) y "riqueza, honor y la vida" (22:4), y "conduce a la vida" (19:23). Dicho temor también conduce a una "confianza segura" (14:26), es el corazón de la sabiduría (15:33), hace que uno odie y se aleje del mal (8:13; 16:6), libera a uno de la envidia de los malvados (23:17), y es mejor que la prosperidad (15:16).

La visión centrada en Dios de los Proverbios tampoco se limita a la observancia de la Torá o a los lugares donde aparece la frase "temor del Señor". Es difícil leer el libro en su conjunto y no ver la dimensión teocéntrica de la obra. Qué tentador es temer a la gente, pero los que confían en el Señor

---

[19] Sobre esta frase, véase ibid., 100-101.

encuentran seguridad (29:25; cf. 16:20). Encontrar una buena esposa es, en última instancia, un regalo del Señor (18:22; 19:14).

> **Proverbios 18:22** El que halla esposa halla algo bueno y alcanza el favor del Señor.
>
> **Proverbios 19:14** Casa y riqueza son herencia de los padres, pero la mujer prudente *viene* del Señor.

Las acciones humanas no se llevan a cabo en un escenario neutral, pues el Señor observa todo lo que ocurre (15:3, 11; 20:12).

La justicia, por tanto, se ajusta a la voluntad del Señor, pues solo "los que buscan al SEÑOR" entienden lo que es la justicia (28:5). El castigo no es una mera causa y efecto, sino que proviene de un Dios personal. Él prueba los corazones (17:3) y odia y castiga a los que practican el mal (11:21; 15:8, 9, 25, 26, 29; 16:5; 17:15; 21:10, 27; 22:12).[20] Mover el lindero de alguien no escapa a la atención de Dios, y Él intervendrá en favor del engañado (23:10-11).[21] Por el contrario, los que practican la rectitud y la justicia serán recompensados por el Señor (12:2; 15:29; 16:20; 18:10; 21:3), y el Señor se deleita en los que persiguen la bondad (11:20). Los que temen a Yahweh son humildes (3:34; 11:2; 15:33; 18:12; 22:4), y reconocen que no están libres de pecado (20:9). Esta humildad se manifiesta en la disposición a confesar los propios pecados y a abandonarlos (28:13).

Resulta bastante llamativo el énfasis en la soberanía de Dios en Proverbios.[22] Los que temen al Señor y le obedecen se someten a Él como gobernante y rey. Ya se ha hablado de Su soberanía, pero conviene subrayarla. Ya hemos dicho que el Señor castiga a los malos y recompensa a los buenos, y que el castigo para los que hacen el mal y la bendición para los que practican la justicia solo pueden ser aplicados por quien es soberano, por quien gobierna la historia y puede impartir justicia. La soberanía de Dios es omnipresente y universal, y no se limita al juicio y la recompensa. Él es el rey que gobierna a los reyes, incluso

---

20 Véase ibid., 74-76.

21 Véase von Rad, *Wisdom in Israel*, 90-94. Escribe: "Si la experiencia enseñaba la conciencia de los órdenes, entonces enseñaba verdades últimas, verdades sobre Dios. En consecuencia, la expresión 'leyes inherentes', que a veces se utiliza, solo puede emplearse en un sentido restringido. A la larga, era siempre el propio Yahweh con el que el hombre se veía enfrentado, y en Él se superaba de nuevo el carácter indirecto de los acontecimientos aparentemente neutros" (p. 92).

22 Véase Waltke, *Book of Proverbs*, 70-71.

controla los pensamientos y las inclinaciones de los reyes: "Como canales de
agua es el corazón del rey en la mano del SEÑOR; Él lo dirige donde le place"
(21:1). El Señor reina sobre todos los seres humanos porque es el creador
(20:12). La vida de los seres humanos, de una manera que sobrepasa la
comprensión humana, está planeada por el Señor: "Por el SEÑOR son ordenados
los pasos del hombre, ¿Cómo puede, pues, el hombre entender su camino?"
(20:24).

Proverbios aboga por la sabiduría, la discreción y la prudencia, pero la
inteligencia humana nunca podrá igualar ni vencer al Señor: "No vale sabiduría,
ni entendimiento, ni consejo, ante el SEÑOR. Se prepara el caballo para el día de
la batalla, pero la victoria es del SEÑOR" (21:30-31). Si el Señor ha ordenado la
victoria para un ejército, éste vencerá aunque sus tropas y armamento no sean
rivales para sus adversarios. Dado el gobierno soberano del Señor, entendemos
por qué "el nombre del SEÑOR es torre fuerte" que da seguridad a los justos
(18:10).

La soberanía del Señor es definitiva, pero Proverbios lo correlaciona muy
bien con la iniciativa y las elecciones humanas. La planificación humana, como
demuestra todo Proverbios, es parte de lo que significa vivir con sabiduría. Los
necios se lanzan al vacío sin previsión ni consideración. Por eso, la planificación
y la estrategia humanas son encomiables (16:1, 9; 19:21).

> **Proverbios 16:1** Los propósitos del corazón son del hombre, Pero la respuesta
> de la lengua es del Señor.
> **Proverbios 16:9** La mente del hombre planea su camino, Pero el Señor dirige
> sus pasos.
> **Proverbios 19:21** Muchos son los planes en el corazón del hombre, Mas el
> consejo del Señor permanecerá.

Ninguno de estos proverbios critica la evaluación cuidadosa de las posibilidades
futuras o la decisión de seguir una dirección determinada. Sin embargo, lo que
los Proverbios enfatizan es que, en última instancia, lo que sucederá es lo que el
Señor decida, no lo que los seres humanos planeen. "Dios está ahí precisamente
en el elemento incalculable, y de un solo golpe que apenas has notado, te ha
quitado todo el asunto de las manos".[23]

---

[23] Von Rad, *Wisdom in Israel*, 100.

Así, un ser humano puede planear, "pero la respuesta de la lengua es del SEÑOR" (16:1), y "el SEÑOR dirige sus pasos" (16:9), y "el consejo del SEÑOR permanecerá" (19:21).[24] Así, se nos dice: "Encomienda tus obras al SEÑOR, y tus propósitos se afianzarán" (16:3). Como seres humanos, estamos muy convencidos de que somos correctos e irreprochables, pero el Señor lo sabe todo, y "sondea los espíritus" (16:2), revelando lo que realmente hay en nuestros corazones. No hay excepciones a la soberanía del Señor. Si controla los corazones de los reyes (21:1), las personas más poderosas del mundo antiguo, entonces controla los corazones de todos. Ni siquiera los malvados superan en última instancia al Señor, pues "todas las cosas hechas por el SEÑOR tienen su propio fin, hasta el impío, para el día del mal" (16:4).[25] De hecho, las cosas más pequeñas de la vida, incluso los sucesos aparentemente aleatorios —es decir, los llamados sucesos seculares, como el resultado que se obtiene al echar la suerte— están determinados por el Señor (16:33).

Von Rad resume muy bien la postura de la sabiduría:

No vaciles en hacer uso de todas tus facultades para familiarizarte con todas las reglas que, de alguna manera, pueden ser eficaces en la vida. La ignorancia en cualquiera de sus formas te perjudicará; solo el 'tonto' cree que puede cerrar los ojos ante esto. La experiencia, en cambio, enseña que nunca se puede estar seguro. Debes permanecer siempre abierto a una experiencia completamente nueva. Nunca llegarás a ser realmente sabio, porque en última instancia, esta vida tuya no está determinada por reglas, sino por Dios.[26]

Sabiduría

Proverbios trata fundamentalmente de la sabiduría, y la sabiduría, como hemos visto, está centrada en Dios, en el temor al Señor. La sabiduría significa vivir bajo su dominio soberano en los detalles de la vida cotidiana. De ahí que, como se ha señalado anteriormente, todos los temas que aquí se abordan puedan encuadrarse dentro de la sabiduría. El contraste entre la sabiduría y la insensatez ocupa el centro del escenario desde el principio de los Proverbios. Como ya se ha señalado, la sabiduría se presenta en público, llamando a la gente a someterse

---

[24] Véase ibid., 101.
[25] Sobre este verso, véase Perdue, *Wisdom and Creation*, 106-7.
[26] Von Rad, *Wisdom in Israel*, 106.

a su autoridad (1:20-33). "La sabiduría va en busca de las personas en sus actividades habituales y les ofrece instrucción para la vida, de modo que sus diversas actividades, desde el matrimonio hasta los negocios" puedan ayudarles "a vivir en armonía con el mundo y a experimentar el acierto".[27]

El carácter público de la sabiduría se retoma en 8:1-5, pues la sabiduría llama a todos. Tanto la Mujer Sabiduría como la Mujer Insensatez (cap. 9) han preparado un festín, invitando a todos y cada uno a venir a participar de lo que han preparado. La Dama Sabiduría no es una dura maestra, ya que invita a los simples y a los necios a convertirse en sabios, a prestar atención a lo que ella enseña. Los que prestan atención a la sabiduría gozarán de una larga vida (9:11), mientras que los que se desvían hacia la insensatez acabarán en el Seol (9:18).

La locura está estrechamente relacionada en estos capítulos introductorios con el desvío a la apostasía, con tener relaciones sexuales con una prostituta (2:16-19; 5:1-23; 6:24-35; 7:1-27).[28] El que tiene a la sabiduría como "hermana" (7:4) y llama a la sabiduría (2:3) no se dejará seducir por las pretensiones sexuales de una mujer prohibida que promete delicias extáticas (5:3, 20; 6:24-25; 7:10, 16-18). El adulterio abandona el pacto hecho con Dios (2:17) y es suicida, pues conduce a la muerte y a la destrucción (2:18-19; 5:4-5, 11, 14; 6:27-29, 32-33; 7:22-23, 26-27).

> **Proverbios 2:18–19** Porque su casa se inclina hacia la muerte, Y sus senderos hacia los muertos. Todos los que van a ella, no vuelven, Ni alcanzan las sendas de la vida.
>
> **Proverbios 5:4–5** Pero al final es amarga como el ajenjo, Aguda como espada de dos filos. Sus pies descienden a la muerte, Sus pasos *solo* logran el Seol.

Por lo tanto, uno debe "no codiciar su hermosura en su corazón" y no debe dejarse ganar por "sus párpados" (6:25).[29] En cambio, uno debe "beber agua de su propia cisterna" (5:15) y "regocijarse con la mujer de su juventud" (5:18).

Hay que dejarse cautivar por la belleza de la esposa, "amante cierva y graciosa gacela; que sus senos te satisfagan en todo tiempo, su amor te embriague para siempre" (5:19). Proverbios no denuncia los placeres sexuales,

---

[27] Dumbrell, *Faith of Israel*, 270.

[28] Waltke dice que la mujer retratada es una prostituta en el sentido de que no tiene "ninguna intención de una relación vinculante o duradera" (*Book of Proverbs*, 124). Véase su discusión completa sobre el asunto (pp. 119-25).

[29] Véase Crenshaw, *Old Testament Wisdom*, 14, 78-79.

sino que los acoge dentro de los límites del matrimonio.[30] El deseo sexual debe ser canalizado dentro de las riberas del matrimonio. Estar embelesado con la propia esposa frente a ser presa de una adúltera ilustra prestar atención a la sabiduría o a la insensatez. Aquellos que se desvían hacia una adúltera dan testimonio de su absoluta insensatez, de su negativa a prestar atención al llamado de la sabiduría en la plaza pública.

Lo que significa ser un necio es negarse a escuchar la corrección, insistir fanáticamente en vivir sobre la base de la propia sabiduría en lugar de confiar en el Señor (3:5-6). Desviarse hacia la insensatez es realmente una especie de locura porque es intrínsecamente destructiva. Las delicias que acompañan a la sabiduría nos asombran porque prometen alegrías interminables.

> Bienaventurado el hombre que halla sabiduría y el hombre que adquiere entendimiento. Porque su ganancia es mejor que la ganancia de la plata, y sus utilidades mejor que el oro fino. Es más preciosa que las joyas, y nada de lo que deseas se compara con ella. Larga vida hay en su mano derecha, en su mano izquierda, riquezas y honra. Sus caminos son caminos agradables y todas sus sendas, paz. Es árbol de vida para los que echan mano de ella, y felices son los que la abrazan (3:13-18).

Hacer caso a la Dama Insensatez solo puede explicarse en términos de terquedad y ceguera, ya que los necios o "burladores" (*lēṣîm* [1:22; 3:34]) o los "simples" (*pĕtāyim* [1:22]) están envueltos en la oscuridad (4:19) aunque tienen grandes sueños para el futuro (17:24).[31] Están convencidos de su propia inteligencia (26:12; 28:26) y de lo correcto de su camino (12:15), y se niegan a hacer caso de la corrección de sus padres (15:5) o de cualquier otra persona (1:7, 22; 9:7; 15:12). Y por eso solo les gusta manifestar sus propias opiniones en lugar de aprender de los demás (18:2). De sus bocas brotan "necedades" (15:2, 14; cf. 10:21).

La necedad y la maldad entretienen a los ilusos (10:23; 15:21), ridiculizan la devoción piadosa (14:9) y están llenas de orgullo y arrogancia (21:24). Se enredan fácilmente en disputas (20:3) y se apresuran a dar a conocer su molestia

---

[30] Aquí podemos comparar los Proverbios con el Cantar de los Cantares.

[31] Se utilizan varias palabras para describir al necio: "malo" (*rāšāʿ*), "estúpido" (*kĕsîl*), "tonto" (*ʾĕwîl*), "pecador" (*ḥāṭāʾ*). No pretendo ahondar aquí en las diferencias entre estos términos, aunque a continuación señalo que los "simples" son susceptibles de cambio, mientras que los tontos no lo son.

(12:16; 14:29; 29:11). Las discusiones con los burladores y los necios son inútiles (9:8; 13:1; 26:4; 29:9), a menos que uno juegue el juego del tonto para exponer su locura (26:5), pues ni siquiera escuchan antes de dar respuestas (18:13) y no tienen discernimiento para aprender (14:15). El necio acaba arruinando su propia vida, mientras culpa a Dios de su caída: "La insensatez del hombre pervierte su camino, y su corazón se irrita contra el SEÑOR" (19:3). Ser un tonto o un burlador es irremediable.[32] Pero el que es "simple" puede apartarse de la credulidad y llegar a ser sabio (19:25), si está dispuesto a escuchar a la Mujer Sabiduría (1:4; 8:5; 9:4, 6; 19:25; 21:11).[33]

> **Proverbios 1:4** Para dar a los simples prudencia, *y* a los jóvenes conocimiento y discreción.
> **Proverbios 8:5** »Oh simples, aprendan prudencia; y ustedes, necios, aprendan sabiduría.
> **Proverbios 9:4, 6** «El que sea simple que entre aquí». Al falto de entendimiento le dice... »Abandona la necedad y vivirás; anda por el camino del entendimiento».

Lo fundamental de la sabiduría es temer al Señor, y quien escucha y presta atención a la Mujer Sabiduría en lugar de a la Mujer Insensatez gana en discreción. La importancia de escuchar y aprender queda patente en el capítulo del discurso introductorio, en el que el padre exhorta repetidamente a su hijo a escuchar y estar atento a su enseñanza (2:1-4; 3:1; 4:1-7, 10, 20-21; 5:1-2; 7:1-2). Esto se capta muy bien en 4:7: "Lo principal es la sabiduría; adquiere sabiduría, y con todo lo que obtengas adquiere inteligencia". Y leemos en 19:20: "Escucha el consejo y acepta la corrección, para que seas sabio el resto de tus días" (cf. 13:1; 17:24; 18:15). Los que llegan a ser sabios son humildes y enseñables.

La sabiduría no debe equipararse a la superdotación intelectual o a la brillantez filosófica. La sabiduría se expresa en la forma de vivir. El ser humano no tiene la capacidad de adquirir la sabiduría por sí mismo, pues para ello tendría que ascender al cielo (30:1-4), y por eso los sabios confían en las palabras reveladas por Dios (30:5-6). Aquí tenemos otra indicación de que la sabiduría y

---

[32] Véase von Rad, *Wisdom in Israel*, 64-65.
[33] En defensa de la idea de que los "necios" y los "burladores" no tienen remedio, mientras que los "simples" pueden cambiar, véase Waltke, *Book of Proverbs*, 111-14.

la Torá no están polarizadas. La sabiduría se expresa de forma concreta en la trama de la vida. Los sabios se abstienen de la ira (29:8), su discurso es amable, y son fieles en sus matrimonios y diligentes en su trabajo.[34]

Lo notable de la sabiduría es que se convierte en una costura en el carácter de los que la reciben. La sabiduría no es simplemente un rasgo externo que se da en la vida de uno; es constitutiva de la vida y la existencia de uno. Uno se convierte en sabio. Si uno anhela la sabiduría, "la sabiduría entrará en su corazón, y el conocimiento será grato a su alma" (2:10).

La sabiduría se convierte en parte del tejido de nuestro carácter. Vivir con sabiduría no es simplemente una obligación, algo que hay que hacer. La sabiduría se vuelve "agradable", deseable y atractiva. Cuando la sabiduría se convierte en una realidad interna, "la discreción velará sobre ti, el entendimiento te protegerá" (2:11). La sabiduría se convierte en un radar interno que detecta y rechaza el mal. Los necios "se deleitan en hacer el mal y se regocijan en las perversidades del mal" (2:14), pero los sabios encuentran su deleite en la bondad. Por eso, "la integridad de los rectos los guía" (11:3), y "la justicia guarda al íntegro en su camino es irreprochable" (13:6).

Lo que se dice aquí sobre la sabiduría es bastante similar a la promesa de un nuevo pacto en Jeremías 31:31-34. Los sabios se han vuelto justos; se han transformado internamente, y por eso perciben el curso correcto de la conducta. Es una segunda naturaleza para ellos. "Como diversión… la sabiduría lo es para el hombre de entendimiento" (10:23).

Otro tema, que los estudiosos del Antiguo Testamento han señalado a menudo, es la relación de la sabiduría con la creación.[35] La estrecha relación entre los temas de la sabiduría y la creación es comprensible, pues muchos dichos de la sabiduría reflexionan sobre el mundo creado, observando lo que ocurre en el mundo que Dios hizo.[36] Los vínculos entre la sabiduría y la creación, como vimos con la sabiduría y la Torá, son otra indicación de que la sabiduría es parte integral de la teología del Antiguo Testamento, que no está separada del mensaje del Antiguo Testamento en su conjunto. Se afirma la sabiduría del

---

[34] Estos temas se abordan tanto arriba como abajo.

[35] La sabiduría no es una hipóstasis, sino una personificación (Childs, *Old Testament as Scripture*, 554; Dumbrell, *Faith of Israel*, 271). La sabiduría en los capítulos 1-9, como sostiene Waltke (*Book of Proverbs*, 86-87), se equipara prácticamente con las palabras dirigidas por el padre al hijo. Este vínculo demuestra que la sabiduría está personificada, no es una hipóstasis real.

[36] Véase Perdue, *Wisdom and Creation*, 35.

Señor al crear el mundo: "Con sabiduría fundó el SEÑOR la tierra, con inteligencia estableció los cielos. Con su conocimiento los abismos fueron divididos y los cielos destilan rocío" (3:19-20).

La sabiduría del Señor en la creación se celebra especialmente en 8:22-31.[37] Las maravillas de la creación se exponen en estos versículos, y lo que el escritor destaca es que la sabiduría fue la "socia" y "compañera" de Dios en cada paso. La complejidad y la belleza del mundo creado dan testimonio de la sabiduría de Dios. La sabiduría es pública, como hemos visto, pero también pertenece a Dios y fue su compañera, por así decirlo, en la creación.[38]

Sabiduría y discurso

La sabiduría se traduce en la vida cotidiana, mostrándose especialmente en la palabra.[39] "Hay quien habla sin tino como golpes de espada" que cortan y matan a los demás, mientras que "la lengua de los sabios sana" (12:18). Las palabras sabias no hieren ni destruyen, sino que tratan de edificar y llevar consuelo y salud a los demás. Los labios de los sabios "apacientan" a los demás y promueven el conocimiento, dándoles sustento para su estancia en la tierra (10:21, 31; 15:7). Los necios hablan antes de pensar, y vierten las palabras de su boca como un torrente (29:20), pero los sabios no creen que la autenticidad signifique decir todo lo que se piensa (21:23). Refrenan el impulso de soltar sus pensamientos (13:3; 17:27; 29:11). "En las muchas palabras, la transgresión es inevitable, pero el que refrena sus labios es prudente" (10:19).

El sabio escucha y reflexiona antes de dar una respuesta (15:28; 18:15). Como los necios carecen de autocontrol, sus bocas caminan hacia las disputas (15:18; 18:6). Menosprecian al prójimo cuando deberían guardar silencio sobre las faltas de los que viven cerca (11:12). Los que son sabios mantienen una promesa y no revelan secretos, pero los necios encuentran delicioso el chisme y difunden en el extranjero calumnias sobre los demás (11:9, 13; 16:28; 17:9; 18:8). Los necios no son veraces en su discurso, sino que propagan la mentira (12:22). Los sabios, sin embargo, son honestos y amables en su discurso (15:4;

---

[37] Para un análisis profundo de la sabiduría en Prov. 8, véase von Rad, *Wisdom in Israel*, 149-66.

[38] Véase Dumbrell, *Faith of Israel*, 267.

[39] Para un excelente estudio sobre el efecto de las palabras en Proverbios, véase Kidner, *Proverbs*, 46-49.

24:26). En lugar de hablar de forma agresiva y grosera, responden a la confrontación con gracia y sensatez y, por tanto, apartan la ira (15:1; 16:23, 24; 25:15).

Sabiduría y riqueza/pobreza

A menudo se ha observado que el libro de los Proverbios presenta un fuerte contraste entre los ricos y los pobres, los que trabajan duro y los que son perezosos. [40] Los primeros disfrutan de la prosperidad y los segundos soportan la pobreza. Los proverbios sobre los ricos y los pobres son, por supuesto, generalizaciones, por lo que no deben interpretarse como si no hubiera excepciones. Muchos proverbios representan máximas que se aplican en algunas circunstancias, pero no deben entenderse como aplicables a todas las situaciones. Al leer los proverbios sobre la riqueza y la pobreza, vemos claramente que se aborda una diversidad de situaciones. [41] Ningún proverbio sobre la riqueza y la pobreza puede abarcar por sí solo las complejidades de la vida. [42] Childs comenta sabiamente el papel de los proverbios:

> La importancia del proverbio no reside en su formulación de verdades atemporales, sino en la capacidad del sabio de utilizar el proverbio para discernir el contexto adecuado con el que iluminar la situación humana. [43]

La profundidad y la amplitud relativas a la pobreza son evidentes en los numerosos proverbios sobre el tema.

Algunas personas son pobres por pereza, y los perezosos son descritos con humor negro. [44] Ponen excusas descabelladas: no pueden salir porque hay leones en la calle (22:13; 26:13). Tienen tan poca iniciativa que no pueden reunir la energía necesaria para alimentarse (12:27; 19:24; 26:15). En lugar de aprender de la hormiga sobre la planificación y la industria, anhelan dormir más (6:6-11;

---

[40] Véase la discusión en Perdue, *Wisdom and Creation*, 113–15; también es importante Van Leeuwen, "Wealth and Poverty".

[41] Para un debate útil y completo sobre la pobreza en el AT, véase C. Wright, *Old Testament Ethics*, 168-80, que muestra que gran parte de la pobreza se atribuye a la opresión en el AT.

[42] Véase von Rad, *Wisdom in Israel*, 126; House, *Old Testament Theology*, 448.

[43] Childs, *Old Testament as Scripture*, 557.

[44] Véase la excelente viñeta sobre el perezoso en Kidner, *Proverbs*, 42-43.

19:15; 20:13; 24:30-34; 26:14), y por eso no trabajan en la época de la cosecha (20:4). Tienen antojo de muchas cosas pero no hacen nada productivo para satisfacer sus deseos (12:11; 13:4; 21:17, 25-26; 28:19); en cambio, satisfacen sus deseos glotones cuando deberían estar trabajando (10:4; 23:20-21).

Todo es un obstáculo para ellos en lugar de una oportunidad (15:19), y constantemente piden ayuda a los demás (30:15), pero no están dispuestos a ayudar a otros (28:22). Los perezosos pueden pensar que no causan ningún daño, pero su falta de trabajo los empobrece a ellos mismos y a los demás (18:9). Está claro que, según Proverbios, algunos son pobres por su pereza y su falta de voluntad para invertir en el trabajo.

A menudo, los que son ricos han prosperado gracias a su trabajo duro y su disciplina. Dios dio a los seres humanos un apetito para provocarles a trabajar (16:26). En lugar de malgastar su tiempo, trabajan para la cosecha (10:5; 12:11, 27; 28:19), invirtiendo tiempo, energía y previsión en su trabajo (27:23-27). No intentan obtener riquezas mediante esquemas de enriquecimiento rápido, sino que aumentan su riqueza paciente y lentamente, trabajando día tras día (20:21; 21:5). Invertir en el futuro no se considera codicioso, sino que constituye una prueba de sabiduría y reflexión.

Es de sentido común terminar el trabajo necesario fuera antes de trabajar en la propia casa (24:27). Los ricos no acumulan dinero (22:9) ni cobran intereses para mejorar su situación financiera (28:8); dan generosamente a los pobres. La riqueza no se ve desde una perspectiva secular, como si todos los que trabajan duro se hicieran ricos con toda seguridad. Hay que trabajar duro para prosperar, pero en última instancia es la bendición del Señor si uno se enriquece, un regalo de Su mano (10:22). Por tanto, no hay que confiar en las riquezas (11:28).

Los proverbios no recomiendan una visión mecanicista de la vida, como si el hecho de obtener riquezas fuera necesariamente una señal del favor del Señor.[45] Algunos proverbios comentan la seguridad que se deriva de las riquezas. Los ricos disfrutan de la vida (15:6) y tienen poder sobre los pobres (22:7), sus riquezas son su "fortaleza" (10:15; 18:11), traen amigos (19:4) y garantizan una herencia para el futuro (13:22). Estas observaciones no significan necesariamente que las riquezas sean automáticamente una bendición. De hecho, cualquiera que "confíe en sus riquezas caerá" (11:28).

---

[45] Goldingay (*Israel's Life*, 483) señala acertadamente que la visión de la riqueza en Proverbios es "compleja" y, por tanto, hay que rechazar las interpretaciones simplistas de lo que dice Proverbios sobre la riqueza y la pobreza (véase también p. 488).

El libro de los Proverbios reconoce que algunos ricos obtienen sus riquezas injustamente. Por ejemplo, los sobornos pueden ayudar a una persona a salir adelante (17:8; 18:16; 21:14), pero el fin no justifica los medios, pues aceptar un soborno es "pervertir las sendas del derecho" (17:23). Uno puede enriquecerse robando a los pobres (22:22), mediante argucias financieras (16:11), u oprimiendo a los pobres para obtener más riqueza (11:26; 22:16). Las riquezas no garantizan la seguridad cuando llega el día del juicio (11:4). Algunos han leído el libro de los Proverbios como si enseñara que los ricos gozan del favor del Señor. Tal lectura es superficial, porque el libro también reconoce que los ricos pueden haber llegado a su riqueza sin escrúpulos, o pueden confiar erróneamente en su riqueza.

En la misma línea, los que son pobres no son necesariamente perezosos y holgazanes. Los proverbios no deben leerse como si avalaran una visión unidimensional de la pobreza y la riqueza. Hay que tener cuidado con citar selectivamente algunos proverbios para establecer un caso, ya que el libro de los Proverbios representa observaciones que captan una porción de la vida, pero no pretenden representar exhaustivamente toda la realidad. Algunos de los que son pobres lo son por pereza, pero ese juicio no es una imagen completa.

Los pobres pueden sufrir carencias a causa de la opresión (14:31), y la posibilidad de prosperidad se puede "perder por la injusticia" (13:23). "Hay gente cuyos dientes son espadas, y sus muelas cuchillos, para devorar a los pobres de la tierra, y a los menesterosos de entre los hombres" (30:14). Los que se burlan de los pobres en realidad se burlan de Dios, que creó tanto a los ricos como a los pobres (17:5; 22:2). "El justo se preocupa por la causa de los pobres, pero el impío no entiende tal preocupación" (29:7).

Los ricos corren el peligro de pensar que son más piadosos que los pobres simplemente porque han sido bendecidos con la abundancia. Uno puede seguir siendo pobre y llevar una vida íntegra, en contraste con el que es rico pero perverso (28:6). "Mejor es el pobre que anda en su integridad que el de labios perversos y necio" (19:1). "Es mejor ser pobre que mentiroso" (19:22). Un pobre puede ser más justo que un rico. "El rico es sabio ante sus propios ojos, pero el pobre que es entendido, lo sondea" (28:11), aunque incluso los pobres pueden maltratar a otros que son pobres (28:3). De hecho, los pobres pueden disfrutar de más felicidad que los ricos. Uno puede temer al Señor y tener poco para vivir, mientras que otros pueden ser prósperos pero vivir en una casa llena de disputas y odio (15:16-17; 17:1). "Mejor es poco con justicia, que gran ganancia con injusticia" (16:8). Los ricos no deben pensar que los pobres merecen su suerte, sino que deben dar generosamente para ayudarlos (22:9; 28:27).

> **Proverbios 22:9** El generoso será bendito, porque da de su pan al pobre.
>
> **Proverbios 28:27** El que da al pobre no pasará necesidad, pero el que cierra sus ojos tendrá muchas maldiciones.

El libro de los Proverbios transmite, pues, una perspectiva equilibrada sobre la riqueza y la pobreza, los ricos y los indigentes. Reconoce que los ricos a menudo se enriquecen gracias a su esfuerzo y disciplina, mientras que los pobres pueden serlo por su pereza y falta de voluntad para trabajar. Sin embargo, las riquezas pueden obtenerse mediante la injusticia, y los pobres pueden ser víctimas de la opresión o de circunstancias difíciles.

Por tanto, ridiculizar a los pobres constituye un desafío a Dios como creador. Los que son económicamente prósperos deberían estar dispuestos a ayudar a los pobres. La riqueza no se celebra como el mayor bien en los Proverbios; es mejor temer al Señor y buscar la sabiduría. La postura de los Proverbios sobre la riqueza se recoge bien en 23:4-5: "No te fatigues en adquirir riquezas, deja de pensar en ellas. Cuando pones tus ojos en ella, ya no está. Porque la riqueza ciertamente se hace alas como águila que vuela hacia los cielos".

La riqueza es una bendición de Dios, pero no hay que perseguirla ardientemente, pues es temporal y fugaz. Tal vez la oración de 30:7-9 capta mejor la postura ante las riquezas y la pobreza en Proverbios: "Dos cosas te he pedido, no me las niegues antes que muera: Aleja de mí la mentira y las palabras engañosas, no me des pobreza ni riqueza; dame a comer mi porción de pan, no sea que me sacie y te niegue, y diga: '¿Quién es el SEÑOR?' o que sea menesteroso y robe, y profane el nombre de mi Dios". Un exceso de riqueza puede llevar a la autosatisfacción, de modo que se deja de confiar en el Señor y se confía en las riquezas. A la inversa, la pobreza extrema puede tener un efecto similar, haciendo que uno se desespere y recurra al pecado para mantenerse.

El Rey

Se podrían estudiar muchos temas en Proverbios, pero lo que dice sobre los reyes es instructivo para entender el libro. En algunos contextos, el rey es descrito como un dechado de rectitud. Un grupo de proverbios en el capítulo 16 ilustra el punto. "Decisión divina hay en los labios del rey; en el juicio no debe errar su boca" (16:10). Está claro que se trata de un rey ideal, que sigue el camino de la justicia y la sabiduría.

Proverbios 16:12-13 es bastante similar: "Es abominación para los reyes cometer iniquidad, porque el trono se afianza en la justicia. El agrado de los reyes son los labios justos, y amado será el que hable lo recto". Inmediatamente pensamos en excepciones a lo que se encuentra aquí, pero los proverbios abordan una situación en la que el rey es justo, en la que el mal es detestable, y la verdad y la integridad son celebradas. Debemos pensar en lo mismo cuando leemos: "El furor del rey es como mensajero de muerte, pero el hombre sabio lo aplacará. En el resplandor del rostro del rey hay vida, y su favor es como nube de lluvia tardía" (16:14-15; cf. 19:12; 20:2). Dado que la autoridad se aprovecha tan a menudo para fines malvados, la ira del rey puede no suscitar pensamientos de belleza y verdad. Sin embargo, el escritor piensa claramente en una ira justificada y justa.

En 20:8 también se habla de reyes justos: "El rey que se sienta sobre el trono del juicio, disipa con sus ojos todo el mal" (20:26; 25:5). Podemos responder a un proverbio como éste pensando: "¿Dónde está el rey que hace esto?". Pero el escritor piensa en el rey ideal, ya que la responsabilidad del rey es hacer cumplir la justicia, y de ahí que una persona sabia viva para complacer al rey, pues su aprobación representa el favor de los justos. Por eso, "el que ama la pureza de corazón tiene gracia en sus labios, y el rey es su amigo" (22:11).

Se deduce, pues, que los que verdaderamente temen al Señor, que caminan por el camino de la sabiduría, también temerán al rey. "Hijo mío, teme al SEÑOR y al rey" (24:21). Es notable lo estrechamente alineado que está el rey con Yahweh aquí, y esto es evidente también en otros proverbios. "Es gloria de Dios encubrir una cosa, pero la gloria de los reyes es investigar un asunto" (25:2). Los reyes tienen una capacidad casi divina para desenterrar lo que Dios ha ocultado. La estatura divina del rey también queda patente en otro proverbio: "Como la altura de los cielos y la profundidad de la tierra, así es el corazón de los reyes, inescrutable" (25:3).

En otros lugares se atribuye a Dios lo que es inescrutable (Job 5:9; 9:10; Sal. 145:3; Isa. 40:28), y aquí el corazón del rey se pone en la misma categoría. Parece que no se trata de un rey ordinario. Los proverbios del libro se atribuyen principalmente al rey Salomón (1:1; 10:1; 25:1). Ningún rey humano cumple con el rey ideal descrito aquí, pues todos los reyes, en una u otra medida, practican la injusticia. Si se considera Proverbios desde una perspectiva canónica, la imagen ideal del rey apunta a un rey futuro, un rey que cumple la promesa del pacto con David. La justicia, la sabiduría y la estatura divina del rey apuntan a Jesús de Nazaret. La justicia, la sabiduría y el gobierno piadoso descritos en Proverbios se cumplen en Jesucristo.

También hay que señalar que el libro de los Proverbios reconoce que los reyes pueden hacer el mal. Algunos podrían sospechar que Salomón, al ser rey, solo escribió cosas positivas sobre los reyes, o que el editor final del libro excluyó cualquier perspectiva negativa sobre los reyes. Sin embargo, leemos en 29:12: "Si un gobernante presta atención a palabras mentirosas, todos sus servidores se vuelven impíos". Aquí hay un claro reconocimiento de que los líderes pueden volverse hacia el mal, y que tal giro tendrá consecuencias perjudiciales para el reino en su conjunto.

En la misma línea, leemos: "El rey con la justicia afianza la tierra, pero el hombre que acepta soborno la destruye" (29:4). La cuestión a la que se enfrentan los reyes es si seguirán la justicia o el mal. Si eligen este último camino, su reino implosionará. Del mismo modo, "El rey que juzga con la verdad a los pobres afianzará su trono para siempre" (29:14). La posibilidad de que un rey no cumpla este mandato, de que maltrate a los pobres y, por tanto, socave su dinastía, está implícita en el proverbio. Del mismo modo, "El rey sabio avienta a los impíos, y hace pasar la rueda de trillar sobre ellos" (20:26).

Una vez más, se sugiere implícitamente que no todos los reyes son sabios, que algunos, en lugar de juzgar a los malvados, promueven a los que son malos a posiciones de liderazgo. Otros versículos son más explícitos.

> Cual león rugiente y oso agresivo es el gobernante perverso sobre el pueblo pobre. Al príncipe que es un gran opresor le falta entendimiento, pero el que odia las ganancias injustas prolongará sus días (28:15-16).

Algunos gobernantes son como animales rapaces, que salvaguardan a su pueblo en lugar de nutrirlo. La madre del rey Lemuel lo amonestó sobre el camino que deben seguir los reyes (31:1-9). Deben defender "los derechos de todos los afligidos" (31:5) y "defender los derechos del afligido y del necesitado" (31:9). Pero si los reyes llevan una vida disoluta y persiguen el placer, abandonarán su administración sobre el pueblo y abusarán de él en lugar de tratarlo con justicia.

Sabias observaciones sobre la vida

Muchos proverbios simplemente hacen observaciones sabias sobre la vida. Esto no significa que Proverbios sea un libro secular desconectado del señorío de Yahweh. De hecho, estas reflexiones sobre la vida están vinculadas a la creación: el mundo que Yahweh ha hecho. En Israel no existía una división entre lo sagrado y lo secular. Lo que se observaba en la vida cotidiana estaba inseparablemente conectado con el mundo que Yahweh había formado, pues la sabiduría se basa en las tradiciones de la creación. Hoy en día se reconoce con regularidad que no existe la observación neutra, que nuestras perspectivas de la vida están moldeadas y limitadas por nuestra visión del mundo. Lo mismo ocurre en Proverbios. Las máximas no son solo reflexiones neutrales sobre la vida. Contienen también una exhortación implícita, señalando una manera de vivir sabiamente en el mundo.

A menudo se hacen observaciones sobre la vida para provocar que los lectores adquieran sabiduría. Una persona que primero defiende un caso parece tener toda la razón, hasta que se escucha la otra parte (18:17). La gente dice ser fiel y leal, pero en realidad esa cualidad es bastante rara (20:6). Visitar a un vecino con demasiada frecuencia puede hacer que esa persona te odie (25:17). Cuando se discute el precio de un artículo en venta, un comprador puede afirmar que no tiene valor, pero luego, después de comprarlo, se jacta de la compra (20:14). Aquellos que son bendecidos con habilidad y pericia en su trabajo recibirán honor y fama por su labor (22:29).

Solo el corazón de una persona conoce su alegría o su pena (14:10), e incluso los que se ríen pueden estar encubriendo la pena que apuñala el corazón (14:13). Un deseo que no se materializa puede hacer que uno enferme del corazón, mientras que un deseo cumplido es como un "árbol de la vida" (13:12). Los que están alegres disfrutan de la vida por su actitud positiva (15:15), y su alegría les da fuerza para soportar la enfermedad y la adversidad (17:22; 18:14). Dar una respuesta acertada para ayudar a otro produce gran alegría (15:23), ya que una buena palabra puede traer consuelo a los que están ansiosos (12:25; cf. 15:30).

Por el contrario, cantar canciones alegres cuando otro está afligido viola el amor (25:20). Los que persiguen planes sin buscar consejo suelen fracasar porque no buscaron la sabiduría (11:14; 15:22; 20:18).

Proverbios 11:14 Donde no hay buen consejo, el pueblo cae, pero en la abundancia de consejeros está la victoria.

Proverbios 15:22 Sin consulta, los planes se frustran, pero con muchos consejeros, triunfan.

Proverbios 20:18 Los proyectos con consejo se preparan, y con dirección sabia se hace la guerra.

El pobre debe ser diplomático en los contextos sociales, pero el rico puede salirse con la suya respondiendo con rudeza (18:23). Quien no tiene bueyes se ahorra el esfuerzo de limpiar un pesebre, pero al mismo tiempo se pierde el beneficio de "las abundantes cosechas" que supone tener un buey para trabajar la tierra (14:4). Hay que sopesar los costes y los beneficios en cada situación. Quien se hace amigo de los sabios se convierte en sabio (13:20). Si uno piensa sabiamente en la vida, puede evitar muchos problemas. Por ejemplo, la gente no debe inmiscuirse en las disputas de los demás (26:17), ni nadie debe engañar a un vecino y luego alegar que era una broma (26:18-19). Del mismo modo, las disputas y los pleitos se extinguirán si no hay chismes que los alimenten (26:20-21).

Otras observaciones provienen claramente de una visión del mundo centrada en Dios. Incluso se puede ver en los niños si son "puros y rectos" (20:11). La justicia conduce a la prosperidad de una nación, pero el pecado trae reproche (14:34). La envidia consume a la persona y es inherentemente autodestructiva (14:30). Algunos seres humanos son bendecidos con una confianza suprema en su probidad ética, cuando en realidad están contaminados por el mal (30:12). Los que se jactan de sus propias capacidades intelectuales son en realidad unos necios (26:12).

Una adúltera, por ejemplo, puede defender su conducta con un aplomo que resulta desconcertante (30:20). Asimismo, una mujer puede ser hermosa, pero si carece de "discreción", su belleza se ve empañada (11:22). A menudo se ha dicho que "delante de la destrucción va el orgullo, y delante de la caída, la arrogancia de espíritu" (16:18; cf. 18:12). A menudo, una persona cuya vida se desintegra a causa de sus malas decisiones o comportamientos culpa a los demás: "La insensatez del hombre pervierte su camino, y su corazón se irrita contra el SEÑOR" (19:3). Vivir en el desierto es preferible al matrimonio con una esposa que discute constantemente (21:19; cf. 21:9; 25:24). Sin duda, lo contrario es cierto. Una mujer casada con un hombre cascarrabias e iracundo sufre a diario.

El futuro

Lo que significa ser sabio es tener en cuenta el futuro, y los que viven sabiamente serán recompensados, y las consecuencias serán agradables. Los proverbios "nunca critican la búsqueda del hombre por la felicidad y la plenitud... Simplemente presupone esta búsqueda como un hecho.... Este deseo de sobrevivir sin llegar a la pena... está plantado en lo más profundo del hombre y se acepta sin cuestionarlo".[46] Dado que los proverbios son generalizaciones y no promesas, ciertamente habrá excepciones a lo que se observa, ya que los proverbios relatan lo que *suele* ocurrir. Las decisiones en la vida tienen consecuencias, y hay recompensas para los que persiguen la sabiduría y la rectitud. "La recompensa de la humildad y del temor al SEÑOR son la riqueza, el honor y la vida" (22:4). Los que viven con rectitud experimentarán el bien (12:21; cf. 11:31; 12:27).

Los justos serán librados de la muerte y típicamente vivirán una larga vida (3:2; 10:2; cf. 3:16), pues son recompensados en la tierra por su bondad (11:31), pero los impíos morirán (12:28; 14:12). Los impíos serán olvidados y su prosperidad será efímera (10:7, 25; 14:32; 19:16). Los justos serán bendecidos, pero los malvados serán malditos (3:33). Y los orgullosos serán humillados, mientras que los humildes serán honrados (29:23; cf. 14:14). Los que viven con justicia encontrarán la liberación, mientras que los malvados sufrirán las consecuencias (28:18; cf. 11:8; 14:11; 21:7; 24:16; 28:10). La injusticia llevará a la "vanidad" (22:8; cf. 13:15), y los que maldicen a sus padres encontrarán su lámpara apagada (20:20).

Los que "temen al SEÑOR y al rey" serán preservados, pero la "desgracia" y la "destrucción" caerán sobre los que se resistan a su autoridad (24:21-22). Los justos no deben preocuparse ni inquietarse por los malvados, "porque no habrá futuro para el malo. La lámpara de los impíos será apagada" (24:20; cf. 13:9). Del mismo modo, para los que obtienen la sabiduría, "habrá un futuro, y su esperanza no será cortada" (24:14); pero los que se vuelvan locos pagarán por ello: "El que se aparta del camino del saber reposará en la asamblea de los

---

46 Von Rad, *Wisdom in Israel*, 81.

muertos" (21:16). Tampoco hay que considerar lo que ocurre como una causa y un efecto mecánicos. "El Justo observa la casa del impío, llevando al impío a la ruina" (21:12). Las terribles consecuencias de una vida dedicada al mal son el juicio de Dios sobre los malvados, su pago personal por su pecado. Los malvados experimentarán la ira (11:23).

Es interesante que Proverbios se remonte al Edén (Gen. 2:9; 3:17, 22, 24) con cuatro referencias al "árbol de la vida" (Prov. 3:18; 11:30; 13:12; 15:4).[47]

> **Proverbios 3:18** Es árbol de vida para los que echan mano de ella, y felices son los que la abrazan.
> **Proverbios 11:30** El fruto del justo es árbol de vida, y el que gana almas es sabio.
> **Proverbios 13:12** La esperanza que se demora enferma el corazón, pero el deseo cumplido es árbol de vida.

Por un lado, el enfoque se centra en la vida terrenal, ya que "la lengua apacible es árbol de vida" (15:4), e incluso se dice que el cumplimiento de un deseo es un "árbol de vida" (13:12). Pero también puede haber aquí una insinuación de que la vida trasciende la existencia presente. Así, los que hablan con dulzura experimentan una vida parecida a la que se encuentra en el paraíso, y los deseos se cumplen realmente en una vida que vence a la muerte. Del mismo modo, los que adquieren la sabiduría la encuentran como un "árbol de la vida" (3:18) y disfrutarán de una "larga vida" (3:16), sugiriendo quizás una vida más allá de esta vida.

La sabiduría dice: "El que me halla, halla la vida" (8.35). La vida es también el fruto de la sabiduría (11:30). Otros textos sobre la muerte y la vida son instructivos. La sabiduría "es tu vida" (4:13). El que se aparta con una mujer infiel "se inclina hacia la muerte" y no "no alcanzan las sendas de la vida" (2:18-19; cf. 5:5-6; 6:26; 7:23). Cumplir los mandatos del padre conduce a "largura de días y años de vida" (3:2; cf. 4:22; 6:23; 10:17; 13:14; 19:16); "los años de tu vida" serán "muchos" si uno obedece (4:10). Así también la justicia conduce a la vida (12:28; 16:31; 21:21).

El temor del Señor trae una gran bendición, pues por Él "se multiplicarán tus días, y años de vida te serán añadidos" (9:11; cf. 10:27; 14:27; 19:23; 22:4). Estos textos se centran en una larga vida en la tierra, una vida productiva y

---

[47] Véase Perdue, *Wisdom and Creation*, 82.

fructífera durante la estancia terrenal. Waltke cree que algunos de los dichos se refieren a la "vida eterna".[48] En algunos casos la referencia es "a la vida abundante en comunión con Dios, una relación viva que nunca se prevé que termine en la muerte clínica, en contraste con la muerte eterna de los impíos".[49] Ve una promesa explícita de vida en el futuro en 12:28; 14:32.[50] Proverbios 14:32 parece especialmente significativo, pues "el justo tiene un refugio cuando muere". Y 15:24 parece prometer que el prudente no experimentará el Seol.[51] Incluso si uno no estuviera de acuerdo con Waltke,[52] tipológica y canónicamente el Nuevo Testamento toma lo que dice el Antiguo Testamento sobre la vida en la tierra y lo aplica a la vida en la era venidera.

El papel de la tierra en el libro, aunque no es importante, resulta interesante. Proverbios se centra en la recompensa o el castigo para el individuo: "Los rectos morarán en la tierra...; pero los impíos serán cortados de la tierra, y los malvados serán desarraigados de ella" (2:22). Del mismo modo, "El justo nunca será conmovido, pero los impíos no habitarán en la tierra" (10:30). El árbol de la vida y la tierra en Proverbios se refieren a la vida en la tierra, a la bendición en el aquí y ahora. El Nuevo Testamento recoge estos temas tipológicamente y los relaciona con un futuro eterno, con la vida que nunca termina.

El "futuro" ('aḥărît) también debe ser considerado en Proverbios. Los que se desvían hacia el adulterio encuentran que al "final" ('aḥărît) "es amargo como el ajenjo" (5:4; cf. 5:11). El camino que le parece correcto a una persona puede, al "final" ('aḥărît), conducir a la muerte (14:12; 16:25). El mismo término puede utilizarse en un sentido menos final, como cuando "el final ['aḥărît] de la alegría puede ser tristeza" (14:13). También se nos dice que los que prestan atención a la sabiduría experimentarán un futuro feliz (19:20), lo que ciertamente se refiere a esta vida, pero puede contener un indicio sobre la vida futura. A los que temen al Señor se les promete: "Ciertamente hay un futuro, y tu esperanza no será cortada" (23:18; 24:14).

En la misma línea, a los justos se les asegura que los malvados no prosperarán finalmente: "No habrá futuro para el malo. La lámpara de los impíos

---

[48] Waltke, *Books of Proverbs*, 105.

[49] Ibid.

[50] Ibid., 106.

[51] Ibid., 634.

[52] La mayoría de los estudiosos del AT no ven una esperanza más allá de la tumba en Proverbios. Para una posición intermedia, más restringida que la de Waltke, pero que ve un indicio de vida futura, véase Kidner, *Proverbs*, 54-55.

será apagada" (24:20). En algunos contextos, pues, el "futuro" (*'aḥărît*) parece asemejarse al "árbol de la vida" y a la "tierra", señalando la recompensa en esta vida que corresponde a los que persiguen la sabiduría, pero una vez más el Nuevo Testamento traslada el tema a otra esfera, viendo una recompensa o retribución que dura para siempre.

El Nuevo Testamento y el Libro de Proverbios

Aquí esbozo brevemente la relación de Proverbios con la revelación final y definitiva en Jesucristo.[53] Lo que se personifica como sabiduría en Proverbios alcanza su cumplimiento más pleno y definitivo en Jesucristo. La sabiduría no representa a Cristo en 8:22, pues se la representa como algo creado. Pero la tipología siempre implica una escalada, de modo que Cristo cumple y supera lo que se dice sobre la sabiduría en Proverbios, ya que él es la sabiduría de Dios (1 Cor. 1:24, 30; cf. Col. 2:3) y es más sabio que Salomón (Mat. 12:42). Proverbios hace hincapié en que las consecuencias se derivan de lo que hacemos, ya sea bueno o malo.

Las riquezas terrenales en Proverbios apuntan a las riquezas espirituales en Cristo, a toda bendición espiritual en los lugares celestiales (Ef. 1:3). También en el Nuevo Testamento las consecuencias son eternas. Los justos disfrutarán de la vida eterna, mientras que los malvados serán juzgados eternamente. También hemos visto que Proverbios a veces se refiere a las acciones y la integridad de los reyes como si fueran perfectas. Tal perfección se encuentra en última instancia en Jesucristo como rey de su pueblo. Él es el justo que fue recompensado por su obediencia. Él, por encima de todos los demás que han vivido, temía al Señor. Es más grande que Salomón, pues gobernará el universo con la sabiduría de Dios.

Conclusión

¿Encaja Proverbios con el tema del gobierno de Dios sobre Su pueblo, con el señorío de Yahweh? Desde luego que sí. Ya hemos visto que las tradiciones sapienciales de Proverbios están relacionadas con la creación y la Torá. La sabiduría no debe separarse de lo que encontramos en otras partes del Antiguo

---

[53] Véase Waltke, *Books of Proverbs*, 126-33.

Testamento. De hecho, el corazón y el alma de la sabiduría es el temor al Señor, que es un tema importante en Deuteronomio. Además, hemos visto una serie de vínculos entre la sabiduría y la Torá en Proverbios. Los que no temen a Yahweh no son sabios; los sabios viven bajo el señorío de Yahweh.

Los Proverbios desvelan cómo es el temor al Señor en la vida cotidiana, aplicando la sabiduría a las realidades prácticas de la existencia humana. Pero la vida bajo el señorío de Yahweh no es una abstracción. Temer al Señor está relacionado con las circunstancias cotidianas de la vida humana. Si los Salmos hacen hincapié en la alabanza al Señor, los Proverbios se centran en el temor a Él. Se trata de dos perspectivas diferentes sobre una misma realidad. Solo los que temen al Señor le alabarán, y los que le alaban le temerán. Proverbios señala a Jesucristo, que es más sabio que Salomón y gobierna el mundo con una sabiduría superior a la suya.

§17. ECLESIASTÉS

Introducción

Waltke dice: "El libro del Eclesiastés es la oveja negra del canon de libros bíblicos. Es el deleite de los escépticos y el desespero de los santos".[1] Es típico que los eruditos lean el mensaje del libro en términos sombríos, pero Waltke dice, acertadamente, que "la opinión de que Qohélet perdió la fe en la justicia y la bondad de Dios depende de la lectura de pruebas y no de la interpretación holística del libro".[2]

Si Proverbios se centra en las regularidades de la vida, Eclesiastés se concentra en las anomalías. Debo añadir inmediatamente que tal dicotomía entre Proverbios y Eclesiastés es demasiado rígida, ya que Proverbios, como se ha señalado anteriormente, se ha interpretado a menudo de forma simplista. Una lectura atenta de Proverbios demuestra que Salomón y los demás autores de proverbios eran muy conscientes de que los que trabajaban duro no siempre se enriquecían, que los pobres eran a menudo víctimas de la injusticia y que las tragedias golpeaban a los justos y no solo a los malvados.

Sin embargo, la percepción popular de los Proverbios existe por una razón, ya que el libro a menudo hace hincapié en que el bien llega a los que hacen el bien. Eclesiastés contempla otra dimensión de la realidad y reflexiona sobre la irracionalidad y la perversidad de la vida bajo el sol. Tanto Proverbios como Eclesiastés forman parte de lo que se denomina literatura sapiencial, pero sus énfasis profundamente diferentes demuestran que la sabiduría no puede ser captada por una simple fórmula.

---

[1] Waltke, *Old Testament Theology*, 946.

[2] Ibid., 953. Waltke ofrece un útil estudio de los enfoques escépticos (pp. 953-54). Para un estudio de diversas interpretaciones, véase Garrett, *Proverbs, Ecclesiastes, Song f songs*, 271-77.

La sabiduría percibe lo que ocurre ordinariamente en la vida, e intenta discernir y comprender los misterios e injusticias de la existencia humana. El Eclesiastés indaga en esto último. House subraya, con razón, que el Eclesiastés debe leerse como parte del canon, y señala que, al margen de éste, pueden defenderse múltiples interpretaciones, desde el existencialismo hasta el pesimismo.[3]

Lo sorprendente de Eclesiastés, como veremos, es el reconocimiento de que la injusticia y el mal que caracterizan la existencia humana parecen no tener sentido. Muchos han entendido que el libro contradice el mensaje del resto del Antiguo Testamento. Por lo general, el Antiguo Testamento prevé esperanzas y promesas para el futuro, pero, se argumenta, el Eclesiastés no ofrece tal esperanza. En cambio, ninguno de nosotros sabe lo que nos espera. La vida es desconcertante, enloquecedora, frustrante y, en última instancia, inexplicable. Sin embargo, sugiero que se rechace esta lectura del Eclesiastés.[4]

Lo que yo llamo la interpretación "desesperada" explora parte de lo que el libro enseña, y a menudo se defiende separando la conclusión del libro del cuerpo. Mi propósito no es excavar la historia de la composición, pues el objetivo aquí es investigar el Eclesiastés tal como ha llegado a nosotros, para explicar la forma final y canónica del texto. El texto tal como lo tenemos no contradice lo que el Antiguo Testamento enseña en otros lugares. De hecho, la conclusión del libro funciona como la lente hermenéutica con la que debe leerse todo el libro:

> La conclusión, cuando todo se ha oído, es esta: temed a Dios y guarda Sus mandamientos, porque esto concierne a toda persona. Porque Dios traerá toda obra a juicio, junto con todo lo oculto, sea bueno o sea malo (12:13-14).

El tema de Eclesiastés, pues, concuerda con lo que hemos visto en otros dos libros sapienciales: Job y Proverbios. La exigencia fundamental es el temor a Dios. Es "una nota dominante de este libro".[5] Eclesiastés no se aparta de la perspectiva centrada en Dios de Job y Proverbios, sino que la afirma. El libro no aconseja la desesperación ni enseña que, puesto que la vida no tiene sentido bajo

---

[3] House, *Old Testament Theology*, 470-71. Véase también Farmer, *Who Knows What Is Good?*, 6.

[4] Para una lectura que concuerda con lo que aquí se argumenta, véase Garrett, *Proverbs, Ecclesiastes, Songs of Songs*, 277-78; Schultz, "Ecclesiastes".

[5] Walke, *Old Testament Theology*, 959.

el sol, nuestras acciones son intrascendentes. Como señala House, en el libro hay "indicios sobre la vida después de la muerte".[6] Los que interpretan Eclesiastés de forma nihilista no tienen en cuenta el marco y la perspectiva que ofrece el autor. Separan la conclusión del resto del libro y no ven cómo encaja la conclusión con lo que el Eclesiastés enseña en otras partes.

En otras palabras, Eclesiastés 12:13-14 pretende resumir el mensaje del libro. Temer a Dios no es una realidad abstracta; lleva a observar Sus mandamientos, a hacer Su voluntad. Eclesiastés no debe ser interpretado como si socavara la obediencia. De hecho, se prevé un juicio futuro en el que se evalúan las acciones de los seres humanos, de modo que los que hacen el bien son recompensados y los que hacen el mal son castigados.[7] El mensaje del libro, por tanto, no es que la vida sea en última instancia absurda y sin sentido.

La reverencia a Dios es la principal responsabilidad de los seres humanos, y el hecho de obedecer o no los mandatos de Dios marca la diferencia.[8] De hecho, el hecho de centrarse en los "mandamientos" hace que Eclesiastés entre en el círculo de la piedad de la Torá[9] y también encaja con la enseñanza de los Proverbios, donde, como vimos, la sabiduría y la Torá son compatibles. Al igual que Proverbios, Eclesiastés esboza lo que supone vivir bajo el reinado de Yahweh. Lo absurdo de la vida no se debe a acontecimientos que estén fuera del control de Dios. Como dice Roland Murphy, aunque sea misterioso, "todo ocurre por la acción de Yahweh... Dios es retratado como íntimamente implicado en todo lo que ocurre".[10] Y como señala Daniel Fredericks, el Predicador presenta a "un Dios soberano y predeterminado que actúa de forma totalmente calculada, pero no calculable".[11] Puesto que Dios es soberano y sabio, los seres humanos deben estar en temor a Él y obedecerle.

---

6 House, *Old Testament Theology*, 480.

7 Véase Childs, *Old Testament as Scripture*, 588.

8 Véase Dempster, *Dominion and Dinasty*, 207.

9 "Es evidente que el epílogo no sugiere una distinción tajante entre sabiduría y derecho" (Childs, *Old Testament as Scripture*, 586).

10 Murphy, Ecclesiastes, lxvi. Murphy dice que el "determinismo" es adecuado si "significa la disposición soberana de todas las cosas por parte de la divinidad... Pero es un determinismo de un tipo inusual porque no exime a los seres humanos de responsabilidad. Israel nunca entabló ninguna discusión teórica sobre la conciliación de estos contrarios... El AT afirma por igual el determinismo y la responsabilidad humana, o sea, la libertad de la voluntad" (pp. lxvi-lxvii). Sin embargo, no estoy de acuerdo con Murphy cuando dice que no hay "relación personal con Dios" en el libro (p. lxviii).

11 Fredericks, *Coping with Transience*, 37. Para la noción de que la imagen de Dios en el Eclesiastés es coherente con la teología del AT, véase De Jong, "God in the Book of Qohelet".

Sugiero que la conclusión coincide con la verdad de lo que se enseña en toda la obra.[12] El libro proviene del "Predicador" (12:9, 10; cf. 1:1, 2, 12; 7:27; 12:8),[13] que probablemente sea Salomón, pues es "el hijo de David, rey en Jerusalén" (1:1; cf. 1:12).[14] Al referirse a Salomón, el libro adquiere carácter de autoridad.[15] Las riquezas, la sabiduría y las esposas apuntan claramente a Salomón (2:4-10), pues "superó a todos los que había antes en Jerusalén" (2:9). De hecho, nadie será nunca más rico ni más sabio que él: "Porque ¿qué hará el hombre que venga después del rey? sino lo que ya ha sido hecho" (2:12).

En cualquier caso, el contenido del libro procede de la sabiduría y el conocimiento del Predicador (12:9), y lo que escribió en el libro fueron "palabras de verdad" (12:10). Lo que aquí se recoge pertenece a "las palabras de los sabios" (12:11).

Eclesiastés 12:9–11 El Predicador, además de ser sabio, enseñó también sabiduría al pueblo; y reflexionó, investigó y compuso muchos proverbios. El Predicador trató de encontrar palabras agradables, y de escribir correctamente palabras de verdad. Las palabras de los sabios son como aguijones, y como clavos bien clavados *las* de los maestros de *estas* colecciones, dadas por un Pastor.

"Sus dichos no son solo emociones pesimistas, sino que se designan como parte de la sabiduría de Israel".[16] La conclusión del Eclesiastés no repudia el resto del

---

[12] Algunos estudiosos piensan que el narrador que introduce y cierra el libro en el prólogo y el epílogo critica lo que se encuentra en el cuerpo del libro (véase Longman, *Book of Ecclesiastes*, 31-39). Pero este punto de vista debe ser rechazado. Véanse los argumentos decisivos en Waltke, *Old Testament Theology*, 949-51. Véase también Farmer, *Who Knows What Is Good?*, 197.

[13] En cuanto a la estructura, estoy de acuerdo con quienes ven el Eclesiastés como un proverbio sin una estructura general clara. Véase Childs, *Old Testament as Scripture*, 587.

[14] La mayoría de los estudiosos modernos dudan de que Salomón sea el autor. No es mi propósito aquí defender la autoría salomónica, pero para una de esas defensas, véase Garrett, *Proverbs, Ecclesiastes, Song of Songs*, 254-67. Para otro punto de vista, véase Waltke, *Old Testament Theology*, 947-49. Para una referencia mesiánica, véase Perrin, "Messianism in the Narrative Frame?".

[15] Así, Childs, *Old Testament as Scripture*, 584.

[16] Ibid., 585. En contra de Longman (*Book of Ecclesiastes*, 277-81), que argumenta que 12:9-12 no elogia la enseñanza de Qohelet. Murphy dice acertadamente: "El tono laudatorio de los vv 9-11 es inequívoco. La advertencia de 12:13 debe verse como una aprobación de 'esto' —a saber, los escritos sapienciales anteriores entre los que se incluye el libro del Eclesiastés" (*Ecclesiastes*, lxi). Pero en contra de Murphy (p. 126), creo que 12:13-14 es coherente con el resto del libro.

libro; es parte de la sabiduría bíblica. Dado que el libro proviene de Dios como pastor, el autor "legitima Eclesiastés como sabiduría divina y descarta cualquier interpretación meramente privada".[17] Entender lo que el libro enseña es parte de lo que significa temer a Dios.[18]

La futilidad de la vida bajo el sol

¿Qué encontramos entonces en el resto del libro? Uno de sus temas principales es la vanidad y la futilidad de la vida humana.[19] La palabra "vanidad" (*hebel*) aparece treinta y siete veces en el libro, significando la futilidad y el sinsentido de la existencia humana. El lema funciona como una envoltura para el libro, tanto para abrirlo (1:2) como para cerrarlo (12:8).[20] El Predicador se basa aquí

---

[17] Childs, *Old Testament as Scripture*, 586.

[18] "La verdadera sabiduría aceptará que nuestra experiencia de un mundo caído y del mal interior pronto pasará. El libro puede leerse entonces como una valoración positiva de la fe que es capaz de mirar más allá de tales limitaciones, y concluir como lo hace que el deber de la humanidad es temer a Dios y guardar sus mandamientos" (Dumbrell, *Faith of Israel*, 285). Véase también Fredericks, *Coping with Transience*, 78-90.

[19] A. Wright encuentra una cuidadosa estructura en el libro, de modo que 1:12-6:9 subraya "la vanidad de los diversos esfuerzos humanos" y 6:10-11:6 "la incapacidad del hombre para comprender la obra de Dios" ("Riddle of the Sphinx", 324). Según Wright, 1:2-11 y 11:7-12:8 son dos poemas que introducen y concluyen el libro (pp. 333-34). Véase el argumento completo de Wright (pp. 313-34). Véase también idem., "Riddle of the Sphinx Revisited"; idem., "Additional Numerical Patterns in Qoheleth".

[20] Así también Dumbrell, *Faith of Israel*, 284; Waltke, Old *Testament Theology*, 955. El término *hebel* denota lo "absurdo" de la vida bajo el sol (Murphy, *Ecclesiastes*, lix; Waltke, Old Testament *Theology*, *956*). Cuando utilizo el término "irracional" con referencia Eclesiastés, lo hago como sinónimo de absurdo, no para transmitir la idea de que la vida carece en última instancia de sentido (véase Fox, *Qohelet and His Contradictions*, 29-51). Fredericks (*Coping with Transience*, 11-32) sostiene que el término *hebel* se centra en la transitoriedad de la vida (véase también Perdue, *Wisdom and Creation*, 206-7), pero tal definición, aunque es parcialmente cierta, no explica totalmente la frustración que impregna el libro. DeRouchie ("Shepherding Wind") sostiene que *hebel* significa que la vida es un enigma. Caneday ("'Todo es vapor'") cree que se refiere a lo que es insustancial, transitorio y malo. Tanto DeRouchie como Caneday rechazan la traducción de *hebel* como "sin sentido" o "futilidad" porque creen que tal significado apoya la noción de que el libro es de desesperación final. El espacio no permite una discusión completa del significado de *hebel* aquí. Creo que el contexto del libro indica que *hebel* es un término amplio y que las nociones de absurdo, inutilidad y falta de sentido forman parte de su significado. Sin embargo, el autor no está enseñando que la vida sea en última instancia sin sentido o inútil. Lo que quiere decir es que la vida bajo el sol no tiene sentido, es fútil, absurda, es un enigma y es pasajera; es decir, que no podemos darle sentido a la vida observando lo que ocurre en la tierra. Pero de esto no se deduce que Eclesiastés enseñe que la vida misma no tiene sentido ni es absurda. Lo que quiere decir es que no podemos discernir un patrón en los acontecimientos de la historia.

en la creación, y aunque el absurdo del mundo es inexplicable en un nivel, en otro nivel hay una explicación: la caída en el pecado descrita en Génesis 3.[21] Otra expresión favorita para transmitir lo absurdo de la vida es "correr tras el viento" (1:14; 2:11, 17, 26; 4:4, 6; 6:9), que a menudo es paralela a "vanidad".[22]

> **Eclesiastés 1:14** He visto todas las obras que se han hecho bajo el sol, y he observado que todo es vanidad y correr tras el viento.
>
> **Eclesiastés 2:11** Consideré luego todas las obras que mis manos habían hecho y el trabajo en que me había empeñado, y resultó que todo era vanidad y correr tras el viento, y sin provecho bajo el sol.
>
> **Eclesiastés 2:17** Y aborrecí la vida, porque me era penosa la obra que se hace bajo el sol, pues todo es vanidad y correr tras el viento.

"Correr tras el viento" ilustra muy bien la futilidad de la vida humana, pues nadie puede agarrar el viento.

Otra frase clave en el Eclesiastés es "bajo el sol", que aparece veintinueve veces en el libro. La frase denota la vida en la tierra, la vida en este mundo. Hablando de los muertos (9:5), el autor escribe: "Su amor, su odio y su celo ya han perecido, y nunca más tendrán parte en todo lo que se hace bajo el sol" (9:6). De este texto se desprende que "bajo el sol" se refiere a la existencia en este mundo. Se nos dice que "no hay nada nuevo bajo el sol" (1:9), que "todas las obras que se han hecho bajo el sol... es vanidad y correr tras el viento" (1:14), y que, en lo que respecta al trabajo, "sin provecho bajo el sol" (2:11; cf. 1:3).[23]

La expresión "bajo el sol" denota, pues, una perspectiva limitada en la que la vida se considera desde un punto de vista terrenal.[24] Confirma "que el sentido de la vida no puede determinarse únicamente a través de la experiencia y la observación".[25] Esto último es un error que se puede cometer al leer Proverbios, aunque, como se ha señalado anteriormente, los propios Proverbios no enseñan una visión tan equivocada. Kathleen Farmer sugiere acertadamente que el

---

[21] Así B. Webb, *Five Festal Garments*, 104. Véase también Garrett, *Proverbs, Ecclesiastes, Song of Songs*, 278-79.

[22] Véase Waltke, *Old Testament Theology*, 957.

[23] Su trabajo era "bajo el sol" (2:18), y "todo el fruto de su trabajo con que se había afanado bajo el sol" (2:20). Véase también 2:22.

[24] Véase Dumbrell, *Faith of Israel*, 288-89.

[25] House, *Old Testament Theology*, 471.

término implica "un interés en la cuestión de la existencia de alguna forma de vida después de la muerte".[26]

¿Por qué la vida es vana? Salomón, como predicador, ilustra su vanidad de múltiples maneras. Por ejemplo, se contempla la inutilidad del trabajo humano (1:3-11). Las estructuras fundamentales del mundo no cambian, y el ciclo de la naturaleza se repite una y otra vez, por lo que no hay nada verdaderamente nuevo en la existencia humana. El trabajo es inútil también porque el fruto del trabajo es temporal, y uno deja las riquezas a los herederos que pueden terminar siendo tontos (2:18-19). El trabajo trae "dolor", y "ni aun de noche descansa el corazón" porque el trabajador se preocupa por la rentabilidad (2:23). Otros trabajan constantemente, pero ni siquiera tienen un heredero, y no encuentran satisfacción en su riqueza (6:7), sin contemplar nunca por qué trabajan tanto (4:7-8).

En efecto, el trabajo humano e incluso la "habilidad" se derivan de la competencia, del deseo de ser aprobado por las propias capacidades, y de ahí que el trabajo tenga sus raíces en la "rivalidad" (4:4). Pero qué inútil es la vida de los que tienen "dos puños llenos de trabajo" (4:6) y se afanan tras el viento, ya que nunca obtendrán la felicidad mediante el trabajo incesante. Eclesiastés no está en desacuerdo con el énfasis de los Proverbios en el trabajo duro, ya que un "necio" que se niega a trabajar acabará en la autodestrucción (4:5), pero una persona sabia logra un equilibrio entre el trabajo y el descanso (4:6) y no cae presa de la ilusión de que el trabajo traerá la alegría. Aun así, la vida está llena de absurdos y perplejidades. Un pobre que es sabio puede sustituir a un rey necio, pero el pobre que se convierte en rey también será olvidado (4:13-16).

Eclesiastés 4:13–16 Mejor es un joven pobre y sabio que un rey viejo y necio, que ya no sabe recibir consejos. Porque ha salido de la cárcel para reinar, aunque nació pobre en su reino. He visto a todos los vivientes bajo el sol apresurarse a ir junto al joven sucesor que lo reemplaza. No tenía fin la multitud de todos los que lo seguían, *y ni* aun los que vendrán después estarán contentos con él; pues también esto es vanidad y correr tras el viento.

Nada de lo que se hace en la tierra es duradero.

---

[26] Farmer, *Who Knows What Is Good?*, 206. También dice que hay una implicación "de que se puede hacer una distinción entre lo que ocurre (bajo el sol) y lo que ocurre en otros lugares" (p. 206).

La vanidad y el correr tras el viento son también la porción de aquellos que persiguen el placer para escapar del sinsentido de la existencia bajo el sol (2:1-12). Salomón se convierte en el ejemplo A de este tipo de enfoque de la vida porque tenía suficiente riqueza para buscar el placer sin límites (2:11). Solo hay "contados días" de vida "bajo el cielo" (2:3), y uno puede tratar de escapar del vacío de la vida a través del hedonismo. Salomón no abandonó la sabiduría por perseguir el placer (2:3). No, se trataba de una búsqueda de los placeres de la carne guiada por la discreción e informada por el entendimiento.

Salomón construyó majestuosos parques y jardines, tuvo numerosos esclavos para cumplir sus órdenes, disfrutó de riquezas en un grado sin precedentes, fue agasajado por los mejores músicos y cantantes de Israel, se entregó a los placeres de las relaciones sexuales con innumerables mujeres y estimuló su placer con el vino. En resumen, "todo cuanto mis ojos deseaban, nada les negué, ni privé a mi corazón de ningún placer, porque mi corazón gozaba de todo mi trabajo. Esta fue la recompensa de toda mi labor" (2:10). Y, sin embargo, el camino del hedonismo no satisfizo en última instancia. El vacío de la vida no fue ahuyentado por los placeres de la vida. De hecho, el absurdo de la vida era aún más evidente, ya que, después de satisfacer todos los deseos del corazón, era evidente para él que el placer no elimina el hastío de la vida.

Si el placer no produce satisfacción, tal vez la respuesta se encuentre en la sabiduría: la capacidad de afrontar la vida con prudencia y comprensión. El Predicador afirma que la sabiduría es preferible a la insensatez (2:13-14), coincidiendo aquí con el libro de Proverbios. Los necios no tienen idea de hacia dónde se dirigen y viven envueltos en la oscuridad moral, pero los sabios consideran lo que les espera y viven moralmente, y por eso pueden vivir más tiempo que los necios debido a su perspicacia (7:11-12; cf. 9:18; 10:10). Como dice Murphy, "la locura nunca es una opción viable para Qohélet".[27]

Eclesiastés 7:11–12 Buena es la sabiduría con herencia, y provechosa para los que ven el sol. Porque la sabiduría protege *como* el dinero protege; pero la ventaja del conocimiento es que la sabiduría preserva la vida de sus poseedores. **Eclesiastés 9:18** Mejor es la sabiduría que las armas de guerra, pero un solo pecador destruye mucho bien.

---

[27] Murphy, *Ecclesiastes*, lxii.

Sin embargo, la vida bajo el sol sigue siendo vacía y absurda incluso para los sabios. Los sabios perciben el sinsentido de la vida bajo el sol y ven más claramente que los necios el dolor, la pena y la frustración de la existencia humana (1:13-18). Los sabios se dan cuenta de que es una "tarea dolorosa dada por Dios a los hijos de los hombres para ser afligidos con ella" (1:13), y que hay muchas cosas en la vida que no se pueden enmendar ni corregir (1:15). Es más, los necios pueden socavar los trabajos de los sabios en poco tiempo (10:1). Los que son sabios se dan cuenta de que la ventaja de serlo en la tierra es efímera, pues tanto los sabios como los necios mueren y son olvidados (2:15-17). De hecho, una persona sabia que no es rica ni famosa puede, gracias a su prudencia, rescatar una ciudad, y sin embargo su trabajo en favor de la ciudad puede ser completamente olvidado (9:13-18).

Uno de los temas fundamentales del Eclesiastés es la irracionalidad de la vida bajo el sol. Lo capta 2:17: "Y aborrecí la vida, porque me era penosa la obra que se hace bajo el sol, pues todo es vanidad y correr tras el viento". El Predicador lamenta la injusticia que marca la existencia humana. En efecto, la injusticia prospera en los lugares que tienen fama de ser lugares de justicia (3:16). Es importante ver aquí que la injusticia bajo el sol durante la época actual no excluye un juicio final,[28] pues el Predicador dice inmediatamente: "Al justo como al impío juzgará Dios, porque hay un tiempo para cada cosa y para cada obra" (3:17). Aquí el Predicador anticipa la conclusión de toda la obra (12:13-14), demostrando que la conclusión está de acuerdo con lo que el libro enseña en otras partes. Sin embargo, lo que el Predicador enfatiza en el capítulo 3 es la "insensatez" de la vida humana, pues no es perceptible que los seres humanos tengan alguna ventaja sobre los animales (3:19-21; cf. 6:12). Tanto los seres humanos como los animales vuelven al polvo, lo que significa la futilidad de la existencia humana (cf. 9:1-3).

Nadie puede acusar al Predicador de mirar solo el lado soleado de la vida. Considera a los oprimidos, que están llenos de dolor y no encuentran consuelo (4:1). Sus opresores son implacables porque disfrutan del poder sobre los débiles y los desheredados (cf. 5:8-9). El Predicador concluye que es mejor estar muerto que vivo, y no haber nacido nunca es lo mejor de todo (4:2-3). Al fin y al cabo, vemos que los malos prosperan por su maldad, mientras que los justos perecen por su justicia (7:15; cf. 8:14). La vida es imprevisible e injusta:

---

[28] Véase también Garrett, *Proverbs, Ecclesiastes, Song of Songs*, 272.

Vi, además, que bajo el sol no es de los ligeros la carrera, ni de los valientes la batalla, y que tampoco de los sabios es el pan, ni de los entendidos las riquezas, ni de los hábiles el favor, sino que el tiempo y la suerte les llegan a todos. Porque el hombre tampoco conoce su tiempo: Como peces atrapados en la red traicionera y como aves apresadas en la trampa, así son atrapados los hijos de los hombres en el tiempo malo cuando este cae de repente sobre ellos (9:11-12).

Nadie puede calcular el día de la muerte, ni sabe si la tragedia o el triunfo están a la vuelta de la esquina.

El ser humano no gobierna su vida; la vida lo gobierna. El famoso poema sobre el tiempo (3:1-8) subraya que el ser humano debe responder a la vida a medida que esta se produce.[29] Debemos plantar en la época de la siembra, y lloraremos con la muerte y nos alegraremos con el nacimiento. Cuando es tiempo de guerra, luchamos, y cuando es tiempo de paz, celebramos. El ser humano es fundamentalmente impotente para cambiar el mundo. "Considera la obra de Dios: Porque ¿quién puede enderezar lo que Él ha torcido?" (7:13).

La respuesta, por supuesto, es "nadie", porque nadie puede enderezar lo que Dios ha torcido. De hecho, "no hay hombre que tenga potestad para refrenar el viento con el viento, ni potestad sobre el día de la muerte" (8:8). La parca viene, y no podemos detenerla. Como dice Leo Perdue:

Al negársele el conocimiento exhaustivo de los componentes cósmicos e históricos del tiempo y del curso de los acontecimientos divinos —en el pasado, el presente y el futuro— la humanidad está atrapada en un presente opaco, misterioso y ambiguo, sin saber lo que puede o no puede suceder.[30]

El Predicador contempla a menudo la incongruencia entre la riqueza y la felicidad, pues la riqueza parece garantizar la plenitud, pero no necesariamente la trae: "El que ama el dinero no se saciará de dinero, y el que ama la abundancia no se saciará de ganancias. También esto es vanidad" (5:10). Más dinero significa más amigos que consumen la sustancia de uno; y la riqueza ocupa la mente, privando al rico del sueño (5:11-12).

---

[29] Véase Dumbrell, *Faith of Israel*, 289.
[30] Perdue, *Wisdom and Creation*, 217.

Eclesiastés 5:11–12 Cuando aumentan los bienes, aumentan *también* los que los consumen. Así, pues, ¿cuál es la ventaja para sus dueños, sino ver*los* con sus ojos? Dulce es el sueño del trabajador, coma mucho o *coma* poco; pero la hartura del rico no le permite dormir.

Los bienes de una persona pueden perderse repentinamente "por un mal negocio" (5:14), y las ganancias obtenidas con tanto esfuerzo se desvanecen de modo que no queda nada para la descendencia, y así todo el trabajo es "para el viento" (5:16). Del mismo modo, una persona puede ser bendecida con una enorme riqueza y, sin embargo, no disfrutar de la fortuna amasada (6:1-2). El Predicador reflexiona sobre lo absurda que puede ser la vida. Uno puede tener cien hijos y vivir una larga vida, pero todo es inútil si no disfruta de "cosas buenas" (6:3). "Mejor es el abortivo que él" (6:3) porque encuentra el descanso inmediatamente (6:5).

A veces, el Predicador suena como si pensara que la muerte es mejor que la vida, como se señaló anteriormente (4:2-3; 6:3). Debemos reconocer que el libro es proverbial, por lo que las máximas que celebran la muerte deben ser matizadas por otras afirmaciones en otros lugares.[31] Ya vimos en Proverbios el peligro de extender demasiado el significado de un solo proverbio. El Predicador reconoce la maravilla y la belleza de la vida (más adelante):

Para cualquiera que está unido con los vivos, hay esperanza; ciertamente un perro vivo es mejor que un león muerto. Porque los que viven saben que han a morir, pero los muertos no saben nada, ni tienen ya ninguna recompensa, porque su recuerdo está olvidado. En verdad, su amor, su odio y su celo ya han perecido, y nunca más tendrán parte en todo lo que se hace bajo el sol (9:4-6).

El Predicador comunica la preciosidad de la vida y, sin embargo, su inutilidad también queda plasmada en la realidad de la muerte. No debemos sobreinterpretar lo que el Predicador dice sobre la muerte, como si negara cualquier vida futura. Habla de la vida "bajo el sol", reconociendo que el ser humano no puede vislumbrar el futuro a partir de su propia sabiduría.

---

[31] Murphy (*Ecclesiastes*, lxvii) dice que los dichos sobre la preferibilidad de la muerte son "casos muy puntuales".

Temer a Dios

Uno de los temas centrales del Eclesiastés es que la vida es desconcertante, perpleja, imprevisible, injusta e insensata. No hay fórmulas que se apliquen a todas las situaciones. Con demasiada frecuencia, el mal triunfa y el bien languidece bajo el sol. Sin embargo, el Predicador no deja a los lectores con ese mensaje. Aunque la vida sea fútil y una lucha contra el viento, los seres humanos deben seguir temiendo a Dios, porque Él evaluará la vida de cada uno. Este mensaje tampoco se limita a la conclusión del libro.[32]

En medio de sus reflexiones sobre cuan insensata es la vida, el Predicador dice inesperadamente:

> Aunque el pecador haga el mal cien veces y alargue su vida, con todo, yo sé que les irá bien a los que temen a Dios, a los que temen ante Su presencia. Pero no le irá bien al impío, ni alargará sus días como una sombra, porque no teme ante la presencia de Dios (8:12-13).

En última instancia, nuestro temor a Dios será recompensado, aunque no podamos ver cómo esto es así durante esta vida fútil bajo el sol.[33] La vida es desconcertante y está más allá de la comprensión humana, pero los misterios de la existencia no deben llevar a las personas al ateísmo, al agnosticismo o a la desesperación. Por el contrario, el propósito de Dios es humillar a los seres humanos: "Sé que todo lo que Dios hace será perpetuo; no hay nada que añadirle y no hay nada que quitarle. Dios ha obrado así para que delante de Él teman los hombres" (3:14).

Los seres humanos deben reconocer que no son dueños del universo. No pueden complementar lo que Dios ha hecho ni revertir lo que ha ordenado. Deben reconocer Su grandeza y temerle. La importancia de temer a Dios también aparece en 5:1-7, donde el Predicador instruye a sus lectores para que sean reverentes ante Dios y no derramen palabras ante Él como un necio.

Parte de lo que significa temer a Dios, según el Predicador, es ser sabio, un tema que resuena con lo que encontramos en Proverbios. Los que son sabios se dan cuenta de que "más valen dos que uno solo" (4:9) porque hay ayuda, calor

---

[32] Justamente Childs, *Old Testament as Scripture*, 586. Véase también Murphy, "Qoheleth and Theology?", 31-32.
[33] Véase Waltke, *Old Testament Theology*, 961.

y protección en los números (4:10-12). La prudencia se manifiesta en la diligencia, el trabajo duro y la planificación (11:1-6). Una vez más, los paralelos con Proverbios son obvios, lo que sugiere de nuevo que quienes ponen al Eclesiastés y a Proverbios en campos polarizados sobrestiman las diferencias entre ellos. La Sabiduría percibe la maldad en los seres humanos, reconociendo que todos son pecadores, y por ello no toma demasiado en serio las críticas de los demás (7:20-22, 25-29). Aunque la vida está llena de vanidad, hay que evitar la insensatez (10:2-3, 12-16). En particular, una tierra está destinada al desastre si el rey es un necio (4:13; 5:9; 10:16), pero es bendita la tierra que tiene un rey sabio y justo (10:17).

> **Eclesiastés 4:13** Mejor es un joven pobre y sabio Que un rey viejo y necio, Que ya no sabe recibir consejos.
> **Eclesiastés 5:9** Con todo, es de beneficio para el país que el rey mantenga cultivado el campo.
> **Eclesiastés 10:16** ¡Ay de ti, tierra, cuyo rey es un muchacho, Y cuyos príncipes banquetean de mañana!

Los sabios reflexionan a menudo sobre el día de la muerte, ya que reflexionar sobre el final de la vida provoca que la gente viva sabiamente en el presente (7:1-6). El libro concluye con la advertencia de recordar a Dios como creador antes de que la vejez se instale y uno sea incapaz de pensar con claridad sobre la vida. Se reconoce que el espíritu de los seres humanos "volverá a Dios que lo dio" (12:7), y que se acerca un día de juicio en el que Dios juzgará a las personas por sus acciones (11:9).

Disfrutar de la vida

Otro tema central, que impregna el libro del Eclesiastés en repetidas ocasiones, desempeña un papel importante en el libro. Hasta ahora hemos visto que el ser humano debe temer a Dios y obedecerle, aunque la vida bajo el sol sea fútil, irracional, absurda y sin sentido. Nadie puede trazar su vida y predecir cómo resultará bajo el sol. Entonces, ¿qué hay que hacer mientras tanto? El Predicador aconseja: "No hay nada mejor para el hombre que comer y beber y decirse que su trabajo es bueno. Yo he visto que también esto es de la mano de Dios. Porque ¿quién comerá y quién se alegrará sin Él?". (2:24–25).

El Predicador no está aconsejando aquí a los lectores que vivan una vida desenfrenada y hedonista; más bien está diciendo que los seres humanos deben vivir un día a la vez y disfrutar de cada día por los placeres que trae.[34] No se trata de un tema aislado, ya que el Predicador lo retoma en 3:11-13:[35]

> Él ha hecho todo apropiado a su tiempo. También ha puesto la eternidad en sus corazones, sin embargo el hombre no descubre la obra que Dios ha hecho desde el principio hasta el fin. Sé que no hay nada mejor para ellos que regocijarse y hacer el bien en su vida; además, sé que todo hombre que coma y beba y vea lo bueno en todo su trabajo, que eso es don de Dios.

Dios ha diseñado la vida de tal manera que los seres humanos ven la gloria y la belleza de Dios en el mundo que ha creado. Pero la vida en el mundo también escapa a la comprensión humana, de tal manera que no hay un patrón o plan evidente en la historia. La vanidad, la futilidad y el absurdo caracterizan la vida humana. En lugar de intentar averiguar cómo encaja todo, los seres humanos deberían deleitarse con los dones de Dios. Hay una humildad en aceptar cada día de la mano de Dios y agradecerle las alegrías que concede.[36]

Del mismo modo, 3:16-22 es uno de los pasajes más sombríos del libro, en el que se destaca la vanidad de la vida. Pero el Predicador concluye de nuevo diciendo: "He visto que no hay nada mejor para el hombre que gozarse en sus obras, porque esa es su suerte. Porque ¿quién le hará ver lo que ha de suceder después de él?". (3:22). La vida no puede ser domesticada por la inteligencia humana, y hay que evitar tratar de descifrarlo todo, ya que no hay respuestas a todas las locuras de la vida. En cambio, debemos tomar un día a la vez y disfrutar de la vida si es buena. El mismo tema aparece en 5:18-20. A pesar de lo absurdo de la vida, si Dios concede la alegría en el trabajo, no hay que intentar desentrañar los porqués de lo que ocurre en la tierra, ya que eso está oculto para

---

[34] Justamente Waltke, *Old Testament Theology*, 961-63. Véase también Fredericks, *Coping with Transience*, 64-77; Whybray, "Qoheleth". Whybray ve acertadamente el énfasis en la alegría, pero lo exagera. Véase la nota siguiente.

[35] El tema del gozo podría ser exagerado y debe correlacionarse con otros temas del libro (así Garrett, *Proverbs, Ecclesiastes, Song of Songs*, 273), pero Murphy va demasiado lejos en la otra dirección al decir que Qohelet solo ofrece "conclusiones resignadas" ("Qoheleth and Theology?", 32).

[36] El Predicador subraya que si uno experimenta gozo, es un don de Dios (así Whybray, "Qoheleth", 88).

los seres humanos. En cambio, hay que encontrar la alegría en lo que Dios da cada día, dando gracias por los bienes concedidos.[37]

El Predicador apenas dice, considerando el resto del libro, que todos los días son buenos y que uno encuentra gozo. Esto queda claro en 7:14: "Alégrate en el día de la prosperidad, y en el día de la adversidad considera: Dios ha hecho tanto el uno como el otro para que el hombre no descubra nada que suceda después de él". La tesis del Predicador es que cuando los días son buenos, hay que alegrarse y disfrutar de la vida. Pero también hay días de adversidad y problemas. Dios está de forma soberana detrás de ambos. Es el rey de todo lo que ocurre, pero ha estructurado la historia y la vida humana de modo que el ser humano no puede desentrañar los secretos de la existencia.

> Qohelet sostiene que Dios nos mantiene ignorantes sobre el futuro para convencernos de que no podemos manipular a Dios de esa manera. Esa es la esencia de lo que significa 'temer' a Dios: reconocer que el favor de Dios no puede ser controlado por nada de lo que hagamos los humanos.[38]

Farmer dice acertadamente que tenemos aquí una teología de la gracia.[39] Es importante notar la forma en que el Predicador convoca a los lectores a disfrutar de la vida:

> Por tanto yo alabé el placer, porque no hay nada bueno para el hombre bajo el sol sino comer, beber y divertirse, y esto le acompañará en sus afanes en los días de su vida que Dios le haya dado bajo el sol. Cuando apliqué mi corazón a conocer la sabiduría y a ver la tarea que ha sido hecha sobre la tierra (aunque uno no durmiera ni de día ni de noche), y vi toda la obra de

---

[37] Longman (*Book of Ecclesiastes*, 168-69) argumenta que lo que Qohelet dice sobre el gozo no está bien cohesionado debido a sus comentarios contrarios sobre el gozo en 7:4; 2:1-2, 10. En contra de Longman, los comentarios sobre el gozo en el capítulo 2 y en el capítulo 7 se dirigen contra los que piensan que pueden encontrar la plenitud en el placer, pero esto es muy distinto de lo que Qohelet enseña en 5:18-20 y en los otros pasajes sobre el gozo. Los textos que aconsejan el gozo también afirman que nadie bajo el sol puede discernir el sentido de la vida observando el mundo. El sufrimiento y el absurdo caracterizan la existencia humana. Y, sin embargo, en medio de este mundo caído e insensato hay días de gozo, días en los que se disfruta del trabajo, de la comida y del matrimonio. Qohelet dice simplemente: "Agradece a Dios por días como esos. Son un regalo, pero no durarán para siempre". Para un análisis de este tema, véase Fox, *Qohelet and His Contradictions*, 53-77.

[38] Farmer, *Who Knows What Is Good?*, 177. Deberíamos decir que esto es parte de lo que significa temer a Dios y no la esencia de lo que significa temer a Dios.

[39] Ibid.

Dios, decidí que el hombre no puede descubrir la obra que se ha hecho bajo el sol. Aunque el hombre busque con afán, no la descubrirá; y aunque el sabio diga que la conoce, no puede descubrirla". (8:15–17)

Nadie puede descubrir o desenterrar el plan de Dios escudriñando la vida "bajo el sol". Por tanto, durante el tiempo limitado de la vida humana, los seres humanos deben temer a Dios y alegrarse de las cosas buenas que Dios les ha dado. Como ya se ha dicho, esto no es un consejo de hedonismo. Por el contrario, es un reconocimiento de la finitud y una postura de humildad y agradecimiento. Cuando uno es bendecido con días buenos, no debe perturbarse tratando de resolver las injusticias de la existencia humana.

Ciertamente, no estamos ciegos ante la inutilidad de la vida, ni el Predicador dice que no nos aflija el dolor. Sin embargo, también debemos recibir con gratitud los buenos dones cuando se nos dan (cf. 9:7-9).

> **Eclesiastés 9:7–9** Vete, come tu pan con gozo, y bebe tu vino con corazón alegre, porque Dios ya ha aprobado tus obras. En todo tiempo sean blancas tus ropas, y que no falte ungüento sobre tu cabeza. Goza de la vida con la mujer que amas todos los días de tu vida fugaz que Él te ha dado bajo el sol, todos los días de tu vanidad. Porque esta es tu parte en la vida y en el trabajo con que te afanas bajo el sol.

Cuando la vida es buena, debemos alegrarnos de ella, reconociendo la beneficencia de Dios. El Predicador es consciente de que los días buenos en la tierra no son para siempre. Los jóvenes deben recordar a su creador antes de que lleguen los días de decrepitud (11:7-8; 12:1-8).

> **Eclesiastés 11:7–8** Agradable es la luz, y bueno para los ojos ver el sol. Ciertamente, si un hombre vive muchos años, que en todos ellos se regocije, pero recuerde que los días de tinieblas serán muchos. Todo lo por venir es vanidad.

Los años de juventud y vigor deben disfrutarse si es posible, pero la persona sabia reconoce que la vida es corta, que temer a Dios es lo más importante. Aquí los temas de Eclesiastés están bien enlazados. La vida está llena de vanidad y de absurdos, y sin embargo también hay que encontrar la alegría en los días buenos cuando llegan. En medio de una vida que sobrepasa la comprensión humana, hay que temer a Dios y confiar en Él, pues en última instancia recompensará a los que le temen y obedecen. Ese temor a Dios es el camino de la sabiduría, como afirman también Job y Proverbios.

Conclusión

Eclesiastés forma parte de la tradición sapiencial de Israel. El libro se asemeja a Job en que se centra en la vanidad y lo absurdo de la vida. La vida nos desconcierta con su irracionalidad, injusticia y capricho. El mundo creado desde el pecado de Adán y Eva está lleno de espinas y cardos (Gen. 3:17-19). El mundo ha sido sometido a la inutilidad (Rom. 8:18-25). El Predicador subraya que no hay placeres bajo el sol que satisfagan de forma definitiva, y no hay sabiduría disponible que desvele todos los secretos de la vida. Dios lo gobierna todo, pero muchas cosas están ocultas a la mirada de los seres humanos. Aun así, Eclesiastés encaja con la tradición de sabiduría tanto de Job como de Proverbios, pues el consejo final del Predicador es que los seres humanos deben temer a Dios y cumplir Sus mandatos.

En lugar de intentar desentrañar los enigmas de la existencia humana tratando de discernir por qué ocurre una cosa y no otra, los seres humanos deben entregarse por completo a Dios. Deben vivir bajo Su señorío. Y cuando Dios concede la alegría y el alimento, hay que darle las gracias y disfrutar de sus dones. En otras palabras, Eclesiastés dice que hay que tomarse el día a día y no preocuparse por el mañana (cf. Mat. 6:25-34). Los capítulos 11-12, sin embargo, advierten de un malentendido. El Predicador no llama al hedonismo, pues el día del juicio es inminente, y por ello lo más importante en la vida es temer a Dios.

¿Cómo se relaciona Eclesiastés con el Nuevo Testamento? El Nuevo Testamento reconoce que vivimos en un mundo caído y frustrante (véase Rom. 8:18-25). La creación está sujeta a la futilidad, pero Jesucristo ha venido e inaugurado el reino, con la promesa de que la plenitud del reino llegará. Una nueva creación ha amanecido y se consumará. Los seres humanos muestran su temor a Dios (véase 2 Cor. 5:11-21) al reconciliarse con Dios por medio de Jesucristo. Por medio de Cristo ha llegado la nueva creación (2 Cor. 5:17; Gal. 6:15), y vienen "cielos y nueva tierra" "en los cuales mora la justicia" (2 Ped. 3:13).

§18. CANTAR DE LOS CANTARES

Introducción

Interpretar el Cantar de los Cantares (también conocido como el Cantar de Salomón) no es tarea fácil. Los eruditos lo han leído de forma alegórica, dramática, cultual, en términos de una boda o incluso de un funeral, o desde una perspectiva feminista, o como una contraposición a lo que encontramos en los profetas. No hay espacio para adjudicar estas diferentes lecturas aquí. Creo que Garrett identifica de forma persuasiva los puntos débiles de estas otras lecturas y clasifica acertadamente el Cantar de los Cantares como poesía amorosa,[1] y parece haber un consenso general hoy en día de que el libro está formado por poemas de amor. También se rechaza en general una opinión más antigua, según la cual hay tres personajes (la doncella, un pastorcillo y Salomón), y por buenas razones, ya que no hay pruebas de que haya más de dos personajes en los poemas.

Los poemas se centran en el amor entre una joven doncella y el rey, y el rey es claramente identificado como Salomón.[2] Es el rey quien llevó a la joven "a sus cámaras" (1:4; cf. 1:12; 7:5). El autor prevé una boda real, ya que Salomón viene del desierto con todos los atributos de un rey (3:6-11).[3] Salomón llega con un séquito de soldados y con un magnífico carruaje, ambos con aroma

---

[1] Garrett, *Song of Songs*, 59-91.

[2] Justamente Campbell, "Song of David's Son", 21-22; Hamilton, "Messianic Music", 336. Contra B. Webb (*Five Festal Garments*, 20), que dice que Salomón no es el pretendiente.

[3] Véase Hamilton, "Messianic Music", 337.

a realeza. Es de suponer que se trata del día de la boda de Salomón, el día en que se casará aquel sobre el que recae la corona (3:11; cf. 8:11-12).

> **Cantares 8:11–12** »Salomón tenía una viña en Baal Hamón, confió la viña a los guardas; cada uno debía traer por su fruto mil *siclos* (11.4 kilos) de plata. »Mi viña, que es mía, está a mi disposición; los mil *siclos* son para ti, Salomón, y doscientos, para los que guardan su fruto».

La poesía amorosa del Cantar de los Cantares se centra, pues, en el amor entre el rey y una joven.[4]

La felicidad del amor conyugal

El Cantar de los Cantares celebra el éxtasis y las delicias del amor sexual en el matrimonio. La cultura hebrea no estaba plagada de ascetismo ni de una visión negativa del cuerpo, que desgraciadamente entró en la tradición cristiana a través de una comprensión errónea de las Escrituras. La felicidad del amor conyugal no se describe de forma burda o literal. En cambio, el autor celebra las alegrías del amor con imágenes delicadas y líricas. El amor es tan embriagante como el vino (1:2). La mujer es tan bella como una rosa o un lirio (2:1-2), y el amor es tan atrayente como un perfume fragante que sobrecoge los sentidos (1:12-13), o es tan agradable como comer una fruta deliciosa (2:3-5).

La alegría del amor es comparable a la llegada de la primavera después de un invierno triste y frío (2:10-13). Las nubes se apartan y sale el sol. Terminan las lluvias y florecen las flores y las higueras. La fragancia de la primavera convoca a los amantes a la belleza del amor conyugal. El rey queda deslumbrado por la belleza de su amada (4:1-5; 6:5-9; 7:1-6). Queda sobrecogido cuando la mira a los ojos y contempla sus cabellos, su boca, sus mejillas y su cuello. Sus pechos son tan hermosos como dos cervatillos. Exclama: "Toda tú eres hermosa, amada mía, y no hay defecto en ti" (4:7). El Cantar de los Cantares muestra el mismo tipo de placer en la unión sexual que encontramos en Prov. 5:15-19.[5]

---

[4] Sobre la importancia de Salomón para el libro, véase Childs, *Old Testament as Scripture*, 575.

[5] Véase B. Webb, *Five Festal Garments*, 29.

La virginidad de la doncella

El rey Salomón anhela que esta doncella venga a él y sea su novia (4:8). Su belleza le ha cautivado y abrumado (4:9-11), pero ella es un "huerto cerrado" y una "fuente sellada" (4:12). Ella es virgen, y el rey anhela entrar en el jardín y disfrutar de sus frutos (4:16). Quiere que soplen los vientos del amor para que la fragancia del amor sea suya. Algunos detalles del libro son difíciles de interpretar. Probablemente Garrett tenga razón al decir que el Cantar de los Cantares describe en un lenguaje altamente simbólico el miedo de la doncella a perder su virginidad (3:1-4).[6] La joven teme y a la vez anhela la unión con su amante. Anhela su abrazo y su amor, porque el amor es embriagador y la libera de la soledad (cf. Gen. 2:18). Al mismo tiempo, se resiste a entregar su virginidad, pues una vez que se entrega a un hombre, no hay vuelta atrás.

Parece que en 5:1 se describe la noche de bodas, en la que la novia y el rey hacen el amor, y los encuentros amorosos se significan por la recolección de especias aromáticas, por comer de la dulzura del panal y por beber vino y leche. La experiencia llena a ambos de éxtasis, pero a la mujer le persigue la pérdida de su virginidad. El amor la emociona y la repele a la vez. Ya no hay vuelta atrás, pues ha entrado en un nuevo mundo como esposa y amante del rey. Los capítulos siguientes confirman el amor del rey por ella, dándole la seguridad de que entregarse a Salomón ha merecido la pena. Su corazón pertenece ahora al rey, cuya fuerza y belleza destacan entre los hombres (5:9-16). Ahora la novia y el novio se pertenecen mutuamente. "Yo soy de mi amado y mi amado es mío" (6:3; cf. 7:10). La consumación sexual es tan deleitosa como una fruta exquisita (7:8) y tan satisfactoria como el vino añejo (7:9; cf. 7:12-13).

> **Cantares 7:12–13** »Levantémonos temprano *y vayamos* a las viñas; veamos si la vid ha brotado, *si* se han abierto *sus* flores, *y si* han florecido los granados. Allí te entregaré mi amor. »Las mandrágoras han exhalado su fragancia, y a nuestras puertas hay toda clase de *frutas* escogidas, tanto nuevas como añejas, que he guardado para ti, amado mío.

El Cantar de los Cantares no es una alegoría; describe en términos poéticos el amor entre una doncella y el rey Salomón. Un tema significativo está contenido

---

6 Para un resumen útil, véase Garrett, *Song of Songs*, 113-14.

en el estribillo "No levanten ni despierten a mi amor hasta que quiera" (2:7; 3:5; 8:4). El matrimonio y la pérdida de la virginidad para la mujer son irrevocables y, por tanto, no deben perseguirse con demasiada rapidez. El matrimonio y la unión sexual no deben ser instados a aquellos que no están preparados para comprometerse de todo corazón con el otro. Hay que estar preparado para ese amor y ese compromiso y estar preparado para la entrega completa de la propia vida a otro, ya que comienza una nueva vida que deja atrás la infancia y la adolescencia. Aquellos que se sientan inclinados a casarse demasiado rápido deben ser refrenados para que no se precipiten en las experiencias sexuales y en el matrimonio cuando no están preparados para ello (cf. 8:9).

Un anticipo del paraíso

Claramente, el Cantar de los Cantares comunica la belleza y la profundidad del amor sexual. Las alegrías se describen en términos paradisíacos con un lenguaje que recuerda al Edén.[7] No hay ningún indicio de muerte en el libro hasta casi el final (8:6). Ambos novios son jóvenes, bellos y fuertes. No están debilitados por la enfermedad ni manchados con ningún defecto físico.[8] Su amor y sus alegrías sexuales son tan verdes como la primavera, con los árboles brotando y las flores floreciendo y el sol brillando.

El amor conyugal entre el marido y la mujer, y el éxtasis sexual que acompaña a ese amor, se remonta al paraíso, al amor que Dios quiso que disfrutaran marido y mujer en la buena creación. "Son símbolos del paraíso, y en este escenario el amor es inocente e ideal, como el de Adán y Eva antes de la caída".[9] Ese amor, a la luz de todo el canon de las Escrituras, es un anticipo de la alegría y las delicias que esperan a los redimidos.[10] Apocalipsis 21-22 enseña que el paraíso será recuperado y más, pues el nuevo Edén en el que los humanos participarán del árbol de la vida no pasará nunca.

---

[7] Véase Dumbrell, *Faith of Israel*, 282-83; Campbell, "Song of David's Son", 26; Hamilton, "Messianic Music", 340-42.

[8] Esto no quiere decir que no haya elementos negativos en el Cantar de los Cantares. Véase B. Webb, *Five Festal Garments*, 30-31.

[9] Ibid., 21.

[10] Quizá más que cualquier otro libro del Antiguo Testamento, Cantar de los Cantares necesita ser interpretado a la luz de todo el canon del Antiguo Testamento" (House, *Old Testament Theology*, 464). Véase también Campbell, "Song of David's Son", 18.

La naturaleza del amor

El Cantar de los Cantares contribuye al canon de otra manera, pues contiene una teología del amor. Tal vez la mejor expresión sea 8:6-7:

> Ponme como un sello sobre tu corazón, como un sello sobre tu brazo, porque fuerte como la muerte es el amor, ineroxables como el Seol; los celos; Sus destellos, son destelllos de fuego, la llama misma del SEÑOR. Las muchas aguas no podrán extinguir el amor, ni los ríos lo apagarán. Si el hombre diera todos los bienes de su casa por amor, solo lograría desprecio.

La fuerza del amor se compara con la muerte, que es inexorable e inconquistable. Nada puede amortiguar o destruir el amor, pues quien ama está dispuesto a entregar su vida por el bien del amado. El amor tiene claramente un carácter espiritual que forja un vínculo con el amado. El amor fortalece a la persona para soportar el sufrimiento por el bien del amado.

Garrett sostiene acertadamente que el Cantar de los Cantares no trata solo del amor físico.[11] Sostiene que el libro nos instruye sobre el carácter transformador del amor. Antes del matrimonio no nos hemos comprometido del todo con otra persona. El compromiso con otra persona por el que exponemos nuestra vulnerabilidad se hace realidad cuando nos casamos. Y tal experiencia de amor se relaciona con toda la vida.

> Cuando las personas experimentan el amor, la alegría, la libertad o la intimidad en cualquier nivel, están experimentando algo que redime la naturaleza humana. Conocer a Dios es, por tanto, la experiencia definitiva de redención; cualquier otra experiencia redentora es real pero limitada, como una prefiguración.[12]

Pero el lado espiritual del amor no debe destacarse en detrimento del físico. El Cantar de los Cantares nos recuerda que un amor meramente platónico entre marido y mujer, un amor solo espiritual, no concuerda con el testimonio bíblico. El deleite y el éxtasis en la unión sexual son la esencia del amor conyugal, y por ello quienes han exaltado el amor espiritual como supremo, como si fuera más

---

[11] Garrett, *Song of Songs*, 115.
[12] Ibid., 117.

puro que el amor físico, se han desviado claramente del testimonio canónico. Garrett señala acertadamente:

> En algunas formas de monoteísmo, sin embargo, hay un oscuro sótano de culpa y sospecha, y la sexualidad se asoma desde el fondo de ese sótano. Esta mentalidad detesta las cualidades físicas del cuerpo humano con todos sus apetitos y excreciones.[13]

Está claro que esa no es la teología del Cantar de los Cantares. "Alegrarse con la esposa de la juventud, satisfacerse con sus pechos y cautivarse con su amor es caminar por la senda de la sabiduría que se fundamenta en el temor de Yahweh".[14] El amor se materializa en la unión corporal de marido y mujer, y el Cantar de los Cantares describe tales alegrías como deleitosas. La pasión por el otro, física y sexualmente, se celebra en el libro.[15] Pablo considera que la unión sexual regular es una forma de contrarrestar la infidelidad sexual (1 Cor. 7:1-5, 9), y el Cantar de los Cantares está de acuerdo.

> **1 Corintios 7:1–3** En cuanto a las cosas de que me escribieron, bueno es para el hombre no tocar mujer. No obstante, por razón de las inmoralidades, que cada uno tenga su propia mujer, y cada una tenga su propio marido. Que el marido cumpla su deber para con su mujer, e igualmente la mujer *lo cumpla* con el marido.

Como dice Garrett:

> La pasión que *exige* la fidelidad es también un *escudo* para la fidelidad. Tratar de vivir sin las pasiones del amor no es simplemente frustrante y sin esperanza; es imprudente, antibíblico y una puerta abierta a las mismas lujurias que trata de impedir. En el Cantar, la pasión correcta es una protección contra la pasión incorrecta.[16]

---

[13] Ibid., 100. Véase el resumen de Garrett sobre la teología de la sexualidad en la Iglesia primitiva (pp. 100-101).

[14] B. Webb, *Five Festal Garments*, 32.

[15] Correctamente Garrett, *Song of Songs*, 102.

[16] Ibid.

De hecho, el Cantar de los Cantares *"celebra la pérdida de la virginidad de la mujer"*.[17] Por lo tanto, la teología del libro difiere drásticamente de la visión de muchos creyentes en la historia que han visto el camino del ascetismo como el camino de la santidad.

La contribución canónica

La mayoría de los intérpretes actuales rechazan una lectura alegórica del Cantar de los Cantares. Comparto su resistencia a la alegorización del libro, ya que ésta es bastante subjetiva. Pero también sugiero que es legítimo leer el libro a otro nivel.[18] El Cantar de los Cantares no consiste simplemente en poemas de amor entre un hombre y una mujer corrientes. Describe poemas de amor entre una joven doncella y un rey; de hecho, entre una doncella y el rey Salomón. Tenemos un indicio de que el libro puede leerse a la luz del pacto hecho con David, la promesa de que un futuro hijo de David reinará para siempre (2 Sam. 7; 1 Cr. 17; Sal. 89; 132).[19] Canónica y tipológicamente, David nos remite a Cristo, y el NT subraya que Cristo tiene una novia: la Iglesia (Ef. 5:22-33).[20] Hay una "cena de las Bodas del Cordero" (Apo. 19:9), y la "novia" está "ataviada para su esposo" (Apo. 21:2).

La relación entre el rey y su esposa, tan bellamente descrita en el Cantar de los Cantares, nos remite a algo más grande, algo que sobrepasa el breve florecimiento de la juventud. He aquí un amor que nunca morirá, un pacto que no será cortado por la muerte ni por la infidelidad. Los susurros o gritos del Edén en el amor conyugal encuentran su consumación en delicias que superarán con creces la dicha conyugal: en la relación de amor entre Cristo y la Iglesia.

---

[17] Ibid., 118 (énfasis en el original).

[18] Garrett (ibid., 98) parece rechazar esto, pero restringe su interpretación del Cantar de los Cantares al libro en sí, mientras que yo sostengo que está justificado interpretar también el libro a la luz del canon.

[19] Waltke (*Old Testament Theology*, 163-64) rechaza la alegoría, pero también sostiene que el Cantar de los Cantares puede interpretarse tipológicamente. Véase también Dempster, *Dominion and Dynasty*, 207.

[20] Véase Campbell, "Song of David's Son", 25-26. El Cantar de los Cantares en sí no hace hincapié en la descendencia del rey y su novia. Campbell ("Song of David's Son", 27-28) va demasiado lejos aquí.

Desde la perspectiva del Nuevo Testamento, el amor descrito en el Cantar no es solo una muestra de lo que se da en la creación, sino una señal de lo que se consumará en la nueva creación, un signo del Evangelio.[21]

Esta lectura no necesita encontrar una conexión alegórica entre Cristo y la iglesia y Salomón y su novia. Simplemente reconoce, a la luz del canon de las Escrituras, que el amor descrito en el Cantar de los Cantares apunta más allá de sí mismo a un amor que perdura y a un amor que es más grande que cualquier amor humano.[22]

El propio AT nos preparó para ver una relación tipológica, ya que la relación entre Yahweh e Israel se expresa a menudo en términos de amor conyugal (cf. Jer. 2-3; Eze. 16; 23; Os. 1-3), aunque Israel es criticado por prostituirse tras otros dioses y por su infidelidad a Yahweh.[23] El Cantar de los Cantares apunta a un día en el que el pueblo de Dios, la novia de Cristo, será fiel a su esposo y rey. Las alegrías de tal unión superarán los éxtasis de la consumación sexual, y no se limitarán a los días de la juventud. La esposa de Cristo será "sin que tenga mancha ni arruga ni cosa semejante" y "será santa e inmaculada" (Ef. 5:27) para siempre. Su unión con su Señor y Rey nunca será cortada.

Conclusión

El Cantar de los Cantares representa poemas de amor entre el rey (Salomón) y su novia. La doncella duda en perder su virginidad, pues una vez que disfruta de la unión sexual con su marido, ha dejado atrás para siempre los días de su juventud. Un estribillo común del libro es que uno no debe asumir las responsabilidades y las alegrías del amor conyugal de forma precipitada o demasiado rápida. Sin embargo, el libro no critica el amor conyugal. La felicidad física del amor sexual se describe en términos edénicos; se utilizan bellas imágenes y cuadros para describir la emoción del amor entre un marido y una mujer. Muchos estudiosos dejan el libro ahí, descartando cualquier significado alegórico o tipológico. Yo no acepto la alegoría para este libro, pero creo que

---

[21] B. Webb, *Five Festal Garments*, 34.

[22] Campbell ("Song of David's Son", 23-25) sostiene que el Cantar de los Cantares no es alegórico sino tipológico. La opinión de Hamilton ("Messianic Music", 339) de que el libro no es alegórico o tipológico, sino que en realidad estaba destinado a ser leído mesiánicamente, parece menos probable.

[23] Véase Ortlund, *God's Unfaithful Wife*.

una lectura tipológica a la luz de todo el canon encaja bien. Al igual que Israel era la novia de Yahweh, la Iglesia es la novia de Cristo.

Los ecos paradisíacos del amor en el Cantar de los Cantares apuntan al amor entre Cristo y su iglesia (Ef. 5:22-33).

> **Efesios 5:31–33** Por esto el hombre dejara a su padre y a su madre, y se unira a su mujer, y los dos serán una sola carne. Grande es este misterio, pero hablo con referencia a Cristo y a la iglesia. En todo caso, cada uno de ustedes ame también a su mujer como a sí mismo, y que la mujer respete a su marido.

El amor conyugal, aunque hermoso y satisfactorio, es efímero. Apunta a algo más grande, a una relación con alguien más grande, una relación que nunca terminará. Y el amor entre Cristo y la Iglesia también encaja con el tema de este libro. El mensaje de las Escrituras no es solo que Yahweh es rey sobre Su pueblo, sino también que Su pueblo verá al Rey en Su belleza, que se deleitará en Su promesa y que conocerlo será todo satisfacción. El amor edénico y paradisíaco entre un hombre y una mujer es la analogía más cercana en la tierra a las delicias y placeres del amor que marca la relación de Cristo con la iglesia.

INTERLUDIO: UNA SINOPSIS DE LOS CANTOS Y LA SABIDURÍA DE ISRAEL

Los libros de esta colección son notablemente diferentes, ya que no hacen avanzar la línea argumental del Antiguo Testamento. De hecho, el intento de ver un tema central en el Antiguo Testamento a menudo se estrella contra las rocas de la literatura sapiencial. Sin embargo, como he argumentado al principio del libro, la noción del reino de Dios es lo suficientemente amplia como para dar cuenta de los temas que encontramos en los libros aquí considerados.

El reino tiene tres dimensiones:

(1) El gobierno de Dios;

(2) La respuesta de los seres humanos a su gobierno; y

(3) El lugar de Su gobierno.

Ciertamente, la sabiduría no hace hincapié en el lugar de Su gobierno. Hemos visto en los libros anteriores del Antiguo Testamento que la tierra de Israel y particularmente el templo son prominentes. Pero la tierra y el templo no son prominentes en la literatura sapiencial. Sin embargo, sostengo que la segunda dimensión del gobierno de Dios se convierte en el centro de atención de los escritos sapienciales. ¿Qué significa vivir bajo el gobierno de Dios? Vimos que en Proverbios, Eclesiastés y Job se destaca el temor al Señor.[1] Los que conocen a Yahweh como rey le temen, y esto se expresa cumpliendo Sus mandatos y haciendo Su voluntad.

---

[1] Véase Schultz, "Unity or Diversity?", 294-95.

Otra forma de expresarlo es decir que los libros de sabiduría están centrados en Dios, pues lo que significa ser sabio es temer al Señor.[2] A veces se entiende que Proverbios es un libro secular, pero este juicio no tiene en cuenta el contenido del libro. Temer a Yahweh es el principio de la sabiduría. Proverbios reconoce que Yahweh reina en la intrincada trama de la vida, que el temor al Señor es inseparable de cómo se trata a los pobres, de cuánto se trabaja, de la vida sexual y de lo que se dice con la lengua. Vivir bajo la realeza de Dios no es un concepto etéreo, sino que afecta a todos los ámbitos de la vida.

En Israel no existe una división entre lo sagrado y lo secular, porque todo en la vida está bajo la soberanía de Yahweh. De hecho, en Proverbios vimos pruebas de que la sabiduría está estrechamente relacionada con la Torá, ya que los mandatos de los padres están estrechamente relacionados con las exhortaciones a atar la Torá al propio corazón. Además, hay indicaciones en Proverbios de una recompensa futura más allá de esta vida, lo que sugiere que Proverbios no se limita a la existencia terrenal, que se prevé un cumplimiento futuro de las promesas de Dios.

Tanto Eclesiastés como Job enseñan que el temor al Señor es también el principio de la sabiduría, pero estos libros son bastante diferentes del libro de Proverbios. En general, los Proverbios enseñan que los que hacen el bien son recompensados, que la práctica de la justicia da sus frutos, y que entregarse al mal tiene consecuencias negativas en esta vida. Algunos han simplificado demasiado los Proverbios al hacer este punto, ya que el libro es muy consciente de que la rectitud no siempre conduce al éxito.[3] Los Proverbios son generalizaciones, no promesas.

Sin embargo, todos reconocemos que Job y Eclesiastés hacen hincapié en la irracionalidad y el absurdo de la vida. La vida es imprevisible e incalculable. Con demasiada frecuencia, los justos sufren miserablemente y los malvados prosperan. Los bebés mueren, las mujeres son violadas y los niños son maltratados. Nadie puede entender la vida "bajo el sol". La vida en la tierra no es el paraíso, pues ningún placer o sabiduría puede traer la satisfacción final. Tanto Job como Eclesiastés tienen esencialmente el mismo consejo en relación con el sufrimiento y los rompecabezas de la vida. Dios es soberano, y reina sobre todo. Pero no ha revelado, ni revelará, su plan a los seres humanos. Hace lo que

---

[2] Véase Bartholomew, "Wisdom Books". Véase también G. Wilson, "'Words of the Wise'", 181. Para un punto de vista alternativo, véase L. Wilson, "Book of Job".

[3] Justamente Bartholomew, "Wisdom Books", 121.

quiere como gran Rey del universo, como deja bien claro en su discurso a Job. El Señor sabe cómo dirigir el universo y no necesita ayuda ni consejo de Job. De hecho, Job no tiene ni idea de cómo Dios hace funcionar el mundo.

Entonces, ¿cuál debe ser la respuesta del ser humano? El ser humano debe poner su confianza en Dios, temerle y cumplir Sus mandamientos. Se acerca el día del juicio, y entonces Dios lo arreglará todo. Mientras tanto, los seres humanos deben vivir un día a la vez, disfrutando de los días buenos cuando llegan, pero reconociendo también que muchas cosas de la vida están más allá de su comprensión. Están llamados a confiar en Dios como Rey, y no deben intentar gobernar el mundo por Él, ni decirle cómo debe dirigirlo. El Señor tiene sus propias razones para permitir que el sufrimiento entre en el mundo.

En última instancia, le trae honor y gloria como Señor y Rey, pero si los seres humanos tratan de discernir por qué le trae honor y gloria estructurar la vida como lo hizo, se verán frustrados, pues aunque se pueden decir algunas cosas sobre el asunto, Dios no revela completamente la razón de ser del sufrimiento. Temer al Señor significa confiar en el sabio gobierno de Dios sobre el mundo, en lugar de arrogarse la pretensión de ser creador y rey del cosmos. Los libros sapienciales son también cristológicos, pues Jesús es la sabiduría de Dios. Siempre temió al Señor, cumpliendo con justicia Su voluntad, confiando en que Dios lo reivindicaría en el último día. Como Rey exaltado, gobierna el mundo con sabiduría y justicia.

El Cantar de los Cantares celebra la belleza y el carácter paradisíaco del amor conyugal, del amor entre el rey Salomón y su joven esposa. Eclesiastés dice que debemos disfrutar de los placeres de la vida mientras podamos, y el Cantar de los Cantares amplía ese sentimiento. En este último libro se establecen muchas conexiones entre el amor sexual y el Edén, mostrando que los mayores placeres de la vida se remontan a una época en la que los seres humanos disfrutaban de la comunión con Dios y con los demás, sin estar contaminados por el pecado.

En contra de muchos, también sugiero que el Cantar de los Cantares debe leerse tipológicamente. La relación de amor entre el rey y la joven doncella apunta al amor de Yahweh por Israel, y al amor de Cristo por Su iglesia, pues el Cantar de los Cantares apunta tanto hacia atrás como hacia adelante. El amor conyugal, el amor sexual, capta las mayores alegrías de esta vida, pero estas alegrías no duran para siempre. Apuntan a algo más grande, a una relación con alguien más grande. Anticipan que la iglesia verá a Dios cara a cara en la nueva Jerusalén, que verá al Rey en Su belleza.

¿Cómo podemos resumir los Salmos? Su amplitud y profundidad desafían la descripción. Los Salmos 1-2 sientan las bases de todo el libro, como ya se ha dicho. A menudo se ha señalado que el Salmo 1 es un salmo sapiencial y programático para todo el Salterio, por lo que los salmos no pueden separarse de las tradiciones sapienciales. La bendición llega a quien medita y obedece la Torá. Los salmos son también mesiánicos, pues se centran en el pacto hecho con David, que le promete una dinastía eterna. Esto se ve inmediatamente en el Salmo 2. El rey davídico que Yahweh instaló gobernará los confines de la tierra. Todos se postrarán ante Él y besarán al hijo. La promesa a Abraham, de que todos los confines de la tierra serán bendecidos, se cumplirá a través de un rey davídico (Sal. 72). Jesús cumple tanto los temas de la sabiduría como los de la realeza, demostrando que la sabiduría converge con el mesianismo.

Más arriba he argumentado que la propia estructura del Salterio en cinco libros atestigua que la promesa hecha a David no ha sido revocada. El gobierno de Yahweh sobre el mundo se hará realidad a través de Jesús el Mesías. El carácter prospectivo del Salterio justifica la lectura mesiánica del libro, viendo a Jesús como el verdadero y definitivo David. Él es quien liberará a Israel del exilio mediante un segundo éxodo. Y eso nos lleva a otro tema importante del Salterio: la alabanza. Hay salmos de alabanza y de lamento, pero la palabra final es alabanza, al igual que los salmos finales del último libro redundan en alabanza.

Los salmos están llenos de alabanza porque la presencia de Dios es satisfactoria y porque redimirá a Su pueblo. Una y otra vez leemos sobre la alegría de ver al Señor en Su templo, de encontrar el hambre y la sed satisfechas en su presencia. Y la historia del Salterio en su conjunto es que Dios cumplirá sus promesas a David y a Israel y al mundo. Y eso provoca alabanzas y agradecimientos y una increíble alegría. Cuando el reino de Dios se realice a través de su ungido, Jesucristo, su pueblo se alegrará porque verá a su Rey, y se alegrará en su presencia para siempre.

Títulos de la serie *Fundamentos de Sermones Expositivos*

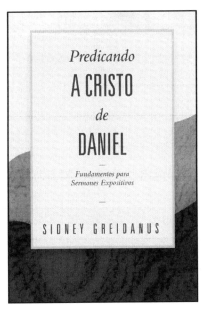

PREDICANDO A CRISTO DESDE DANIEL
Fundamentos para Sermones Expositivos

Autor: Sidney Greidanus
Páginas: 580
Disponible: Octubre 2021

Greidanus muestra a los predicadores y profesores cómo preparar mensajes expositivos a partir de los seis relatos y las cuatro visiones del libro de Daniel. Utilizando la erudición bíblica más actualizada, Greidanus aborda cuestiones fundamentales como la fecha de composición, el autor o autores y la audiencia original del libro, su mensaje y objetivo general, y las diversas formas de predicar a Cristo desde Daniel.

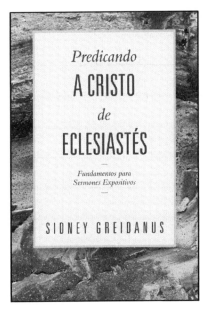

PREDICANDO A CRISTO DESDE ECLESIASTÉS
Fundamentos para Sermones Expositivos

Autor: Sidney Greidanus
Páginas: 456
Disponible: Julio 2022

El libro bíblico del Eclesiastés es especialmente relevante para nuestra cultura contemporánea porque se enfrenta a tentaciones seculares como el materialismo, el hedonismo, la competencia despiadada y la autosuficiencia. Pero, ¿cómo pueden los predicadores transmitir su mensaje para hoy? Greidanus ofrece exposiciones perspicaces que ayudan al predicador en la elaboración de los sermones.

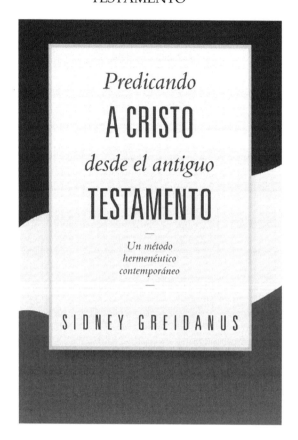

PREDICANDO A CRISTO DESDE EL ANTIGUO TESTAMENTO
Fundamentos para Sermones Expositivos

Autor: Sidney Greidanus
Páginas: 470
ISBN: 978-612-48401-4-2

El galardonado autor Sidney Greidanus presenta aquí una guía esencial para predicar a Cristo desde el Antiguo Testamento. Sosteniendo la necesidad tanto de predicar a Cristo en cada sermón como de predicar regularmente desde el Antiguo Testamento, Greidanus desarrolla un método cristocéntrico que ayudará a los predicadores a hacer ambas cosas a la vez. Este volumen combina principios hermenéuticos contemporáneos con numerosas sugerencias prácticas para una predicación bíblica eficaz, lo que lo convierte en un texto fundamental para los estudiantes de seminario y predicadores con experiencia.

Printed in Great Britain
by Amazon

16516706R00262